« LIBERTÉS 2000 »

Collection dirigée par Georges Liébert

PHILIPPE BÉNÉTON

LE FLÉAU DU BIEN

Essai sur les politiques sociales occidentales (1960-1980)

ÉDITIONS ROBERT LAFFONT
PARIS

Si vous désirez être tenu au courant des publications de l'éditeur de cet ouvrage, il vous suffit d'adresser votre carte de visite aux Éditions Robert Laffont, Service « Bulletin », 6, place Saint-Sulpice, 75006 Paris. Vous recevrez régulièrement, et sans engagement de votre part, leur bulletin illustré, où, chaque mois, se trouvent présentées toutes les nouveautés — romans français et étrangers, documents et récits d'histoire, récits de voyage, biographies, essais — que vous trouverez chez votre libraire.

ISBN 2-221-01123-6

À Catherine

« Il faut avoir l'esprit dur
et le cœur doux ! »

Jacques MARITAIN
Lettre à Jean Cocteau. (1926)

INTRODUCTION

Les vocations de « Pères des peuples » sont fréquentes dans l'histoire. « C'est pour ton bien », dit le Prince à ses sujets-enfants. Cette prétention de faire le bien d'autrui en décidant pour lui a sa version moderne qui prend généralement appui sur une représentation du réel transposant dans le monde social l'animisme de l'enfant : « Méchant radiateur », s'écrie l'enfant qui vient de se brûler ; il n'y a de mal social qui ne soit imputable à l'action de méchants, répondent en écho nombre d'adultes savants. La lune éclaire seulement la nuit « parce que ce n'est pas elle qui commande », dit l'enfant, ou : « La montagne, on l'a plantée là, pourquoi ? » projetant dans la nature des volontés souveraines ; nulle contrainte sociale ou naturelle ne résiste aux volontés bienveillantes armées du savoir et du pouvoir, reprend le même écho. En d'autres termes, ceux de Cabet, l'auteur de l'utopique *Voyage en Icarie :* « Rien n'est impossible à un gouvernement qui veut le bien de ses concitoyens. »

Le bien et le mal sont donc des problèmes politiques qui appellent des solutions politiques. La formule a l'avantage de l'économie : il suffit que l'histoire ou les citoyens donnent procuration aux « Justes » pour contrer l'action des méchants et œuvrer pour le bien de tous. Nul besoin de prêcher la conversion des acteurs, le système et ceux qui en tirent les fils pourvoiront à tout, une fois éliminées les influences malfaisantes. Les enfants ne sont pas seuls à croire aux sorcières et au père Noël.

Dans sa version extrême, le « démon du bien » engendre une société totalitaire. La foi de Lénine se ramenait à un dualisme manichéen ; les capitalistes mis hors d'état de nuire, la société parfaite devait surgir d'elle-même des décombres du capitalisme. Mais le socialisme a tardé à prendre chair ; il a fallu continuer sans relâche à extirper les germes du capitalisme, accomplir dans le même temps la mission même que lui conférait l'idéologie, l'industrialisation, bref « construire le socialisme ». Un jour enfin Staline déclara que le bien était définitivement incarné : le socialisme était réalisé. L'histoire effectivement se renouvelait, mais seulement en ce que, pour la première fois à cette échelle, un régime imposait à ses sujets la « domination inhumaine de l'imaginaire » (Boris Pasternak). Il n'y a plus de forces malfaisantes en Union soviétique, les dirigeants sont guidés par la lumière du marxisme-léninisme et ils ont, l'un ne va pas sans l'autre, l'amour du peuple chevillé au corps. Comment pourrait-il subsister des maux sociaux ? Le système est providentiel, les acteurs en ont été comme transfigurés. « Des rats sociaux », dit Alexandre Zinoviev.

Le « démon du bien » a également sévi en Occident mais évidemment sous une forme infiniment moins aiguë. Un démon réformiste et non plus révolutionnaire, doux et modeste par comparaison, qui opère par petites touches et sédimentations successives. Un bon diable en quelque sorte par référence à celui de l'Est, qui n'entend pas conduire aussi loin les sujets de sa bienveillance et ne les mène pas à la pointe de son fusil mais seulement, fermement, par la main. Mais comparaison n'est pas raison. La blennorragie n'est pas la vérole, faut-il la prendre pour un signe de santé ?

Dans les années 1960-1980, les politiques sociales ont dérapé dans la plupart des sociétés occidentales ; indépendamment, dans une large mesure, de la couleur politique des coalitions ou des partis au pouvoir, en vertu d'une représentation animiste de la réalité. Les sociétés occidentales s'accordaient *grosso modo* pour se réclamer d'une formule mixte où perçaient déjà de grandes ambitions mais qui restait respectueuse de l'héritage. Entre l'ambition libératrice (essentiellement la volonté de soustraire les individus à l'insécurité, face à la maladie, au chômage, à la vieillesse) et l'héritage libéral (la préservation des droits individuels), un compromis avait été passé : l'économie de marché se voyait doublée de ce que Irving Kristol appelle le *conservative Welfare State*. La formule connaissait diverses variantes, elle était proche d'un point d'équilibre. Mais cet équilibre a été rompu par le vent de réformes qui a soufflé à partir du début des années 60. L'État s'est fait justicier et s'est pris pour la Providence. Une Providence qui s'est révélée brouillonne, coûteuse, souvent perverse. À la fin de la période, la crise aidant, la confiance prométhéenne avait fait place à un sentiment de désenchantement, accompagné d'une réaction politique (en Suède, en Grande-Bretagne, aux États-Unis, en Norvège). — À l'exception de la France qui a contracté une nouvelle alliance avec le « démon du bien », sous une forme plus radicale et sous couleur socialiste, un « socialisme » dont le contenu reste à définir mais dont la mise en pratique ne peut qu'enrichir la sociologie des effets pervers.

L'analyse porte ici sur cette période, relativement homogène (1960-1980), et privilégie deux pays, la France et les États-Unis. L'un de tradition colbertiste, l'autre traditionnellement plus soupçonneux à l'égard de l'État mais dont l'expérience, singulière — largement ignorée ou méconnue de ce côté-ci de l'Atlantique —, est très éclairante. Les États-Unis ont été pris d'une fièvre interventionniste, ont multiplié les efforts et les mesures pour faire passer la réalité sous les fourches caudines de la représentation animiste. L'expérience a été malheureuse, mais à quelque chose ou quelqu'un malheur est bon. La bureaucratie et le pouvoir y ont trouvé profit, les passions idéologiques des satisfactions. À terme aussi y a gagné le savoir de ce qu'il ne faut pas faire. Les erreurs américaines sont souvent dignes d'anthologie à la fois parce qu'elles ont quelque chose de grandiose et qu'elles ont été analysées, disséquées, évaluées. Nombre d'autres pays, dont la France, sont plus discrets. Animisme oblige (version angélique).

N.B. Ce travail a bénéficié du concours de l'Institut de l'Entreprise — et des observations de Raymond Boudon, Yves Fréville et Georges Liébert (que l'auteur doit également remercier pour sa patience d'éditeur). Tous mes remerciements. Naturellement l'auteur doit être tenu pour seul responsable des malfaçons de l'ouvrage.

Signalons enfin que ce livre reprend certains passages d'articles publiés dans la *Revue Française de Sociologie, Futuribles, Travail et Sociétés* et surtout les *Analyses de la SEDEIS*.

PREMIÈRE PARTIE

LE MYTHE ANIMISTE

version diabolique

Il est frappant de constater combien toutes les formes préscientifiques de causalité consistent en des assimilations directes du réel aux actions humaines.

J. PIAGET [1*]

Le mythe animiste peut s'exprimer ainsi : tous les faits sociaux sont le résultat d'actes intentionnels ; que les phénomènes soient désirables ou indésirables, ils résultent d'une intention, manifeste ou cachée, bienveillante ou maléfique. La chose bien entendu est parfois vraie : il apparaît aujourd'hui probable que J. F. Kennedy a été assassiné à la suite d'un complot fomenté par, ou en liaison avec, la Mafia [2], l'attentat du Petit-Clamart contre le général de Gaulle a été le résultat d'une action collective organisée, les massacres des juifs ou des koulaks, la réconciliation franco-allemande et la construction européenne résultent de l'action délibérée de certains acteurs… Mais qu'il en aille *nécessairement* ainsi relève du mythe. L'histoire est largement tissée des conséquences non intentionnelles des actions humaines.

L'attitude animiste consiste donc à postuler à la racine de tout fait social une volonté. Dans la version diabolique du mythe, cette volonté est malveillante. Tous les maux sociaux doivent alors être imputés à une intention maligne, généralement masquée : les influences occultes, les dieux méchants, les contre-révolutionnaires, les deux cents familles, « l'argent caché », la « société »… La mentalité primitive, L. Lévy-Bruhl l'avait souligné à la fin de sa vie dans ses *Carnets,* n'est pas le propre des primitifs. La causalité diabolique, selon l'heureuse expression de Léon Poliakov [3], a l'avantage de la simplicité, elle lève le scandale d'un mal sans méchants, elle innocente les autres acteurs et se prête à toutes les manipula-

* Les notes de références ont été regroupées par chapitre à la fin du volume à partir de la page 291.

tions. D'où la séduction de cette représentation que les idéologies totalitaires du XXe siècle, tant nazie que bolchevique, ont systématisée et portée aux extrêmes : la faute aux juifs, la faute aux ennemis du peuple.

Cette représentation, sous des formes évidemment moins extrêmes, reste dominante au sein de nos sociétés. Une vision moralisante du réel conduit à ne concevoir les maux sociaux qu'en termes de *coupables* et de *victimes :* l'échec scolaire, la pauvreté, la délinquance, la rigidité sociale, les inégalités... — toutes choses dont l'interprétation tend souvent à se confondre avec la découverte des *responsables*, et donc avec la dénonciation de coupables. Soit sous une forme vulgaire la théorie du complot (de la « classe dominante », ou des monopoles), soit sous une forme plus subtile l'interprétation qui impute les imperfections sociales à l'action de « structures sociales » ou d'une « société » implicitement dotées d'une volonté consciente. Bien entendu, répétons-le, certains acteurs peuvent être effectivement victimes de la « méchanceté » des autres — les Noirs américains longtemps victimes du racisme blanc, les immigrés clandestins souvent soumis à diverses formes d' «exploitation »... Mais projeter sur tous les faits sociaux la catégorie victimes/coupables, c'est négliger le jeu de nombreux facteurs essentiels dont, en particulier, les *variables individuelles* et les *effets émergents*. Le jeu de ces facteurs apparaîtra dans la suite de l'analyse, mais il n'est pas inutile d'apporter dès à présent quelques précisions.

Les variables individuelles, ce sont les différences — et les inégalités * — entre les individus qui tiennent à la nature (la nature, cette ennemie privilégiée des utopistes). Les hommes, faut-il le rappeler ? naissent et demeurent différents et inégaux en fait. Pour s'en tenir pour le moment à des caractéristiques difficilement contestables, les individus diffèrent par la taille, la force physique, la santé, le sexe, l'âge. Différences naturelles sources d'inégalités sociales : la santé est un facteur important de réussite, les femmes sont toujours handicapées dans certains métiers par leur moindre force physique, la hiérarchie des âges influe sur l'inégalité des revenus...

Les effets émergents ont été en particulier mis en lumière par Raymond Boudon qui en a montré l'importance et la fréquence dans la vie sociale [4]. Sont appelés *effets émergents* les effets nés de l'agrégation d'actes individuels et non recherchés par les acteurs, et *effets pervers* les effets émergents indésirables [5]. Exemple type

---

* Convenons, conformément au sens commun, d'appeler inégalités les différences intégrées dans une hiérarchie, rapportées à une mesure commune. Autrement dit la différence ne devient inégalité qu'en vertu d'un critère de hiérarchisation.

d'effet pervers : l'embouteillage, résultat non intentionnel d'actions individuelles intentionnelles. Le bouchon est préjudiciable à tous les automobilistes, mais évidemment aucun ne l'a voulu. Si malin génie il y a, c'est celui d'un système qui d'une somme de libres décisions adaptées à leurs fins tire des résultats qui ne sont désirés par personne. Perverse liberté *. Le mécanisme est fréquent et la vie quotidienne en donne de nombreux autres exemples : les files d'attente, les pénuries artificielles (la crainte de manquer de fuel ou de sucre qui crée effectivement ce manque), les anticipations de hausses de prix qui alimentent l'inflation, etc. L'histoire également : le déclin démographique de l'Occident, la « maladie britannique », la guerre du Péloponnèse, la course aux armements **... Le phénomène des effets émergents n'était pas inconnu, R. Boudon l'a souligné, des grands classiques : Mandeville, A. Smith, Rousseau, Hegel, Marx, Tocqueville... Dans *La Richesse des nations* aussi bien que dans *Le Capital,* le capitalisme est analysé comme un système, porteur d'une logique propre qui en fait sa vertu (Smith) ou le conduit nécessairement à sa perte (Marx). Les effets bénéfiques de la « main invisible » comme l'« autodestruction du capitalisme » sont indépendants des intentions des acteurs.

La représentation animiste du social ne connaît pas les effets émergents. Or, en inspirant nombre de politiques sociales, elle est à la source de multiples effets pervers. La liberté se venge.

---

* Ces décisions sont libres au sens où aucune autorité n'a imposé aux acteurs de prendre leur voiture, de prendre tel itinéraire, etc. Cela ne veut pas dire évidemment que les décisions dont la sommation crée un effet émergent échappent à toute détermination sociale. Mais comme R. Boudon l'a montré avec force et comme nous le reverrons, il est indispensable dans nombre de cas de centrer l'analyse sur la marge de manœuvre des acteurs et leurs choix intentionnels (i.e la liberté, au sens sociologique).

** Ces exemples juxtaposent deux types d'effets émergents (ici pervers), ceux qui résultent de la simple juxtaposition d'actions individuelles arrêtées indépendamment des actes d'autrui (le déclin démographique) et ceux qui sont dus à l'agrégation de décisions prises en relation avec les décisions d'autrui. Lors d'une course aux armements, chacun agit en fonction des actes de son concurrent, perpétuant par là même une course-poursuite qu'aucun ne souhaite.

Chapitre Premier

LA « VICTIMISATION » DES NOIRS AMÉRICAINS (I)

Le problème noir empoisonne toujours la vie sociale américaine. Et pourtant, depuis les années 60, la bonne volonté publique n'a pas manqué : une multitude de textes, des milliards de dollars, pour assurer l'égalité des droits, améliorer le logement, élever le niveau scolaire, développer la formation professionnelle, favoriser l'emploi, assurer une consommation minimale, etc. Cette politique s'est développée en deux temps : dans les années 60, après que la nation américaine eut reconnu sa culpabilité collective à l'égard de sa minorité noire, les autorités publiques se sont efforcées de supprimer les barrières qui contrariaient la promotion des Noirs et de leur assurer les moyens de s'intégrer eux-mêmes au sein de la société américaine. Puis, à partir environ de 1970, cette politique a dérapé : au nom de l'intérêt bien compris de la population noire, la contrainte a été utilisée pour assurer *hic et nunc* cette intégration, le souci de l'égalité des chances a laissé place à la volonté de promouvoir directement l'égalité des résultats. La politique publique visait d'abord à éviter que les Noirs soient défavorisés parce que Noirs, elle a abouti à traiter différemment les Noirs en tant que Noirs.

Le raisonnement qui est à l'origine de ce dérapage est une expression pure et parfaite du mythe animiste (version diabolique) : tout échec, tout retard, tout comportement déviant des Noirs, toute inégalité en leur défaveur s'explique par la discrimination dont ils sont victimes, c'est-à-dire par l'action intentionnelle malveillante des autres. « Le racisme, expliquait en août 1980 Louis E. Martin, assistant spécial du président Carter pour les problèmes des minorités, est le problème numéro un pour les Noirs tellement il infecte de domaines dans la société. Il est à la racine du chômage, des mauvaises conditions de logement, des faibles salaires — de tout ce qui affecte la vie des Noirs [1]. » Interprétation qui a l'avantage de la simplicité et donne sans doute bonne conscience à son auteur, mais qui en fait est non seulement radicalement fausse mais également préjudiciable aux intérêts réels de ceux qu'elle est supposée défendre. Bien entendu la condition noire est historiquement inséparable du racisme blanc, sans aucun doute pèse encore l'héritage de la discrimination passée ; mais n'expliquer aujourd'hui les résultats sociaux des Noirs que par l'attitude présente des Blancs est contredit par de multiples données. La réalité est plus complexe, et la simplifier en ce sens a de multiples effets négatifs — ne serait-ce d'abord que parce que présenter les Noirs comme de perpétuelles victimes revient à leur ôter la responsabilité de leurs actes et la maîtrise de leur destin. En fait, si les Noirs — en pratique une minorité de la population noire — sont aujourd'hui victimes, c'est bien davantage de la bienveillance publique que de la malveillance privée.

Les espérances et désillusions des années 60

En 1964, le président Johnson lança une « croisade sociale » en faveur des déshérités de l'*Affluent Society* [2]. Le président invitait ses concitoyens à bâtir une « Grande Société », une société où, d'abord, tous auraient les moyens de vivre décemment et de participer pleinement à la vie sociale. Il fallait pour cela rompre avec la discrimination raciale, donner aux minorités ethniques, et en particulier aux Noirs, les mêmes chances sociales qu'aux autres Américains et gagner la « guerre contre la pauvreté » *(war on poverty)*, plaie sociale que l'Amérique venait de découvrir en son sein, en particulier grâce à *The Other America* de Michael Harrington [3]. Un problème récurrent (la situation des Noirs), une nouvelle « question sociale » (la pauvreté) : les dirigeants démocrates affrontaient ces problèmes sociaux avec une grande confiance et avec la volonté de les résoudre en s'attaquant à leurs racines. Il s'agissait d'extirper le mal en brisant les barrières et en supprimant les handicaps qui contrariaient le jeu d'une compétition sociale équitable.

Déjà ambitieuse, cette « croisade » s'insérait dans un projet plus vaste encore que le Président présentait en ces termes en mai 1964 :

« La Grande Société, c'est abondance et liberté pour tous. Elle exige que disparaissent pauvreté et injustice raciale, et nous le voulons tous. Mais ceci n'est que le commencement. Dans la Grande Société, tout enfant peut acquérir les connaissances nécessaires à l'enrichissement de son esprit et à l'épanouissement de ses talents ; les temps de loisir sont accueillis comme une occasion de réfléchir positivement et non une cause redoublée d'ennui et d'agitation ; les villes offrent satisfaction aux besoins du corps et aux exigences du commerce sans négliger les amoureux de la beauté et les assoiffés de communauté [4]. »

« Grande Société » ou nouvelle utopie ? Le projet péchait par ses ambitions excessives — Lyndon Johnson ne prenait pas la précaution de situer dans la (longue) durée l'accomplissement de ses promesses —, il ne pouvait pas ne pas se heurter à la « lourdeur » du social et engendrer à terme un sentiment d'échec. Mais cette ferveur, cette grandiloquence — « Nous sommes, déclarait le Président en juin 1964, à la lisière de la plus grande époque qu'ait jamais connue une nation [5] » — ne tenaient pas seulement à la personnalité de Johnson, elles traduisaient également la force de l'optimisme prométhéen américain pendant ces années, et plus précisément une confiance largement répandue dans la plasticité de la réalité sociale à la volonté de l'homme.

Les « libéraux » * donnaient alors le ton, les conservateurs étaient sur la défensive, et ils allaient connaître une lourde défaite en 1964 : le candidat républicain (conservateur) à la présidence, Barry Goldwater, n'obtenait que 38,5 % des voix face au président Johnson, élu avec 61,1 % des voix. Cette domination électorale des démocrates (confirmée lors des élections au Congrès), l'héritage de la « Nouvelle Frontière » du président Kennedy, la vague d'émotion soulevée par son assassinat, la confiance suscitée par les réussites techniques américaines — les circonstances étaient favorables à des réformes sociales d'envergure. Les Américains allaient non seulement envoyer un homme dans la Lune, ils allaient extirper leurs maux sociaux.

Les programmes de la *Great Society* (dont certains reprenaient les projets de l'administration Kennedy) datent principalement des années 1964-1965. L'activisme réformiste se donna libre cours et se traduisit par l'adoption d'un grand nombre de textes présentés généralement comme essentiels et par une floraison de réglementations et surtout de programmes sociaux que l'on peut classer en quatre rubriques selon qu'ils visaient : l'égalité des droits ; la réduction de la pauvreté par la formation professionnelle, les services sociaux et la participation ; l'égalisation des chances par l'école ; la couverture de certains besoins jugés essentiels par une politique de transferts en nature *(voir l'encadré ci-contre)*. Seules les

---

* Le terme *libéral* a pris dans le vocabulaire politique ou académique américain un sens différent de celui du mot français. Le *libéral* américain s'oppose au *conservateur*, il est *grosso modo* l'équivalent du social-démocrate européen. Dans la suite du texte, le mot pris dans son sens américain sera utilisé avec des guillemets.

LES PROGRAMMES DE LA « GRANDE SOCIÉTÉ »

La législation inspirée par le projet de « Grande Société » est complexe et multiforme. L'énumération qui suit n'en donne qu'une vue simplifiée.

1. L'égalisation des droits

— Le *Civil Rights Act* (1964), texte essentiel, long et compliqué, interdit toute ségrégation dans les lieux publics et à l'école, et toute discrimination en matière d'emploi et en matière électorale.

— Le *Voting Rights Act* (1965), texte clef en matière de droits politiques, prévoit des procédures radicales pour annuler toute forme de discrimination dans l'accès aux urnes.

— Le *Open Housing Act* (1968) interdit, progressivement, toute discrimination dans les logements à construire.

2. La formation professionnelle, les services sociaux, la participation

L'Economic Opportunity Act (1964), pierre angulaire de la « guerre contre la pauvreté », prévoit la mise en œuvre de divers programmes :

— deux programmes d'aide sociale et de formation professionnelle en faveur des jeunes désavantagés, principalement les jeunes Noirs des ghettos ;

— un programme d'action communautaire *(Community Action Program),* original dans sa conception, qui vise à associer directement les pauvres à la lutte contre la pauvreté et englobe une grande variété d'activités possibles (en pratique divers services sociaux) ;

— la création d'un *Peace Corps,* les « volontaires au service de l'Amérique », volontaires s'engageant à aider les communautés pauvres.

Parallèlement, une batterie de programmes de formation professionnelle est mise en place :

— le *Manpower Development and Training Act* (1962) qui vise d'abord les victimes du changement technique, et dont le bénéfice est ensuite étendu aux individus sans qualification et sans instruction ;

— l'*Operation Mainstream* (1965) qui a pour but de fournir des emplois aux travailleurs âgés, principalement dans les régions rurales ;

— et le *New Carreers Program,* le *Work Inventive Program,* le *Public Employment Program,* etc.

3. La politique scolaire

Un déluge de programmes à tous les niveaux scolaires :

— L'*Elementary and Secondary Act* (1965), la loi la plus importante, qui a pour but l'amélioration de l'enseignement primaire et secondaire offert aux enfants issus des milieux pauvres ou/et appartenant aux « minorités ». Le texte prévoit une aide financière fédérale importante aux districts scolaires locaux.

— Le programme *Head Start,* prévu dans le cadre de l'*Economic Opportunity Act,* vise à donner aux enfants issus de milieux déshérités un meilleur « départ » par une éducation compensatrice au niveau préscolaire.

— Divers programmes qui doivent faciliter l'accès aux études supérieures des élèves désavantagés par leur milieu d'origine : le *College Work-Study Program* (1964), le *Upward Bound Program* (1964)...

4. Les transferts

La politique de la « Grande Société » en matière de transferts est une politique de transferts en nature en vue d'aider les pauvres à obtenir certains biens fondamentaux et à accéder à un style de vie plus proche de celui de l'Amérique moyenne :

— aide médicale pour les personnes âgées *(Medicare)* et pour les pauvres *(Medicaid) ;*

— aide au logement des familles pauvres dans le cadre d'un nouveau ministère, le *Housing and Urban Department ;*

— extension à l'échelon fédéral de l'aide alimentaire par coupons d'alimentation *(Food Stamps).*

Ces transferts en nature s'ajoutent aux transferts en espèces mis en place lors du *New Deal* sous la forme de mécanismes d'assurances et d'assistance.

mesures qui relevaient de la première catégorie concernaient les Noirs en tant que tels ; les autres s'appliquaient également à une fraction importante de la population noire, mais en tant qu'ils appartenaient aux catégories déshéritées. Dans tous les cas, la perspective était la même : assurer à tous les individus les mêmes droits et des chances égales au départ, en espérant qu'il en découlerait une diminution de la pauvreté et des écarts entre Noirs et Blancs.

Les mesures sociales ont eu des résultats décevants. Les programmes ont été largement improvisés et leur mise en œuvre souvent brouillonne. Les programmes de formation professionnelle semblent n'avoir eu qu'un impact réduit, certains ont franchement échoué, la participation des pauvres aux programmes les concernant a été faible ou détournée de son objet : nombre d'agences créées à cet effet ont servi, en particulier dans les ghettos noirs, « de petites bases politiques pour des activistes qui utilisaient leur position pour organiser des groupes d'action et pour augmenter l'agitation politique dans les communautés noires et pauvres [6] ». En 1971, Wilbur J. Cohen, dernier secrétaire à la Santé, à l'Éducation et aux Affaires sociales de l'administration Johnson, déclarait que la politique menée dans le cadre de l'*Economic Opportunity Act* (pilier central de la « guerre contre la pauvreté ») avait « probablement tiré de la misère trois personnes depuis 1964 [7] ». La politique de transferts n'était certes pas sans effets positifs, mais son application donnait lieu à beaucoup d'abus, et surtout elle évoluait contrairement aux objectifs : la population assistée enflait considérablement (en pleine période de prospérité). Quant à la politique scolaire, elle était altérée par beaucoup d'improvisation et de multiples erreurs de diagnostic *, et aussi viciée par le poids de la représentation animiste. Divers experts ou/et militants, en particulier Kenneth Clark, avaient popularisé l'idée selon laquelle si les Noirs réussissaient moins bien à l'école que les Blancs, la faute en incombait au préjugé racial des maîtres [8]. Interprétation qu'ont démentie des travaux ultérieurs — dont celui de C. Jencks, à l'époque « radical » [9] — mais qui pesait évidemment sur les professeurs : qui « collait » un Noir prenait le risque d'être accusé de racisme. Pression dont il est résulté une augmentation artificielle du niveau scolaire des Noirs. W. E. Williams, noir lui-même, observe que les titres scolaires obtenus par beaucoup de Noirs étaient en réalité sans valeur [10].

Alors un bilan de faillite ? Ce bilan peut paraître d'autant plus tentant qu'alors même que les Noirs faisaient l'objet de la sollicitude

---

* Sur la politique scolaire américaine, voir le chapitre XV et p. 74-75. Sur la politique d'assistance aux États-Unis et ses effets, voir les chapitres IX et X.

publique, l'activisme noir se développait et les émeutes se succédaient d'été en été à partir de celle de Watts (Los Angeles) en 1965. Et pourtant, masquée par « le bruit et la fureur », une « révolution silencieuse » avait lieu, surtout dans le Sud. Révolution qu'il faut porter au crédit de la « Grande Société » parce qu'elle trouvait son origine dans l'égalisation effective des droits entre Noirs et Blancs, réalisée dans la seconde moitié de la décennie.

Les textes votés, le *Civil Rights Act,* le *Voting Rights Act,* etc., n'étaient pas en eux-mêmes radicalement nouveaux ; les principes qu'ils proclamaient faisaient déjà partie pour l'essentiel du droit américain. Mais l'ambiance sociale avait changé, la protestation noire (d'abord pacifique) avait pris de l'ampleur * et s'était affirmée une ferme volonté politique de traduire ces principes dans la réalité.

Le statut des Noirs en a été profondément modifié. Les lois civiques concernaient avant tout les États du Sud, où vivait la majorité (60 %) des Noirs ; elles ont effectivement permis de mettre fin au système de discrimination raciale qui y régnait. L'accès de tous les lieux publics a été ouvert aux Noirs et ils ont pu exercer véritablement leurs droits de citoyen américain. Deux problèmes étaient particulièrement « sensibles » : les droits politiques, l'école. Dans les deux cas, les progrès ont été importants. En 1960, dans les onze États du *Deep South* **, 29 % seulement de la population non blanche en âge de voter étaient inscrits sur les listes électorales, soit moins de la moitié du pourcentage correspondant pour les Blancs. Grâce en grande partie à l'application du *Voting Rights Act,* le nombre des Noirs inscrits augmenta d'un demi-million entre 1964 et 1966 et fit plus que doubler au cours de l'ensemble des années 60. Au début des années 70, 59 % des non-Blancs étaient inscrits dans les États du Sud contre 65 % pour les Blancs (et la différence est due largement à des facteurs démographiques). En 1962, il y avait seulement six Noirs élus dans les Assemblées d'État ; en 1968, ils étaient 53, en 1974, 85 [11].

En matière scolaire également, les années 60 marquèrent un « saut qualitatif [12] ». En 1964, dix ans après la décision historique *Brown* qui avait rejeté le principe de la discrimination scolaire, la déségrégation n'avait guère progressé. Le double système scolaire (des écoles réservées aux Blancs, des écoles réservées aux Noirs) subsis-

* Le mouvement des *Civil Rights*, qui avait commencé en 1955 par le boycottage des autobus à Montgomery en Alabama, avait culminé en 1963 avec la marche sur Washington. Devant le Mémorial de Lincoln, le pasteur Martin Luther King avait alors prononcé son fameux discours : « *I have a dream...* »

** Le *Sud profond* comprend les onze États confédérés dont la sécession entraîna la guerre civile.

tait en dépit des efforts de la NAACP * qui, cas après cas, attaquait en justice les diverses pratiques par lesquelles se manifestait la résistance du Sud. De procès en procès, d'appel en appel, le processus était lent, et certaines décisions de justice qui imposaient l'intégration d'élèves ou d'étudiants noirs avaient provoqué de violents incidents (à Little Rock en 1957, à l'université du Mississippi en 1962). Mais les choses changèrent à partir de 1964. En 1968 le double système scolaire avait quasiment vécu dans le Sud rural, et les progrès s'accélérèrent dans les années suivantes. En 1964, dans les États du Sud et les États-frontière **, 89 % des enfants noirs allaient dans des écoles intégralement noires, en 1968 61,4 % et en 1970 15,6 % seulement. En 1968, Gary Orfield pouvait écrire — après avoir rappelé l'explosion de haine suscitée par l'intégration de neuf Noirs dans la *High School* de Little Rock et les pratiques du Ku Klux Klan : « Il y a eu (dans le Sud depuis 1964) une transformation plus profonde et rapide que jamais en temps de paix dans l'histoire américaine [13]. »

Progrès également dans le domaine de l'emploi (considéré ici à l'échelle du pays tout entier). Le système entravait l'ascension socio-économique des Noirs, et en particulier handicapait les plus instruits d'entre eux [14]. À partir de 1964-1965, des professions auparavant « réservées » (cadres supérieurs dans les grandes entreprises, policiers dans le Sud...) se sont ouvertes et l'écart de salaires entre Blancs et Noirs à niveau scolaire égal s'est réduit. À la fin de la période, de nombreuses études l'attestent [15], la discrimination tendait à s'effacer sur le marché du travail. La croissance économique aidant, une fraction importante de la population noire a alors gravi les barreaux de l'échelle sociale (le pourcentage de Noirs « col blanc » est passé de 18,8 % en 1964 à 27,9 % en 1970).

L'expérience de la « Grande Société » plaide plutôt contre l'État interventionniste et en faveur de l'État libéral. L'État réformateur social s'est révélé brouillon et largement inefficace, mais l'autorité publique a permis des progrès importants en brisant les barrières qui empêchaient le jeu d'une libre compétition sociale. En supprimant toute discrimination juridique, les promoteurs de la « Grande Société » ont éliminé une contradiction ancienne qui

---

* *National Association for the Advancement of Coloured People :* l'une des plus anciennes organisations noires qui joua un rôle essentiel dans la lutte pour les droits civiques dans les années 50 et 60.

** Les États-frontière *(Border-States)* — entre le Sud et le Nord — sont le Delaware, le Kentucky, le Maryland, le Missouri, l'Oklahoma, la Virginie occidentale et le district de Columbia.

entachait la société américaine, contradiction entre ses principes libéraux et le statut discriminatoire imposé à sa minorité de couleur. Et ce faisant, ils ont également ouvert la voie à la promotion des Noirs.

Mais il y a souvent bien loin de la réalité à sa perception. D'abord les progrès réalisés ne furent pas perçus comme tels, au moins par ceux qui avaient lutté pour leur réalisation, les militants noirs, les avocats spécialisés dans les *Civils Rights,* les administrateurs publics, les juges. Pour eux, le « combat » était loin d'être terminé ; soit ils soulignaient le retard des faits sur le droit, soit ils mettaient l'accent sur des insuffisances dans les autres domaines. En décembre 1972, par exemple, à un colloque réunissant de nombreuses personnalités du mouvement des Droits civiques, Julian Bond déclarait : « ... Nous ne sommes plus esclaves. Deuxièmement nous pouvons nous asseoir dans un bar-restaurant (...), voter, travailler et aller à l'école partout où, auparavant, cela nous était interdit. Mais de multiples manières nous ne cessons de constater que ou bien rien n'a changé du tout, ou bien les choses se sont beaucoup aggravées [16]. » Propos manifestement excessifs mais qui s'accordaient avec l'esprit du temps. Dès la fin de la présidence Johnson, le « climat » (altéré également par la poursuite de la guerre au Vietnam) tranchait avec l'enthousiasme du début des années 60. La politique de la « Grande Société » ne suscitait plus que critiques et désenchantement. Critiques et contre-attaques de la part des conservateurs, mais aussi, à la surprise de beaucoup, critiques ou réserves provenant de ceux-là mêmes (les « libéraux », les dirigeants des organisations noires) qui l'avaient préconisée et soutenue. Mais la conclusion que les « libéraux » tiraient de cet « échec » était exactement à l'inverse de la leçon de l'expérience : non pas davantage de prudence et de modestie en matière de réformes sociales, mais une intervention accrue de l'État ; non pas une confiance dans la capacité des Noirs à s'élever par eux-mêmes dans le cadre des nouvelles règles du jeu, mais une politique active pour forcer les résultats attendus. Ben J. Wattenberg exprime bien l'attitude « libérale » en leur prêtant cette formule (et le slogan pourrait être celui de nombre de réformateurs utopistes et de révolutionnaires) : « *We have failed, let us continue !* » (Nous avons échoué, continuons !) [17].

Le dérapage des années 70

C'est dans les années 70 que le mythe animiste a profondément marqué la politique sociale en faveur (?) des Noirs américains. Sous l'effet du mythe, toute infériorité sociale des Noirs a été ramenée à la culpabilité blanche. La discrimination est devenue la clef d'explication presque unique, justifiant par là même une nouvelle forme d'intervention corrective de l'État. La politique antérieure restait conforme à l'idéal méritocratique et individualiste américain, elle visait à faire des Noirs des Américains comme les autres et avait pour objectif l'égalisation des chances. La politique nouvelle utilisa la contrainte et le critère racial en vue d'assurer l'égalité des résultats. En schématisant à peine, le raisonnement était le suivant. Les résultats obtenus par les Noirs et les Blancs étaient fortement inégaux. Résultats entendus au sens large : la représentation et la distribution des Noirs et des Blancs dans les différents secteurs et lieux d'activité n'étaient pas conformes à leur importance numérique respective. Qu'il s'agisse de la répartition des élèves dans les écoles ou des habitants dans les quartiers, qu'il s'agisse de la représentation politique ou de la division du travail, les proportions n'étaient pas respectées : les Noirs étaient sous-représentés dans certaines professions, concentrés géographiquement dans les ghettos des grandes villes... Inégalités de résultats qui furent interprétées comme attestant la permanence de chances inégales, c'est-à-dire l'effet continu de la discrimination. Il convenait alors de court-circuiter le processus et d'agir directement sur les résultats afin de corriger ces statistiques défectueuses. Approche nouvelle qui fut étendue à d'autres groupes — différents groupes ethniques, les femmes — et qui se traduisit par une politique contraignante en particulier dans le domaine de l'emploi (la politique d'*Affirmative Action*) et dans celui de l'intégration scolaire (la politique du *busing*).

La politique d'« action positive » *(Affirmative Action)* en matière d'emploi et de recrutement des étudiants est un bon exemple de corruption du système politique [18]. Elle a en effet progressivement dérapé à la suite d'un détournement de la volonté du législateur par les administrateurs et les juges. Dans son titre VII consacré à l'égalité des chances dans l'emploi, le *Civil Rights Act* stipulait :

> « Rien de ce qui est contenu dans ce titre ne doit être interprété comme requérant d'un employeur (...) qu'il accorde un traitement préférentiel à un individu ou un groupe en raison de sa race, de sa couleur, de sa religion, de son sexe, de son origine nationale sur la base d'un déséquilibre concernant le nombre total ou le pourcentage de personnes employées de telle race, couleur, religion, sexe ou origine nationale [19]. »

La formulation était très claire, et pourtant ce traitement préférentiel est devenu la règle de l'action publique dans les années 70. C'est entre 1965 et 1971 que progressivement la politique d'*Affirmative Action* a changé de sens. L'expression fut utilisée pour la première fois dans un décret (1963) du président Kennedy qui requérait de certaines entreprises sous contrat avec l'État fédéral « *to make affirmative action* » en vue d'éviter toute discrimination dans le domaine de l'emploi. Elle fut reprise par un décret de 1965 signé par le président Johnson qui étendait la prescription à toutes les entreprises sous contrat de plus de 10 000 dollars. L'*Affirmative Action* n'était pas précisément définie, mais il s'agissait probablement, selon Nathan Glazer [20], de mesures telles que la publicité des postes offerts ou la recherche des postulants éventuels au sein des groupes minoritaires *. L'application de ce décret donna alors lieu à une série de directives de la part du Département du Travail et de l'office chargé de l'application des contrats fédéraux, l'*Office of Federal Contract Compliance* (OFCC), directives qui progressivement resserrèrent et modifièrent le sens de l'« action positive ». Ce sont les directives de 1971 qui ont marqué définitivement le passage d'un seuil :

« Un programme acceptable d'" action positive " doit inclure une analyse des domaines où existent des lacunes dans l'utilisation des groupes minoritaires et des femmes, et les objectifs et les échéanciers *(goals and timetables)* qui doivent guider les efforts de bonne foi de l'entreprise et ainsi permettre d'augmenter concrètement l'utilisation des minorités et des femmes à tous les niveaux et dans toutes les fractions de population employée où existent des lacunes. »

Tous les types d'emplois doivent alors être contingentés d'après les chiffres du recensement. Et l'employeur doit « analyser catégorie par catégorie tous les emplois existant dans l'entreprise et expliquer éventuellement la sous-utilisation *(underutilization)* des minorités et des femmes dans un ou plusieurs de ces emplois (...) ». La « sous-utilisation » est définie comme une « utilisation inférieure à ce qu'on pourrait normalement penser d'après les disponibilités ». *La lutte contre les pratiques discriminatoires se transformait en une politique visant l'égale représentation des groupes.*

Les concepts et raisonnements clefs d'une nouvelle politique égalitaire sont donc mis en place. Son application allait prendre une grande extension, grâce en particulier à l'OFCC, mais aussi à l'*Equal Employment Opportunity Commission* (EEOC), au *Department of Health, Education and Welfare* (HEW) et aux cours de justice. Les critères de recrutement furent jugés valides ou non en fonction de leur impact sur l'admission des minorités et des femmes. Tout *adverse effect,* c'est-à-dire toute réussite inférieure à celle des autres groupes, entraîne une présomption de discrimination (à charge pour

* Le terme « minorités » recouvre (généralement car il y a des variantes) les Noirs, les Hispaniques (Mexicains, Portoricains), les Asiatiques et les Indiens.

l'employeur d'apporter la preuve contraire ou de modifier sa politique de recrutement). La logique de l'*Affirmative Action* conduit donc nécessairement sinon à des quotas rigides, du moins à un traitement préférentiel, fondé sur la race et le sexe. Si par exemple dans une telle université les professeurs femmes sont sous-représentés (mettons 5 %) et que l'objectif *(goal)* à atteindre à telle date est fixé à 25 %, les autorités universitaires sont évidemment amenées à recruter de préférence des femmes et donc inévitablement dans certains cas à donner la priorité à une candidate sur un candidat mieux qualifié. Le sexe l'emporte sur le mérite : il y a « discrimination à rebours ». Telle est bien la pratique, mais elle est en partie masquée par la rhétorique officielle qui récuse tout *quota* et toute *reverse discrimination,* et s'en tient aux *goals* en vue de rectifier l'*underutilization* de certains groupes... Mais ces distinctions sont largement artificielles : le *goal* (objectif numérique) permet de pratiquer une politique plus souple que le *quota,* mais dès lors que l'administration impose un respect absolu des normes chiffrées, l'objectif ne peut en pratique être atteint que grâce à des proportions rigides d'admission (donc des quotas), et surtout l'un et l'autre relèvent de la même interprétation, *statistique,* de la discrimination *.

Dans la pratique, les agences fédérales et le HEW ont disposé pour la mise en œuvre de cette politique d'armes dissuasives — la menace du retrait des contrats fédéraux pour les entreprises, de toute forme d'aide fédérale pour les universités, la menace de poursuites judiciaires — et ils ont pratiqué souvent une politique efficace de harcèlement. Au cours des premières années, la politique d'*Affirmative Action* concerna principalement les emplois spécialisés, surtout dans le bâtiment où existait une politique délibérée d'exclusion raciale. Puis en même temps que les directives administratives devenaient plus contraignantes, le champ d'action s'étendait. Dès 1970, la commission des Emplois civils de l'État *(Civil Service Commission),* soumise à des critiques répétées parce qu'à l'examen

* Certains textes ou décisions de justice font aussi valoir deux autres arguments (également contestables) :

a) cette politique n'est que provisoire, elle cessera dès lors que les proportions requises seront établies. Proposition peu convaincante car l'« action positive » est liée à un principe, l'égalité de représentation, dont la logique conduit à des contingentements durables ;

b) cette politique se justifie par la discrimination dont ont été victimes certains groupes dans le passé (cet argument est une variante car ici le principe de base n'est plus l'égalité des chances mais un principe de compensation à l'échelle des générations). Proposition d'ordre moral qui renvoie à des jugements de valeur et qui bute sur deux axiomes essentiels : d'abord, les enfants n'ont pas à payer pour leurs pères ou grands-pères, la responsabilité est personnelle ; ensuite un vice n'en légitime pas un autre, la discrimination passée était sans aucun doute illégitime, elle ne légitime pas une politique de même type mais à rebours (même très atténuée).

d'admission aux emplois fédéraux les Noirs réussissaient moins bien que les Blancs, était amenée à modifier les procédures d'admission et à supprimer les épreuves d'arithmétique et d'algèbre ; dans les années suivantes, diverses entreprises durent payer à leur personnel féminin ou « minoritaire » des dommages et intérêts pour avoir exercé auparavant une discrimination à leur égard. En 1973, l'*American Telephone and Telegraph Company,* accusée de discrimination par l'EEOC (sur la base de critères numériques), consentit à signer un accord aux termes duquel l'entreprise versait 15 millions de dollars à certaines de ses salariées au titre de compensation pour la discrimination passée, et affectait 23 millions de dollars à la promotion des femmes et des minorités [21]. L'affaire eut un grand retentissement et ouvrit la voie à de nombreux accords de ce type * [22].

À l'Université, l'« action positive » fut introduite au début des années 70. Il fut demandé à chaque faculté ayant passé des contrats fédéraux de préciser combien elle employait de personnes appartenant à des minorités à chaque échelon et de s'efforcer d'augmenter ce nombre. Edward Shils a résumé ainsi les directives du ministère :

« Chaque université fut invitée à détailler pour chaque emploi le personnel et sa rémunération par catégorie raciale : Noirs, Orientaux, Amérindiens, Américains à patronyme espagnol... Cela devait être accompagné d'un « programme d'action positive » précisant succinctement, par spécialités, les problèmes à résoudre ainsi que les solutions proposées dans chaque cas. Ce programme devait fixer les dates précises où ces objectifs à court terme et à long terme devraient être atteints. Il convenait d'analyser en détail les sources et les méthodes de recrutement, le nombre total de candidats interrogés, d'offres faites, de concurrents embauchés, en précisant chaque fois s'il s'agissait ou non de personnes appartenant à une minorité [23]... »

La pression ne se relâcha pas, et les universités soumises aux *Goals and Timetables* furent amenées à pratiquer une politique de recrutement préférentiel. Nombre de petites annonces et de lettres indiquant la vacance de postes spécifièrent : « *Minorities or women only.* » Selon une enquête de 1973, sur 139 présidents de départements de sociologie qui avaient eu à recruter un nouveau membre de leur département dans les deux années précédentes, 44 (soit 32 %) déclaraient s'être sentis obligés de recruter une femme ou un « minoritaire », qu'il fût ou non le meilleur candidat [24].

Contraire aux grands principes traditionnels, cette politique appelait un jugement sur le plan du Droit de la part de la Cour suprême.

---

* Il va de soi que certaines décisions particulières d'*Affirmative Action* contrebalancent effectivement des pratiques discriminatoires. Mais non, comme nous le verrons, la politique d'« action positive » dans son ensemble.

Mais celle-ci, fortement divisée, s'est révélée incapable d'élaborer une jurisprudence ferme et cohérente. Dans l'affaire Bakke (1978), la Cour a récusé l'usage de quotas à l'entrée de l'université (tout en admettant que le critère racial puisse être pris en compte), dans l'affaire Weber (1979), les juges ont admis un système de traitement préférentiel en matière de formation professionnelle *(sur ces deux affaires, voir l'encadré ci-contre).* Ces décisions, de même que les décisions ultérieures [26], ne permettent pas de fixer une ligne de démarcation nette entre ce qui est permis et ce qui est défendu au titre de l'*Affirmative Action.* Le droit revu par la Cour suprême n'est pas seulement critiquable quant au fond, il ne fixe même pas des règles du jeu stables et sûres.

La politique d'intégration scolaire est un autre exemple (encore plus frappant) de « gouvernement des juges » en même temps qu'elle illustre l'application des mêmes principes [27]. L'intégration scolaire signifiait initialement le libre accès de chaque enfant au sein de l'école de son choix. Au cours des années 70, elle a signifié pour beaucoup de familles l'affectation obligatoire de leurs enfants dans des écoles mixtes (sur le plan racial) parfois très éloignées de leur domicile. Dans un nombre croissant de cas, la « déségrégation » passait — ainsi en ont décidé les juges — par un ramassage scolaire *(busing),* organisé parfois sur une grande échelle : afin de réaliser l'équilibre racial *(racial balance)* des classes, il fallait convoyer les enfants blancs vers les écoles des quartiers noirs et vice versa.

Là encore, cette politique est née d'un détournement de sens, celui du concept de *déségrégation.* Le *Civil Rights Act* reprenait et codifiait la distinction entre la ségrégation *de jure* ou intentionnelle qui était interdite et la ségrégation *de facto* (indépendante de toute volonté de ségrégation) qui ne contrevenait pas au droit et n'était pas susceptible d'une intervention judiciaire. L'objectif était la déségrégation, mais entendue dans un sens précis et restreint :

> « La “ déségrégation ” signifie l'affectation des élèves dans les écoles publiques indépendamment de leur race, de leur couleur, de leur religion ou leur origine nationale, mais non l'affectation des élèves dans les écoles publiques dans le but de mettre fin à un déséquilibre dans la représentation raciale » (titre IV du *Civil Rights Act*).

La loi était claire mais à nouveau l'administration et les cours d'abord, les cours seules ensuite allaient en violer l'esprit et la lettre. La jurisprudence a vidé de son sens, au moins en partie, la distinction entre la ségrégation *de jure* et la ségrégation *de facto ;* sans doute subsiste-t-elle dans les attendus des jugements, mais les cours ont interprété la première de manière très extensive, au point que parfois

L'AFFAIRE BAKKE (1978) ET L'AFFAIRE WEBER (1979)

La décision de la Cour suprême dans l'affaire Bakke fut attendue avec fièvre — tout le sort de l'*Affirmative Action* était en jeu —, une multitude d'associations et d'organismes (le plus grand nombre jamais atteint) présentèrent des observations *(Brief)* au titre d'« ami de la Cour » *(amicus curiae)*, et l'arrêt une fois rendu fit la « une » des grands journaux américains.

L'affaire était la suivante : en 1973, puis de nouveau en 1974, A. Bakke, ingénieur blanc de 36 ans, avait posé sa candidature à l'école de médecine du campus de Davis (université de Californie). En dépit d'excellents résultats à l'examen d'entrée, son admission fut dans les deux cas refusée alors que des étudiants dont les résultats étaient très sensiblement inférieurs, mais qui appartenaient à des « groupes minoritaires », étaient admis dans le cadre d'une procédure d'entrée propre à ces groupes (un quota de 16 % des places disponibles leur étant réservé). Bakke porta l'affaire devant les tribunaux, soutenant que ses échecs étaient dus à sa qualité de Blanc et que cette discrimination à rebours violait notamment la clause d'« égale protection des lois » du XIVe amendement. La Cour suprême de Californie lui donna raison et estima que le programme d'admission spéciale des « minorités » mis en pratique par l'université était contraire à la Constitution. Saisie en appel et en dernière instance, la Cour suprême avait à trancher définitivement. La Cour s'est divisée et a rendu une décision longue, complexe et pour une part ambiguë. Elle a jugé successivement, par cinq voix contre quatre dans les deux cas, que d'une part Bakke avait été la victime d'un système illégal qui violait le principe de non-discrimination posé par la loi sur les droits civils de 1964, mais que d'autre part la race pouvait être légalement utilisée comme l'un des critères d'admission dans les universités. Il semble donc ressortir de ce « jugement de Salomon » que la Cour légitime la sélection préférentielle en faveur des « minorités » pourvu qu'elle ne prenne pas la forme rigide de quotas fixés au départ. Cependant, la synthèse entre ces deux réponses est délicate, d'autant plus qu'elles n'émanent pas de la même majorité (le juge Powell a « changé de camp » d'une question à l'autre et chaque fois a fait pencher la balance) et que les opinions des majoritaires, dans les deux cas, ne sont pas identiques.

Les réactions immédiates furent contrastées. Chez les partisans comme chez les adversaires de l'« action positive », certains crièrent à la victoire, d'autres exprimèrent le sentiment d'une défaite. Mais il apparut assez rapidement — telle fut en tout cas l'opinion qui prévalut — que cette décision ne remettait pas véritablement en cause la politique pratiquée.

L'année suivante, la Cour suprême eut à statuer sur le cas d'une autre « victime » de la « discrimination à rebours », non plus un étudiant mais un ouvrier, Brian Weber. Weber travaillait dans une usine d'aluminium appartenant au groupe Kayser où existait un « déséquilibre racial » dans la population employée. Sous la menace d'une annulation des contrats fédéraux par l'OFCC, une convention avait été conclue entre l'entreprise et le syndicat de la métallurgie prévoyant un programme d'« action positive » pour l'admission aux emplois qualifiés : l'accès à ces emplois devait se faire sur la base de « pas moins » d'un employé « minoritaire » pour tout employé blanc, et ce jusqu'à ce que le pourcentage de Noirs dans les emplois qualifiés soit égal au pourcentage de Noirs sur le marché du travail local, soit 39 %. D'après la convention collective, l'admission aux programmes de perfectionnement professionnel se faisait sur la base de l'ancienneté. Mais dans le cadre de l'*Affirmative Action,* deux listes d'ancienneté avaient été établies, l'une pour les Blancs, l'autre pour les Noirs. Par trois fois, B. Weber s'était vu refuser l'inscription à ces programmes alors qu'il avait plus d'ancienneté que certains des Noirs admis. Se fondant sur le *Civil Rights Act,* Weber contestait la légalité d'une procédure qui le pénalisait à cause de sa couleur de peau. Par cinq voix contre deux (deux juges n'ont pas pris part au vote pour des raisons circonstancielles), la Cour a débouté B. Weber. Interprétant le *Civil Rights Act* dans un sens manifestement contraire aux vœux du législateur, elle a affirmé la régularité de ce système préférentiel.

Sources : 25.

elle est difficile à distinguer de la seconde. Nombre d'avocats des *Civils Rights* allèrent jusqu'à récuser cette distinction et Ramsey Clark, ancien *Attorney general*, leur faisait écho en déclarant : « En fait, il n'y a pas de ségrégation *de facto*. Toute ségrégation reflète certaines actions passées de nos gouvernements. » Expression parfaite du mythe animiste : le déséquilibre racial dans les écoles est dans tous les cas le résultat d'actions intentionnelles.

Le tournant jurisprudentiel date des années 1968-1973. Dans l'arrêt Swan (1971), la Cour suprême légitimait pour la première fois un vaste ramassage scolaire pour réaliser l'intégration raciale, tout en maintenant la distinction entre déségrégation *de jure* et *de facto*. Elle la maintint également dans la décision Keyes (1973) mais avec une définition si large de l'intention de ségrégation qu'il n'y avait plus guère de situations où, au moins avec un peu de « bonne volonté », une ségrégation *de facto* ne pouvait être démontrée *de jure*. L'existence d'un fait discriminatoire révélant une volonté discriminatoire à un point quelconque du système scolaire du district suffisait à attester la volonté de ségrégation à l'échelle du système tout entier et à justifier des transports scolaires massifs.

Ces décisions ouvrirent la voie à l'activisme judiciaire des cours fédérales. Certains juges fédéraux (le juge Garrity à Boston, le juge Weigel à San Francisco, le juge Roth à Detroit) gagnèrent une notoriété nationale en imposant des plans de déségrégation ambitieux et contestés. De la simple séparation raciale à la ségrégation *de jure*, la frontière tendit en pratique à s'effacer. À San Francisco, une nouvelle école avait été construite à Hunter's Point, un quartier noir. Les autorités scolaires avaient été réticentes, mais elles avaient cédé aux demandes des habitants du quartier soutenues par la NAACP locale. Peu de temps plus tard, le juge Weigel cita cette école comme un signe de la politique de ségrégation menée par les autorités scolaires [28]. Cet activisme a été freiné par la Cour suprême, mais là encore la politique jurisprudentielle de la haute juridiction est loin d'être définie avec une parfaite rigueur [29].

Le *busing* est très impopulaire : en 1971 un sondage Gallup indiquait que 77 % des Américains y étaient opposés, l'opposition ne s'est pas démentie depuis et la majorité des Noirs eux-mêmes y est hostile [30]. Cette impopularité qui s'est traduite parfois par des manifestations violentes (à Boston, à Pontiac en particulier), est facilement explicable. Le système est coûteux, parfois d'une complication qui confine à l'absurde *(voir l'encadré ci-contre)*, et il s'oppose le plus souvent aux préférences des parents. Il rompt en particulier avec le système de l'école de quartier à laquelle beaucoup sont attachés et il suscite souvent des inquiétudes chez les parents blancs quant à la sécurité des écoles intégrées. D'où de multiples effets non désirés et indésirables qui tiennent — et tel est le cas également de l'*Affirmative Action* — à la fois à l'usage de la contrainte et à la fausseté des postulats de base.

LE BUSING À CHARLOTTE

Après la décision *Swan* (1971), un plan de transports scolaires fut mis en place à Charlotte en vue d'assurer l'équilibre racial des écoles. La ville de Charlotte (dans le sud des États-Unis) est incluse dans un très vaste district scolaire — près de deux fois la dimension de New York. Les élèves noirs formaient alors environ 30 % de la population scolaire, presque tous vivaient à Charlotte. En 1974 — le système scolaire était toujours sous le contrôle de l'autorité judiciaire — le président du *School Board* témoigne :

« L'été dernier, nous avons mis en place une loterie pour l'affiliation des élèves parce que c'était la seule manière possible de se conformer à la décision judiciaire qui nous ordonnait de trouver six cents élèves blancs résidant dans le quartier sud-est, le plus riche de notre comté, pour qu'ils soient inscrits à la *High School* de Charlotte ouest située dans un quartier totalement noir (...). Le *School Board* a proposé de prendre les enfants dans un quartier blanc résidentiel plus proche de Charlotte ouest, mais le juge de district a refusé d'approuver ce plan (...). Le juge a indiqué clairement qu'il voulait une intégration socio-économique aussi bien que raciale (...). Nous sommes actuellement sous le coup d'une décision judiciaire qui interdit tout changement dans l'affiliation d'un élève blanc désigné par la loterie, même si la famille a quitté le lieu sur la base duquel il a été désigné. Dans un cas nous avons à requérir d'un conducteur de bus qu'il « ramasse » un élève dont la famille a construit une nouvelle maison et s'est déplacée vers l'extrême nord du comté, à plus de 25 miles de l'école de Charlotte ouest.

« Proportionnellement, davantage d'enfants noirs sont transportés par autobus (...) que d'enfants blancs. La mathématique de l'équilibre racial, il y a deux fois plus d'enfants blancs que d'enfants noirs, l'exige dans notre district — on nous dit maintenant qu'il en résulte une charge injuste pour les enfants noirs (...). Le juge appelle maintenant ces quartiers où les enfants blancs vont dans leurs écoles de quartiers des sanctuaires blancs et dit qu'ils ne devront plus subsister dans les futurs plans d'affectation scolaire.

« Dans plusieurs cas, après que les plans étaient approuvés et que la mixité raciale semblait réalisée, de soudains et massifs mouvements (de population) ont eu lieu, pour ainsi dire d'un jour à l'autre (...). La Cour a demandé l'établissement d'un plan stable — qui assure que toutes les écoles resteront à dominante blanche. Les parents et les enfants ont aussi demandé un plan stable — qui leur permette de savoir l'école où leurs enfants seraient affectés d'une année à l'autre. Ces deux définitions de la stabilité sont évidemment en conflit si l'on considère notre histoire récente marquée par les changements rapides des quartiers résidentiels et une population très mobile. »

Cité par N. Glazer, *Affirmative Discrimination*, New York, Basic Books, 1978, p. 113-114.

Chapitre II

« LA VICTIMISATION » DES NOIRS AMÉRICAINS (II)

La vision animiste du réel qui a justifié l'action réformatrice des années 70 relève largement du mythe. S'en tenir à une explication intentionnelle — expliquer toute situation insatisfaisante des Noirs par les intentions (coupables) des Blancs —, c'est négliger le jeu de facteurs qui échappent à la maîtrise des acteurs et qui ici sont essentiels.

Mythe et réalité

Penser les inégalités de réussite au travers de l'opposition majorité/minorités est tout à fait trompeur. Comme l'a montré en particulier Thomas Sowell [1], lui-même noir, la race, la couleur départagent moins les Américains que ne l'affirme le discours « dominant ». Tout d'abord la société américaine est composée non d'une majorité ethnique opposée à des minorités mais d'une mosaïque de groupes et d'un grand nombre d'individus « mixtes » sur le plan ethnique. D'après les enquêtes du *Census Bureau,* la moitié environ des Américains ne peuvent identifier leur caractère ethnique, probablement à cause des croisements au cours des générations. Le groupe le plus important que l'on peut distinguer est celui des Anglo-Saxons, mais il ne forme que 14 % de la population, soit guère davantage que les Allemands américains (13 %) ou les Noirs (11 %).

Ces divers groupes ethniques réussissent différemment en termes économiques. Mais, contrairement aux idées reçues, ce ne sont pas les Anglo-Saxons dont le revenu moyen est le plus élevé. Les

Américains d'origine juive, mais aussi ceux d'origine japonaise, polonaise, chinoise ou italienne *« make more money »*. Le tableau I montre qu'il n'y a pas une nette dichotomie majorité/minorités en matière de revenus mais un continuum entre les différentes catégories, et que la couleur de la peau n'est pas un critère suffisant pour rendre compte de ces inégalités : deux des cinq groupes les plus aisés sont non blancs (Chinois et Japonais), tandis que la grande majorité des Portoricains sont blancs et que leur revenu moyen est voisin de celui des Noirs.

TABLEAU I

REVENU FAMILIAL MOYEN PAR GROUPE ETHNIQUE

(en pourcentage du revenu national moyen)

Groupe ethnique	*Revenu (%)*
Juifs	170
Japonais	132
Polonais	115
Italiens	112
Chinois	112
Allemands	107
Anglo-Saxons	107
Irlandais	103
Moyenne nationale	100
Philippins	99
Noirs des Antilles (*West Indians*)	94
Mexicains	76
Portoricains	63
Noirs	62
Indiens	60

Source : 2.

Prenons, en suivant Thomas Sowell, un exemple plus précis. Les Japonais américains et les Mexicains américains arrivèrent en grand nombre aux États-Unis à peu près à la même époque (au début des années 1900), s'installèrent dans la même région (le Sud-Ouest) et eurent également à subir une discrimination scolaire et professionnelle. Les Japonais furent même plus défavorisés que les Mexicains parce que leur couleur de peau les exposait davantage au racisme et qu'ils connurent l'internement et d'importantes pertes économiques pendant la Seconde Guerre mondiale. Or, aujourd'hui, le revenu moyen des Japonais américains est presque le double de celui des Mexicains américains, et leur taux de criminalité et de séparation familiale est beaucoup plus faible.

Quels facteurs alors retenir ? L'une des raisons les plus évidentes des différences de revenus entre groupes ethniques (et pourtant généralement ignorée), montre Sowell, est que *certains groupes travaillent davantage que d'autres.* Un cinquième environ des familles chinoises américaines ont trois ou plus de leurs membres qui travaillent. Chez les Portoricains la proportion est plus de deux fois plus faible. La proportion de familles où personne ne travaille est la plus élevée chez les Portoricains, la plus faible chez les Chinois ; la plupart des groupes ethniques se situent entre ces deux extrêmes, les revenus les moins élevés étant associés au plus petit nombre de personnes travaillant régulièrement par famille.

L'expérience est un autre facteur évident, dans un pays où les inégalités de revenus selon les âges sont plus importantes qu'entre groupes ethniques. Or, il se trouve que les différences d'âge entre ces groupes sont particulièrement nettes, comme le montre le tableau II.

TABLEAU II

LES DIFFÉRENCES D'ÂGE ENTRE GROUPES ETHNIQUES *

Juifs	46
Polonais	40
Irlandais	37
Allemands	36
Italiens	36
Anglo-Saxons	34
Japonais	32
Total États-Unis	28
Chinois	27
Noirs	22
Indiens	20
Mexicains	18
Portoricains	18

* Ces chiffres moyens traduisent à la fois les différences quant au nombre d'enfants et quant à l'âge moyen de ceux qui sont sur le marché du travail.

Source : 3.

Les différences d'instruction renforcent l'effet des différences d'âge. Les juifs sont non seulement nettement plus âgés que les Portoricains, mais ils ont également un niveau d'instruction beaucoup plus élevé. À tous ces facteurs s'ajoutent les traditions professionnelles propres à chaque groupe et les différences régionales, très fortes aux États-Unis. D'après le recensement de 1970, le revenu moyen d'une famille noire dans l'État de New York est plus de deux fois supérieur à celui d'une famille noire du Mississippi, les Mexicains américains gagnent plus du double à Detroit qu'à Laredo ou Brownsville (Texas)... Nulle intention maligne de la « société », ici, mais un jeu complexe de divers facteurs. Il est frappant en particulier de constater l'ignorance officielle d'une donnée élémentaire — la répartition différentielle des âges au sein des groupes ethniques — qui invalide les mesures utilisées de la représentation des groupes. Pour prendre les exemples extrêmes : la moitié des juifs américains ont 45 ans ou plus, pour les Portoricains, le pourcentage correspondant est de 12 %. Il est évidemment absurde de postuler qu'en l'absence de toute discrimination ils seraient identiquement (proportionnellement) représentés dans les différentes professions.

L'analyse de la situation sociale des Noirs ne justifie pas davantage la stratégie de l'*Affirmative Action*. Si l'on ne peut négliger le poids de l'histoire et de la discrimination passée, la discrimination présente n'apparaît plus guère comme un facteur explicatif important. Paradoxalement la politique antidiscriminatoire dans l'emploi a dérapé vers la forme extrême de l'« action positive » alors même que tendait à s'effacer la discrimination sur le marché du travail. Sans doute l'*Affirmative Action* n'est-elle pas totalement dépourvue de toute efficacité ponctuelle (les attitudes discriminatoires n'ont certainement pas totalement disparu), mais comme politique globale elle ne peut en aucune manière résoudre ce qui constitue toujours un problème noir mais relève de tout autres thérapeutiques.

Si la situation sociale de la population noire ne peut pas être expliquée uniquement en termes raciaux, c'est que tout d'abord — phénomène important mais mal perçu — elle est devenue très hétérogène. Cette évolution est souvent masquée par l'utilisation de moyennes statistiques qui ne donnent qu'une vision partielle de la réalité. Ainsi la première ligne du tableau III montre-t-elle l'évolution du rapport entre le revenu médian des familles noires et celui des familles blanches. Les progrès observés dans les années 60 ne se sont pas confirmés dans les années 70, et une forte inégalité se maintient. Il est alors tentant de conclure à la persistance d'un désavantage *global* de la population noire due à l'incidence présente du facteur racial. Conclusion erronée car ces chiffres masquent *une évolution* en fait *très contrastée :* au cours des vingt dernières années, les nouvelles conditions socio-juridiques ont permis à une fraction importante de la population noire de s'élever dans l'échelle sociale, tandis que pour une autre partie des *black people*, au contraire, les handicaps sociaux tendaient à s'aggraver.

TABLEAU III

INDICES DE LA SITUATION SOCIO-ÉCONOMIQUE DES NOIRS
(1960-1980)

	1954	*1958*	*1961*	*1964*	*1967*	*1969*	*1970*	*1974*	*1975*	*1976*	*1977*	*1978*
1. Rapport entre le revenu médian des familles noires et le revenu médian des familles blanches												
— Toutes les familles				0,54		0,61			0,62		0,57	
— Familles « dirigées » par un homme				0,57		0,72			0,76		0,75	
2. Pourcentage de Noirs qui occupent des emplois à « col blanc »		13,8		18,8			27,9	32				36,2
dont prof. libérales et techniques		4,1		6,8			9,1	10,4				11,7
dont cadres administratifs et commerciaux		2,4		2,6			3,5	4,1				4,8
3. Pourcentage de familles noires qui ont un revenu équivalent ou supérieur à 25 000 dollars (de 77)	0,5				5,5						10,8	
4. Pourcentage de familles noires sans père				23		28			36		39	
5. Pourcentage de Noirs allocataires de l'AFDC (aide aux familles pauvres sans père)			7		10						19	
6. Taux de chômage des Noirs (Noirs et autres non-Blancs)				9,6		6,4			13,9		13,1	
7. Pourcentage de chômeurs chez les Noirs de 18-19 ans				23,1		19				34		

Sources : 4.

Les lignes suivantes du tableau III en fournissent des illustrations : l'on peut observer une « percée » remarquable des Noirs dans les emplois de niveau moyen et élevé, une augmentation importante du nombre des Noirs disposant de hauts revenus (ces progrès ont bénéficié essentiellement à ceux dont le niveau d'instruction ou de qualification ou/et l'origine sociale étaient les plus élevés), et simultanément un accroissement du nombre des Noirs inscrits sur les listes de l'assistance *(on welfare)*, une proportion croissante de familles noires sans père (et ces familles sont sur-représentées au sein de la population pauvre *), et dans les années 70 une augmentation rapide du chômage noir (en particulier du chômage des jeunes Noirs). Depuis le début des années 70, les jeunes Noirs diplômés des *Colleges* bénéficient à peu près des mêmes salaires que les jeunes Blancs de même niveau, mais les jeunes Noirs sans qualification gagnent substantiellement moins que les jeunes Blancs de niveau équivalent et leur taux de chômage est beaucoup plus élevé. L'unité de la *black experience* relève donc du mythe dans la période contemporaine, et il importe de distinguer au sein de la population noire différentes strates. Soit, selon le sociologue (noir) W.J. Wilson, un sous-prolétariat composé de travailleurs instables et non qualifiés et d'allocataires du *Welfare*, une classe ouvrière stable de « cols bleus » semi-qualifiés et une classe moyenne de travailleurs qualifiés en « col bleu » ou « col blanc ». 35 % environ des Noirs appartiennent à l'*underclas*, 30 % à la *working class* et 35 % à la *middle class* [5].

Les étapes et les facteurs de cette évolution ont été en particulier mis en lumière par W.J. Wilson dans un ouvrage au titre significatif : *The Declining Significance of Race* [6]. La thèse centrale du livre est qu'à la situation d'oppression raciale à l'égard de l'ensemble de la « communauté noire » s'est substituée pendant la « période industrielle moderne » une situation de subordination économique pour une fraction de la communauté noire. Le contexte social a changé de nature : la position sociale est devenue un facteur plus important de la réussite économique que la race. Cette évolution tient à l'effet conjugué de facteurs économiques et politiques :

« C'est l'expansion économique, écrit Wilson, qui a facilité le mouvement des Noirs des zones rurales vers les centres industriels et qui a créé les possibilités d'emploi qui ont engendré une plus grande différenciation

* Cette crise particulièrement aiguë de la famille noire (en 1975, 36 % des familles noires étaient dirigées par des femmes seules, contre 9 % pour les familles blanches) est l'une des raisons essentielles de l'importance des écarts de revenus entre familles de l'une et l'autre race (entre individus, sur le marché du travail, les différences sont beaucoup plus faibles). Ajoutons que contribue également à l'infériorité économique des Noirs le fait (souvent ignoré) que leur âge moyen est beaucoup moins élevé que celui des Blancs.

professionnelle au sein de la communauté noire (en ce sens qu'un pourcentage croissant de Noirs a occupé des emplois à « col blanc » ou des emplois semi-qualifiés ou qualifiés à « col bleu »), et c'est l'intervention de l'État (répondant aux pressions des Noirs dont les ressources politiques s'étaient accrues et au mouvement de protestation raciale) qui a supprimé nombre de barrières discriminatoires artificielles par la législation des *Civil Rights* au niveau fédéral, étatique ou municipal, et qui a contribué à des pratiques plus libérales sur le plan racial des syndicats par une législation sociale protectrice. Et ces changements à la fois économiques et politiques ont entraîné un mouvement d'ascension des Noirs sur le plan professionnel qui s'est traduit, par exemple, par une diminution substantielle du pourcentage des hommes noirs employés dans les services à bas salaires, dans l'agriculture ou comme manœuvres (de près de 80 % en 1940 à seulement 36 % en 1970). Cependant (...) une conséquence du développement des grandes entreprises modernes et du secteur public a été la création graduelle d'un marché du travail segmenté qui offre des chances de mobilité très inégales aux différentes parties de la population noire. D'une part en ce qui concerne les Noirs des centres-villes sans formation et de niveau d'instruction faible, y compris le nombre croissant d'adolescents et de jeunes adultes, les perspectives d'emploi sont de plus en plus limitées au secteur à bas salaires, le taux de chômage grimpe à des taux records (...), le passage du seuil de pauvreté se fait plus rare et le nombre des inscrits à l'assistance augmente. D'autre part les Noirs doués et de niveau d'instruction élevé connaissent des possibilités d'emploi sans précédent dans le secteur public et celui des grandes entreprises modernes (en extension l'un et l'autre), possibilités qui sont au moins comparables à celles des Blancs de qualification équivalente [7]. »

Si les États-Unis n'ont toujours pas résolu leur « question noire », les termes du problème ont donc profondément changé : *le problème n'est plus guère celui d'une minorité raciale soumise à la discrimination mais bien davantage celui d'une minorité de la race noire victime de ses handicaps sociaux.* La situation de l'*underclass,* observe en effet Wilson, est moins liée à l'effet présent du facteur racial qu'à l'héritage de l'histoire et à des facteurs socio-économiques défavorables : les Noirs marginalisés (ceux des ghettos urbains) ont été ou sont élevés très généralement dans des familles sans père, ils ont été ou sont éduqués dans des écoles dégradées et, de plus, ils sont piégés par une situation où non seulement les emplois disponibles sont peu stables ou peu rémunérateurs mais où également existent, largement utilisées, des sources de revenus autres que le travail (les diverses formes de délinquance, l'assistance). Situation perverse qui tient à l'imbrication de plusieurs séries de facteurs dont certains, nous y reviendrons *, ne sont pas étrangers à la bonne volonté des réformateurs sociaux.

* Voir le chapitre X.

TABLEAU IV
Indice de ségrégation résidentielle par race
109 villes en 1940, 1950, 1960
et pourcentage de Blancs approuvant l'intégration résidentielle
en 1942, 1956, juin et décembre 1963, 1965 et 1968

	Sud		*Nord*	
	Ségrégation résidentielle	*% des Blancs approuvant l'intégration résidentielle*	*Ségrégation résidentielle*	*% des Blancs approuvant l'intégration résidentielle*
1940				
1942		12		42
1950				
1956		38		58
1960	84,9		85,5	
1963 (juin)		44		68
1963 (décembre)	88,5	51	86,3	70
1965		58		81
1968	90,7	57	82,8	83

Sources : 8.

Les intentions discriminatoires n'ont pas non plus la valeur explicative que les réformateurs leur prêtent dans le domaine de l'intégration scolaire. Le déséquilibre racial de nombre d'écoles tient simplement au fait que Noirs et Blancs ne vivent pas dans les mêmes quartiers, et cette localisation différente ne peut aujourd'hui s'expliquer uniquement par le racisme. Le tableau IV montre un profond changement d'attitude des Blancs en la matière sans qu'il en résulte une diminution effective de la « ségrégation » résidentielle. Sans doute pourrait-on expliquer ce contraste en soutenant que le changement d'attitude des Blancs n'est qu'apparent et que les pratiques n'ont pas changé. Mais plusieurs indices montrent le contraire : nombre d'études et de sondages qui attestent un déclin dans les années 50 et 60 de l'intolérance raciale, le recul des pratiques discriminatoires dans d'autres domaines de la vie sociale et le témoignage des Noirs [9]. En 1971, par exemple, 73 % des Noirs de Detroit déclaraient qu'il y a eu dans les dernières dix ou quinze années « beaucoup de progrès » en ce qui concerne la discrimination. Et A. Inkeless qui cite ce sondage commente :

« Je suis moi-même convaincu que le changement est réel. Mieux encore, je pense que le changement dans les attitudes raciales est seulement une manifestation d'une transformation générale des valeurs américaines vers une plus grande tolérance de la diversité et des comportements déviants, au moins dans la mesure où ces comportements déviants ne font pas de victimes [10]. »

La « ségrégation » résidentielle ne peut alors s'expliquer aujourd'hui sans tenir compte des effets non intentionnels de l'agrégation d'actes intentionnels (sans négliger évidemment le legs du passé). Ainsi le choix du lieu d'habitation est fonction des ressources, ces ressources restent globalement inégales entre Blancs et Noirs, et en l'absence totale de toute discrimination la « ségrégation » résidentielle ne disparaîtrait pas pour autant. Le racisme n'a sans aucun doute pas disparu aux États-Unis, sans doute est-ce dans le choix de l'habitat qu'il subsiste le plus nettement, mais même là il n'a qu'une valeur explicative partielle.

Les effets et les causes

Le *busing* est un système coûteux, en termes de liberté de choix des familles, en termes financiers. Et ce coût a été acquitté alors même que les résultats escomptés n'ont pas été obtenus, qu'il s'agisse de l'amélioration des relations interraciales * ou de l'élévation des résultats scolaires des Noirs **, et que des résultats obtenus n'étaient pas escomptés : la « ségrégation » accrue de nombre d'écoles en raison de l'accélération du *White Flight,* de la « fuite blanche », vers les banlieues. L'émigration des Blancs vers les *suburbs* ne date pas du *busing,* mais son rythme s'est fréquemment accéléré à la suite de la mise en place de plans de déségrégation (les parents refusant de soumettre leurs enfants au *busing*). Et ce parfois de manière spectaculaire : à San Francisco, le nombre des élèves blancs inscrits dans les écoles publiques est passé de 26 067 en 1972 à 14 958 en 1976, soit une baisse de 42,6 % (l'injonction judiciaire date de 1971) ; les écoles publiques de Los Angeles ont perdu 55 000 élèves en deux ans à la suite d'un *desegregation order* qui prévoyait un ramassage scolaire massif, à Houston la « perte » a été de 56 000 élèves, à Memphis de près de 41 000 [12]. Du fait de cette émigration

* « Il est effrayant, écrit Thomas Sowell, d'entendre des parents dire que les pires racistes qu'ils connaissent sont leurs propres enfants. De telles déclarations sont faites par des parents noirs et blancs, " libéraux " et conservateurs, et quelle que soit la région. Il est courant d'entendre parler d'écoles intégrées où aucun enfant d'une race ou d'une autre n'oserait aller seul aux toilettes [11]. »

** Voir le chapitre XV.

(et du placement des élèves dans les écoles privées), les écoles publiques du centre-ville des grandes agglomérations, celles qui fonctionnent le plus mal, ne sont plus fréquentées que par une minorité de Blancs (d'origine modeste) et une majorité de membres des minorités (principalement des Noirs). Soit en 1976 : 69,5 % des élèves inscrits dans les écoles publiques à New York étaient noirs (ou autres « minoritaires »), 77,1 % à San Francisco, 75,0 % à Chicago, 81,3 % à Detroit, 63,0 % à Los Angeles et 96,5 % à Washington [13]. L'effet pervers est massif : ce sont ceux qui auraient le plus besoin d'un enseignement de qualité qui ont les plus mauvaises conditions scolaires [14]. Et nombre d'avocats ou de promoteurs du *busing* se gardent de mettre leurs enfants dans des écoles intégrées : les enfants du sénateur Ted Kennedy et du sénateur Mac Govern, ceux du juge noir à la Cour suprême Th. Marschall, du psychologue noir Kenneth Clark et du journaliste C. Rowan, tous partisans déclarés de l'intégration obligatoire, sont inscrits dans des écoles privées [15].

Les membres de l'*underclass* noire sont pénalisés par la politique scolaire, ils ne sont nullement avantagés par la politique d'« action positive ». Fondée sur de fausses prémisses, cette politique aide surtout ceux qui ont le moins besoin de l'être et, comme le note W.J. Wilson [16], contribue au développement des écarts au sein de la population noire (effet évidemment non désiré). En s'attachant aux professions où les Noirs sont sous-représentés (les professions de niveau moyen et élevé) et à l'accès aux *Colleges* et aux universités, la stratégie de l'*Affirmative Action* se trompe de cible et ne touche nullement aux handicaps des Noirs les plus défavorisés qui ne peuvent participer à la compétition pour ces postes (de plus, la situation où sont enferrés les membres de l'*underclass* ne comporte pas de compétition interraciale pour les emplois). En revanche, cette politique a sans doute favorisé, mais dans une mesure incertaine, une fraction des Noirs, les plus qualifiés, ceux en particulier qui étaient susceptibles de postuler à des emplois de « col blanc » dans les grandes entreprises modernes [17].

Les gains sont modestes, les coûts et effets négatifs importants. Un coût financier et bureaucratique d'abord : plus de 75 millions de dollars en 1974-1975 selon les estimations du *Congressional Research Service* (un coût que le sénateur Buckley qualifiait de « littéralement astronomique ») ; près de 80 000 heures de travail pour la seule université Harvard en 1974-1975 selon son président D.C. Dok, heures consacrées à l'application des directives fédérales (dont notamment celles de l'« action positive ») [18]. Ensuite et surtout des effets négatifs en chaîne. Sans doute dans certains cas l'*Affirmative Action* a-t-elle annulé des pratiques discriminatoires, mais s'il est vrai que ces pratiques n'existent plus guère aujourd'hui sur le marché du travail ni à l'entrée de l'enseignement supérieur, elle se traduit généralement par une discrimination à rebours, une *Affirmative Discrimination* selon le titre du livre de Nathan Glazer. Tout admis à titre préférentiel a pour correspondant un exclu. D'où des injustices individuelles (en termes d'égalité des chances), celles dont se plaignaient A. Bakke et B. Weber et dont J. Adelson, professeur de psychologie à l'université de Michigan, donne un exemple extrême sans aucun doute mais particulièrement frappant : étaient en compétition pour un poste à l'université deux jeunes femmes. La première était fille d'ambassadeur, avait été élevée dans des écoles secondaires privées et appartenait à une université de l'*Ivy League* * ; la seconde était fille d'un fermier pauvre des Appalaches, son histoire semblait sortie, note Adelson, d'un roman de Harriet Arnow : la ferme périclita, la famille émigra vers le Nord, le père mourut, la famille survécut grâce à l'assistance et à de petits métiers, elle se maria jeune, eut un enfant, divorça, s'inscrivit dans une université publique et finalement fut diplômée avec d'excellents résultats. Les résultats aux tests étaient voisins. Ce fut à la fille d'ambassadeur, noire, que fut offert le poste de préférence à la *Welfare child,* blanche. L'élue, en définitive, ne prit pas la place, ayant abondance de choix [19]. Une telle pratique ne peut évidemment qu'avoir des conséquences psychologiques négatives. Elle engendre des sentiments d'injustice (même quand ceux-ci ne sont pas justifiés), lorsque les sujets ont l'impression que d'autres ont été choisis non pour leurs mérites personnels, mais en raison de leur groupe d'appartenance. Le Noir, même qualifié, tombe sous le coup d'une suspicion. Et lui-même ne peut que se sentir dévalorisé par le fait d'être traité non comme un individu, mais comme le membre d'une catégorie. Le traitement préférentiel sape le *self-respect,* la *self-esteem* de ceux qui bénéficient de la préférence.

Viciée par le mythe animiste, la stratégie des années 70 apparaît ainsi tout à fait erronée **. Loin de favoriser l'intégration des

---

* Les huit universités groupées sous le nom d'*Ivy League* sont des universités anciennes et prestigieuses (Harvard, Yale, Princeton, Columbia...).

** L'erreur fondamentale d'interprétation vaut également pour la politique d'*Affirmative Action* en faveur des femmes. La variable clef de leur réussite professionnelle est l'interruption du travail due au mariage et aux enfants. Les différences de revenus et de positions hommes/femmes traduisent largement les différences entre les femmes mariées et les autres acteurs (hommes ou femmes) — il est difficile d'y voir une volonté malveillante de la « société [20] ». Ajoutons que la politique d'« action positive » (de même que celle du *busing*) est souvent présentée comme provisoire mais que leur logique conduit à des contingentements durables. Comme l'inégalité de représentation est supposée refléter dans tous les cas une discrimination et comme en fait le jeu des facteurs sociaux ne peut que conduire, en l'absence de toute discrimination, à une représentation inégale, les réformateurs sont condamnés à ne jamais réussir durablement et à poursuivre sans relâche la discrimination, même si elle est devenue fictive (tant que bien entendu ils en ont les moyens politiques).

minorités, elle a contribué à empoisonner la vie sociale américaine. Elle fait sans doute le bonheur des avocats dont le nombre n'a cessé de croître, mais la multiplication des procès n'est pas un signe d'harmonie sociale. Les revendications noires ou féministes ont suscité celles d'autres groupes qui s'estiment inégalement (donc injustement) représentés dans les positions élevées. Une telle stratégie ne peut que contrarier le *Melting-Pot*. Des politiques différentes pour des groupes différents, est-ce le moyen de forger une société unie ?

Pourquoi alors une telle persévérance dans l'erreur ? Pourquoi cette passion antidiscriminatoire alors que décline l'incidence sociale de la discrimination ? Il faut incriminer, semble-t-il, le poids des fausses représentations et la logique des intérêts. La représentation officielle de la minorité noire (celle des agences fédérales, des organisations noires, du *New York Times*...) est restée largement celle d'une communauté homogène, victime du racisme — deux idées fausses. Le passé (l'esclavage, le racisme blanc) pèse sur les esprits et l'explication par la discrimination s'impose spontanément même si la situation a profondément changé. Qui récuse le racisme comme facteur explicatif est guetté par la mauvaise conscience s'il a un tempérament « libéral » en même temps qu'il est facilement suspecté ou accusé de racisme.

Certains acteurs importants, d'autre part, ne peuvent pas ne pas être attachés à cette représentation de par le système d'incitations dans lequel ils se trouvent : les « professionnels » de la lutte contre la discrimination. Les agences fédérales spécialisées, les leaders noirs, nombre d'intellectuels se sont engagés depuis de longues années dans cette lutte au nom de cette représentation de la population noire. Jouent alors la force des idées acquises, des raisonnements habituels et le poids des intérêts. Renoncer à une idée longtemps défendue a un coût psychologique. Et pour certains les coûts sont également d'un autre ordre. Pour les administrateurs de la politique antidiscriminatoire, la remise en cause de cette représentation signifie la remise en cause de leur activité — et des moyens, du pouvoir qu'ils ont conquis. En 1972, l'*Equal Employment Opportunity Commission* employait trente juristes ; après que le Congrès étendit ses pouvoirs en 1972, ce nombre monta à 220, il était en 1975 de 300 [21]. Quant aux leaders des organisations noires, représentants d'un groupe racial, ils sont enclins à insister sur le poids du facteur racial : reconnaître les divergences d'intérêts au sein des représentés serait contraire à l'intérêt de l'organisation et de ceux qui la dirigent. J.W. Wilson est très critique à l'égard de ces leaders et plus généralement de la *Black Elite* qui traite le problème de la population noire de façon à en masquer les clivages internes et préconise des programmes qui concernent davantage les Noirs privilégiés que les Noirs pauvres :

« Les termes du problème (des Noirs américains) sont définis par l'intelligentsia noire — le groupe qui précisément a le plus bénéficié des programmes antidiscriminatoires de ces dernières années. (Ceux-là) s'opposent vigoureusement à un changement de perspective (...) et ils continuent de perpétuer le mythe qui veut qu'il n'y a pas lieu de parler de divisions de classes dans la communauté noire et qu'il n'y a pas de preuves d'un écart croissant entre ceux qui ont réussi et les autres [22]. »

Lors d'un colloque organisé à l'université de Pennsylvanie autour de son livre *(The Declining Significance of Race)*, et sans doute échauffé par les critiques qui lui étaient adressées, il exprima en termes encore plus nets son sentiment :

« Je dois avouer qu'en face du problème de plus en plus aigu des Noirs pauvres, je deviens légèrement impatient quand un spécialiste noir qui (...) conduit une Mercedes et habite une maison de 100 000 dollars peut encore parler de la communauté noire, de l'identique expérience noire. Il a davantage en commun avec ses collègues blancs qu'avec les Noirs pauvres du ghetto [23]. »

Chapitre III

INÉGALITÉS DES CHANCES ET CULPABILITÉ SOCIALE

(I) Commentaire de textes

L'égalité des chances est aujourd'hui une norme officiellement reconnue et quasi incontestée. Mais sous réserve d'un glissement de sens : la politique d'égalisation des chances se confond largement dans la conscience contemporaine avec la lutte contre *certaines formes* d'inégalités des chances. Cette égalité est pensée au travers des oppositions Noirs/Blancs, femmes/hommes aux États-Unis, au travers, principalement, de l'opposition entre catégories sociales en France. Deux approches distinctes mais qui ont en commun d'être partielles — les chances sont également inégales entre générations, selon la région d'origine… — et de se prêter à une représentation animiste et donc à une attitude dénonciatrice. Cette représentation n'a pas en France les mêmes racines historiques qu'aux États-Unis, elle n'a pas eu la même « force » qu'outre-Atlantique mais, si le cas est impur, il n'en reste pas moins que l'idée de causalité diabolique a déteint sur la politique scolaire-égalitaire menée en France, en particulier dans les années 70.

L'idée s'est imposée à la suite de travaux sociologiques. À partir environ du milieu des années 60, les règles du jeu de la réussite sociale sont apparues à la majeure partie de l'intelligentsia française comme clairement intelligibles et parfaitement illégitimes. Des sociologues avaient mis en lumière la coupable fonction du système d'enseignement — perpétuer et légitimer les inégalités sociales — et savamment dénoncé le déterminisme liant la position initiale des individus (l'origine sociale) à leur position finale (le statut social) par le filtre de l'institution scolaire. Pierre Bourdieu est le plus éminent de ces sociologues, ses travaux, notamment *Les Héritiers* (1964) et

La Reproduction (1970) (en collaboration avec J.-C. Passeron) ont marqué l'esprit du temps. Il mérite donc le « détour », qui prendra la forme d'un commentaire de textes, en particulier de celui qu'il a publié dans les *Actes de la recherche en sciences sociales* en 1975 sous le titre « les Catégories de l'entendement professoral » (en collaboration avec Monique de Saint-Martin [1]).

Première lecture : la « méthode Bourdieu »

Ce texte consacré au critère de jugement des professeurs a été choisi parce qu'il est relativement court, qu'il est typique de la « méthode Bourdieu » et qu'il s'inscrit dans le droit fil des *Héritiers* et de *La Reproduction* dont il reprend les thèses essentielles.

Après un paragraphe introductif sur les systèmes de classement et leurs fonctions Pierre Bourdieu présente le matériel empirique qui servira de base à l'analyse : l'ensemble des fiches individuelles tenues pendant quatre années successives par un professeur de philosophie dans une khâgne parisienne (filles). Ce matériel devrait permettre, nous dit l'auteur, de « vérifier directement *les hypothèses* qui avaient été avancées à propos des critères implicites du jugement professoral dans sa forme traditionnelle ».

L'objectif est ainsi de saisir « à l'œuvre *les formes scolaires de classification* qui, comme les “ formes primitives de classification ” dont parlaient Durkheim et Mauss, sont transmises, pour l'essentiel, dans et par la pratique, en dehors de toute intention proprement pédagogique. Ces formes de pensée, d'expression et d'appréciation doivent leur logique spécifique au fait que produites et reproduites par le système scolaire, elles sont le produit de la transformation que la logique spécifique du champ universitaire impose aux formes qui organisent la pensée et l'expression de la classe dominante ». (P. 69.)

Laissons provisoirement de côté le problème du style. Ces formules signifient, si l'on comprend bien, que les critères de jugement des professeurs relèvent d'une logique qui est la traduction au sein du système scolaire des critères de la classe dominante. La conclusion est déjà donnée — postulée ? — au départ de l'analyse. Suit un diagramme *(reproduit page suivante)*, puis son commentaire. Le diagramme est construit à partir des fiches d'une année — pourquoi cette année plutôt que l'une des trois autres ? — et met en relation l'origine sociale de trente-sept élèves avec les différentes appréciations du professeur et la note moyenne obtenue. Les élèves sont classés selon leur héritage culturel et les appréciations selon leur caractère plus ou moins péjoratif-laudatif. Commentaire ou « première lecture du diagramme » :

« Les qualificatifs les plus favorables apparaissent de plus en plus fréquemment à mesure que l'origine sociale des élèves est plus élevée. On observe aussi que les notes moyennes s'élèvent à mesure qu'on s'élève dans la hiérarchie sociale, donc à mesure que s'accroît la fréquence des jugements laudatifs (...). Les élèves issues des classes moyennes (qui constituent plus de la moitié du groupe des notes situées entre 7,5 et 10 et qui sont totalement absentes du petit groupe des notes supérieures à 12) sont la cible privilégiée des jugements négatifs — et des plus négatifs d'entre eux, tels que simplet, servile ou vulgaire. Il suffit de rassembler les qualificatifs qui leur sont de préférence appliqués pour voir se composer l'image bourgeoise du petit-bourgeois comme bourgeois en petit : pauvre, étroit, médiocre, correct sans plus, maladroit, gauche, confus, etc. Les vertus même qu'on leur accorde sont aussi négatives : scolaire, soigneux, attentif, sérieux, méthodique, timide, sage, honnête, raisonnable. (...) Les élèves issues des fractions les moins riches culturellement de la classe dominante échappent totalement aux appréciations les plus injurieuses (...). Quant aux élèves issues des fractions de la classe dominante les plus riches en capital culturel, elles échappent à peu près totalement aux jugements les plus négatifs, même euphémisés, ainsi qu'aux vertus petites-bourgeoises, et se voient attribuer très souvent les qualités les plus recherchées. » (P. 72.)

Commentaire biaisé d'un diagramme biaisé. Ce diagramme a, si l'on peut dire, une histoire, dont on peut reconstituer deux épisodes. La version publiée de l'article contient non un mais deux diagrammes, celui qui se trouve dans le corps du texte et un autre joint, publié sous la forme d'un *erratum* (c'est ce dernier qui est reproduit ici). La première « matrice » classe les élèves selon leur capital culturel d'une manière qui serait totalement dénuée de sens si le sens n'en était que trop évident (un ingénieur parisien est à la 21 [e] place, un autre à la 18 [e], un troisième à la 11e ; tantôt, à professions identiques, Paris passe avant la province, tantôt c'est la province qui est classée avant Paris, etc.). Dans son *erratum,* Pierre Bourdieu explique que ce diagramme a été construit « à un état antérieur de la recherche » et qu'il « avait permis, dans un premier temps, d'établir une hiérarchie des qualificatifs (des plus péjoratifs aux plus laudatifs) et une hiérarchie des origines sociales unies par une relation simple et directement lisible ». Si l'on comprend bien, la première phase de la recherche a consisté de l'aveu même de l'auteur à classer les héritages culturels de façon à montrer ce que l'on voulait montrer — d'où ce classement plus que fantaisiste. Étrange conception de la méthode sociologique : partir de la conclusion postulée d'avance et ordonner les données en conséquence — il serait intéressant que Bourdieu en fasse la théorie. Dans un deuxième temps, donc — peut-être le procédé est-il apparu trop grossier et trop voyant —, le diagramme a été rectifié. Mais, même corrections faites, les ficelles restent bien grosses.

MACHINE À CLASSER

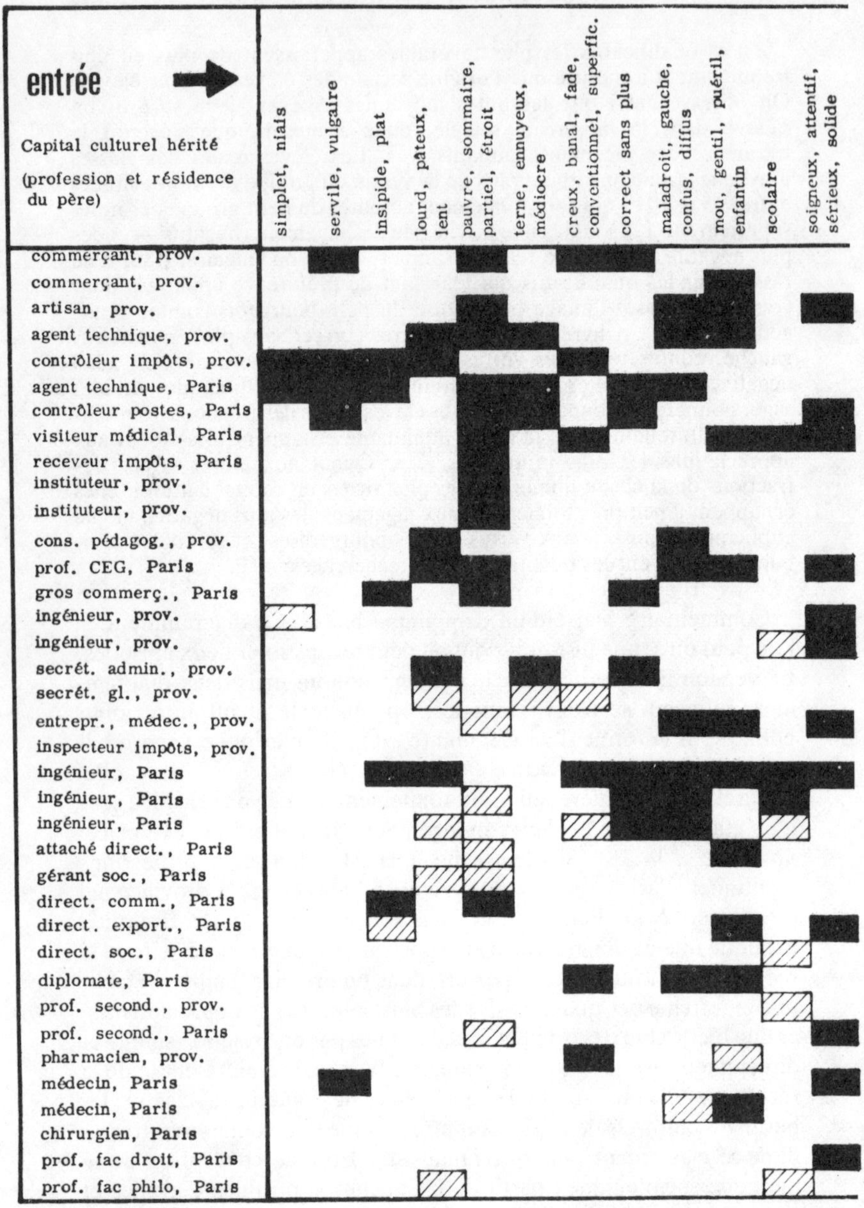

Méthode de construction du diagramme

1. On a rangé les élèves d'une des années étudiées *selon l'importance du capital culturel* qu'elles ont hérité de leur famille ou, si l'on préfère, selon leur distance au système d'enseignement, en se guidant, faute de critères plus précis, sur la profession et la résidence, parisienne ou provinciale, des parents. On va donc des élèves issues des classes moyennes aux élèves issues des classes supérieures, et à l'intérieur de celles-ci depuis les fractions les plus démunies (relativement) de capital culturel (industriels et cadres) jusqu'aux plus riches (professeurs d'université), les professions libérales occupant une position intermédiaire.

du classement social au classement scolaire

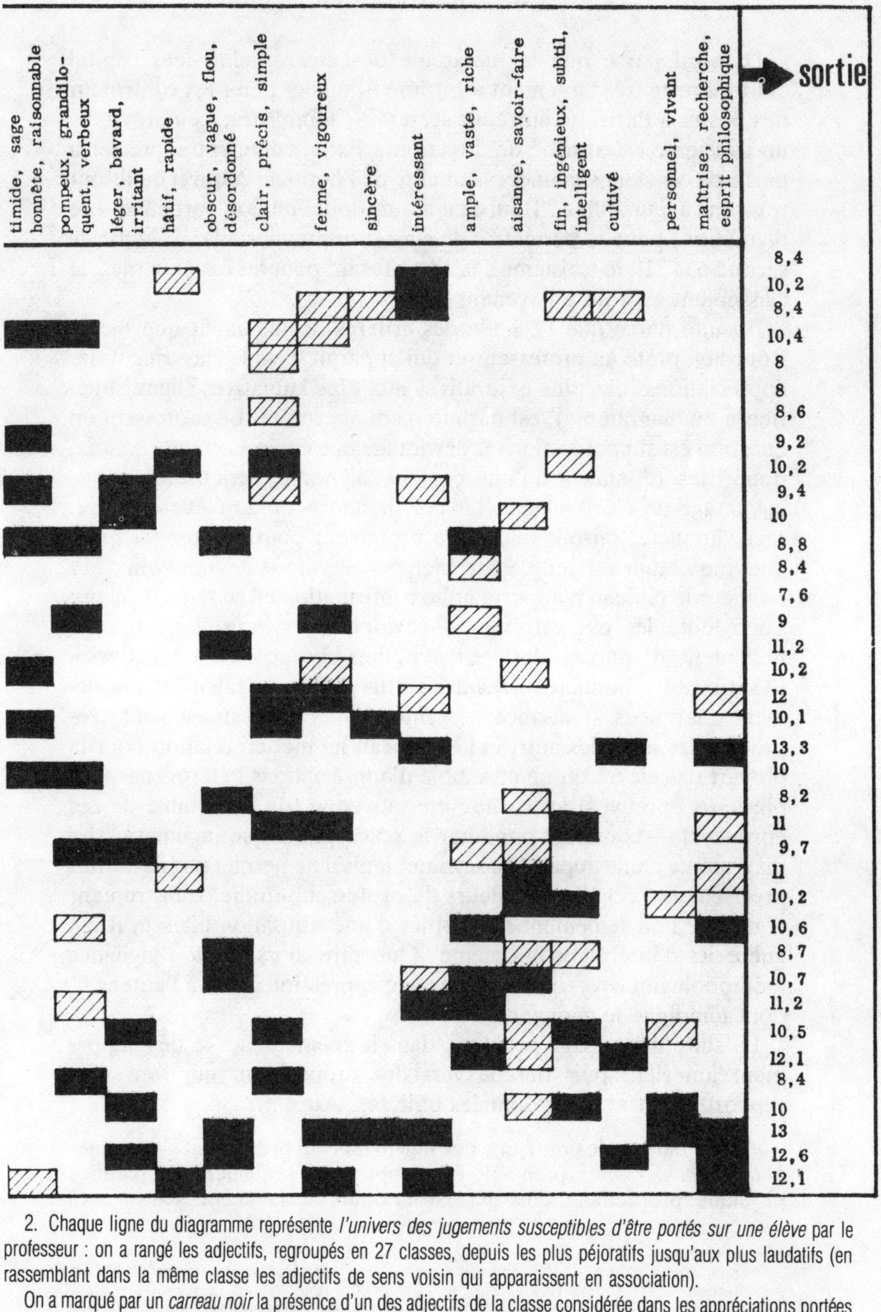

2. Chaque ligne du diagramme représente *l'univers des jugements susceptibles d'être portés sur une élève* par le professeur : on a rangé les adjectifs, regroupés en 27 classes, depuis les plus péjoratifs jusqu'aux plus laudatifs (en rassemblant dans la même classe les adjectifs de sens voisin qui apparaissent en association).

On a marqué par un *carreau noir* la présence d'un des adjectifs de la classe considérée dans les appréciations portées par le professeur sur une élève déterminée ; par un *carreau hachuré,* les cas où le qualificatif est assorti d'une nuance ou d'une restriction (par exemple, « élocution aisée mais saccadée » ; « de l'application mais servile » ; « partiel mais juste et bien conduit » ; « forme diffuse et plate, mais de l'organisation »).

3. On a porté à l'extrême droite du diagramme la *moyenne de l'ensemble des notes* obtenues au cours de l'année par chaque élève. (P. 70-71.)

D'abord parce que la hiérarchie des élèves selon leur capital culturel reste très largement arbitraire : l'un des pères est contrôleur des postes à Paris, un autre est secrétaire administratif en province, un troisième est attaché de direction à Paris, comment apprécier à partir de ces seules données la qualité de l'héritage culturel qu'ils ont transmis à leurs filles ? Bourdieu a sans doute un don particulier (de divination) pour se permettre de classer le premier à la 31e place, le second à la 21e, le troisième à la 14e. Et, sauf pour les cas extrêmes, le classement est tout à l'avenant *.

Ensuite parce que l'échelle des critères de jugement que Pierre Bourdieu prête au professeur et qui apparaît dans le classement des appréciations, des plus péjoratives aux plus laudatives (ligne supérieure du diagramme), est parfaitement aberrante. Le professeur en question est supposé valoriser davantage une copie « obscure, vague, floue, désordonnée » qu'une copie « soigneuse, sérieuse, solide », davantage un élève « léger, bavard, irritant » qu'un élève « timide, sage, honnête, raisonnable ». Ce professeur pourrait susciter quelque inquiétude si telle était bien sa « grille » de notation. Par bonheur le tableau n'apporte nulle confirmation en ce sens. Il éclaire sans doute les cas extrêmes — évidents —, mais il ne permet nullement d'opposer des vertus petites-bourgeoises « négatives » (« sérieux », « honnête »...) à des vertus positives également socialement marquées (« aisance », « finesse »...) : les notes sont très proches les unes des autres et le tableau ne met en relation pour la plupart des élèves qu'un ensemble d'appréciations hétérogènes (sur plusieurs épreuves) avec une note moyenne (de l'ensemble de ces épreuves) — comment pondérer le poids de chaque jugement ? Le diagramme a une apparence savante, mais il ne permet pas de définir précisément l'échelle de valeurs du professeur étudié. L'instrument d'analyse non seulement fait l'objet d'une utilisation biaisée, il n'a guère ici d'intérêt en lui-même. Que dire alors de la « vigilance méthodologique » — pour utiliser une expression chère à l'auteur — dont témoigne le commentaire ?

La suite du passage prolonge dans la même veine le développement antérieur puis dérape vers des propositions qui sont sans rapport direct avec les données utilisées. Ainsi :

« Il ne fait pas de doute que des jugements qui prétendent s'appliquer à *toute la personne* prennent en compte non seulement l'apparence physique proprement dite qui est toujours socialement marquée (à

* Dans son *erratum*, Pierre Bourdieu avoue avec candeur : « La rançon de cette présentation des résultats réside dans le fait qu'elle rend visible la part d'arbitraire qu'introduit, au moins dans le détail des fractions de classe, l'établissement d'une hiérarchie linéaire. » Nul doute que, l'expérience aidant, Pierre Bourdieu ne s'applique ultérieurement à la rendre moins visible.

travers des indices tels que la corpulence, le teint, la forme du visage), mais aussi *le corps socialement traité* (avec le vêtement, la parure, la cosmétique, et surtout les manières et le maintien) (...). L'héxis corporel est le support principal d'un jugement de classe qui s'ignore comme tel. » (P. 73.)

Qui aurait malgré tout un doute ne trouvera aucun support empirique à ces affirmations. Suit un intermède — un tableau synoptique de quelques appréciations qui n'a de valeur qu'illustrative — puis vient le deuxième temps de l'analyse : « Deuxième lecture. La machine idéologique. »

« On peut regarder le diagramme comme le schéma d'une machine qui, recevant des produits socialement classés, restitue des produits scolairement classés. Mais ce serait laisser échapper l'essentiel de l'opération de transformation qu'elle réalise : en fait cette machine assure une correspondance très étroite entre le classement d'entrée et le classement de sortie sans jamais connaître ni reconnaître (officiellement) les principes et les critères du classement social. C'est dire que le système de classement scolaire, proprement scolaire, qui s'objective sous la forme d'un système d'adjectifs, remplit une fonction double et contradictoire : il permet de réaliser une opération de classement social tout en la masquant ; il sert à la fois de relais et d'écran entre le classement d'entrée qui est ouvertement social et le classement de sortie, qui se veut exclusivement scolaire. Bref, il fonctionne selon la logique de la dénégation : il fait ce qu'il fait dans des formes tendant à prouver qu'il ne le fait pas. » (P. 76.)

On ne peut ici qu'admirer la performance : Pierre Bourdieu parvient à sauter d'un diagramme portant sur 37 élèves à l'ensemble du système scolaire. L'étude empirique concerne un seul et unique professeur, une classe unique et particulière : une khâgne (la khâgne est-elle représentative du système scolaire ?), peuplée de filles (n'y a-t-il aucune différence entre filles et garçons ?), et cette classe ne comprend que des membres des classes moyennes et supérieures (les différences de recrutement sont-elles négligeables ?). Seule justification invoquée, au début de l'article : « Tout semble garantir la généralité des principes de classement utilisés. » (P. 70.) Mais ce « tout » reste vide. L'on pourrait peut-être soutenir que cet article n'est qu'une pièce dans un ensemble et qu'il faut se reporter aux autres travaux. Mais il conviendrait alors de les utiliser, de relier entre elles les données empiriques, de s'interroger sur la généralité des conclusions que l'on peut en tirer, etc. Démarche prudente, méthodique, sérieuse — faut-il dire, petite-bourgeoise ? — mais qui manifestement répugne à Pierre Bourdieu, lequel lui préfère les formules massives et clinquantes.

Ces formules expriment la thèse centrale de l'article qui est une reprise de celle soutenue dans *Les Héritiers* et *La Reproduction*.

L'école a une double fonction : elle perpétue et légitime les inégalités sociales. La suite du texte est une variation sur ce thème, appliquée au classement scolaire. Ce classement n'est en fait qu'un classement social camouflé. Ce qui est jugé, c'est en fait l'appartenance sociale, c'est en droit « un produit scolairement qualifié, une copie " terne ", un exposé " passable sans plus ", et ainsi de suite : jamais un petit-bourgeois ». Le système d'enseignement remplit donc une « fonction de consécration de l'*ordre social* (...) sous les apparences de la neutralité scolaire ». Les agents du système sont inconscients des règles de son fonctionnement, qu'il s'agisse de ceux qui sont victimes de « l'agression symbolique qui s'observe dans toutes les situations d'examen », ou de ceux qui les font passer et ne sont que des « mystificateurs mystifiés ». Les professeurs utilisent, sans en savoir le vrai sens, des distinctions scolaires qui ne sont que la traduction de distinctions sociales, telles celles entre le distingué et le vulgaire, le rare et le commun qui ne sont que « des expressions euphémisées mais encore trop transparentes des intérêts de classe ». Produits de classements successifs, élèves et professeurs en ont intériorisé les règles :

« Structures objectives devenues structures mentales au cours d'un processus d'apprentissage qui s'accomplit dans un univers organisé selon ces structures et soumis à des sanctions formulées dans un langage également structuré selon les mêmes oppositions, les taxinomies scolaires classent selon la logique des structures dont elles sont le produit. Du fait qu'elles trouvent une confirmation incessante dans un univers social organisé selon les mêmes principes, elles sont mises en œuvre avec le sentiment de l'évidence qui caractérise l'expérience du monde social, et son univers d'impensé et d'impensable. » (P. 80.)

Enfin Pierre Bourdieu vint — qui fournit à tous ces acteurs aliénés le sens vrai de leur action. L'explication est donnée dans un langage dont on a pu voir qu'il était particulier et qui a sa fonction. Le style de Bourdieu est un style bâtard, scientifico-mondain. Antoine Prost l'a dit excellemment et en a montré l'utilité dans sa critique de *La Reproduction :*

« Ils (les auteurs : P. Bourdieu et J.-C. Passeron) ne cherchent pas à être compris, on dirait plutôt qu'ils se protègent contre la compréhension éventuelle en recourant à divers artifices : style allusif parfois, souvent paradoxal dans le jeu de mots sans cesse retournés, ailleurs agressivement ésotérique *. Toute la première partie se défend de la compréhen-

* Soit à titre de nouvel exemple, cette proposition tirée de *La Reproduction* et que cite A. Prost : « En tant que travail prolongé d'inculcation produisant de plus en plus complètement la méconnaissance du double arbitraire de l'AP (action pédagogique, NDLR), i.e. la reconnaissance de l'AuP (autorité pédagogique NDLR), de l'instance pédagogique et de la légitimité du produit qu'elle propose, le TP (travail pédagogique, NDLR) produit indissocia-

sion du vulgaire par une présentation en propositions numérotées, l'utilisation de sigles abstraits et une densité brillante et chatoyante. On se demande vraiment pourquoi ils ne l'ont pas écrite en latin : l'imitation de Spinoza aurait été achevée, et c'eût été leur genre que de rédiger en latin la condamnation du latin... On touche ici au caractère équivoque de l'ouvrage. D'une part, il vise un large public : le brillant péremptoire de ses formules, l'usage d'un vocabulaire valorisé que les lecteurs ne prendront pas au sens strict des définitions initiales, manifestent le souci d'une vaste audience. Mais en même temps il s'efforce d'être supérieurement difficile pour paraître supérieur sans difficulté. Il cherche ainsi à être applaudi et cité par des lecteurs qui ne l'auront pas compris parce que rien en lui ne vise à les aider à comprendre [3] *. »

Ce langage a également une fonction d'intimidation et de camouflage, il crée un rideau de fumée qui cache les faiblesses des démonstrations. Pierre Bourdieu a une façon bien à lui d'exercer son « métier de sociologue »**.

Seconde lecture : une sociologie animiste ***

D'un côté donc les victimes du système, si totalement aliénées qu'elles le font fonctionner sans voir ce qu'il fait d'elles, de l'autre ceux à qui il profite (la « classe dominante »). Les victimes sont de purs êtres sociaux, dénués de toute liberté et de toutes différences naturelles. Nul choix de leur part, pas plus de différences entre les héritages biologiques reçus de leurs parents. Un petit-bourgeois n'est qu'un petit-bourgeois, il n'y en a pas qui soit plus « doué » que d'autres. Le *don* est l'ennemi personnel de Pierre Bourdieu comme d'ailleurs tout ce qui relève de la nature *(voir l'encadré page suivante)*. Tout donc est social et le social traduit des rapports de forces. De l'autre côté : la « classe dominante » qui domine d'une manière si subtile que sa domination échappe aux dominés. Cette « domination » reste largement mystérieuse, mais on peut supposer que les dominants ne dominent pas sans le savoir et qu'eux au moins sont dotés d'un minimum d'intentionnalité. Pierre Bourdieu est

---

blement la légitimité du produit et le besoin légitime de ce produit comme produit légitime en produisant le consommateur légitime, i.e. doté de la définition sociale du produit légitime et de la disposition à le consommer dans les formes légitimes [2]. »

* Cf. également dans la revue de P. Bourdieu et de son école, *Actes de la recherche en sciences sociales*, les multiples photographies et montages dont l'intérêt scientifique est généralement nul, mais qui visent manifestement à séduire.

** L'article étudié comprend également une seconde partie, beaucoup plus courte (p. 83-87), qui relève du même « genre » que la première.

*** Cette « seconde lecture » s'appuie sur le texte analysé et également sur les articles et ouvrages cités dans la note [1].

un animiste subtil, il parle de « systèmes », de « structures », d'« effets objectifs », il n'explicite jamais l'idée, vulgaire, d'un chef d'orchestre clandestin ; mais d'une part il démasque une fonction coupable et ceux, les puissants déjà, qui en profitent, et d'autre part il utilise constamment des formules qui suggèrent une intention cachée. Son vocabulaire est celui de la conspiration et de la manipulation : d'un côté des fonctions « cachées », « dissimulées », « masquées », une « agression symbolique », une « censure », des « sanctions », de l'autre l'« élimination », le « choix forcé », la « relégation » [8]... Faut-il chercher longtemps les coupables ?

PIERRE BOURDIEU CONTRE LA NATURE

Tout ce qui relève apparemment de la nature est en fait réductible au social :

1. Le sexe, l'âge, l'intelligence

« Dès que l'on renonce à situer les modèles culturels et les valeurs dans une sorte de ciel intelligible, on est contraint en effet de se demander dans quelle mesure la logique du développement économique peut conduire par elle seule à réduire les inégalités longtemps tenues pour naturelles bien qu'elles ne soient que le produit de l'histoire comme celles de l'âge, du sexe ou encore de l'intelligence [4]. »

2. Le goût

— Le goût pour la photographie

« Le rapport que les individus entretiennent avec la pratique de la photographie est par essence médiat, au même titre que le rapport qu'ils entretiennent avec leur classe sociale ; en effet il enferme toujours la référence au rapport que les membres des autres classes entretiennent avec la photographie [5]. »

— Le besoin culturel

« Les inégalités devant les œuvres de culture ne sont qu'un aspect des inégalités devant l'école qui crée le " besoin culturel " en même temps qu'il donne le moyen de le satisfaire [6]. »

3. Le don

« Les classes privilégiées trouvent dans l'idéologie que l'on pourrait appeler " charismatique " (puisqu'elle valorise la " grâce " ou le " don ") une légitimation de leurs privilèges culturels qui sont ainsi transmués d'héritage social en grâce individuelle ou en mérite personnel [7]. »

Toutes ces propositions contiennent sans doute une part de vérité mais elles pêchent évidemment par leur caractère général et absolu et sont une parfaite expression du sociologisme le plus pur.

Le système d'enseignement consacre donc l'ordre social existant. Par le jeu de l'héritage culturel pris pour une aptitude naturelle, par le jeu également — Pierre Bourdieu développe cette idée en particulier dans *La Reproduction* [9] — d'un mécanisme d'intériorisation des chances objectives. L'adolescent de famille ouvrière, par exemple, perçoit par l'intermédiaire de ses proches que les fils d'ouvriers ont des chances faibles ou nulles d'accéder à l'Université et se comportera conformément à ce qui s'impose à lui comme une donnée de fait. Nul choix de sa part mais l'intériorisation d'un

« destin objectif ». Telle est l'interprétation. Elle relève du mythe :

— L'école n'est nullement une machine à reproduire les inégalités. Certes, la réussite scolaire s'élève avec l'origine sociale, mais un dégradé n'est pas une opposition entre noir et blanc. Il y a en fait « modification ». L'INED a suivi la marche d'une promotion scolaire entre 1962 et 1972, de la fin des études élémentaires à l'entrée dans la vie professionnelle ou à l'Université. Enquête considérable (plus de 17 000 élèves suivis pendant 10 ans) dont Alain Girard et Henri Bastide résument ainsi les conclusions sur l'influence du milieu d'origine :

« La moitié ou un peu plus des enfants des cadres moyens, cadres supérieurs et membres des professions libérales obtiennent le baccalauréat, et parmi ceux-là presque tous entreprennent des études supérieures. Un quart seulement et un cinquième de bacheliers et d'étudiants parmi les enfants d'employés et d'artisans et petits commerçants ; 12 % et 8 % respectivement pour les enfants d'ouvriers, un peu plus parmi ceux de cultivateurs, un peu moins parmi ceux de salariés agricoles. Au total, entre les groupes extrêmes, une différence de 1 à 6 pour les bacheliers, de 1 à 8 ou 9 pour les étudiants. Il n'en est pas moins important de constater qu'il n'y a pas de rupture entre deux milieux opposés, mais une progression continue des moins bien aux mieux placés. »

« Rien n'est garanti même pour les lycéens, ajoutent Alain Girard et Henri Bastide, et 53 % des élèves de 6e de lycée ne parviennent pas au baccalauréat. Cette remarque fondamentale vaut pour tous les groupes, et on ne saurait trop insister sur elle. Même dans les milieux les plus favorisés ou les plus instruits, où l'on attache la plus grande valeur à l'enseignement, les enfants ne parviennent pas tous au baccalauréat [10]. »

La régression scolaire n'est pas un phénomène négligeable. Les enquêtes de Jean Fourastié le montrent également, qui ont l'intérêt de prendre le problème par l'autre bout et de mesurer le devenir scolaire d'enfants dont les pères ont très brillamment réussi à l'école (à Polytechnique, Centrale, Normale supérieure ou aux concours administratifs les plus élevés) [11]. Les fils de ces « forts en thème » ont des résultats très supérieurs à la moyenne, mais la maxime « tel père, tel fils » ne vaut que pour une minorité (faible dans deux cas sur trois) d'entre eux : 15 % des fils de fonctionnaires membres des grands corps, 20 % des fils de polytechniciens et centraliens, 41 % des fils de normaliens accèdent à un niveau équivalent à celui de leur père. La régression scolaire peut être très sévère : de 10 % (normaliens) à 20 % (X et centraliens) des fils n'obtiennent pas le baccalauréat complet [12]. Ces enquêtes d'autre part illustrent les disparités de réussite au sein des mêmes familles : un tiers environ des familles étudiées de deux enfants et plus comprennent à la fois des enfants qui n'ont pas leur « bachot » et des enfants qui ont une licence ou un diplôme plus élevé. Et ces disparités ne sont pas uniquement dues au décalage entre garçons et filles : la majorité des cas concernent des garçons [13]. Il est difficile dans ces conditions de dénoncer une discrimination sociale opérée par l'école.

Les inégalités scolaires ne sont pas telles que les voit Pierre Bourdieu, et de plus elles évoluent. La sociologie de *La Reproduction* est une sociologie fixiste qui ne rend pas compte de cette évolution. Si les individus se comportent en fonction de leurs « chances objectives », c'est-à-dire de manière à confirmer les statistiques présentes, les choses ne changeront pas. Comment alors expliquer l'« explosion scolaire » et l'« explosion universitaire » à partir des années 50 ? La demande d'éducation des familles de tous les milieux a considérablement augmenté, et paradoxalement c'est au moment même où le système d'enseignement était devenu moins élitiste qu'il fut accusé de consacrer, hypocritement, les privilèges de l'élite. Toutes les catégories sociales ont envoyé en plus grand nombre leurs enfants à l'Université et en particulier les catégories moyennes et populaires : en termes relatifs, les taux de scolarisation supérieure se sont élevés plus rapidement pour ces catégories que pour les catégories supérieures *. Le recrutement social de l'Université s'est sensiblement modifié et de façon insensible entre l'avant-guerre et 1950, plus brutalement ensuite, l'Université « bourgeoise » a laissé place à une Université beaucoup plus diversifiée quant à l'origine sociale de ses « usagers » *(Tableau I).*

— La société française n'est nullement caractérisée par la perpétuation de divisions sociales infranchissables. La sociologie de Pierre Bourdieu est typique d'une forme d'impérialisme fréquente chez les sociologues de l'éducation et qui consiste à extrapoler de l'inégalité scolaire à l'inégalité sociale ou, si l'on préfère, de tendre à réduire

* Il y a différentes manières de lire les mêmes statistiques. Si l'on s'attache à l'évolution des écarts absolus entre les taux de scolarisation des différentes catégories sociales, l'on conclura à la non-démocratisation de l'enseignement — ainsi P. Bourdieu et J.-C. Passeron à propos de l'enseignement supérieur français parlent de « translation vers le haut de la structure des chances scolaires des différentes classes sociales » et affirment que « l'accroissement empiriquement constaté des chances de toutes les catégories ne constitue pas par soi un signe de " démocratisation " [14] ». Mais si l'on s'intéresse à l'évolution des rapports entre les taux de scolarisation, l'on conclura à une réduction de l'inégalité des chances. En d'autres termes, la même évolution mesurée en termes de différences absolues ou de rapports peut donner lieu à des interprétations opposées. Dans son ouvrage *L'Inégalité des chances,* R. Boudon utilise les deux mesures et il en conclut à une réduction de l'inégalité des chances [15]. Le problème de méthode n'a pas de solution générale mais, en l'occurrence, la position de Bourdieu apparaît peu convaincante car elle aboutit à masquer une évolution qui a modifié sensiblement les chances *relatives* des individus en fonction de leur origine sociale et a transformé le recrutement social de l'Université. En poussant à l'extrême, il ne serait pas difficile d'imaginer un cas de figure où par exemple l'élite verrait son recrutement bouleversé, mais où l'application de cette méthode permettrait de conclure que rien n'a changé.

TABLEAU I

ORIGINE SOCIALE DES ÉTUDIANTS
(1959-1960)

Catégories supérieures	
Professions libérales et cadres supérieurs	29,8
Industriels et gros commerçants	5,8
Total	*35,6*
Catégories moyennes	
Cadres moyens	18,4
Artisans, petits commerçants	12,3
Employés	11,5
Total	*42,2*
Catégories populaires	
Agriculteurs et salariés agricoles	5,6
Ouvriers	3,4
Total	*9*
Autres et indéterminés	13,1
Total général	*100*

Source : 16.

N.B. : depuis cette date, la composition sociale de la population étudiante ne s'est pas profondément modifiée. Il faut cependant noter : *a*) la diminution de la « représentation » des fils de patrons de l'industrie et du commerce (cette catégorie regroupe les industriels, les commerçants et les artisans) : 18,1 % en 1959-1960, 9,3 % en 1980-1981 ; *b*) l'augmentation du pourcentage de fils d'ouvriers : 3,4 % en 1959-1960, 12,2 % en 1980-1981.

toutes les formes d'inégalités à une source unique : les inégalités devant l'enseignement. Ainsi, Bourdieu conclut des inégalités scolaires à la rigidité sociale. Citons un autre exemple.

« On est contraint alors de conclure à la “ rigidité ” extrême d'un ordre social qui autorise les classes sociales les plus favorisées à monopoliser l'utilisation de l'institution scolaire, détentrice, pour parler comme Max Weber, du monopole de la manipulation des biens de culture et des signes institutionnels du salut culturel [17]. »

Nouvelle audace « méthodologique » qui n'est pas plus justifiée que les précédentes *, nous le reverrons, et qui aboutit à donner une image déformée de la société française.

* Signalons cependant qu'après la publication de *La Reproduction* (1970), P. Bourdieu a « rectifié le tir » en étendant ses investigations aux « mécanismes de reproduction » autres que l'école, mais toujours en lui conservant une place privilégiée et en donnant la même image de la société française. Ses conclusions ne souffrent que deux variantes : *a*) ça ne change pas ; *b*) plus ça change, plus c'est la même chose [18].

TABLEAU II

MOBILITÉ SOCIALE ENTRE GÉNÉRATIONS (SELON UNE GRILLE À TROIS CATÉGORIES) ENSEMBLE DES HOMMES ACTIFS EN 1970

Position sociale du père \ *Position sociale du fils*	*Catégories supérieures*		*Catégories moyennes*		*Catégories populaires*		*Total*	
Catégories supérieures	34 %	*41 %*	9,6 %	*41,2 %*	2,2 %	*17,8 %*		*100* (860 521)
Catégories moyennes	40,7 %	*13,2 %*	41,4 %	*47,7 %*	17,9 %	*39,1 %*		*100* (3 205 736)
Catégories populaires	25,3 %	*3,4 %*	49 %	*23,6 %*	79,9 %	*73 %*		*100* (7 680 879)
Total	100 (1 039 070)		100 (3 697 425)		100 (7 010 641)		100	(11 747 136)

N.B. : 1. Les regroupements utilisés sont les suivants :
— *Catégories supérieures :* professions libérales, cadres supérieurs, industriels, gros commerçants.
— *Catégories moyennes :* cadres moyens (dont instituteurs), artisans, petits commerçants, employés, cadres subalternes de l'armée et de la police, artistes, personnel de service.
— *Catégories populaires :* agriculteurs exploitants, salariés agricoles, ouvriers (dont contremaîtres).

2. Le pourcentage situé à droite est le *taux de reproduction* qui mesure le devenir des individus de même origine. Le pourcentage situé au-dessous est le *taux de recrutement* qui mesure l'origine des individus de même position. Ainsi, 41 % des fils des membres des catégories supérieures appartiennent à cette même catégorie, 34 % des membres des catégories supérieures sont issus de ces mêmes catégories.

Source : 20.

La réalité est plus compliquée, comme le montrent les tables de mobilité sociale. Le tableau II, élaboré à partir de données recueillies par l'INSEE en 1970, permet de rapporter les positions sociales des fils à celles de leurs pères.

Ce tableau peut être lu de bien des manières [19]. Il montre certes que la fréquence d'accès aux catégories supérieures s'élève fortement avec l'origine sociale, que les trois quarts des enfants d'origine « populaire » restent dans leur catégorie d'origine, que les passages d'une catégorie extrême à l'autre restent exceptionnels. Mais outre que la grille utilisée ne permet pas de prendre en compte certains trajets de mobilité, ceux internes à ces catégories massives et hétérogènes *(voir encadré page suivante)*, ce tableau dit aussi autre chose qui invalide l'idée d'un « ordre social » intangible, de la perpétuation des « dominants » en tant que « dominants » et des « dominés » en tant que « dominés » :

a) Le fait que bien peu d'enfants issus des couches populaires aient des chances de monter n'exclut pas que beaucoup d'enfants issus des catégories supérieures courent le risque de descendre. La majorité des individus d'origine « supérieure » (59 %) ne se maintiennent pas dans la catégorie de leur père. Sans doute, surtout parmi les plus jeunes, un certain nombre « remonteront » dans leur catégorie d'origine à une étape ultérieure de leur carrière, mais même compte tenu de ce rattrapage, la régression sociale est forte. La « classe dominante » ferait-elle mal son travail ?

b) L'existence d'une forte inégalité des chances n'est pas exclusive d'un renouvellement profond des catégories sociales d'une génération à l'autre, en particulier des catégories supérieures *. La majorité des membres de ces catégories supérieures (66 % exactement) n'en proviennent pas. Ce contraste apparent s'explique par la structure pyramidale de la société. Certes 3,4 % seulement des individus d'origine « populaire » accèdent aux catégories supérieures, mais comme ces catégories populaires sont de très loin les plus nombreuses, ils forment le quart (25,3 %) des catégories supérieures. Ainsi, en termes plus idéologiques, les « privilégiés » (les individus qui appartiennent aux catégories supérieures) n'assurent nullement à leurs enfants le monopole des privilèges : non seulement une majeure partie de ces enfants n'en bénéficieront pas, mais ceux d'entre eux qui y accéderont ne représenteront que le tiers de tous ceux qui y ont accès. Autrement dit, s'il vaut mieux être fils de « privilégié » pour devenir un « privilégié », le fait d'être un « héritier » ne

---

* En ce qui concerne les catégories populaires, l' « autorecrutement » semble la règle (79,9 %), mais une analyse plus fine montre que ce n'est vrai que des paysans. Un peu plus de la moitié des ouvriers (52,7 %) ne sont pas d'origine ouvrière.

SUR L'INTENSITÉ DE LA MOBILITÉ

La mesure est directement dépendante de la classification utilisée (la mobilité croît évidemment avec le nombre de catégories). Le tableau III permet de comparer l'intensité de la mobilité selon que l'on découpe la société en trois, huit ou vingt catégories.

TABLEAU III
INTENSITÉ DE LA MOBILITÉ SELON TROIS GRILLES

	Grille n° 1	*Grille n° 2*	*Grille n° 3*
	(trois catégories)	(huit catégories)	(vingt catégories)
Mobiles	36 %	58 %	74 %
Stables	64 %	42 %	26 %

Source : 21.

Ainsi, d'une génération à l'autre 74 % des hommes actifs ont changé de « petite » catégorie, 58 % de catégorie « moyenne » (les catégories socioprofessionnelles de l'INSEE), 36 % de catégorie « massive ». Soit si l'on recoupe ces résultats : 26 % des hommes actifs en 1970 ont une position identique à celle de leur père, 38 % ont parcouru un trajet social court par rapport à leur origine, 36 % enfin ont une position sensiblement différente de la position paternelle. Parmi les mobiles, certains montent et d'autres descendent : si l'on utilise la grille la plus simple (n° 1), le calcul indique que les 3/5 des mobiles bénéficient d'une promotion et que donc 2/5 d'entre eux connaissent la régression. Cette mobilité est difficile à qualifier — tout dépend de la norme de référence —, mais il apparaît pour le moins difficile de conclure à une société figée.

garantit nullement le privilège, et la majeure partie des « privilégiés » ne sont pas des « héritiers ». En d'autres termes encore, s'il était vrai que les catégories supérieures forment une « classe dominante », la majorité des dominants seraient fils de dominés. Plus généralement et en utilisant un vocabulaire plus neutre, il apparaît qu'en raison notamment de l'évolution de la structure sociale, il n'y a pas permanence d'une génération à l'autre des groupes sociaux, les fils venant simplement remplacer leurs pères. De plus l'analyse est limitée ici à la mobilité père/fils. En trois, quatre, cinq générations le changement est probablement beaucoup plus important. Jean Fourastié a enquêté sur l'ascendance sociale de 89 polytechniciens de la promotion 1964 *(Tableau IV).* Les résultats témoignent d'une promotion sociale qui, sans doute réduite par rapport aux catégories d'origine, n'en a pas moins renouvelé le recrutement des X.

Ainsi, même si l'on acceptait le clivage dominants/dominés, la frontière n'a pas le caractère d'un mur infranchissable *. En défini-

* Les analyses portant sur la « strate dominante de la classe dominante » ou sur la « classe dirigeante », *i.e.* la petite minorité supposée détenir les clefs du pouvoir, ne sont pas plus convaincantes. Elles butent toujours sur deux objections essentielles : *a*) elles excluent, pour les besoins de la démonstration, intellectuels et syndicalistes (P. Bourdieu et E. Maire ne font-ils pas partie de la minorité dirigeante ?) ; *b*) elles supposent pour les autres catégories (hommes politiques, hauts fonctionnaires, dirigeants d'entreprise) une identité de comportement que ne confirment pas les données disponibles [23].

tive, si l'on tient compte des inégalités d'accès mais aussi des phénomènes de régression et du recrutement des catégories, les tables de mobilité sociale dessinent une image contrastée, diversifiée, rebelle à des formules tranchées à la Bourdieu. Sa sociologie est ainsi impuissante à rendre compte de la réalité. Il faudra faire appel à d'autres facteurs explicatifs.

TABLEAU IV

GRANDS-PÈRES, PÈRES ET FILS

(89 polytechniciens de la promotion 1964)

	Grands-pères	*Pères*	*Fils*
Cadres supérieurs et professions libérales	23	50	89
Cadres moyens	12	15	
Chefs d'entreprises	7	10	
Artisans et petits commerçants	15	3	
Paysans et ouvriers agricoles	10	1	
Employés	10	4	
O + S *	9	6	
Inconnu	3	0	
	89	89	89

* Ouvriers et service

Source : 22.

La responsabilité de l'école dans la perpétuation d'une société immobile (ou plus subtilement d'une société où se maintiennent les rapports de classe) n'en est pas moins devenue une idée reçue. D'autres sociologues ont contribué à la populariser, en particulier C. Baudelot et R. Establet dans *L'école capitaliste en France* (1971) [24]. Le livre relève du même genre (animiste) que *La Reproduction,* mais il ne cesse de s'en démarquer, reprochant en définitive à Pierre Bourdieu et Jean-Claude Passeron de l'être insuffisamment. Pour eux, en effet, l'école n'est qu'un instrument de la « dictature » de la bourgeoisie, elle répartit les enfants entre deux réseaux étanches, et de là aux deux pôles de la société, et leur inculque l'idéologie bourgeoise (même l'école du peuple est une école dominée par la bourgeoisie, déléguant ses pouvoirs à la petite-bourgeoisie). Animisme grossier, ou si l'on préfère néo-marxisme vulgaire, qui s'abrite derrière un vocabulaire savant et de multiples statistiques. Dans une critique publiée par la *Revue française de sociologie,* Jean-René Tréanton a détaillé les multiples erreurs, omissions et trucages de l'ouvrage. Et il conclut ainsi son analyse :

« Alors que toute une tradition marxiste voue la société à un avenir de catastrophe parce que la bourgeoisie, prise dans les engrenages du système, se révélerait incapable de la maîtriser, la sociologie hyperfonctionnaliste de Baudelot et Establet attribue à la classe dirigeante pleine conscience et toute-puissance : par le biais de ses appareils idéologiques, elle régenterait la culture et la mobilité sociale avec l'efficacité souveraine d'un chef d'orchestre. Leur sociologie militante se dispense ainsi allégrement d'évaluer le degré d'autonomie des différentes pièces du système social et leur action dialectique. Assez habile pour manipuler sans qu'ils en aient conscience ces enseignants et ces pédagogues qui, par centaines de milliers, ont le cœur à gauche et partagent l'illusion de la vertu émancipatrice de leur métier, ô bourgeoisie, tu pourrais dormir sur tes deux oreilles. Pour celles de la sociologie, elles commencent à bourdonner [25]... »

Chapitre IV

INÉGALITÉS DES CHANCES ET CULPABILITÉ SOCIALE

(II) Mythe et réalité

La politique scolaire est un exemple frappant de la puissance du pouvoir intellectuel. Les sociologues « critiques », à qui apparemment il ne vient pas à l'idée qu'eux-mêmes font partie des catégories dirigeantes, ont joué un rôle indirect mais important dans l'élaboration de certaines des réformes scolaires et universitaires de la Vᵉ République. Leurs thèses ont été largement reprises par l'intelligentsia de gauche et le fait de l'inégalité des chances est devenu dans la conscience commune un acte d'accusation contre l'école. *Grosso modo*, note Annie Kriegel, depuis un quart de siècle, c'est la droite qui gouverne et la gauche qui enseigne [1]. Depuis 1968 en particulier, c'est dans un cadre intellectuel fixé par leurs adversaires (idéologiques) que dans une large mesure les gouvernements ont pensé leurs réformes successives. Les contestataires de mai 1968, dont beaucoup avaient fait des *Héritiers* leur ouvrage de référence, et ceux qui les soutenaient, ont subi une défaite politique écrasante : l'élection de juin a donné à la « droite » une « chambre introuvable ». Pourtant leur victoire idéologique est tout aussi indéniable : tous les partis ont rapidement « récupéré » nombre de thèmes développés en mai (hommage indirect aux contestataires) et dès le lendemain de la crise, le nouveau ministre de l'Éducation nationale, Edgar Faure, mettait en chantier une réforme qui s'inspirait de certains thèmes de la contestation. En novembre, les élus de juin approuvaient cette réforme (la loi d'Orientation universitaire) à la quasi-unanimité.

La traduction officielle du mythe

La pensée officielle a été phagocytée par le mythe animiste. Inégalement sans doute selon les présidents, les ministres et les périodes, mais il n'en reste pas moins que le thème de l'égalité des chances, devenu surtout après 1974 un des thèmes favoris de la rhétorique officielle, a été généralement joué d'après une partition écrite par la gauche intellectuelle. Des dangers de la « récupération »...

En juillet 1977, le président Giscard d'Estaing s'adressait aux lauréats du concours général en ces termes :

« Il n'est pas d'inégalité moins supportable que l'inégalité des chances (...). L'expérience de tous les jours montre de quel poids pèsent encore sur le développement de beaucoup de nos enfants les handicaps dus à l'origine sociale et à l'environnement culturel. Malgré les efforts considérables accomplis depuis vingt ans pour démocratiser le collège, le lycée, l'Université, c'est un fait que l'enseignement supérieur auquel vous accéderez bientôt accueille encore une proportion d'enfants de travailleurs manuels très inférieure à la part des travailleurs manuels dans la population totale [2]. »

Le texte est court, mais il condense remarquablement l'essentiel de l'orthodoxie ambiante :

a) le principe de l'égalité des chances est posé avec force, mais uniquement avec la force de l'évidence. Mais si l'inégalité des chances n'est pas « supportable », les coûts sociaux de l'égalité des chances le seraient-ils davantage ? Ici comme ailleurs, le président ne s'interroge pas sur la compatibilité entre cette égalité et d'autres valeurs qu'il prône par ailleurs (le respect de la liberté des familles par exemple), pas plus qu'il ne pousse la logique du principe jusqu'à son terme. L'égalité des chances est une égalité sociale et une égalité de départ. Strictement entendue, elle suppose que les individus aient des chances socialement égales d'accéder à des positions inégales et donc que les inégalités à l'arrivée ne traduisent que des différences naturelles entre les concurrents. Plaider pour l'égalité des chances, c'est *de facto* ne reconnaître que les inégalités génétiques comme source légitime des inégalités sociales et appeler de ses vœux une société où la loterie génétique déterminerait les positions sociales. Mais la question est rarement posée en ces termes et l'esprit du temps et Valéry Giscard d'Estaing tiennent l'égalité des chances pour une norme incontestable sans s'interroger sur sa validité *. Dans une optique critique, cette norme a évidemment l'avantage de permettre

* Ces remarques concernent l'égalité des chances comme norme sociale ; elles ne visent nullement à récuser toute politique d'égalisation des chances pourvu que l'interprétation qui la sous-tend ne soit pas biaisée et que soient prises en compte les valeurs concurrentes.

de souligner l'écart existant entre la réalité de notre société et ses propres principes. Dans le cas d'un président catalogué à droite, fût-il réformiste, l'arme risque de se retourner contre soi.

b) Les chances des individus sont inégales selon leurs catégories d'appartenance. Le chef de l'État n'en retient qu'une, le milieu d'origine, fidèle en cela aux enseignements des sociologues critiques qui privilégient ce facteur. Or les gagnants de la compétition scolaire se répartissent inégalement non seulement entre catégories sociales mais entre générations, sexes, régions, familles (selon leur taille)... Certes, certaines de ces inégalités, telles les inégalités liées au lieu d'habitation, sont partiellement réductibles aux inégalités d'origine, mais même dans ce cas subsiste une incidence autonome. Pourquoi alors cette relative indifférence ? Sans doute parce que les corrélations entre le sexe, la résidence et le rang dans la famille d'une part, le niveau scolaire d'autre part sont nettement moins élevées que la corrélation origine sociale/niveau scolaire [3] ; mais sans doute également parce que ces facteurs se prêtent plus difficilement à une interprétation animiste du modèle courant : les aînés réussissent mieux que leurs cadets, ce droit d'aînesse scolaire est-il explicable en termes d'intérêts de classe ? Les filles réussissent mieux que les garçons dans le secondaire, faut-il invoquer une discrimination ? Il est d'autre part une forme particulière d'inégalité des chances — celle-ci très importante, et nous la retrouverons — qui n'est pas même considérée : les inégalités entre générations. Probablement pour les mêmes raisons. Ces raisons ne sont pas celles du président. Il ne se situe pas moins dans le sillage de ceux qui s'y rendent.

c) Conformément toujours à « l'idéologie dominante », le président privilégie l'école et l'héritage culturel. L'école est le lieu où se jouent les chances des individus — l'inégalité des chances scolaires est implicitement assimilée à l'inégalité des chances sociales — et l'héritage culturel est le facteur clef de l'inégalité des chances. Nulle considération pour les individus en tant qu'acteurs autonomes, pour les effets agrégés de leurs choix. Seuls comptent des facteurs sociaux qui s'imposent à des sujets impuissants. Implicitement mais très clairement, le texte dit que les perdants sont des victimes et que donc les facteurs sociaux de l'inégalité des chances sont illégitimes. Les sociologues ont réussi à imposer leur vision négative de l'héritage culturel, à le culpabiliser en quelque sorte, et le président témoigne de cette réussite en ne l'envisageant que sous l'angle des « handicaps » des « défavorisés ». La responsabilité sociale est donc reconnue — elle appelle une action politique et dans la suite de l'allocution, Valéry Giscard d'Estaing expose les réformes nécessaires et plaide pour la réforme en cours (la réforme Haby).

d) Le président utilise comme mesure de l'inégalité des chances la sous-représentation des fils de travailleurs manuels dans l'enseignement supérieur. L'usage est courant, mais, outre le caractère utopique de la norme, la mesure est approximative et souvent associée à une idée fausse. Elle tend implicitement à signifier que des chances égales devraient aboutir à une représentation proportionnelle (la composition sociale du milieu étudiant se calquant sur la composition de la société globale). Mais ceci ne serait vrai que si : 1. la hiérarchie des âges était identique d'un groupe à l'autre ; 2. la fécondité ne variait pas entre catégories ; 3. les goûts et aptitudes individuels étaient également distribués *hic et nunc* entre les groupes. Les deux premières conditions ne sont pas réalisées et la troisième relève de l'hypothèse. Certes, dans le cas présent, la référence n'est pas sans signification : il est indéniable, en raison de l'importance des écarts, que la faible proportion des étudiants fils de travailleurs manuels est la traduction d'une inégalité des chances liée à l'origine sociale. Mais elle n'est pas que cela — ne serait-ce par exemple que parce que les familles populaires sont plus nombreuses et que les derniers-nés réussissent toujours (en moyenne) moins bien. Il faut se défier des bases de référence mal maîtrisées.

Ce discours présidentiel illustre clairement la réussite de la gauche intellectuelle à imposer sur ce problème sa vision des choses (au moins dans une large mesure). Il est bien d'autres indices de ce succès. Ainsi le terme *sélection*, comme l'expression *héritage culturel*, a pris une connotation péjorative. « Je n'ai pas peur du mot sélection », affirmait le président Pompidou en 1970 [4], illustrant par là la position défensive de qui utilisait le terme sans attaquer l'idée. Le mot s'est ressenti de son usage général dans un contexte critique : parler du rôle sélectif de l'école, c'est immédiatement en sous-entendre l'illégitimité.

Ainsi les inégalités génétiques ont pris une odeur de soufre. L'idée même d'inégalités héréditaires est fréquemment considérée comme disqualifiée par la fonction qu'elle est supposée remplir et n'appelle pas même de discussion raisonnée [5]. Soit la question première : dans quelle mesure y a-t-il une détermination génétique de l'« intelligence » ? Le problème suscite périodiquement ouvrages et articles, souvent passionnés, mais entre deux querelles, il est implicitement considéré comme tranché en faveur de l'acquis sur l'inné, du milieu sur l'hérédité. Il est pourtant déraisonnable de récuser, fût-ce sous une forme implicite, toute influence de l'hérédité sur les aptitudes et de considérer l'enfant comme une cire vierge destinée à être façonnée par le social. L'expérience quotidienne — tous les parents constatent des différences de goûts et de capacités entre leurs enfants — et une batterie de travaux attestent du contraire [6]. Même si cette influence n'est pas bien entendu exclusive (elle se combine avec celle du milieu), ni isolée (elle interagit avec celle du milieu) * ni parfaitement mesurée (les méthodes utilisées sont toujours imparfaites). Mais la question est empoisonnée par l'idéologie. Un fait frappant le montre : les experts des deux camps sont en fait aujourd'hui moins divisés sur le fond qu'on pourrait le croire. L'encadré de la page suivante met en parallèle les conclusions d'un « héréditariste » et de trois « environnementalistes » : l'on voit que l'un et les autres considèrent l'intelligence comme résultant de phénomènes complexes d'interaction, aux diverses variantes, entre l'inné et l'acquis. Subsistent sans aucun doute d'importantes divergences — sur les mesures réalisées et la possibilité même de cette mesure, sur les conclusions politico-sociales à tirer de l'interprétation — mais les thèses de l'une et l'autre école prennent en compte à la fois la nature et la société et ne s'opposent pas comme le blanc et le noir. Et comme le note Claude Lévi-Strauss à propos de ce problème, « de toute façon il ne doit pas y avoir de sujets tabous [8] ».

Les réformes scolaires des années 70 portent la marque de cette « domination » intellectuelle **. Pendant ces années l'enseignement secondaire s'est profondément transformé sans que, semble-t-il, l'opinion ait eu une claire conscience de cette transformation. Transformation de son contenu, du modèle culturel transmis : déclin rapide et marqué des « humanités classiques », dévalorisation de l'histoire traditionnelle remplacée par une histoire par thèmes, plus « sociologisante » et plus orientée vers le contemporain, importance croissante des mathématiques, introduction de nouveaux enseignements (éducation manuelle et technique, éducation artistique, éducation sexuelle)... Transformation de ses structures : généralisation de la mixité, suppression des filières et instauration d'un « tronc commun » de la 6e à la 3e (étendu ensuite à la seconde). Évolution de la pédagogie : moins « sélective », moins exigeante, moins soucieuse de discipline, plus axée sur la spontanéité des élèves, soucieuse de leurs « attentes », plus orientée vers l'actualité, la vie courante, la pratique.

Cette transformation résulte de plusieurs réformes — la Ve République a toujours été atteinte de « réformite » scolaire —

* Einstein abandonné nourrisson dans la nature n'aurait pu devenir, s'il avait survécu, qu'un enfant sauvage.

** Le terme *domination* ne veut signifier ici que ceci : la tonalité générale était donnée par la gauche intellectuelle, et ceux qui s'en démarquaient se trouvaient généralement en position défensive. Il y a eu cependant des voix discordantes très fermes (dont la plus prestigieuse est celle de Raymond Aron).

« HÉRÉDITARISTES » ET « ENVIRONNEMENTALISTES »

Le point de convergence

Le point de vue « héréditariste »
H.J. EYSENCK
(1977)

« La plupart des gens s'imaginent probablement que les généticiens n'expérimentent et n'étudient que les causes génétiques de la conduite individuelle, tandis que les sociologues et autres scientifiques expérimentent et étudient les causes liées au milieu. Or non seulement ceci est faux dans le principe, mais cette conception des choses a pour conséquence (...) une interprétation et une imputation erronées des causes et de leurs effets. La vérité est tout simplement que l'hérédité et le milieu n'exercent pas des influences exclusives l'une de l'autre. Ils coopèrent et interagissent en des phénomènes complexes qu'il est impossible de démêler en les considérant isolément ».

Le point de vue « environnementaliste »
A.JACQUARD, J.-L. SERRE,
J. STEWART (1977)

« Tout processus biologique résulte de l'interaction de l'inné et de l'acquis du donné génétique et du vécu ; ces deux termes ne sont pas opposés, ils sont indissociablement liés dans le jeu simultané de l'information génétique et des conditions apportées par le milieu, conditions qui permettent et orientent le déroulement du programme dont cette information génétique est porteuse (...). Il serait ridicule de prétendre que l'intelligence ne dépend pas du génotype : les phénomènes chimiques qui se déroulent dans notre cerveau n'existeraient pas sans l'information apportée par le patrimoine génétique. » Mais les auteurs, s'ils acceptent l'idée d'une « intelligence potentielle » liée à des facteurs génétiques, ajoutent — et là évidemment ils s'opposent à H.J. Eysenck — : « ... mais il est tout aussi absurde de chercher à mesurer une prétendue " part " génétique de l'activité intellectuelle. »

Sources : 7.

dont la plus importante est sans conteste la « réforme Haby » (1975). Quelques jours après le vote de la loi, le président Giscard d'Estaing présentait ainsi cette réforme :

« L'essentiel de cette réforme, c'est de décider que désormais, après l'école commune de tous les Français, il y aura le collège dans lequel iront tous les jeunes Français, sans exception, pour y recevoir la même éducation. C'est donc à cet égard une réforme qui égalisera le niveau de connaissances de toutes les jeunes Françaises et de tous les jeunes Français, et qui donc facilitera à la fois l'égalité de la culture et l'égalité des chances dans la vie active [9]. »

Cette réforme ne fut pas loin du fiasco politique. Elle semblait pourtant à l'origine disposer d'atouts importants : le soutien publiquement affirmé à plusieurs reprises du chef de l'État qui avait lancé l'idée d'un « savoir minimum garanti », l'expérience du ministre, homme du sérail qui avait gravi progressivement tous les barreaux de l'échelle (instituteur, professeur certifié, agrégé, docteur ès lettres, recteur), une ambition (l'égalisation des chances, notamment par le collège unique) dont on pouvait espérer qu'elle désarmerait l'hostilité des syndicats d'enseignants et de l'opposition de gauche. Ces espoirs furent déçus. En février 1975, le ministre publia sous le titre « Pour la modernisation du système éducatif » un texte détaillé où il exposait son projet de réforme [10]. Réforme très ambitieuse à la fois parce qu'elle concernait tout le système scolaire, de la maternelle aux terminales, et parce qu'elle fixait très haut la barre à franchir. L'école, selon René Haby, se doit de transmettre l'instruction, mais aussi — et ces deux thèmes reviennent constamment tout au long du texte — de « créer les conditions de l'égalité des chances » et d'ouvrir les élèves « vers la vie » (ou, formule encore plus générale, de les « préparer à la vie ») *. À cette fin, le système éducatif « modernisé » devait prendre la forme suivante :

— La scolarité dans le primaire était allongée d'une année. Ceci afin de prendre acte du fait que plus de la moitié des élèves redoublaient une classe et passaient effectivement six ans à l'école élémentaire. Mais pour ne pas pénaliser les autres, il était prévu la possibilité d'entrer dans le primaire à cinq ans et aussi de sauter une classe. L'objectif était de permettre à chaque élève de suivre un rythme qui lui convienne.

— À l'école élémentaire succédait le collège, unique pour tous de l'entrée en 6e à la fin de la 3e. Avec l'ambition de donner à tous les élèves une « éducation globale », une « culture moderne ». Les filières mises en place par la réforme Fouchet étaient donc supprimées et remplacées par un « tronc commun », auquel s'ajoutaient quelques options, plus nombreuses à partir de la 4e.

— À la sortie du collège, le texte prévoyait trois possibilités : l'entrée dans un lycée d'enseignement général conduisant en trois ans au baccalauréat, l'entrée dans un lycée d'enseignement professionnel, enfin l'entrée dans la vie active.

Le projet, écrit Jacques Minot, « suscita une opposition, voire une hostilité quasi générale, depuis les syndicats, les associations de parents d'élèves, les élèves eux-mêmes, jusqu'aux partis politiques parmi lesquels les partis de la majorité eux-mêmes manifestèrent peu d'empressement à le soutenir [11] ». Ironie de l'histoire : ce projet qui se voulait égalitaire, qui reprenait à son compte une vieille idée de la gauche, le collège unique, fut violemment dénoncé à gauche comme renforçant l'inégalité. En particulier par les syndicats d'enseignants (SGEN-CFDT, SNES, FEN) : « L'objectif est le dégagement précoce d'une élite », « La visée fondamentale est de mettre l'école au

---

* La formule « ouvrir l'école sur la vie » est étonnante. Les œuvres de Mme de Lafayette ou de Stendhal n'appartiennent-elles pas à la « vie » ? En fait la formule signifie toujours : ouverture sur l'actuel, parfois l'immédiat, et sur la vie pratique.

service de la classe dominante », il s'agit « d'adapter le système éducatif aux impératifs de la société capitaliste en crise [12] ». Il fallait bien une base à ces critiques, et elle fut trouvée en particulier dans la scolarité « à plusieurs vitesses » prévue dans le primaire. Cette condamnation radicale ne peut s'expliquer que par la logique du « combat » politico-syndical : le projet était récusé en raison non de son contenu mais de sa source (le fait que la Fédération de parents d'élèves Cornec ait d'abord trouvé dans le projet « certaines propositions (qui) peuvent paraître intéressantes » avant de s'aligner sur les autres organisations de gauche et de le rejeter globalement comme « inacceptable » témoigne dans le même sens [13]). Ainsi l'ambivalence du texte a nui à son succès : il était au moins en partie d'inspiration de gauche, il émanait d'un ministre qui appartenait à un gouvernement de « droite » — la gauche le refusait à cause de son origine, la « droite » ne l'appréciait guère à cause de son inspiration. Une aventure semblable était déjà arrivée au *Family Assistance Plan* du président Nixon *. Mais à la différence du FAP, le projet ne fut pas enterré. Le gouvernement parut d'abord déconcerté par cette opposition mais après des hésitations, il soumit au Parlement un projet de loi de « réforme du système éducatif ». Le ministre avait abandonné l'essentiel de ses propositions concernant le primaire, mais subsistait le noyau dur de la réforme, le collège unique. La loi fut votée définitivement le 30 juin 1975.

L'esprit de la réforme Haby s'accorde avec l'« idéologie dominante » pour considérer l'inégalité des chances comme étant 1. de la responsabilité exclusive de l'école ; 2. liée uniquement aux origines sociales ; 3. due essentiellement aux handicaps culturels **. Le point central de la réforme, la suppression des filières, témoigne tout aussi clairement de cette influence. Bizarrement, cette suppression ne fait l'objet que de justifications très brèves mais dont le vocabulaire est significatif :

> « Dès lors, à moins de concevoir pour les jeunes de 12 à 15 ans des contenus différenciés d'études, dont les " clientèles " reproduiraient largement les ségrégations sociales, il faut définir une formation de base pour tous… » (Projet de février 1975.)
>
> « C'est également comme une contribution à la recherche de l'égalisation des chances qu'il faut considérer le tronc commun de formation proposé à chaque jeune Français, par l'école d'abord, par le collège ensuite. Ainsi s'affirment la volonté d'une éducation partagée par tous, l'ambition d'un niveau culturel élevé, le refus de toute ségrégation. » (Exposé des motifs de la loi.)

---

* Voir le chapitre IX.

** Les textes, bien entendu, ne disent pas explicitement cela mais ne considèrent l'inégalité des chances qu'en termes scolaires, ne s'intéressent pas aux sources de l'inégalité des chances autres que l'origine sociale, etc.

Ségrégation : le terme appartient au vocabulaire des sociologues critiques, il sous-entend une action ségrégative, il implique que la liberté de choix qu'offrent les filières n'est qu'une liberté fictive. Le raisonnement implicite qui soutient ces propositions est de type animiste. L'absence de liberté est induite du résultat : comment les individus pourraient-ils vouloir librement une inégalité dont ils pâtissent ? Appliquée à une queue dominicale devant une pâtisserie, le même raisonnement expliquerait le phénomène par le « choix forcé » de ceux qui la forment.

Les filières sont donc à proscrire *. Mais les enfants ne sont pas devenus semblables pour autant. Comment alors assurer un enseignement uniforme à un public différencié ? Sans que cela soit explicite, la réforme repose sur un axiome — les inégalités entre élèves sont essentiellement d'origine socioculturelle — et sur un pari — les actions de soutien (des heures complémentaires) pour les plus faibles permettront de compenser les inégalités culturelles et d'assurer l'homogénéité nécessaire des classes. L'école selon Haby se doit de reconnaître les différences, mais aussi de promouvoir l'égalité : « Le cycle d'orientation ne doit pas être celui où s'affirme l'inégalité des aptitudes et des talents, mais celui où s'individualisent clairement les tendances et les goûts [15]. » « Quand je lis (ces) lignes, commentait Raymond Aron, j'admire une fois de plus la capacité d'illusion des réformateurs [16]. »

Mythe et réalité

La politique scolaire porte ainsi l'empreinte de la représentation animiste. Représentation mythique parce qu'elle méconnaît des variables essentielles, dont en particulier les effets pervers de la liberté, les variables individuelles et les variables structurelles, et qu'elle accuse à tort en transfigurant en méfaits des effets émergents. L'école n'est certes pas à l'abri de toute critique, mais elle ne porte pas la responsabilité globale et quasi exclusive de l'inégalité des chances. Elle ne mérite ni cet excès d'honneur ni cette indignité.

L'inégalité des chances *sociales* résulte d'un faisceau de facteurs que la sociologie est loin de parfaitement maîtriser. La recherche cependant a progressé, et grâce à un certain nombre de travaux les choses sont aujourd'hui plus claires. Mais elles apparaissent aussi plus compliquées que ne le laisse croire la représentation dominante. Lier la réussite sociale à l'héritage culturel via la réussite scolaire

---

* « Hier, note R. Aron, on créait des sections exagérément inégales, aujourd'hui on ne veut plus connaître de sections. Faut-il dire qu'en matière d'enseignement le bon sens est la chose du monde la moins partagée [14]. »

n'est possible qu'au prix d'extrapolations successives qui sont autant d'erreurs d'interprétation. En schématisant à peine, la représentation dominante peut être figurée par la chaîne suivante : héritage culturel — résultats scolaires — réussite scolaire — réussite sociale. Aucun de ces chaînons ne tient.

— Les résultats scolaires ne dépendent pas uniquement des inégalités culturelles héritées. L'héritage culturel est sans aucun doute un facteur important des inégalités de résultats scolaires — mais parmi d'autres facteurs. Sinon comment expliquer que la stratification scolaire ne se calque pas sur la stratification sociale, que certains montent et d'autres descendent, que les résultats diffèrent fréquemment au sein d'une même famille ? Les données sociologiques confirment les travaux sur la génétique et l'expérience des parents et des pédagogues : les enfants sont par eux-mêmes très différents, ils ont des capacités variées et inégales. Il faut beaucoup de passion idéologique pour croire que la nature donne carte blanche à la société *.

L'école, pas plus que l'individu, ne peut être définie par sa seule relation avec l'héritage culturel. Il est d'autres variables scolaires qui influent sensiblement sur les résultats des élèves. Leur incidence n'est guère apparente en période normale parce que ces variables sont quasi constantes d'une école à l'autre (en d'autres termes, il n'y a guère de différences profondes entre établissements). De ce que les résultats sont voisins d'une école à l'autre, l'on peut être tenté de conclure, comme l'ont fait nombre de spécialistes américains, que « *school doesn't matter* ** » [18] — avant que la crise ne serve de révélateur. L'expérience américaine des vingt dernières années a en effet montré que s'il apparaît difficile d'améliorer la productivité de l'école traditionnelle, il est tout à fait possible de la réduire fortement. Les écoles publiques américaines ont été victimes des réformes scolaires, des réglementations fédérales et judiciaires (dont

* Se pose également le problème de l'ordonnance sociale des héritages biologiques. Les inégalités (moyennes) de quotient intellectuel (QI) et de résultats scolaires entre catégories sociales sont-elles entièrement réductibles aux effets de l'environnement social ? La question peut paraître déplaisante, mais nul n'est dispensé de penser une question parce que ses termes lui déplaisent. En l'occurrence, l'état des recherches ne permet pas de trancher. L'on se contentera ici de noter que, étant donné que le QI est partiellement héréditaire, qu'il n'est pas sans liens avec la position sociale, que les QI élevés se marient entre eux, que leurs enfants ont un QI élevé (toujours en moyenne), la relation inné/origine sociale n'est pas invraisemblable. Et qu'aux États-Unis un sociologue comme C. Jencks, proche de la « nouvelle gauche », envisage cette possibilité sans troubles de conscience : « Il doit y avoir certaines différences génétiques entre riches et pauvres. La vraie question n'est pas de savoir si de telles différences existent, mais si elles sont importantes ou non [17]. » Cependant les experts restent divisés ou réservés. Le problème reste donc en suspens, mais il hypothèque toute analyse en termes d'inégalité des chances.

** « L'école ne fait rien à l'affaire. »

l'obligation du *busing*), et d'une pédagogie égalitaire et libertaire [19]. Les résultats aux tests témoignent de cette crise — beaucoup parlent de désastre — comme d'une autre manière le *White Flight* et l'exode vers les écoles privées. Car aujourd'hui certaines écoles, celles en particulier qui ont le mieux résisté au vent de réformes, sont beaucoup plus efficaces que d'autres. La crise a creusé les différences et illustré l'importance de certaines variables scolaires. Mais ces variables clefs (dont l'incidence reste forte une fois l'origine sociale contrôlée) ne sont pas de celles que privilégient les réformateurs : la discipline, un climat d'« ordre et de respect », l'incitation à l'effort et au travail, le dévouement des maîtres [20] »... Faut-il que la France répète à quelques années de distance les erreurs américaines ?

L'héritage culturel ne peut donc tout expliquer. Il faut ajouter qu'il n'est pas en lui-même condamnable. Qu'il soit une source incontestable d'inégalités n'implique pas l'illégitimité du fait de l'héritage ou/et de la culture héritée. « Saint-Simon, écrit Raymond Aron, se contentait de supprimer l'héritage de l'argent, le sociologue d'aujourd'hui, s'il le pouvait et s'il interprétait à la lettre son propre pamphlet, supprimerait l'héritage intellectuel et moral que seules les familles peuvent transmettre. Il mériterait d'être tenu pour un barbare s'il se prenait lui-même au sérieux [21]. » L'utopie égalitaire bute toujours sur le fait « incontournable » de la famille. Faut-il alors la supprimer ou ici culpabiliser les parents qui parlent avec leurs enfants, et dans une langue grammaticalement correcte, au risque d'en faire des « privilégiés » ? Ou faut-il dissocier la culture scolaire de la culture dite « bourgeoise », bannir Virgile et Chateaubriand et renoncer à sanctionner les fautes de français ? Les sociologues critiques évitent toujours d'aller au bout de la logique de leurs démonstrations. La tactique est payante : l'héritage culturel est reconnu coupable et cette condamnation a contribué aux réformes qui ont modifié le modèle culturel transmis par l'école. Or une telle pratique non seulement détache les Français de leur patrimoine culturel, mais elle ne peut que porter préjudice à ceux qu'elle prétend aider. Les savoir-faire que l'école devait traditionnellement transmettre — l'exactitude de l'orthographe, la correction de la syntaxe, la rigueur du raisonnement... — n'ont évidemment pas perdu toute valeur aux niveaux supérieurs de l'enseignement et dans la vie professionnelle. Les plus pénalisés seront alors ceux qui ne trouveront pas dans leurs familles les moyens de pallier les insuffisances de l'école.

— La réussite scolaire ne se confond pas avec les résultats scolaires, elle tient également aux décisions d'orientation des élèves. Le second chaînon ne tient pas davantage que le premier, comme l'a montré notamment Raymond Boudon dans *L'inégalité des chances* (1973). Si en particulier les chances scolaires s'élèvent avec l'origine sociale, c'est en raison de deux phénomènes distincts : les résultats scolaires s'élèvent avec l'origine sociale ; à résultats scolaires identiques, les choix d'orientation varient selon l'origine sociale.

Considérons ici la seconde proposition. Tout système scolaire comporte divers points de bifurcation qui appellent des choix de la part des élèves, des étudiants et de leurs familles. Or, à niveau scolaire égal, les élèves *(lato sensu)* se dirigent d'autant plus vers les filières longues et nobles qu'ils appartiennent à un milieu plus élevé. Les données recueillies par l'INED montrent l'importance que prennent ces écarts. Prenons par exemple les élèves parisiens classés dans la catégorie des « bons élèves » : 74 % des fils de cadres supérieurs ou de membres des professions libérales se dirigent vers le second cycle long (conduisant au baccalauréat) contre 51 % des fils de cadres moyens, 37 % des fils d'employés, 28 % des fils d'ouvriers [22]. En procédant à des simulations, Raymond Boudon a montré que les effets, répétitifs, de ces différences d'orientation expliquaient pour une part importante les inégalités scolaires [23]. À supposer que les différences de résultats scolaires ne tiennent qu'aux inégalités culturelles héritées, à supposer que l'école puisse annuler l'effet de ces héritages inégaux, l'inégalité des chances serait loin d'être abolie.

Le phénomène n'est pas nié, mais d'une part il est généralement sous-estimé, d'autre part il est interprété en termes de « relégation » ou de « ségrégation ». L'analyse empirique dément cette interprétation. M. Reuchlin et F. Bacher ont enquêté sur l'orientation à la fin du premier cycle, ils ont comparé les ambitions scolaires des enfants, celles que leurs parents avaient pour eux et celles que leurs professeurs jugeaient conformes à leurs possibilités. De cette analyse, il ressort que : 1. les parents appartenant aux catégories supérieures qui envisagent des études plus longues que leurs enfants sont plus nombreux que ceux qui envisagent des études plus courtes ; la relation s'inverse pour les parents et enfants appartenant aux catégories populaires ; 2. les professeurs freinent les ambitions de tous les parents, mais davantage celles des parents socialement « favorisés ». La pression des familles en faveur des études est donc plus intense pour les « héritiers » que pour les « déshérités », et l'influence de l'école s'exerce au rebours de cette pression sociale. La conclusion est aux antipodes de celle des sociologues critiques : le jugement des professeurs joue en faveur, non au détriment, de la scolarisation des enfants de milieu modeste [24].

Le choix des familles contribue donc aux inégalités scolaires. Comment l'expliquer ? Jouent sans aucun doute des inégalités d'information (les acteurs n'ont pas une connaissance identique de la valeur des enjeux, des probabilités de réussite, etc.), des différences de niveau d'aspiration (lié au groupe de référence), mais joue également, comme l'a souligné Raymond Boudon, la logique de la situation. Les acteurs ne prennent pas des décisions identiques parce qu'ils ne se trouvent pas dans des situations identiques. Soit au sortir du baccalauréat un fils de maçon et un fils d'avocat. Les deux bacheliers (et leurs familles) sont confrontés au même choix — entrer ou non dans l'enseignement supérieur — mais les coûts et bénéfices attachés à l'une et à l'autre de ces décisions sont très sensiblement différents. Sur le plan psychologique : continuer ses études, pour le fils d'avocat, c'est se rapprocher de sa famille, pour le fils de maçon, c'est s'en éloigner davantage, choisir la vie professionnelle pour l'un, c'est accepter au moins dans l'immédiat une régression sociale, pour l'autre, c'est arrêter une promotion. Sur le plan économique : relativement aux ressources des familles, le coût de la poursuite des études est évidemment inégal. Le statut social et le niveau économique des familles ne peuvent donc pas ne pas influer sur les orientations scolaires. Les inégalités devant l'école apparaissent ici comme la résultante d'actes intentionnels qui diffèrent selon le contexte de l'action, c'est-à-dire le statut social et le niveau économique de l'acteur. Effet pervers sans intention perverse qui n'est que la *rançon de la liberté et de la stratification sociale*. Cette idée ne peut que choquer les esprits animistes. Raymond Boudon a noté que les plus vives résistances à son interprétation portaient sur cette « responsabilité » du libre choix des familles dans la genèse des inégalités scolaires [25]. Pour qu'il y ait des coupables, il faut bien des victimes.

— La réussite sociale ne se confond pas avec la réussite scolaire. Si l'école ne peut être tenue pour la « grande responsable » dans la genèse des inégalités sociales, c'est non seulement parce qu'elle ne contrôle que partiellement la réussite scolaire, c'est aussi parce qu'elle est très loin de contrôler la réussite sociale. Le système d'éducation a une influence non négligeable sur le statut et le revenu des individus, mais pas plus que la famille il ne façonne de manière rigide leur devenir social. Toutes les données disponibles témoignent d'une relation « modeste » ou « modérée » entre le niveau d'instruction et le revenu ou le statut social.

« ... Les faits donnent tort, écrit Roger Girod, à ceux qui partent de l'idée exagérément simplificatrice selon laquelle les filières d'enseignement canaliseraient très strictement la jeunesse par grandes filières de destination sociale (...). Toute tranche de la pyramide socioprofessionnelle est (...) alimentée par plusieurs voies d'études, en général par un grand nombre. Les chances d'accéder aux catégories de situations les plus élevées de cette tranche sont plus grandes pour les ex-élèves des meilleures de ces filières. Mais elles sont en général non négligeables aussi pour les sujets ayant passé par d'autres voies. Le mélange des *backgrounds* scolaires est donc finalement considérable dans toutes les catégories socioprofessionnelles, surtout si l'on considère des sujets ayant déjà un certain nombre d'années de pratique [26]. »

Le marché du travail ne s'apparente pas dans son ensemble à l'éducation nationale où le titre scolaire fixe le statut à vie et où un agrégé est assuré de terminer sa carrière au-dessus d'un certifié (même si ce dernier s'est révélé bien meilleur professeur). Pour la plupart, une fois les cartes scolaires distribuées, les jeux ne sont pas faits.

Ce phénomène tient à deux raisons essentielles : la pluralité des voies de la mobilité sociale, le jeu des variables structurelles et la dégradation de la valeur sociale des diplômes. La réussite sociale n'est pas une, ses filières et ses formes en sont diverses : le fils d'instituteur devenu professeur agrégé, le petit artisan devenu chef d'entreprise moyenne, le cadre supérieur autodidacte, le fils de famille qui hérite l'entreprise paternelle ont tous « réussi », mais non de la même manière ni par la même voie. L'école n'est que l'une de ces voies (entrecroisée avec les autres) même si elle peut être royale pour une petite minorité (les élus des grands concours scientifiques et administratifs).

La mobilité sociale par l'école est d'autre part dépendante des données structurelles. Les chances des acteurs — et la rentabilité sociale des diplômes — sont fonction de la relation entre le nombre de postes disponibles et le nombre de postulants. Or ces deux nombres varient très sensiblement d'une période à l'autre, et ces variations creusent des inégalités très fortes entre générations. En raison de l'irrégularité des flux démographiques — ainsi en France la succession de classes creuses et de classes pleines — « a produit une succession de générations au destin partiellement marqué et unifié par leur rapport de poids avec la génération précédente et suivante * ». En raison également des évolutions respectives, et de leurs vitesses relatives, de la structure éducative et de la structure sociale. Or ces données structurelles contribuent à expliquer le décalage existant entre réussite scolaire et réussite sociale. La démonstration a

* « Appartenir aux classes de l'immédiat après-Première Guerre mondiale, poursuit Annie Kriegel, quand le massacre des jeunes officiers sortis des écoles dans les promotions 1912-1913-1914 avait prématurément privé de leurs titulaires une multitude de postes, fonctions et situations dans tous les ordres d'activité, conduisait à un éphémère mais considérable rajeunissement des statuts : d'où les Années folles. Appartenir à une classe creuse quand, après la Seconde Guerre mondiale, l'encadrement des rejetons du *baby-boom*

été fournie par Raymond Boudon et peut être ainsi résumée : ce résultat, contraire aux espérances, s'explique par les effets complexes qu'engendre l'écart entre l'évolution (rapide) de la structure éducative et celle (plus lente) de la structure sociale. Les diplômes augmentent plus vite que les postes, il en résulte une dégradation des espérances sociales attachées aux différents niveaux scolaires et un processus de réactions en chaîne : chacun est incité à investir davantage qu'auparavant pour un enjeu identique et une course-poursuite s'engage où tout le monde est perdant [28]. L'effet pervers est, si l'on ose dire, « magnifique ». D'abord parce qu'il résulte à l'état pur d'un processus qui pénalise tout le monde sans que personne ne l'ait voulu. Des choix individuellement rationnels produisent un « choix » collectif irrationnel. Ensuite parce que ce processus aboutit à dévaloriser la valeur sociale des diplômes et donc à renforcer l'incidence du milieu social (l'information, les relations) à réussite scolaire identique. Certains seront donc plus pénalisés que d'autres. Enfin parce que ce processus n'a pu ainsi se développer qu'en l'absence d'une véritable régulation des flux scolaire et universitaire. Une sélection plus rigoureuse renforcerait le rôle des critères scolaires et réduirait celui des critères sociaux. Si malin génie il y a, il n'est pas là où les animistes voudraient le trouver.

Une politique perverse

Fondée sur de fausses prémisses, la réforme Haby ne pouvait pas ne pas buter sur la résistance du réel. Soit :

— les différences innées ou/et acquises entre les élèves (la prégnance des variables individuelles et de l'héritage culturel) ;

— la marge de liberté des acteurs et leurs réactions stratégiques ;

— les variables structurelles (les contraintes de la stratification sociale).

— La question première que pose le collège unique — comment assurer efficacement le même enseignement à des enfants de niveaux différents ? — n'a pas été résolue. Les textes d'application de la loi montrent le ministre en butte avec les conséquences de sa propre

suscitait d'énormes besoins a constitué la chance collective de la génération née au tournant des années 30 et une sensible compensation pour une enfance ou une adolescence malmenées. En revanche, les classes pleines des années 50 qui se trouvent aujourd'hui arrivées à l'heure des responsabilités, après une adolescence qui elle n'a connu généralement ni la faim ni les très grandes épreuves, se voient coincées entre les classes, certes creuses, mais maintenant bien installées et à longévité accentuée, qui les avaient précédées, et les classes nouvellement creuses qui les ont suivies et pour qui suffit le simple renouvellement des équipements précédents [27]. »

réforme. « Il ne peut être question, peut-on lire dans un texte officiel, d'aligner la formation de base sur les performances des élèves les plus médiocres ; encore faut-il ne pas se préoccuper seulement des meilleurs [29]... » Alors que faire ? Le ministre est manifestement écartelé entre des objectifs incompatibles : d'un côté, sensible à l'esprit du temps, il rejette par principe les filières, de l'autre, homme d'expérience et universitaire traditionnel, il insiste sur la nécessité d'adapter l'enseignement à l'élève et d'éviter la dégradation du niveau. La politique des heures complémentaires consacrées au « soutien » des plus faibles et à l'« approfondissement » pour les plus rapides ne lève pas cette contradiction mais en fait la souligne. La « pédagogie d'approfondissement », quasi inappliquée en fait, souffre d'un vice de définition. Il est prévu pour éviter de pénaliser les plus rapides de leur permettre d'« approfondir » telle ou telle matière, mais, pour maintenir le rythme commun à la classe, il est exclu d'anticiper sur le programme. Mais comment approfondir en anglais ou en mathématiques sans faire que les uns avancent plus vite que les autres, immédiatement ou à terme ? « Approfondir » en faisant du « sur place » n'est pas chose évidente. Quant à la politique de « soutien », sa pratique confirme que quelques heures complémentaires ne pouvaient permettre, en tout cas *hic et nunc*, de limiter efficacement l'hétérogénéité des classes. Nombre de professeurs témoignent en ce sens *(encadré ci-contre)*. Louis Legrand, directeur à l'Institut de recherche pédagogique, lui-même hostile aux filières (un système « ségrégationniste »), a bien mis en lumière l'écueil sur lequel échouent les réformateurs :

« Les conditions du soutien tel qu'il est actuellement conçu en limitent singulièrement l'efficacité et même en rendent souvent impossible l'exercice. Pour que cette action puisse être occasionnelle, s'adressant à des élèves désignés chaque semaine en fonction des difficultés qu'ils ont rencontrées dans telle leçon d'un programme allant à son pas collectif inexorable, il convient que l'échec constaté soit lui-même occasionnel et que la distance ne soit pas trop grande entre les élèves à soutenir et ceux qui ont compris et assimilé d'emblée. Cela suppose en conséquence que la classe hétérogène ne le soit point trop, qu'il y ait donc eu un tri préalable à sa constitution, bref que les élèves qui entrent en sixième aient été sélectionnés [30]. »

Mais cette sélection implique une différenciation donc le retour, sous une forme ou une autre, aux filières. Les réformateurs de bonne volonté sont au rouet.

Le pari a donc été perdu. Dans les collèges qui pratiquent effectivement le brassage impliqué par la réforme, les difficultés ne pouvaient pas ne pas se révéler insurmontables. Le rapport de la

LES EXPÉRIENCES DE « SOUTIEN »

Témoignages

Collège Victor-Hugo (Nevers)

— Français

« Les élèves en réelle difficulté (10,12 % ?) n'ont rien gagné à l'expérience, quand les " moyens " ont souvent perdu le bénéfice d'une heure par semaine. Le soutien en 6e ne saurait être que curatif, quand il faudrait le pratiquer préventif, en amont du premier cycle. On ne corrige plus à 12 ans des troubles fondamentaux de dyscalculie *(sic)*, dysorthographie *(resic)* et d'apprentissage de la lecture. »

Collège Anjou (Sablé-sur-Sarthe)

— Français

« Le soutien a servi : à essayer d'apprendre à lire à certains. Pas beaucoup de résultats, sauf pour deux ou trois (les moins faibles) qui ont acquis un peu de rapidité ; à faire du « replâtrage » grammatical et individuel ; les élèves soutenus ont pris ça comme une brimade, ce qui a obligé les professeurs à prendre aussi dans les meilleurs alors que les plus faibles en auraient davantage besoin : l'écart se creuse, les classes deviennent de plus en plus hétérogènes. » (Quatre professeurs.)

— Mathématiques

« Bilan négatif en 6e. Le programme ne sera pas terminé. Trop de temps perdu. Lorsque je m'occupe des faibles, les forts ne font rien et réciproquement. Un élève faible n'a donc qu'une heure de cours valable (l'heure de soutien). Un élève fort ne travaille que 10 à 15 minutes par cours, donc qu'une heure par semaine (...). Cela est inévitable dans des classes où les élèves sont trop différents. »

« Soutien : un très grand nombre d'élèves en auraient besoin toute l'année. Ceux venant à ces cours ne sont pas plus motivés qu'aux autres cours, ce qui est un mince apport pour eux. Le niveau des élèves est de plus en plus faible (ils savent à peine leur table de multiplication !). »

Collège Cours-de-la-Liberté (Brignoles)

— Français

« Pendant le soutien en français, je me suis surtout attaché à ces élèves (qui ne parvenaient pas à comprendre, quelle que fût la matière, ce qu'on leur demandait), travail qui à mon avis n'est pas celui de l'activité de soutien. Certes, les enfants aimaient bien venir : nous étions en petit comité, les travaux n'étaient pas notés et le professeur un peu plus attentionné pour eux. Mais je dois reconnaître qu'essayer d'apprendre à lire à des enfants qui à 12, même à 13 ans, ne savent pas, cela n'a pas donné grand-chose. »

« " On freine les bons. " L'expression est souvent revenue dans les propos des enseignants, comme la nostalgie du dédoublement ou de l'heure " supprimée ". »

Source : Le Courrier de l'éducation. Bulletin d'information du ministre de l'Éducation, n° 74, 13 novembre 1978.

« commission du Bilan », consacré à l'enseignement, en apporte une confirmation de poids :

« Dans les collèges qui conservent des classes ultrahétérogènes, où voisinent des enfants doués et rapides et des enfants défavorisés, la classe est très difficile à faire — observe L. Schwartz —, et beaucoup des enseignants en ont reçu un choc et sont encore traumatisés (de nombreuses lettres reçues nous le prouvent). Dans environ la moitié des collèges, les principaux organisent en fait des classes de niveau, avec une sélection modérée, et rendent ainsi les contradictions moins criantes [31]. »

Ce que cet échec condamne, ce ne sont pas les pédagogies de soutien, encore moins l'individualisation de l'enseignement, mais l'illusion qu'une telle pédagogie est la clef magique qui permettra de rendre raison, pour l'essentiel et dans l'immédiat, aux inégalités scolaires et de fondre des élèves que beaucoup sépare en un tout homogène. Le collège unique est non seulement une formule autoritaire mais aussi une absurdité pédagogique. Les enfants ont des goûts très différents, ils ont des capacités très inégales, vouloir les passer au même moule est contraire à la liberté de choix des familles et à la simple raison.

Cette politique a sans aucun doute contribué à la dégradation du niveau scolaire. Dégradation difficile à mesurer, inégale selon les établissements, mais dont les témoignages abondent [32]. Citons Jean-Marie Domenach :

« Osons le dire : nous sommes contemporains d'un événement gigantesque, qui n'est pas particulièrement français, mais qui est plus bouleversant en France, où les grades et les examens ont tant d'importance : l'avènement des analphabètes diplômés. Qu'on m'entende bien : je ne prétends pas que tous les étudiants soient ignorants, et j'en connais quelques-uns qui en savent plus que je n'en savais à leur âge. Je dis seulement qu'une proportion croissante de jeunes gens sortent de l'école en ne sachant pas lire ni écrire, même s'ils connaissent l'alphabet. Or beaucoup d'entre eux obtiennent des diplômes. J'ai personnellement connu une jeune fille munie d'un CAP de dactylo qui ne parvenait pas à distinguer le verbe être du verbe avoir et écrivait " j'est pris la décision " [33]. »

Le « tronc commun » n'est évidemment pas l'unique responsable de cette situation. La formation insuffisante de nombreux professeurs des collèges y a également sa part * et aussi dans une mesure importante la « modernisation » du contenu de l'enseignement et de la pédagogie : le relâchement des exigences intellectuelles, le déclin des disciplines classiques, la préoccupation de l'actuel — combien de professeurs éprouvent des complexes à l'égard de la télévision —, le souci de répondre aux attentes des élèves... ne peuvent que contrarier la formation de base, en particulier en français et en histoire. Comme l'a écrit R. Garapon, l'école succombe à une tentation pernicieuse, « celle qui consiste à faire apprendre à l'école ce qui peut s'apprendre hors de l'école et par voie de conséquence à délaisser ce qui en général ne peut être appris qu'à l'école [34] ». Ironie (triste) de l'histoire, l'école réformée, en s'éloignant de la culture traditionnelle, renforce le rôle de l'héritage culturel.

* Voir le chapitre XI.

— Les réactions stratégiques des acteurs — de certains d'entre eux — contrarient également les vœux des réformateurs. Le choix de l'établissement scolaire est d'autant plus important que la « qualité » de l'enseignement varie fortement de l'un à l'autre. Or d'une part les collèges sont aujourd'hui de qualité très inégale [35], d'autre part la marge de choix des acteurs varie très sensiblement selon les villes (un ou plusieurs collèges) et selon les milieux. Dès lors en particulier que la ville a plus d'un collège, la clientèle scolaire ne peut être socialement indifférenciée. D'abord bien entendu en raison de l'effet automatique des différences sociales inscrites dans l'espace — le collège de Neuilly n'accueille pas les mêmes élèves que celui d'Aubervilliers. Ensuite en raison des capacités inégales des acteurs à traduire leurs préférences dans la réalité. Quand des parents ne veulent pas envoyer leur enfant dans tel collège de « mauvaise réputation », ils ne sont pas dénués de toute marge de manœuvre : il n'est pas impossible de déroger à la carte scolaire, il est possible de changer de résidence ou de choisir l'enseignement privé. Mais ces choix requièrent des informations (sur la qualité des établissements, sur les conditions des dérogations) ou/et des moyens matériels (pour déménager ou « déserter » du public vers le privé), donc des ressources inégalement réparties.

À l'intérieur même des établissements, des regroupements s'opèrent par le jeu des options. Le choix de certaines d'entre elles est socialement marqué. Ainsi choisir l'allemand ou le russe en 6e, ce fut, un temps, avoir la quasi-assurance d'être dans une « bonne classe », puis, cette tactique ayant été éventée *, le « bon choix » consiste aujourd'hui à prendre latin ou grec en 4e, quitte à les abandonner deux ou trois ans plus tard :

> « Cette tactique nouvelle, note Robert Ballion, remplace le choix de la langue vivante ; dans un premier temps, elle est sans doute prioritairement le fait de parents avertis et aptes à s'engager dans des conduites au coût élevé (surcroît de travail pour des matières non " rentables "), donc de familles appartenant aux couches supérieures. Quand la tactique sera reprise massivement par les couches moyennes, elle perdra toute efficacité, et les classes du premier cycle accueillant les élèves qui font du latin ne seront pas d'un niveau sensiblement supérieur aux autres [36]. »

La sélection-différenciation n'a donc pas disparu du collège, mais elle a pris une forme exclusivement officieuse ou occulte qui donne une prime considérable à ceux qui détiennent l'information nécessaire. L'existence de règles du jeu cachées n'est pas chose nouvelle,

---

* « Les classes d'allemand première année, écrit R. Ballion en 1982, sont, depuis trois ou quatre ans, constituées en majorité d'élèves médiocres dont les parents ont cru, pensant que les autres ne feraient pas la même chose, qu'ils bénéficieraient d'un excellent environnement pédagogique [37]. »

mais ce qui est nouveau, c'est qu'il n'existe plus de règles du jeu officielles (la sélection-différenciation *sur critères scolaires*) qui puissent en contrarier les effets.

La procédure la plus efficace pour égaliser les chances scolaires, c'est une différenciation-sélection avec orientation contraignante. Système coûteux en termes de liberté (conflit classique de valeurs entre une liberté productrice d'inégalités et une moindre inégalité), qui a pour effet de supprimer le jeu des critères sociaux à résultats scolaires identiques et de faire jouer efficacement les critères scolaires [38]. Le système du tronc commun a l'inconvénient de la contrainte sans avoir l'avantage de l'efficacité. Le choix, annulé à un point de *cursus* scolaire, sera probablement reporté au point de bifurcation suivant si l'évolution de la scolarité, par exemple l'accès à une section noble, n'incite pas à un autre choix. Et surtout à terme le refus de la sélection scolaire ne peut que renforcer la sélection sociale.

— Le refus par principe de la sélection est une position tout à fait irréaliste sauf à vouloir abolir la stratification sociale (autre forme d'irréalisme). Les postes et les places sont hiérarchisés, les positions élevées sont rares, la sélection interviendra tôt ou tard. Si elle ne se fait pas à l'école, à l'Université, elle se fera ailleurs. Les éléments les plus capables des couches les plus modestes en seront les principales victimes. La dévalorisation des études et des diplômes contrarie la mobilité sociale par l'école, accroît le rôle de la famille, l'importance de l'argent, des relations. Raymond Aron, réagissant contre la déraison de mai 1968, a souligné avec force que la compétition scolaire est inséparable des principes dont se réclame notre société :

> « L'exigence de succès assuré, le " contrôle continu des connaissances ", éliminant en fait le risque d'échec, relèvent de la démagogie bourgeoise, exactement comme la dénonciation de la société de consommation. Les contestataires de mai 1968 protestaient en toute bonne foi contre une conséquence de la démocratisation dont ils dénonçaient les insuffisances. Ce sont les étudiants des milieux les moins favorisés qui réclament aujourd'hui des examens sérieux parce qu'ils n'ont ni fortune ni relations et qu'ils ont besoin de titres valables. Dans la société telle qu'elle est, le ministre de l'Éducation doit proclamer bien haut que démocratie et compétition ne se séparent pas [39]. »

L'interprétation animiste et la passion égalitaire n'ont ainsi abouti qu'à altérer la formation de générations entières et à accroître les injustices. La faillite était inévitable, elle est largement reconnue aujourd'hui — surtout en privé —, mais sans qu'en soient tirées les conclusions logiques : le retour nécessaire à une différenciation (souple) de l'enseignement. Le blocage tient aux idées : l'idée même de filière est discréditée, il n'y a donc d'autre solution que de persévérer dans l'erreur. Le phénomène n'est pas propre à la France. Les sociaux-démocrates suédois ont supprimé toute différenciation scolaire dans le primaire et le secondaire et, par une loi de 1965, ils ont abandonné l'idée d'« aptitudes objectives » au profit d'idéaux tels que l'égalité, la solidarité, l'apprentissage de la vie collective. Il est généralement reconnu, note D. Gress, que cette réforme a abouti à un « désastre », mais même les partis dits « bourgeois » (au pouvoir entre 1976 et 1982) n'ont pas osé réformer cette réforme [40]. Il est difficile de rompre avec des idées devenues tabous, de lutter contre un vent (intellectuel) contraire. Le pouvoir ne rend pas nécessairement les adultes courageux. Tant pis pour les enfants.

CHAPITRE V
LE MARCHÉ DOMINÉ

Au printemps 1979, l'essence manqua aux États-Unis. Les queues d'automobilistes apparurent d'abord en Californie, durèrent quelques semaines puis disparurent. Elles se reformèrent à Washington puis dans plusieurs villes de la côte est et même dans la capitale du pétrole, Houston (Texas) [1]. Pendant trois mois, cette pénurie « baladeuse » fit les gros titres des journaux et fournit une matière inépuisable aux informations télévisées. Il apparut rapidement que personne ne croyait à l'explication officielle — la réduction de l'offre de pétrole iranien. Chacun « savait » qu'elle était la « vraie » raison : les compagnies pétrolières avaient créé cette pénurie pour faire monter prix et bénéfices. Et, de fait, alors que les queues s'allongeaient, les bénéfices augmentaient — comment ne pas croire à une intention cachée ? De plus les « suspects » avaient déjà fait l'objet de multiples critiques et accusations lors de la crise de 1973-1974 consécutive à l'embargo pétrolier des pays arabes. Les accusateurs publics alors ne manquèrent pas, notamment Jack Anderson du *Washington Post* et Robert Sherrill dans le *New York Times Magazine* qui développèrent la thèse de la conspiration.

L'analyse pourtant dément cette culpabilité. Certes le *Big Oil* est loin d'être toujours d'une blanche innocence — les sociétés pétrolières ont notamment tendance, comme d'autres *corporations*, à plaider pour la libre entreprise tout en sollicitant l'intervention publique pour réduire la concurrence à leur profit [2]. Certes elles ont eu le tort, comme le leur a reproché Irving Kristol (l'un des chefs de file des néo-conservateurs américains), de ne penser qu'en termes économiques et non pas également en termes politiques, autrement dit de ne pas comprendre ce que leurs bénéfices avaient de choquant en situation de pénurie [3]. Mais il s'agit bien de *windfall profits* (profits tombés du ciel).

La cause première des files d'attente devant les stations d'essence a été effectivement la révolution iranienne. Mais la chute du shah et l'arrêt de la production pétrolière ont eu pour effet non pas (sauf brièvement) la réduction de l'offre disponible de pétrole sur le marché mondial, mais l'augmentation de la demande. Les pompes iraniennes arrêtées, chacun s'attendait à une pénurie, et tous — raffineurs, spéculateurs, gouvernements — développèrent leurs achats (de précaution). L'inquiétude ne se dissipa pas quand l'Iran reprit ses exportations — que se passerait-il si le colonel Kadhafi mettait sa menace à exécution et cessait de produire ou si la monarchie saoudienne était renversée ? — et les stocks gonflèrent, et les prix montèrent. Effet pervers type qui s'est reproduit selon les mêmes lois du genre dans certaines villes américaines : de peur de la pénurie, les conducteurs y contribuaient en s'efforçant de maintenir leur réservoir plein.

Mais l'explication reste insuffisante : la quantité de pétrole disponible aux États-Unis n'était que de 5 % environ inférieure à celle de l'année précédente. Pour que ces 5 % manquants aient contraint des milliers d'automobilistes à des heures d'attente, il a fallu l'intervention publique — en particulier l'application des règles d'allocation de l'essence. Les prix étant contrôlés, *l'Energy Department* avait défini des usagers prioritaires (les gouvernements d'État, les hôpitaux... et les agriculteurs) dont le privilège ne pouvait guère ne pas donner lieu à des abus. En juillet, un rapport officiel concluait que certains de ces prioritaires avaient profité de leur droit pour obtenir plus d'essence que nécessaire, créant des pénuries pour les autres usagers. Les directives du ministère d'autre part réglaient la distribution géographique de l'essence en fonction des données des années précédentes, elles ne tenaient donc pas compte des déplacements de population ou d'industries intervenus entre-temps ni des phénomènes conjoncturels ; ainsi l'essence ne manquait pas dans les lieux de vacances parce que, par peur d'en manquer, nombre d'Américains avaient renoncé à s'y rendre. Et ils manquaient d'essence chez eux *.

Les compagnies pétrolières ici, les grandes entreprises plus généralement, se prêtent au mythe animiste. Elles suscitent la crainte et l'hostilité que provoquent fréquemment les « gros », leurs dirigeants ne sont pas connus du public — le pouvoir des sociétés anonymes est

* Quant à l'augmentation des profits des sociétés pétrolières, elle s'explique de la manière suivante : un prix plus élevé de l'essence (dans les limites autorisées par le contrôle des prix), l'accroissement de la valeur des réserves dû à l'augmentation des prix mondiaux et, pour la plus grande part, le bénéfice d'opérations à l'étranger qui n'avaient rien à voir avec la pénurie intérieure. Il faut ajouter que l'accroissement des bénéfices n'était important que par rapport à des années de « vaches maigres » (entre 1974 et 1978, le prix réel de l'essence avait légèrement baissé aux États-Unis) ; rapportés à 1974, les gains des 25 premières compagnies étaient de 22 % plus faibles.

anonyme —, ils poursuivent des objets non nobles. Le raisonnement est toujours du même type, qui consiste à inférer des intentions aux résultats et des résultats aux intentions. Or il est des résultats non intentionnels et des intentions sans résultats. Que les grandes firmes souhaitent dominer leur marché, nul ne peut guère en douter : la sécurité est préférable aux affres de la compétition. Qu'elles y parviennent, c'est une autre affaire.

La causalité diabolique selon J.K. Galbraith

Comment ne pas s'étonner que dans des sociétés dominées par les entreprises capitalistes il y ait si peu de défenseurs du capitalisme ? Comment concilier l'idée d'une minorité détentrice du pouvoir non seulement économique et politique mais aussi culturel, et le fait que la respectabilité intellectuelle soit davantage du côté de ceux qui la dénoncent ? Contradiction manifeste dont l'incarnation la plus prestigieuse est sans doute John Kenneth Galbraith : membre éminent et honoré d'une élite intellectuelle, il démasque et critique le pouvoir d'une élite concurrente avec un succès qui infirme sa propre thèse.

Galbraith a fait une très brillante carrière — professeur à Harvard, conseiller et ami des princes (notamment des Kennedy), président de l'Association économique américaine, ambassadeur en Inde… — et il a acquis une large réputation internationale — et une large audience en France où ses livres sont très rapidement traduits. Armé d'un style brillant et incisif, il s'est engagé en faveur de presque toutes les causes « libérales », non certes sans une réelle indépendance d'esprit. Il n'a cessé de plaider pour une intervention accrue de l'État (le contrôle des prix et des salaires, une redistribution massive des revenus, etc.), a soutenu les politiques antidiscriminatoires (en particulier la politique des quotas) ; il a défendu la thèse de la convergence entre le système soviétique et le système occidental et a stigmatisé à de multiples reprises « l'obsession anticommuniste ». Bref, il est comme il le dit lui-même un « libéral impénitent [4] ». Mais s'il mérite une place d'honneur parmi les animistes, c'est surtout en raison de la représentation qu'il a donnée de l'économie et de la société américaines. Au travers principalement de trois ouvrages (célèbres) : *The Affluent Society* (1958), où il souligne le contraste entre l'abondance de la production privée et le dénuement des services publics, *The New Industrial State* (1967), où il décrit l'univers des grandes sociétés anonymes et le pouvoir de la « technostructure », *Economics and the Public Purpose* (1973), enfin où il présente une vision d'ensemble du système économique américain dominé par les grandes firmes [5].

Sous sa forme achevée, la thèse centrale de Galbraith est la suivante : le modèle classique du marché cache la réalité d'un pouvoir, celui de la grande entreprise moderne qui acquiert la capacité « d'imposer de plus en plus sa volonté au corps social [6] ». Énième version de la thèse de *la* classe dirigeante, c'est-à-dire d'une minorité dominante qui aurait réussi à subordonner les élites concurrentes et conquis le pouvoir de modeler la société selon ses objectifs. Ici c'est la « technostructure » des grandes firmes industrielles qui oriente le devenir social non seulement parce qu'elle maîtrise le marché — feu la souveraineté du consommateur —, mais aussi parce qu'elle détient le pouvoir culturel et réussit à imposer ses propres valeurs, conformes évidemment à ses intérêts, à l'État et à la collectivité.

L'économie américaine selon Galbraith est une économie dualiste, scindée en deux secteurs de nature radicalement différente. D'un côté le « secteur du marché », celui des petites entreprises (exploitations agricoles, fournisseurs de services, entreprises de construction, petits fabricants) ; une douzaine de millions d'entreprises, dirigées par leurs propriétaires, qui fournissent à peu près la moitié des biens et services privés et qui sont soumises aux contraintes du marché. Non que leurs dirigeants ne souhaitent pas s'y soustraire, mais ils n'en ont généralement pas les moyens. Ces entreprises ne peuvent imposer leurs prix, elles sont obligées de faire appel à des sources extérieures de capitaux, elles sont impuissantes à influencer leur clientèle et à exercer une pression efficace sur les pouvoirs publics. Ce secteur du marché est le pôle mineur de l'économie en raison de ce faible pouvoir et aussi d'un dynamisme limité : l'innovation y est rare, elle requiert une taille, une organisation qui leur font défaut.

De l'autre côté, le « secteur planificateur » *(planning sector)* qui constitue l'autre moitié de la sphère privée de l'économie et s'oppose point par point à la première. Un petit nombre de firmes (un millier), de grande taille, où le divorce est prononcé entre la direction et la propriété, dont les objectifs ne sont plus la maximisation du profit mais la sécurité et la croissance, et qui disposent de la capacité d'innovation. Leur pouvoir est de tout autre nature : « L'un (le secteur planificateur) est maître de son environnement, l'autre, d'une manière générale, lui reste assujetti [7] ». Ce pouvoir a échappé aux actionnaires pour passer à l'organisation. C'est la fameuse « technostructure », qui doit sans doute une part de son succès à son imprécision :

« En fin de compte, ce n'est pas un seul individu mais tout un complexe de scientifiques, d'ingénieurs et de techniciens, de spécialistes de la vente, de la publicité et du marketing, d'experts en relations publiques, de *lobbysts*, de juristes (...), de coordinateurs, de gestionnaires et de cadres supérieurs qui devient le cerveau de l'entreprise. La technostructure, c'est tout cela [8]. »

Cette « technostructure » mène le jeu. Par la maîtrise des prix : à la fois parce que, en raison de sa taille, le volume des ventes de l'entreprise influe sur les prix et parce qu'une connivence ou une entente entre les « technostructures » exclut la bataille sur ce terrain. Par le « conditionnement du consommateur », dont l'instrument est la publicité et le canal privilégié la télévision, « outil tout-puissant qui permet d'exercer une action persuasive sur tous les utilisateurs de biens et de services sans exiger d'eux le moindre effort, la moindre instruction ni la moindre capacité intellectuelle [9] ». Par la « symbiose des bureaucraties » et la forte influence exercée sur les commandes publiques : les organismes de régulation et de contrôle tendent à devenir les « prisonniers » des entreprises officiellement réglementées et contrôlées, les grandes firmes exercent une pression efficace sur les décisions de consommation publique, parfois en collusion avec la bureaucratie étatique (Galbraith a pour exemple favori, et pour cible privilégiée, les commandes militaires et le soutien mutuel que se donnent les « technostructures de fabrique d'armement » et le Pentagone). Par sa capacité enfin à imposer ses propres fins comme fins sociales légitimes. La « technostructure » ne contrôle pas directement les moyens d'expression, mais plus subtilement elle est parvenue à identifier ses objectifs avec les exigences du bien public, « ses besoins avec tout ce qui dans la politique du pays passe pour fondamental et respectable (...). Norme à laquelle se réfèrent automatiquement rédacteurs en chef, éditeurs et commentateurs de la radio et de la télévision en l'absence de tout corps de doctrine contraire. Ce conformisme est sans doute facilité par l'identité d'intérêts qui lie la technostructure en général et les grands éditeurs et manitous de la radio-télévision, dans la mesure où ces derniers sont eux-mêmes l'incarnation des grandes sociétés [10] ». Ainsi, les petites entreprises marginalisées, le consommateur manipulé, l'État subordonné, les *mass media* anesthésiés : la « technostructure » peut régner pour le plus grand bien de ses intérêts.

Cette « technostructure » se prête à merveille au thème de la causalité diabolique. Et Galbraith ne manque pas de lui imputer la responsabilité des maux sociaux :

a) Les inégalités, qui ne tiennent qu'à des phénomènes de pouvoir et d'exploitation : les petites entreprises, victimes d'un échange inégal, sont « rançonnées par les grandes [11] », les plus défavorisés ne sont que les victimes de ce système, qu'il s'agisse de ceux qui vivent « dans les ghettos urbains, de ceux qui peinent pour des salaires dérisoires dans l'agriculture, des jeunes qui n'ont pas trouvé à s'employer dans le système planificateur (...). Car ce sont eux les exploités. Et notre analyse démontre que la situation dramatique que l'on attribue aujourd'hui au facteur racial est due *aussi* à cette exploitation [12] ».

b) La pollution, qui tient à l'obsession de la croissance privée que les grandes firmes ont réussi à faire partager par l'ensemble de la société, et dont elles parviennent à masquer ou à minimiser l'importance par leur action de « persuasion publique [13] ».

c) La préférence donnée à la consommation privée — dont celle de « produits qui ne servent à rien ou qui ne fonctionnent pas » — au détriment des services civils d'intérêt collectif qui sont toujours les parents pauvres de l'économie [14].

d) L'inflation enfin, qui « est un processus qui reflète en partie le pouvoir de la firme. Le mouvement ascendant des prix reflète son pouvoir, de même que son aptitude à éponger les hausses des salaires et des autres coûts dont elle n'est pas entièrement maîtresse [15] ». En définitive :

« Son développement inégal (du système économique), ses injustices, ses innovations futiles et incohérentes, ses outrages à l'environnement, son indifférence à la personne humaine, son empire sur l'État, sa tendance à l'inflation, son impuissance à établir la moindre coordination que ce soit entre industries sont inhérents au système comme ils sont inhérents à la réalité contemporaine [16] ».

J.K. Galbraith a du mérite à ne se vouloir que réformiste *.

Tout son travail consiste donc à démasquer au-delà des contraintes apparentes du marché un pouvoir dominant et malfaisant. « Il faut exagérer pour se faire entendre, commente Raymond Aron, il faut penser une idée vraie jusqu'au point où elle devient fausse pour offrir une image neuve ou un mythe agissant. En économie comme en sociologie, la vérité ennuie parce qu'elle est nuancée, complexe, équivoque. J.K. Galbraith n'ennuie jamais [17] .» Certes, comme l'ajoute R. Aron, *« there is something in it »*. Nul ne peut raisonnablement nier le développement des grandes entreprises qui a transformé, au moins en partie, la nature du capitalisme, le déplacement du pouvoir au sein de ces entreprises des propriétaires aux gestionnaires ; ni méconnaître que la maximisation du profit n'est pas leur unique objectif, qu'elles disposent d'une marge de manœuvre très supérieure à celle des petites entreprises, qu'elles peuvent exercer des pressions politiques, parfois efficaces... Mais il y a un

---

* Ajoutons cependant qu'avec un louable service de nuance — ou quelques éclairs de bon sens — J.K. Galbraith apporte quelques retouches à son tableau, notant par exemple que le pouvoir de manipulation du consommateur n'est pas d'une « perfection absolue », que les grandes firmes n'exercent pas sur la définition et l'exécution de la politique de l'État un « pouvoir absolu », etc. Même la caricature a des limites.

abîme entre ces affirmations de bon sens et les thèses du *Nouvel État industriel* ou de *La Science économique et l'intérêt général.*

Bien des critiques l'ont remarqué, Galbraith procède par propositions successives qui ont le mérite de la cohérence, mais non celui de la solidité, faute de vérifications empiriques. Il manifeste à cet égard une ferme et constante indifférence. Par malheur, ou par bonheur, nombre d'économistes se sont chargés de ce travail, et leurs conclusions infirment, ou au mieux ne confirment pas, ses interprétations —, qu'il s'agisse du mode de direction des entreprises, de la préférence systématique accordée par les grandes firmes à la croissance sur les bénéfices, de leur monopole en matière de progrès technique, de la responsabilité du « système planificateur » dans le processus de l'inflation [18]...

« La quasi-totalité des affirmations de Galbraith sur la nature de la technologie moderne, écrit par exemple George Gilder, contredit notre expérience récente. Pendant que le professeur bavardait avec Bob McNamara et Walter Murphy sur les faits et gestes de Ford et de General Motors, s'imaginant candidement qu'ils étaient au centre futuriste du " nouvel État Industriel ", une révolution industrielle surgissait massivement derrière son dos. Elle s'est déroulée dans des centaines de petites entreprises dirigées par des hommes qu'ils ne connaissaient pas et dont ils n'avaient pas même entendu parler (...). Ces savants, ces génies imberbes de la révolution des semi-conducteurs et des microprocesseurs ont, tels des alchimistes, transformé la matière la plus vulgaire en une incomparable ressource de l'esprit : une simple pastille de silicium de la taille d'une mouche — dont les capacités de calcul dépassent mille et mille fois celle d'un million de moines additionnant et soustrayant pendant des millénaires [19]. »

Même faiblesse en ce qui concerne ce qui constitue, dans notre perspective, le point clef de l'analyse, l'importance respective des contraintes (dues à des mécanismes que personne ne contrôle) et des pouvoirs (ceux de la grande entreprise et les autres). Pour donner le premier rôle à la « technostructure », J.K. Galbraith est conduit à transformer les autres acteurs en comparses ou en marionnettes. Représentation qui caricature la réalité et sous-estime le pouvoir des uns et la liberté de tous.

Les intentions et les contraintes

Les contraintes du marché, ce sont celles que crée la *liberté des autres* — celle des consommateurs qui peuvent ou non répondre par une demande à un produit offert, celle des producteurs qui offrent le même produit. Sur le marché, tout offreur est dépendant des autres, c'est-à-dire de la concurrence d'autrui et du jugement d'autrui sur la valeur de son activité et de son produit. Pour maîtriser le marché, s'affranchir de ses contraintes, il faut donc supprimer ou contrôler l'offre concurrente et assujettir la demande, en d'autres termes, il faut annuler la liberté des autres. Quel génie manifestent alors les grandes entreprises vues par Galbraith (et beaucoup d'autres) pour y parvenir, sans armée, sans police, sans pouvoir de réglementation, uniquement par le biais de leur politique de vente (isolée ou concertée) et de persuasion. Gros pouvoir avec de petits moyens. Certes, ni aux États-Unis ni ailleurs n'existe de marché vierge de tout pouvoir, mais celui des grandes entreprises est très loin d'annuler les « contraintes de la liberté », qu'il s'agisse de celles qui naissent de la concurrence ou de celles qui tiennent à la liberté de choix du consommateur.

En premier lieu, l'expérience montre que la concurrence est une chaîne extrêmement difficile à briser, au moins de manière durable.

« Galbraith, écrit George Gilder, prétend que, loin de s'engager sans être assurés du rendement, les entrepreneurs cherchent en fait à contrôler leurs marchés (souvent avec l'assistance des pouvoirs publics), à " administrer " les prix et les quantités de leurs productions et enfin à éliminer tous leurs rivaux. Cette révélation évoque parfois l'esprit de l'enfant stupéfié qui découvre le commerce charnel de ses parents. Mais on doit reconnaître que l'enfant a raison. Défenseurs de l'idéologie de la libre entreprise, les hommes d'affaires se consacrent de tous leurs moyens au succès de leur entreprise et se réjouissent quand le gouvernement ferme la concurrence [20] .»

Mais seule en fait cette intervention publique (protectionnisme, licences...) permet de se prémunir efficacement et durablement contre la liberté des autres. *Les seuls monopoles assurés de leur longévité sont les monopoles publics et les professions réglementées et protégées.* Les monopoles privés sont toujours transitoires, et ils sont loin d'être toujours une perversion du système :

« L'essence même du capitalisme, poursuit G. Gilder, réside dans la concurrence perpétuelle pour obtenir temporairement des positions de monopole (...). Les monopoles ne sont pas éternels. A moins que le gouvernement ne les renforce, ils restent sous la menace d'éventuels concurrents ou substituts, sur le marché intérieur ou à l'étranger. À la question du nombre d'entreprises nécessaires à la concurrence, Arthur Laffer répond : une seule. Elle sera toujours sous la menace de futurs rivaux. Le monopole ne subsiste qu'aussi longtemps que le prix demeure assez faible pour exclure les autres. Plus une économie est inventive et dynamique, plus elle compte de monopoles (...) : de nouvelles industries surgissent et prospèrent jusqu'à ce que de nouveaux concurrents, bénéficiant des privilèges de l'imitation, se présentent et les rattrapent. De loin en loin, une entreprise comme IBM ou Polaroïd s'assurera un créneau et l'exploitera de façon si efficace qu'il lui restera acquis pour des décennies, pour le plus grand bénéfice du pays [21] *. »

Si domination il y a, elle ne joue que dans d'étroites limites fixées par les contraintes de la concurrence, c'est-à-dire à la fois les concurrents existants ou potentiels pour le même produit et les producteurs qui peuvent offrir des produits de substitution. À supposer qu'un cartel contrôle la production de toutes les mandarines sur la planète, il ne pourrait impunément doubler ses prix sans voir les consommateurs préférer aux mandarines les clémentines ou les oranges.

En fait, nulle entreprise privée n'est assurée de la sécurité économique. L'économie moderne est perpétuellement changeante, les parts de marché, le degré de concentration évoluent — et non pas dans un sens unique. Au sein de l'économie américaine, les ratios de concentration (part du marché que se partagent les quatre plus grandes entreprises concernées) ont très sensiblement diminué depuis le début du siècle, et dans la plupart des branches il y a non pas un processus continu de concentration, mais d'incessants flux et reflux [22].

« Les exemples ne manquent pas, écrit Daniel Bell, qui confirment l'idée reçue selon laquelle les grosses firmes tiennent une grosse part du marché. Le seul ennui est qu'elle est infirmée plus fréquemment encore. Pour s'en tenir aux exemples classiques de concentration, il saute aux yeux que dans aucune des branches en question la situation n'est aujourd'hui comparable à ce qu'elle était au début du siècle (...). L'International Harvester fabriquait en 1900 95 % des moissonneuses, la National Biscuit en 1902 70 % des biscuits (...), en 1902 la Distillers Securities fournissait à elle seule 60 % de tous les whiskies et l'International Paper la même proportion de tout le papier journal [23]... »

Sic transit la « domination ». Et de nombreux exemples montrent que les choses n'ont pas changé à l'époque du *Nouvel État industriel*. General Motors et Ford ont fortement pâti de la concurrence japonaise (J.K. Galbraith néglige la concurrence internationale), Chrysler a été proche de la faillite (elle a obtenu un secours fédéral) ; des entreprises prétendument dominantes ont disparu : Life-Magazine, la Graflex Corporation qui un temps fournissait la presque totalité des appareils photos utilisés par les reporters photographes [24] ; plus récemment encore ont fait faillite la Penn Central Railroad (1970), et la Franklin National Bank (1974) [25].

Le marché, certes, est toujours impur et les entreprises sont loin d'être toujours innocentes. Mais elles sont beaucoup moins coupa-

* Le terme *monopole* est utilisé ici dans un sens large : IBM contrôle 60 % du marché des ordinateurs.

bles que ne l'affirme Galbraith, moins par bonnes intentions que faute de moyens. Ces moyens ne sont pas nuls (prix administrés, ententes illicites...) mais au-delà du court terme, c'est toujours la concurrence qui l'emporte. Ainsi, comme l'ont montré plusieurs études [26], les ententes sont toujours fragiles et rarement durables (l'OPEP en offre un exemple à l'échelle internationale). Toute collusion a contre elle, outre les risques de l'illégalité et les coûts de transaction (négociation, contrôle...), l'appel du « chacun pour soi » et la logique de l'action collective. Les rivaux devenus alliés n'en restent pas moins des rivaux potentiels, l'entente ne peut durer que tant que les partenaires ont le sentiment que les bénéfices de l'accord l'emportent sur ceux de la concurrence, et que chaque partenaire résiste à la tentation de profiter de l'entente tout en ne la respectant pas. À supposer un intérêt commun stable dans le temps, la coopération reste chose difficile, elle se heurte toujours au « théorème » de Mancur Olson : dans le cadre d'une action profitable à tous, chacun a intérêt à se « défausser », à reporter les coûts sur autrui tout en retirant des bénéfices de son action [27]. L'entente est déjà une tricherie, elle implique que nul ne triche avec les règles de la tricherie. Il faut supposer beaucoup de vertu dans la pratique du vice pour croire à la solidité des ententes. Il faut aussi négliger de se reporter à la pratique qui montre que le respect des accords est loin d'être la chose la mieux partagée [28]. En définitive, comme l'écrit D.T. Armentano, « il n'est pas question de nier la réalité des ententes ni de nier que celles-ci sont contraires aux intérêts de la collectivité, mais (...) tant que l'on reste dans un système d'économie de libre marché, l'intensité du jeu concurrentiel est telle qu'elle neutralise la plupart des efforts que les entreprises déploient pour échapper aux contraintes et disciplines de la concurrence [29]. »

En second lieu, le consommateur manipulé de Galbraith relève de la fiction. Dans une économie en expansion, l'offre sans aucun doute précède la demande. A-t-on vu, demandait Schumpeter, les consommateurs demander l'automobile, l'avion ou la radio avant qu'ils aient été créés et offerts [30] ? Mais il ne s'ensuit pas que l'offre force la demande : si dès qu'il s'agit d'un nouveau produit l'initiative revient à l'offre, celle-ci est soumise à la réponse de la demande. Toute innovation marchande est un pari sur une demande potentielle. Les masses ne sont ni productrices ni créatrices mais, libres d'acheter ou non, ce sont elles qui en dernière instance jugent et ratifient [31]. Pour éliminer cette liberté, il faut avoir recours au mythe de la publicité manipulatrice, mythe qui ne résiste à aucune analyse sérieuse :

« Aussi étrange que cela paraisse, écrit Pierre Kende, il n'y a aucune preuve scientifiquement valable qui permette d'affirmer que la publicité possède une efficacité fonctionnelle sur le plan économique. La mémoire collective des publicitaires est bien entendu bourrée de *success-stories* qui ne sont pas toujours des fabulations ; elles nous permettent de penser qu'un slogan judicieux lancé dans une campagne bien orchestrée *peut* assurer la réussite temporaire d'une marque et, éventuellement, contribuer à l'enracinement d'une firme. De là à conclure que la publicité structure et restructure la consommation, qu'elle “ crée des besoins ”, qu'elle explique l'expansion de tel secteur ou qu'elle relance l'économie tout entière, il y a un fossé qu'aucune recherche digne de ce nom n'a permis jusqu'à présent de combler [32]. »

Pierre Kende s'est attaché à étudier l'incidence de l'activité publicitaire sur les économies européennes. Ses conclusions sont essentiellement négatives : nulle corrélation significative entre le montant des dépenses publicitaires d'un pays et son taux de croissance (les dépenses de publicité varient fortement d'un pays à l'autre) ; peu de liens entre l'évolution des économies et celle des dépenses publicitaires (la relative stabilité de ces dépenses contraste avec de fortes fluctuations conjoncturelles) ; aucune correspondance entre la ventilation des dépenses de publicité parmi les différentes industries de consommation et la structure de la consommation elle-même : « Les parfumeurs, brasseurs, marchands de margarine, etc., ont beau dominer les marchés européens de la publicité, les consommateurs n'en viennent pas pour autant à réserver à leurs produits une place dominante dans leur budget [33]. » De plus, il ressort de nombreuses études américaines que la liaison publicité/ventes est beaucoup plus évidente dans le sens contraire aux idées reçues : les dépenses de publicité suivent bien plus fréquemment la courbe des ventes qu'elles ne les précèdent (*comme l'illustre l'exemple encadré ci-contre*). Les études françaises sont beaucoup plus rares, mais l'une d'entre elles mérite d'être citée. En 1963-1964, le SEITA a lancé une campagne expérimentale, menée avec un grand luxe de précautions de méthode, afin de mesurer l'impact de la publicité sur les choix des fumeurs. En l'occurrence il s'agissait d'inciter les fumeurs de Gauloises à leur préférer des Gitanes. Les résultats ont été tout à fait négatifs [34].

Il reste sans aucun doute beaucoup d'incertitudes quant à l'incidence réelle de la publicité, mais il est sûr qu'elle n'a pas la puissance persuasive qu'on lui prête généralement. Ceci n'exclut pas l'efficacité ponctuelle d'une campagne publicitaire bien menée mais pourvu que le produit réponde à un désir virtuel du public (désir qui n'est pas nécessairement, bien entendu, d'une haute qualité morale). Nul publicitaire n'a réussi à imposer un matériel dont le fonctionnement était mauvais, nombre de produits lancés à grand fracas publicitaire

HISTOIRE DE SAPOLIO (1864-1955)

L'histoire du savon *Sapolio* (et de la publicité *Sapolio*) a été racontée par D. Tull, et J. Marcus-Steiff l'a résumée et réanalysée :

En 1869 la firme *Enoch Morgan's Sons* décide de promouvoir de façon intensive la vente de l'un de ses produits, un savon à récurer appelé *Sapolio* et vendu en pains. À l'époque la publicité était, même aux États-Unis, mal vue par les hommes d'affaires « respectables » et les publicités courantes étaient généralement rébarbatives. Celle de *Sapolio* représentait un homme se mirant dans le fond d'une poêle à frire. Cette image fut rapidement associée dans le public avec la marque *Sapolio.*

Malgré le succès apparent de ce savon, la firme eut peu après des difficultés financières. Les dépenses publicitaires furent alors réduites de plus des trois quarts. Les ventes cependant continuèrent de croître. En 1884, Artemas Ward fut engagé comme directeur du service publicité. Ce fut là le début d'une carrière qui procura la fortune et la gloire à A. Ward et fit de *Sapolio* un terme du langage domestique.

Les dépenses publicitaires augmentèrent considérablement (28 000 dollars en 1884, 69 000 dollars en 1885), et les vingt années qui suivirent furent des années fastes (...) Ventes et dépenses publicitaires grimpèrent jusqu'à un maximum en 1905, mais non sans une certaine indépendance des unes par rapport aux autres. Sur les courtes périodes, les variations des dépenses publicitaires paraissent n'avoir pas entraîné de variations des ventes qui leur correspondraient de façon étroite.

Le succès de *Sapolio* était doublé de celui, exceptionnel, de *Hand Sapolio* (de confection légèrement différente) : de 1899 à 1905 les ventes de *Hand Sapolio* furent multipliées par cinquante. Ce développement commença trois ans *avant* qu'une partie du budget publicitaire de la firme lui soit consacrée. Il semble que ce soit au vu de cette augmentation des ventes que les dirigeants de la firme décidèrent d'engager des dépenses de publicité pour ce produit. Mais l'accroissement des ventes en 1902 et 1903 est tel que, faute d'une meilleure explication, on peut probablement en attribuer une part à la publicité.

1905 marque le début du déclin. Le marché des produits à récurer était devenu extrêmement concurrentiel en raison de l'apparition chaque année de nouveaux produits en morceaux et du lancement de nombreux savons en poudre utilisables également pour laver la vaisselle et les vêtements. Cette concurrence fut à l'origine d'une diminution rapide des ventes en dépit du maintien des dépenses publicitaires. Le président de la compagnie, George F. Morgan, était informé de la préférence croissante des consommateurs pour les produits en poudre. Mais il était fermement convaincu que les ménagères reviendraient à l'emploi de produits présentés en pain parce que plus économiques. Ainsi en 1907 la publicité *Sapolio* fut modifiée. Le thème traditionnel « qualité et efficacité » fut remplacé par le thème « économie ». Le slogan « Évitez le gaspillage » fut adopté et l'accent fut mis notamment sur le fait que *Sapolio* ne risquait pas d'être renversé ou de boucher les tuyaux d'écoulement. Cette campagne continua jusqu'en 1914 mais sans parvenir à enrayer le déclin des ventes.

Cette année-là, G.F. Morgan se rendit compte, semble-t-il, qu'il ne suffisait pas de modifier les thèmes publicitaires de *Sapolio* pour reconquérir le marché et qu'il fallait suivre les goûts du public. A contrecœur, il fit fabriquer un produit en poudre, mais celui-ci, de qualité médiocre et trop cher, n'eut jamais que des ventes modestes. Et les ventes de *Sapolio* continuaient de baisser.

En 1925, à la mort de G.F. Morgan, son fils mit à l'étude la fabrication d'un nouveau produit en poudre, de qualité cette fois. Introduit en 1935, le produit n'eut qu'un succès modéré, sans doute parce qu'à ce moment les marques concurrentes étaient déjà solidement implantées sur le marché. En 1955 ce produit était encore vendu aux États-Unis. Quant à *Sapolio*, il n'était pas mort, mais sa production était presque entièrement exportée.

Source : 36.

n'ont pas trouvé preneur : aux États-Unis, la voiture Edsel, construite par Ford, a été un retentissant échec commercial malgré une énorme campagne publicitaire, la compagnie Lever n'a pu réussir malgré tous les efforts des publicitaires de Madison Avenue à vendre son savon Cygne *(Swan)* ; en France nombre de produits ont été retirés du marché après et malgré un lancement très coûteux : le détergent Ala, la cigarette Zen, le soda Mr Pibb, le fromage Valmour, les croquettes Croque en pâte, le désodorisant Ventil, le quotidien *J'informe* [35]... Les publicitaires travaillent très généralement sur un matériel qu'il est plus difficile de falsifier et d'imposer que les intellectuels et les hommes politiques. Les individus savent mieux ce qu'ils veulent pour eux-mêmes que pour la société ; il est beaucoup plus facile de juger de la qualité d'un produit matériel que d'un ouvrage abstrait ou d'un programme politique. Une viande surgelée qui aurait mauvais goût, un téléviseur dont l'image serait floue, même soutenus par toute la publicité du monde, ne tarderaient pas à disparaître du marché. Peut-on en dire autant des écrits pleins d'idées fausses ou des projets politiques utopiques et déraisonnables, surtout s'ils sont présentés sous une forme séduisante ? Nul ne peut dénier à J.K. Galbraith un réel talent de séduction.

Le pouvoir de la grande firme ne bute pas seulement sur la liberté des autres, il se heurte à d'autres pouvoirs, celui de l'État, des syndicats, des intellectuels *(lato sensu)*. Galbraith accorde une certaine puissance aux syndicats, mais il tient les autres pouvoirs pour subordonnés. Or, alors même qu'il développait ces thèses, la pratique leur apportait un éclatant démenti.

Si le « système planificateur » avait le pouvoir d'« accommoder l'État à ses besoins [37] », comment expliquer l'inflation de la régulation publique des années 60 et 70 aux États-Unis, le développement d'un pouvoir bureaucratique tel que Robert Nisbet a pu parler d'un « nouveau despotisme [38] », les nombreux procès intentés par les agences fédérales aux grandes firmes * ?... Si la collusion entre les fabricants d'armes et le Pentagone, en d'autres termes le « complexe militaro-industriel », avait la puissance que lui confère Galbraith, comment expliquer la forte diminution des dépenses militaires dans les années 70, bien au-delà de celle impliquée par la fin de la guerre du Vietnam ? Entre 1955 et 1975, les dépenses consacrées à la défense sont passées de 9,5 % du produit national à 5,8 %. Quant aux dépenses sociales — que J.K. Galbraith estime sacrifiées à l'achat d'armements — elles sont passées entre 1965 et 1975 de 10,3 à 15,7 % du produit national (en chiffres absolus et dollars constants,

* Sur le développement de la réglementation publique aux États-Unis et ses effets, voir le chapitre VII.

elles ont presque triplé) [39]. Le graphique ci-après montre clairement cette inversion de priorités.

DÉPENSES MILITAIRES ET DÉPENSES SOCIALES
L'INVERSION DES PRIORITÉS
(1960-1980)

(% des dépenses fédérales)

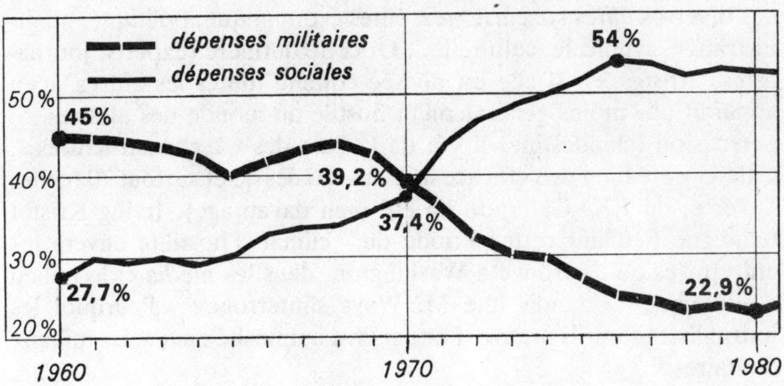

Source : U.S. News and World Report, 15 février 1982.

La thèse de Galbraith méconnaît l'autonomie du pouvoir politico-bureaucratique et la multiplicité des pressions qui s'exercent sur lui. Hommes politiques et fonctionnaires n'ont pas des fins identiques à celles des dirigeants d'entreprise — statut oblige —, ils sont soumis à d'autres contraintes (en particulier celles de leur réélection, celles de leur carrière) et aussi à d'autres influences (celles des idées dominantes, des groupes d'intérêt autres que les *business lobbies*). Plus se développe l'intervention publique, plus celle-ci devient un enjeu important, plus se mobilisent les intérêts pour l'orienter. Les intérêts des grandes firmes sans aucun doute, mais bien d'autres également. Les *lobbies* fleurissent aux États-Unis dont certains, indépendants de toute « technostructure », ont fait preuve d'une efficacité certaine : l'*American Medical Association* (les médecins) a retardé la mise en place du *Medicare* (aide médicale pour les personnes âgées), la *National Education Association* (les professeurs) a contribué par ses pressions au développement des dépenses d'éducation, la *National Rifle Association* (les membres de clubs de tir) bloque depuis de nombreuses années une législation limitant la vente des armes à feu, le lobby agricole a obtenu de l'État fédéral des prix artificiels et des contingentements… Et parfois au détriment même du *Big Business :* les associations de consommateurs ont retardé de quatre ans la construction du pipeline de l'Alaska alors que le projet avait le soutien non seulement de l'industrie du pétrole, mais aussi celui du gouvernement ; la campagne de Ralph Nader a joué un rôle essentiel dans l'obligation faite aux compagnies automobiles d'introduire la ceinture de sécurité ; celle, moins connue, de John Banzhaff a abouti à l'interdiction de la publicité pour cigarettes à la télévision [40]...

Pas plus aux États-Unis qu'en France, les dirigeants des grandes firmes ne constituent *la* catégorie dominante, ils ne forment que l'une des diverses *élites concurrentes*, élites économique, politique, administrative, syndicale, culturelle... Or cette dernière (experts, journalistes, artistes...), si elle est divisée comme toutes les autres, n'en apparaît pas moins généralement hostile au monde des affaires. Si persuasion (clandestine) il y a de la part des « technostructures », celle-ci a été bien peu efficace dans les années 60 et surtout 70 (celle, ouverte, de J.K. Galbraith l'a été bien davantage). Irving Kristol témoigne pendant cette période du « climat d'hostilité envers les entreprises qu'on trouve à Washington, dans les *media* et le milieu académique [41] » tandis que M. Ways s'interroge : « Pourquoi les journalistes font-ils preuve d'une si vive animosité envers les milieux d'affaires [42] ? »

« Que l'environnement culturel soit hostile, poursuit Kristol, est assez évident. Aujourd'hui les hommes d'affaires et surtout les dirigeants des grandes entreprises sont pour ainsi dire la seule catégorie de gens que toute fiction télévisée est libre de représenter comme des méchants à l'état pur. Les juifs et les Noirs, les professeurs et les journalistes et les travailleurs sociaux et les hommes politiques et les dirigeants syndicaux et les policiers — et quasiment tous les autres — ont droit à une protection de leur image à la télévision. Quand l'un d'eux apparaît comme un méchant, il est sûr qu'il y a à proximité un autre qui se conduit bien, de crainte de donner l'impression aux spectateurs que la catégorie comme un tout mérite une mauvaise opinion. Le dirigeant d'une grande entreprise ne bénéficie pas d'une telle compensation. Il est le seul à n'être que méchant. Et puisque ces programmes sont patronnés pour la plus grande part par de grandes entreprises qui les considèrent comme des supports appropriés de publicité, le public est d'autant plus incité à croire ce qu'il voit. Chez les hommes politiques, également, l'homme d'affaires, — et surtout le *corporate executive* — est devenu la cible qu'offre la conjoncture. Il y a toujours eu, il est vrai, des hommes politiques hostiles aux milieux d'affaires, mais ils constituaient généralement une minorité. Aujourd'hui il faut du courage à un politicien pour ne pas être hostile au *business*. Si un sénateur a dénoncé la manière scandaleuse dont ont été traitées lors de la crise pétrolière les compagnies de pétrole (transformées en boucs émissaires), cela a échappé à mon attention. Et tout *Attorney general* sait qu'il est bon pour son avenir politique d'annoncer une enquête sur les " pratiques illégales " d'une grande firme. La plupart de ces enquêtes s'interrompent et s'achèvent sans bruit : mais les gros titres qu'elles ont suscités ont des effets durables et contribuent à façonner l'opinion publique [43]. »

Il n'est pas alors étonnant que cette opinion ait profondément évolué dans un sens défavorable au *business :* à la fin des années 60, 70 % des Américains affirmaient avoir confiance dans les milieux d'affaires, en 1977, 15 % seulement [44].

La grande firme n'a pas davantage le pouvoir de modeler les valeurs collectives que celui d'imposer une image d'elle-même conforme à ses intérêts. L'évolution des idées et des mœurs s'est faite indépendamment des grandes entreprises et en partie contre elles. Alors même que Galbraith dotait les *corporations* du pouvoir culturel, Daniel Bell mettait en lumière *Les Contradictions culturelles du capitalisme* [45]. L'harmonie, explique Daniel Bell, qui existait entre la structure économique (le capitalisme) et le système de valeurs (l'éthique protestante) a été rompue. La faille grandit entre l'économie toujours dominée par le principe de rationalité et la culture où tendent à primer des normes (si l'on peut dire) tout à fait opposées : le refus de la morale traditionnelle, la libre expression de la personnalité « vraie », la libération du « moi ». D'un côté Prométhée, de l'autre Dionysos et Narcisse [46]. Les clercs n'étaient certes pas aux côtés de Prométhée, ils ont réussi à accréditer l'idée à la fois de sa domination et de sa culpabilité. Prométhée reconnu coupable a pourtant perdu le pouvoir de faire accepter son innocence. Il n'est pas exceptionnel que les intellectuels en situation dominante parviennent à donner l'apparence de la domination à ceux qu'intellectuellement ils dominent.

Chapitre VI

LE MARCHÉ INCOMPRIS

Le marché fait l'objet de deux critiques contradictoires : tantôt il est présenté comme dominé par un pouvoir occulte *, tantôt il est disqualifié comme aveugle ou anarchique. Dans les deux cas pèse le mythe animiste. Dans les deux cas le jeu des *mécanismes* est récusé : soit ces mécanismes sont censés ne pas fonctionner en raison d'une maîtrise (malfaisante) des forces du marché, soit ces mécanismes sont considérés comme déréglés par nature, rendant nécessaire une maîtrise (bienfaisante) des mêmes forces. Or le marché apparaît en réalité — sous certaines réserves — non seulement comme un système fortement résistant aux entreprises privées de domination mais aussi comme un système remarquablement efficace. « L'expérience historique n'a cessé de montrer, écrit Maurice Allais, que l'efficacité économique implique une organisation fondée sur la décentralisation des décisions, sur une économie de marchés concurrentielle et pour une large part sur la propriété privée [1] **. » Faut-il comparer les résultats des économies de libre marché avec ceux des économies qui l'ont aboli, qu'il s'agisse de sociétés industrielles ou de pays sous-développés ? Mais les idées ont leur autonomie : la faillite universelle des économies planifiées n'a pas dissipé les espoirs en une « maîtrise consciente de l'économie » ni renforcé la légitimité des

* En France, où le capitalisme n'a jamais eu la légitimité dont il a bénéficié longtemps aux États-Unis, les « gros » ont nourri de multiples fantasmes animistes [2]. Dans les vingt dernières années, le thème du marché dominé (et de la société dominée) a été un des thèmes privilégiés des sociologues et économistes d'inspiration marxiste ou plus généralement « de gauche ». Le couple domination/exploitation est au centre de multiples analyses où les dominants-exploiteurs s'appellent la « bourgeoisie », les « monopoles capitalistes d'État », la « classe possédante », les entreprises multinationales, les « grands appareils [3] » ...

** Soit, par commodité, dans la suite du texte : « l'économie de marché ».

forces « aveugles » du marché. Il y a à cela une raison sociologique — la prédominance de la gauche intellectuelle — et une raison d'ordre intellectuel. Le marché souffre d'un lourd handicap, il n'est pas immédiatement intelligible, sa compréhension se heurte à des difficultés :

— penser des effets émergents positifs, une articulation bénéfique sans *deus ex machina,* un mécanisme sans mécanicien ;

— penser un jeu à somme variable, le gain de l'un sans la perte de l'autre, un profit sans profiteur ;

— penser des coûts et des défauts comme la rançon de la liberté, distinguer la liberté du bon usage de la liberté.

Il n'existe bien entendu de marché qu'imparfait. Encore faut-il que les frottements du système n'empêchent pas de comprendre comment, pour l'essentiel, il fonctionne.

Un mécanisme sans mécanicien

L'idée centrale d'Adam Smith n'a rien perdu de sa valeur : *la richesse des nations tient à la division du travail réglée par l'échange volontaire,* en d'autres termes à la spécialisation des activités et aux libres transactions des produits de ces activités sur le marché.

« Lorsque les hommes spécialisent leur travail, écrit Walter Lippmann, ils doivent vivre en échangeant ces produits. Pour qu'ils puissent échanger leur produit contre un autre dont ils ont besoin, il faut qu'ils produisent une marchandise dont un autre « spécialiste » a besoin : il faut par conséquent qu'il existe un endroit où les choses qu'ils peuvent et veulent produire puissent être mises en présence de celles que les autres doivent ou veulent avoir. Cet endroit, c'est le marché (...). Le cultivateur mourrait de faim faute d'un morceau de pain, le planteur de coton resterait nu, le charpentier devrait vivre dans une caverne, s'il n'y avait des marchés pour réunir les cultivateurs, les meuniers et les boulangers, les planteurs, les filateurs, les tisserands et les tailleurs, les bûcherons et les charpentiers [4]. »

Ce système, simple apparemment, n'est pourtant pas « naturel ». Il requiert pour fonctionner des conditions qui ne peuvent être remplies que par l'autorité publique : la paix civile et la sûreté des échanges (donc la sécurité publique et l'absence de toute justice privée), un encadrement juridique (les droits de propriété, le droit des contrats, des sociétés, etc.), le respect des règles du jeu (la concurrence, la loyauté des échanges...). Le marché doit être encadré (et ce cadre adapté à l'évolution technique et sociale), et défendu contre tricheurs et tricheries. Mais dans ce cadre et sous cette protection, le système fonctionne sans être administré ou régulé d'en haut. Et ce système, s'il comporte bien entendu des limites, des défauts et des coûts, est de très loin le plus efficace que les hommes aient jamais trouvé pour résoudre le problème de l'économie — l'allocation de ressources rares susceptibles de divers emplois — conformément aux préférences individuelles. La proposition a de quoi surprendre : une multitude d'acteurs privés, une myriade d'actions individuelles — comment espérer y mettre de l'ordre sans grand ordonnateur ? En France, plus de 2 millions d'exploitations agricoles qui offrent des produits alimentaires, 700 000 entreprises qui livrent sur le marché des biens industriels ou artisanaux, des fournisseurs de service par centaines de milliers, plus de seize millions de familles consommatrices, des milliards de décisions concernant les commandes à faire, les sommes à économiser, les marchandises à stocker, le moment pour investir, celui pour acheter, le lieu de résidence, l'implantation des entreprises... et des milliards de transactions, le tout sans coordination aucune — comment espérer que de ce maelström sorte autre chose que l'anarchie ? Et pourtant, « ça marche » : que l'on songe, pour reprendre un exemple de Jean Baechler, à l'exploit quotidien que représente l'alimentation de New York, de Londres ou de Paris, sans organisateur central ni ordinateur géant, sans pénuries ni pléthore [5]. Que l'on songe également à notre expérience courante de consommateur : il nous semble naturel de trouver sur le marché vêtements pour enfants, romans policiers, soins de beauté, revues savantes, fruits exotiques, vélos de course, meubles de style, voyages touristiques, machines à laver, équipements de sport, disques classiques, spectacles de variétés, appareils photos..., et ce sous différentes marques, à tout moment et durablement (la chose apparaîtrait miraculeuse à un consommateur de l'Est européen). Mais pour cela, il faut que le marché réalise la prouesse de faire produire et circuler une multitude de produits — la variété des marchandises et des services offerts sur les marchés occidentaux défie toute description —, et d'ajuster les quantités produites aux demandes des consommateurs. En 1976, aux États-Unis, l'offre de boissons non alcoolisées a été de 10 milliards de bouteilles et elle a coïncidé avec la demande : il n'y a eu ni excédent ni pénurie [6] — par quelle magie ? C'est le « mystère du marché », selon l'expression de Charles L. Schultze, le jeu d'un mécanisme qui est enfermé dans une « boîte noire ».

« Je suis de plus en plus convaincu, poursuit Charles L. Schultze, que personne sauf les économistes (et non pas tous les économistes) ne comprend réellement ce qu'il y a dans la boîte noire. D'une manière ou d'une autre, les voitures arrivent dans leurs lieux d'exposition, les miches de pain sur les rayons des épiceries, mais le phénomène dans son ensemble est comme un numéro de haute voltige souvent répété, nous ne comprenons pas réellement comment cela est possible, mais cela arrive si souvent que nous n'en sommes plus surpris [7]. »

La clef du mystère, c'est bien entendu la mécanique des prix obéissant à une loi bien classique mais dont la portée reste largement méconnue : la loi de l'offre et de la demande. Sur le marché, un échange n'a lieu que si les deux parties sont d'accord sur le prix, de vente pour l'un, d'achat pour l'autre. Les prix résultent d'une confrontation de l'offre et de la demande et varient en fonction des variations de l'une et de l'autre *(encadré page suivante)*. Ils remplissent alors deux fonctions essentielles : une fonction d'information, une fonction d'incitation. Les prix sont d'abord des conducteurs efficaces du savoir nécessaire au fonctionnement du système.

« Supposons, écrit Milton Friedman, que, pour une raison ou pour une autre, il se produise un accroissement de la demande pour les crayons à papier — peut-être parce qu'un accroissement des naissances provoque une augmentation soudaine des inscriptions dans les écoles. Les magasins de détail s'apercevront qu'ils vendent davantage de crayons. Ils commanderont donc davantage de crayons à leurs grossistes. Les grossistes commanderont davantage de crayons aux fabricants. Les fabricants commanderont davantage de bois, de cuivre, de graphite — davantage de tous les produits utilisés dans la fabrication des crayons. Pour induire leurs fournisseurs à produire davantage de ces matières, ils devront leur offrir des prix plus élevés. Les prix plus élevés induiront les fournisseurs à accroître leur main-d'œuvre pour faire face à l'accroissement de la demande. Pour attirer davantage d'ouvriers, ils devront offrir des salaires plus élevés ou de meilleures conditions de travail... Ainsi, la vague s'étend en ondes concentriques de plus en plus larges, transmettant aux gens, partout dans le monde, l'information qu'il existe un accroissement de demande pour les crayons — ou, pour être plus précis, pour tel ou tel produit qu'ils sont amenés à produire, et ce pour des raisons qu'ils peuvent ignorer et qu'ils n'ont pas besoin de savoir.

« (...) Les prix ne transmettent pas de l'information uniquement dans un sens : des acheteurs vers les détaillants, les grossistes, les fabricants et les détenteurs de ressources naturelles. L'information circule aussi en sens inverse. Supposons qu'un incendie de forêt ou une grève réduisent la quantité de bois disponible. Le prix du bois va augmenter. Cela indiquera au fabricant de crayons qu'il sera rentable pour lui d'utiliser moins de bois ; et qu'il ne sera rentable de produire autant de crayons qu'auparavant que s'il peut les vendre à un prix plus élevé. La réduction de la production de crayons permettra au détaillant de faire payer le crayon plus cher, et le prix plus élevé informera l'utilisateur final qu'il sera rentable pour lui d'écrire avec son crayon plus longtemps avant de le jeter — ou bien de passer au stylomine [9]. »

L'information transmise par les prix est une information réduite ; elle n'indique pas aux producteurs de bois pourquoi la demande de crayons a augmenté ni à l'acheteur pourquoi le prix du crayon s'est élevé. Mais l'information transmise est l'information pertinente : nul

L'OFFRE ET LA DEMANDE

En termes schématiques, les relations entre l'offre, la demande et les prix peuvent être exposées comme suit :

1. La demande (la quantité d'un bien ou d'un service que les sujets économiques sont disposés à acheter) et l'offre (la quantité d'un bien ou d'un service offert à la vente) varient en fonction des prix. En sens inverse : plus le prix d'un article est bas, plus nombreuses seront les unités demandées par les consommateurs et inversement ; plus le prix d'un article est élevé, plus les producteurs seront disposés à produire pour vendre et inversement. La figure 1 montre le tracé classique de courbes d'offre (en pointillé) et de demande (en trait plein), ici pour le blé. Plus le prix du blé est élevé, plus les consommateurs se rabattront sur le pain de seigle ou se passeront de pain, plus à l'inverse les producteurs délaisseront le maïs et feront du blé.

Sur un marché concurrentiel, le prix s'établira au point d'intersection des deux courbes. Ce point, dit point d'équilibre, est celui où les quantités offertes et les quantités demandées sont égales, celui où, en d'autres termes, les quantités que les consommateurs acceptent de continuer à acheter coïncident avec celles que les producteurs acceptent de continuer à vendre. L'équilibre concurrentiel s'établit toujours à ce prix parce qu'au-delà et en deçà il se produit un déséquilibre entre les intentions d'achat et les intentions de vente, donc un excédent ou une pénurie, que la logique du comportement des acteurs va éliminer en ramenant le prix au prix d'équilibre. S'il y a un excédent dû à un prix trop élevé, la concurrence des vendeurs va faire pression à la baisse ; s'il y a pénurie en raison d'un prix trop bas, les enchères des consommateurs vont faire pression à la hausse.

Figure 1

COMMENT L'OFFRE ET LA DEMANDE DÉTERMINENT LE PRIX ET LA QUANTITÉ COMMERCIALISÉE

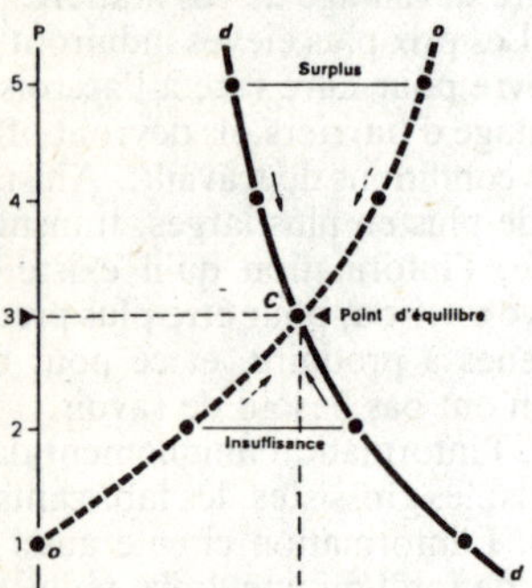

Figure 2

DÉPLACEMENT DE LA DEMANDE

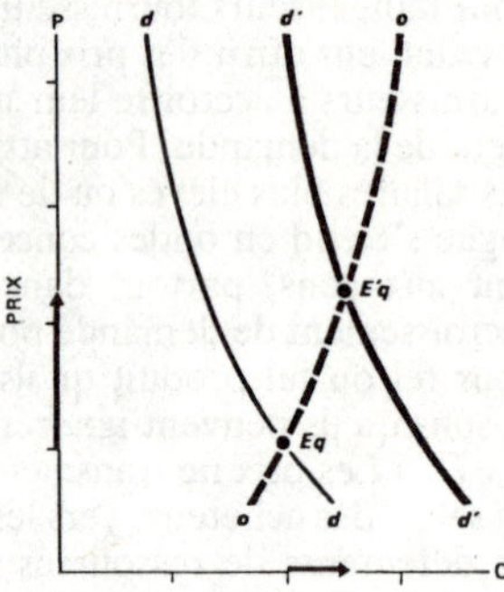

2. Les prix varient en fonction des variations de l'offre et de la demande. Si, à la suite d'un changement de goût du public ou d'une augmentation générale des revenus, la demande d'un produit se fait plus intense, la courbe de la demande évoluera vers la droite (figure 2) et le prix s'établira au nouveau point d'intersection entre les courbes (E'q). De même si, par suite de disponibilités accrues de ressources de production ou de l'introduction d'une nouvelle technique, les quantités offertes augmentent sur le marché, la courbe d'offre se déplacera et le prix variera. C'est pour cette raison que les prix jouent le rôle essentiel de signaux, indiquant l'évolution de l'offre et de la demande.

Source : 8.

besoin au producteur ou au consommateur de connaître les raisons profondes des variations de prix pour réagir en conséquence. C'est là l'une des vertus essentielles du marché : *il économise le savoir*. Le fonctionnement du système n'exige de l'entrepreneur que des connaissances spécifiques *, du consommateur qu'une aptitude à juger non du processus, mais simplement des résultats, à comparer et apprécier les prix et qualités des différents types de crayons, stylomines, voitures ou aspirateurs. Il n'est pas nécessaire de savoir comment sont fabriqués les produits (sauf évidemment le sien pour un producteur) ni de connaître les règles de fonctionnement de l'économie pour être un acteur économique rationnel. Le mécanisme des prix l'en dispense qui rend compte à la fois de l'évolution des possibilités techniques et de celle des préférences individuelles. « En bref, note Thomas Sowell, personne n'a besoin de connaître " toute l'histoire " pour que circule dans le système économique l'information pertinente au travers des prix et pour que soient assurés les mêmes ajustements que si chacun la connaissait [11]. » Cette information en effet est aussi une *incitation*. Les prix (de vente, de revient) déterminent les revenus de la production, et les producteurs sont incités à orienter leurs activités en fonction de l'évolution des prix et à produire au moindre coût. Le système stimule la recherche technique, et dans un sens favorable à la conservation des ressources rares. Aux États-Unis le progrès des techniques de production agricole s'est orienté vers l'utilisation de beaucoup de terres (qui étaient abondantes) et de peu de force de travail (qui était rare). Il a pris une autre direction en Europe et au Japon où le terrain cultivable est beaucoup plus rare relativement aux bras disponibles [12].

Ce schéma, diront certains, est théorique. Le système a toutes les vertus sauf celle d'exister. À preuve le fonctionnement au jour le jour du marché où le système de prix ne réagit pas telle une balance de précision aux variations de l'offre et de la demande, à preuve également les prix administrés des grandes firmes. Ces critiques sont souvent vraies dans le court terme. Hors le cas des produits agricoles (si bien entendu leurs prix sont libres) et des marchés aux enchères, les prix ne fluctuent pas dans l'instant au gré des évolutions du marché. Quand les ventes baissent, beaucoup de firmes industrielles ne réagissent pas immédiatement par une baisse de prix, elles maintiennent ces prix constants et réduisent l'offre pour équilibrer la demande. Mais si les grandes firmes disposent ainsi d'une marge de

---

* « Le producteur de lait, écrit Thomas C. Schelling, n'a pas besoin de savoir combien de gens mangent du beurre ni où ils habitent, combien d'autres fermiers élèvent des vaches laitières, combien de bébés boivent du lait ni si on dépense plus d'argent en bière qu'en lait. Ce qu'il lui faut savoir, c'est le prix des divers aliments, les caractéristiques des différentes

manœuvre, elles ne peuvent pas en définitive ne pas se plier aux règles du jeu. Avec le temps, comme le note Charles L. Schultze, les prix jouent leur rôle et les ajustements se font. Sur le long terme le mécanisme des prix fonctionne effectivement et assure l'efficacité du système [13]. Sous réserve évidemment des interventions publiques qui sont devenues la principale entrave au fonctionnement du mécanisme et fournissent des contre-exemples en abondance. Dès lors que le prix est artificiellement fixé au-delà ou en deçà du point d'équilibre, il transmet une fausse information ou/et une incitation perverse. *L'Imperial Valley* aux États-Unis est très aride, des travaux d'irrigation ont permis, à grands frais, de faire arriver l'eau ; mais comme cette eau est tarifée à un niveau extrêmement bas à la faveur d'une subvention publique, la production favorite sur ces terres naturellement desséchées est la pastèque (en anglais *watermelon*) [14]. Après la révolution, les dirigeants cubains décidèrent d'instaurer la gratuité de l'eau et la quasi-gratuité de l'électricité ; ce faisant, ils informaient leurs concitoyens, évidemment sans le vouloir, que l'utilisation économique de l'eau et de l'électricité était chose sans importance, que ces biens étaient des *free goods* indéfiniment disponibles. L'information a été bien comprise comme le montre la pratique dont a rendu compte Fidel Castro lui-même dans un discours de 1973 :

> « Aujourd'hui l'eau est gaspillée de façon incroyable. Une des villes qui gaspillent le plus d'eau — quand elle en a *(rires),* et elle en manque justement parce qu'elle la gaspille *(applaudissements)* — est la ville de La Havane (...). Depuis que l'eau est gratuite, plusieurs habitants ne se sont jamais souciés de fermer les robinets. Depuis que l'eau est gratuite, presque personne ne fait réparer les fuites d'eau. » De même pour l'électricité : « Comme il y a chaque jour plus d'appareils électroménagers sur le marché, qu'allons-nous devenir si les téléviseurs fonctionnent toute la journée et si les fers à repasser restent branchés tout le temps [15] ? »

Dans le même sens, les effets pervers des contrôles des prix, dont il est des exemples innombrables, attestent que la distorsion des prix du marché compromet l'ajustement de l'offre à la demande et l'utilisation rationnelle des ressources. Et ces prix artificiels, dès lors qu'ils s'écartent fortement et durablement des prix d'équilibre, sont un « monopole » public. Les marchés des biens et des services, pour

---

vaches, les divers prix payés aux fermiers pour le lait en fonction de sa teneur en matières grasses, les coûts relatifs de la main-d'œuvre louée et du matériel électrique, et quel serait son bénéfice net s'il vendait ses vaches et élevait des porcs à la place ou s'il vendait sa ferme et prenait le meilleur emploi pour lequel il est qualifié dans une ville où il est disposé à vivre [10]. »

imparfaits qu'ils soient, n'offrent pas d'exemples analogues — concurrence oblige *.

Le système du marché assure donc une régulation contraignante et peu visible qui naît d'une multitude de décisions individuelles. Adam Smith avait décelé dans le chaos apparent des activités commerciales cette émergence d'un ordre spontané. Cet ordre n'est nullement un état d'équilibre parfait, il s'apparente davantage à un désordre ordonné qui naît, dans le cadre d'un processus de croissance, de perpétuels ajustements et réajustements des plans, des intentions, des décisions [16]. Le système n'exclut pas bien entendu les erreurs et les gaspillages : les prix ne renseignent que sur le passé, ils n'informent pas l'entrepreneur sur la demande future, l'offre concurrente à venir, la demande latente d'un produit nouveau. Mais il assure *leur sanction et leur correction* (soit que l'entreprise s'adapte, soit qu'elle périclite). L'économie progresse par essais, erreurs, erreurs corrigées, réussites, réussites imitées, nouveaux essais, etc. C'est grâce à cette souplesse de réaction et d'adaptation, par les chances et les gratifications qu'il offre aux gagnants, par sa cruauté aussi à l'égard des perdants, que le marché a permis le progrès économique de l'Occident — dont il n'est pas inutile de souvent rappeler qu'il n'a pas de précédent dans l'histoire.

La faillite des économies qui ont aboli le marché fournit un autre contre-exemple, encore plus éclatant. La planification ** a sans doute deux avantages sur le marché : elle satisfait le sens commun et séduit irrésistiblement les esprits animistes — une volonté consciente se substitue à des forces incontrôlées — ; elle permet de concentrer les ressources sur un ou quelques objectifs précis — ainsi dans le cadre d'une économie de guerre ou de préparation à la guerre. Mais s'il s'agit de développer l'économie conformément aux préférences des sociétaires, elle est remarquablement inefficace. Les raisons en sont simples. Le marché disperse le pouvoir et économise le savoir. L'économie planifiée introduit, elle, une distorsion radicale entre le pouvoir et le savoir. Les planificateurs doivent résoudre les milliards d'équations que résolvent sur le marché des millions d'individus — arrêter les marchandises à produire et les méthodes de production, donc répartir les ressources rares, planifier l'innovation, définir les désirs des consommateurs... Planifier la production, c'est planifier la consommation, comment le planificateur pourrait-il connaître toutes les échelles de préférences des consommateurs, c'est-à-dire de tous

* Le même raisonnement s'applique que le prix imposé soit artificiellement trop bas ou trop élevé. Sur les effets pervers du contrôle des prix, voir le chapitre VII.

** Nous ne parlons ici que de la planification globale et impérative (à la soviétique). Le terme est d'ailleurs impropre : ce système ne fait que substituer à des plans multiples (des entrepreneurs, des consommateurs) un plan unique.

les autres ? Planifier l'innovation, c'est prévoir l'imprévisible, comment la planification pourrait-elle contrôler la créativité ? Il ne peut en résulter, et il en résulte comme le montre en particulier l'exemple soviétique, qu'un système d'informations faussées et d'incitations perverses — qui se conjugue avec l'absence des incitations liées à l'appropriation privée des surplus. D'où un gaspillage énorme des ressources, une technique qui n'évolue que grâce à des emprunts (officiels ou non) à l'étranger, la floraison d'une économie parallèle soumise, elle, à la régulation par les prix et qui permet au système officiel de fonctionner moins mal, enfin des pénuries en cascade. Les files d'attente sont l'un des traits caractéristiques de la vie quotidienne au pays du « socialisme réel ». Pour les produits alimentaires, ce « rationnement par la queue » relève du tour de force : les dirigeants sont parvenus à maintenir durablement la pénurie sur les terres les plus fertiles du monde [17]. Entre la régulation par les prix (par tout le monde) et la régulation par le plan (par quelques-uns), l'expérience au moins a tranché.

Les intérêts et les pouvoirs

La liberté est capricieuse, elle peut être perverse, ici elle est bénéfique (en termes d'efficacité). Accord providentiel entre la liberté économique et la prospérité, plus précisément entre cette liberté, réglée et protégée, et la prospérité commune. L'effet émergent est donc ici positif, et ce parce que l'activité centrale qui commande tout le reste est l'*échange volontaire*. C'est cette relation fondamentale qui permet la conciliation des intérêts. Pour deux raisons essentielles :

— Sur le marché les transactions sont libres, elles n'ont lieu que si chacun a le sentiment d'y trouver avantage. Si, pour les deux parties, les bénéfices de la transaction ne l'emportaient pas sur ses coûts, la transaction ne se ferait pas. L'échange est source d'un surplus, partagé entre le vendeur et l'acheteur :

> « Le surplus dont bénéficie un vendeur lors de la vente d'un bien est égal au prix auquel il vend, diminué de la valeur que ce bien aurait pour lui s'il ne le vendait pas. Le surplus dont bénéficie un acheteur est égal à la valeur qu'il attribue au bien diminué du prix auquel il l'achète [18]. »

— La confrontation des offres concurrentes et des demandes aboutit à un prix qui est celui qui permet le plus grand nombre de transactions profitables à tous. Il faut revenir ici à la loi de l'offre et de la demande. La pression de la concurrence aboutit à un prix d'équilibre en deçà et au-delà duquel le nombre de transactions diminue : si le prix s'élève, les intentions d'achat fléchissent, s'il baisse, les intentions de vente baissent (or pour un échange, il faut être deux). La règle est simple, mais à elle seule elle condamne toute fixation autoritaire des prix : dès lors que le prix fixé s'écarte du prix d'équilibre, il en résultera une perte pour la collectivité due aux transactions qui n'auront pas lieu.

Ainsi sur le marché le jeu est à somme positive et le nombre de parties jouées est le plus élevé qu'il est possible. Sous l'effet d'une « main invisible », la libre poursuite par les acteurs de leurs intérêts personnels contribue à l'intérêt commun. Là encore le résultat ne s'explique pas par les intentions des acteurs mais par l'alchimie qu'opère le système. Selon la phrase fameuse d'Adam Smith : « Ce n'est pas de la bienveillance du boucher, du marchand de bière et du boulanger que nous attendons notre dîner mais du soin qu'ils apportent à leurs intérêts. » (*La Richesse des Nations,* I, 2.) Cette articulation spontanée et favorable des intérêts est une découverte d'une portée considérable, comme le souligne avec force Walter Lippman dans son maître ouvrage *La Cité libre :*

« Nous avons oublié cette transformation révolutionnaire de la condition humaine et nous n'en avons plus conscience (...). Tant que la division du travail n'avait pas commencé à rendre les hommes dépendants de la libre collaboration de leur prochain, toute politique devait être une politique de proie (...). Pour la première fois dans l'histoire, l'homme avait découvert un mode de production des richesses tel que l'enrichissement des uns favorise celui des autres [19]. »

Il faut donc penser les intérêts comme des intérêts communs *. Dès lors que joue la concurrence, l'échange sur le marché est un échange sans exploitation parce que nul n'a le pouvoir d'exploiter les autres, parce que chacun bute sur la liberté d'autrui. Les revenus des acteurs sont le prix que les autres acceptent de payer en échange de leur activité productive ou des produits de leur activité. Comme tous les prix, ils sont déterminés par la loi de l'offre et de la demande. Le profit lui-même n'échappe pas à cette règle même s'il a un caractère résiduel et variable au lieu d'être fixé par contrat **. La rémunération des actifs n'est donc rien d'autre que la traduction du jugement

* Cette règle bien entendu n'est pas une règle absolue. Il est des circonstances où le marché engendre des effets pervers ; le libre jeu des transactions est source d'externalités (*i.e.* de retombées pour des tiers) ; il ne permet pas la production de biens publics. Dans tous ces cas — dans d'autres également et nous le reverrons — le marché ne peut être livré à lui-même.

** « Le profit, note Jean Baechler, n'est rien d'autre que la fraction du prix rémunérant le *pari* lancé par un entrepreneur que son offre rencontrera une demande solvable. Si le pari est gagné, d'autres se jetteront sur l'occasion de sorte que la concurrence entre offreurs finira par annuler le profit. Le profit est donc la contrepartie monétaire d'une initiative que la concurrence tend constamment à ramener vers zéro [20]. »

porté par les autres sur la valeur des services rendus. En dernière analyse, ce qui détermine la hiérarchie des revenus au sein d'une économie de marché, c'est la hiérarchie de valeurs collectives qui naît de l'agrégation des échelles de valeurs individuelles. Il n'est pas inutile de le répéter : *l'arbitre, ce sont les autres.*

« La mariée est trop belle », objecteront le sens commun et la représentation dominante. Dans la réalité ce qui l'emporte, ce sont l'antagonisme des intérêts et l'exploitation des uns par les autres. Cette objection a la même validité que celle concernant le mécanisme des prix : elle est parfois vraie (parce que le marché est imparfait), mais pour l'essentiel fausse (parce que les règles du marché restent généralement contraignantes). Ceci sous réserve de l'« exploitation » liée à l'intervention publique.

Voyons d'abord l'essentiel — qui se heurte à une difficulté de compréhension (un jeu à somme positive) et au raisonnement animiste de type courant. La pauvreté est un mal social, le mal implique une faute, les riches sont ceux à qui apparemment la faute profite... Plus précisément, les coupables, ce sont certains riches. D'autres bénéficient largement de l'« impunité », en particulier ceux qui doivent leur richesse à leur succès littéraire, artistique ou sportif. Qui penserait à condamner comme « exploiteurs » Jane Fonda, Mireille Mathieu, John Mac Enroe, Anne et Serge Golon, Robert Redford, Dalida, J.K. Galbraith, Mohammed Ali ?... Si exploitation il y a, ce ne peut être que du mauvais goût du public.

L'animisme est donc sélectif (et cette sélection a ses raisons), il a pour cible privilégiée la fortune industrielle et financière. La thèse est développée avec plus ou moins de subtilité, mais elle se ramène toujours à l'axiome suivant : la richesse est par nature illégitime, elle résulte d'un vol perpétré sur les pauvres. Cette thèse s'est enrichie depuis Lénine d'une version internationale : les pays riches sont riches d'avoir pillé et appauvri les pays pauvres [21]. L'étonnant est que de telles interprétations puissent encore être aujourd'hui soutenues alors que confrontées au réel elles s'écroulent comme des châteaux de cartes :

— Si la richesse capitaliste ne provenait que de l'exploitation de la pauvreté, les plus pauvres seraient les plus exploités, les plus exploités les plus recherchés par les exploiteurs, leurs employeurs-exploiteurs les plus prospères. La réalité montre l'inverse. Ce qui caractérise la situation des « travailleurs » à bas salaires, ce sont généralement la précarité de leur emploi et un taux de chômage supérieur à la moyenne ; et ce qui caractérise en général les entreprises à bas salaires, c'est leur taux élevé de faillite [22]. Les exploiteurs auraient besoin d'être mieux informés de la théorie de l'exploitation.

— Si la richesse engendrait la pauvreté, comment expliquer que c'est dans les sociétés où les riches sont les plus nombreux que les pauvres sont le moins pauvres ? 96 % des familles américaines inscrites à l'assistance ont la télévision. Les pauvres américains sont des privilégiés à l'échelle du monde. Le seuil de pauvreté pour une famille de quatre personnes était fixé à 5 040 dollars par an en 1974, et à 5 700 dollars en 1978. Les institutions internationales placent la frontière de la pauvreté absolue à 300 dollars par personne et par an, et dans nombre de pays le revenu *moyen* est inférieur à ce seuil : 90 dollars au Laos, 100 au Bangladesh, 120 en Éthiopie, 150 au Zaïre, etc. [23]. En France, le salaire minimum était en 1974 de 1 150 F par mois, à la même époque en Union soviétique il était selon les chiffres donnés par Andreï Sakharov de 60 roubles, soit l'équivalent de 150 F (et le salaire moyen de 110 roubles, soit 275 F [24] *). Mieux vaut être exploité en pays capitaliste que ne pas l'être dans un pays socialiste.

La comparaison dans le temps est tout aussi concluante que dans l'espace. La thèse de la paupérisation absolue ne peut pas aujourd'hui ne pas apparaître absurde, celle de la paupérisation relative ne l'est guère moins. Les travaux historiques montrent une forte réduction des inégalités de revenus sur le long terme, indépendamment même des impôts et revenus de transfert [25]. La croissance capitaliste a permis une augmentation considérable du niveau de vie qui a profité à tous, même aux intellectuels ennemis du capitalisme. Ford a démenti Marx : la consommation de masse est dans la logique de l'économie de marché, et son développement a même dépassé les espérances de ses bénéficiaires *(tableau 1)*.

— La richesse occidentale ne tient-elle pas alors à une exploitation extérieure, au colonialisme, à l'impérialisme, au pillage du tiers monde ? Reconversion d'un mythe inusable : cette richesse est coupable, il faut bien des victimes. La thèse sans doute donne bonne conscience à ceux qui donnent ainsi mauvaise conscience à l'Occident **, mais elle est encore plus fausse qu'au temps où Lénine écrivait son pamphlet rudimentaire *L'Impérialisme, stade suprême du capitalisme* [27]. Soit les pays les plus pauvres de la planète : nombre d'entre eux n'ont jamais été colonisés, l'Afghanistan (jusqu'à 1980),

---

* Il n'y a pas de « coquilles » : 150 F et 275 F sont bien les chiffres donnés par A. Sakharov, qui ajoute que le taux de conversion choisi surestime quelque peu le pouvoir d'achat du rouble. Ajoutons cependant que nombre de Soviétiques améliorent leurs revenus grâce à l'économie parallèle.

** Que les pays riches ne soient pas responsables de la pauvreté des pays pauvres n'implique pas qu'ils n'aient pas d'obligations morales à leur égard. Mais ce sont deux questions distinctes.

Voir le livre de Carlos Rangel : *L'Occident et le tiers monde, de la fausse culpabilité aux vraies responsabilités*, R. Laffont, 1982, Collection « Libertés 2 000 »

TABLEAU I

OÙ LA RÉALITÉ DÉPASSE LES ESPÉRANCES

BIENS DE CONSOMMATION DURABLES — NIVEAU D'ASPIRATIONS ET TAUX D'ÉQUIPEMENT

LES OUVRIERS

	Niveau d'aspiration (1956)					*Taux d'équipement (1960-1974)*				
	Sondage IFOP. Question : Dans la liste que voici, quelles sont les choses que vous avez déjà ? Quelles sont celles que vous comptez pouvoir avoir d'ici quelques années ? Y a-t-il dans cette liste des choses que vous voudriez bien, mais que vous n'aurez probablement jamais ? Y en a-t-il enfin que vous ne désirez pas du tout ?									
	L'a déjà	*Compte pouvoir l'avoir*	*Désire mais ne l'aura pas*	*Ne le désire pas*	*Total*	*Avril 1960* —	*Avril 1963* —	*Décembre 1965* —	*Décembre 1972* —	*Décembre 1974* —
Télévision	2	21	36	41	100	14,1	31,0	51,5	81,8	86,8
Voiture	10	21	39	30	100	24,4	35,5	47,8	68,6	72,0
Machine à laver	13	34	20	33	100	27,2	36,8	47,7	71,0	77,1
Réfrigérateur	6	29	24	41	100	22,1	43,0	62,6	89,1	91,3

Sources : 26.

le Tibet, le Népal, le Libéria... Soit l'accusé principal, les États-Unis : non seulement ses échanges extérieurs ne représentent que très peu de chose par rapport à son activité économique interne, mais ses relations économiques internationales sont pour l'essentiel tournées vers les autres pays industriels. Les États-Unis ont davantage investi au Canada que dans tous les pays réunis d'Afrique et d'Asie ou que dans toute l'Amérique latine. Et les investissements américains en Europe de l'Ouest sont encore plus élevés qu'au Canada [28]. Les « croyants » en l'impérialisme source de la prospérité capitaliste en sont alors réduits à la dénonciation d'activités spécifiques de nations ou d'entreprises occidentales. Quelle que soit la validité de l'argumentation dans chaque cas particulier — et elle peut être indéniable — il est logiquement impossible d'inférer d'abus spécifiques de pouvoir à un phénomène d'ensemble que les données démentent. Et il est paradoxal de se fonder sur des abus de pouvoir pour plaider pour des systèmes qui impliquent une concentration accrue du pouvoir.

La fortune du mythe tient largement à une incompréhension des sources modernes de la richesse. L'exploitation du travail est de peu de rentabilité comparée à l'amélioration de sa productivité. Si les richesses provenaient de la quantité de travail fournie, les pays pauvres où les individus travaillent plus longuement et plus durement en produiraient davantage que les pays riches. La prospérité des pays à économie de marché tient à l'efficacité du travail, au fait que l'agriculteur français en travaillant moins que le fellah égyptien produit bien davantage. La division du travail et l'échange volontaire ont permis d'accroître considérablement cette efficacité, en particulier grâce aux occasions et incitations offertes à une minorité créatrice. Les principaux créateurs de richesses, ce sont ceux qui ont créé, innové, inventé, qui ont amélioré les techniques de production, perfectionné l'organisation du travail, ceux qui, à la différence de la plupart d'entre nous, sont des « activistes de l'économie », pour reprendre l'expression d'Irving Kristol [29]. Leur réussite est bénéfique pour tous ; elle est considérée comme coupable par beaucoup. Le phénomène n'a rien d'exceptionnel. L'hostilité à l'égard des créateurs de richesses s'est manifestée sous tous les cieux, elle a souvent dégénéré en persécutions, en particulier quand la minorité dynamique avait en plus le tort d'être « différente » : persécution des juifs en Europe et au Moyen-Orient, éviction et massacre des Ibos au Nigeria, extermination de plus d'un million de Chinois en Indonésie, massacre des Blancs et des Indiens en Ouganda, en Tanzanie leur expropriation et leur expulsion, etc. [30].

L'acte d'accusation est donc pour l'essentiel faux. Le marché n'est cependant pas exempt de tout pouvoir, donc de toute exploitation :

« Tout détenteur d'un pouvoir, explique Jean Baechler, peut fausser la concurrence à son profit et faire monter la rémunération au-dessus du prix du marché aux dépens des autres. S'il est probable que les patrons du XIXe siècle ont longtemps occupé des positions de force qui leur ont permis de hausser leurs profits aux dépens des ouvriers isolés, on ne peut exclure que les syndicats contemporains soient assez forts pour exploiter [à leur tour] (...). Chaque facteur peut bénéficier ainsi d'un rapport de forces et extraire une surrémunération des autres. L'exploitation ne résulte donc pas de la propriété mais d'un pouvoir : pour disposer d'un pouvoir il n'est nul besoin d'être propriétaire, il suffit d'occuper une position stratégique et de savoir en user [31]. »

Quels sont alors ces acteurs qui aujourd'hui perturbent le jeu de la concurrence à leur profit ? Une remarque préalable, tout d'abord : à l'exception, en Grande-Bretagne notamment, du pouvoir syndical, les pouvoirs sur le marché font figure de nains auprès de celui qui est extérieur au marché, l'État, *et l'État contemporain, abusant de son pouvoir, est devenu la source première des enrichissements sans cause.* La concurrence est très généralement une chaîne solide pour les acteurs privés, il suffit d'un règlement public pour la briser ; pour assurer à certains, les chauffeurs de taxis à Paris ou à New York par exemple, un havre de paix en excluant les autres de la compétition ; pour fixer des prix artificiels et ainsi obliger les uns, par exemple les consommateurs français, à subventionner certains autres, les producteurs agricoles... C'est l'une des formes de la redistribution cachée *.

Revenons au marché. Il n'est pas dominé par les « gros » mais altéré par des abus ponctuels d'origines diverses (nulle catégorie sociale n'a le monopole de l'exploitation). Certains de ces abus relèvent de l'expérience courante : un tenancier d'hôtel qui peut se permettre de vendre cher un mauvais produit parce que sa clientèle se renouvelle constamment, un avocat, un garagiste qui profitent de la mauvaise information de leurs clients (leurs « services » sont souvent difficiles à apprécier), un entrepreneur local qui abuse de sa position de monopole **... D'autres, les plus importants, sont

* Sur cette redistribution cachée, voir le chapitre XIII.

** Tous ces abus doivent être combattus par l'action publique. D'une façon générale, l'État doit veiller à ce que les marchés soient efficients et honnêtes, assurer la liberté des transactions, traquer et punir la fraude, la malfaçon, l'escroquerie, interdire la vente des produits nuisibles, faire en sorte que l'information circule, etc. Comme l'écrit Walter Lippmann, « il s'agit avant tout d'assurer l'application d'un principe universellement admis depuis toujours, à savoir que le gouvernement doit veiller à l'honnêteté des poids et des mesures [32]. » Cette action de police, pour importante qu'elle soit, ne peut cependant se substituer au rôle des mœurs. Le marché se détruirait lui-même si tout le monde trichait.

moins manifestes. L'exploitation ici est le fait de certains salariés :

En premier lieu — ne refusons pas ce plaisir aux animistes —, les dirigeants des très grandes entreprises. Moins en raison du pouvoir de l'entreprise sur le marché qui, nous l'avons vu, est très généralement limité et rarement durable que de la répartition du pouvoir au sein de l'entreprise. Les exploités ne sont pas les consommateurs mais les actionnaires. Les dirigeants des *corporations* ont le plus souvent réussi à s'affranchir de la tutelle des propriétaires en titre dont la plupart d'ailleurs ne se considèrent pas comme tels (même si l'autonomie à l'égard des actionnaires est limitée par la nécessité d'éviter une trop forte baisse des cours des actions en bourse). « Bien que le *management* parle pieusement (...) de ses obligations envers les actionnaires, la vérité est qu'il préfère avoir affaire à eux aussi peu que possible — leurs demandes immédiates ayant toutes chances d'entrer en conflit avec les plans à long terme des dirigeants [33]. » (I. Kristol.) Or, règle générale, le pouvoir suscite l'abus de pouvoir. En France comme aux États-Unis les dirigeants des grandes firmes tendent à se recruter par cooptation, leurs salaires échappent largement à la loi du marché, ils bénéficient d'avantages de fonction qui se prêtent à des abus et poursuivent des politiques qui sont loin de toujours correspondre aux intérêts de la masse des actionnaires. La manifestation la plus éclatante de ce détournement de pouvoir est le détournement du profit au bénéfice de l'investissement mais au détriment des actionnaires, c'est-à-dire l'autofinancement des entreprises *.

« C'est un fait, écrit Irving Kristol, que la communauté des dirigeants d'entreprise s'apparente à un club où règne un esprit bienveillant qui donne l'assurance à chacun d'être bien pourvu. Les non-membres naturellement — actionnaires, employés — doivent apprendre à faire face aux rigueurs de la libre entreprise [34]. »

Ensuite — mais ici ce ne sont plus les « bons » coupables — les salariés qui grâce à l'action syndicale (et à leur position stratégique) ont obtenu des rémunérations ou des avantages supérieurs à ceux qui résulteraient du jeu du marché : les pilotes de ligne en France et aux États-Unis, les employés municipaux à New York, les mineurs en Grande-Bretagne, les dockers en France et outre-Manche... L'excès des salaires réels par rapport aux salaires d'équilibre représente une rente, un enrichissement sans cause obtenu au détriment d'autrui.

* Ajoutons que l'autofinancement est contraire à la bonne règle de l'économie de marché et compromet l'allocation optimale des capitaux. Walter Lippmann écrivait dans les années 30 : « Tous les partisans de la liberté du marché régulateur de l'économie constatent qu'il faut interdire à la société anonyme de retenir les bénéfices et de les réinvestir selon le bon plaisir des administrateurs et non selon le jugement du marché. Car cette pratique immobilise les capitaux alors que l'économie de la division du travail exige que le capital se déplace facilement vers les lieux et les hommes qui font la meilleure offre pour l'obtenir [35]. »

Les exploités, ici, ce sont surtout ceux que les sur-salaires des titulaires de ces emplois empêchent d'obtenir des emplois de même type. On ne triche pas impunément avec la loi de l'offre et de la demande. Si le rapport des forces permet à certains de s'en affranchir, elle pénalisera les autres. Augmentez le prix du travail, la demande du travail baissera et donc l'embauche effective. Si demain un syndicat de *baby-sitters* imposait un tarif très supérieur au tarif existant, nombre de *baby-sitters* n'auraient plus qu'à se reconvertir. Dans nombre de villes françaises et américaines, les transports municipaux sont assurés par des autobus à grande capacité. Apparemment parfois en dépit du bon sens : à Rennes, par exemple, la compagnie Star utilise des autobus à soufflet, le plus souvent largement inoccupés, et qui dans les petites rues du centre-ville ont beaucoup de peine à manœuvrer et sont un danger constant pour les voitures en stationnement. La raison en est simple : les salaires élevés obtenus par les conducteurs (français ou américains) ont incité les compagnies à substituer le capital au travail et à réduire le nombre de conducteurs de bus en augmentant leur taille. Un économiste a calculé que la capacité optimale des autobus urbains aux États-Unis, au prix du marché, était de huit passagers, au lieu de quarante ou cinquante actuellement. Dans ce cas il y aurait cinq fois plus de bus, cinq fois plus d'emplois de conducteurs de bus et cinq fois moins de temps d'attente pour les usagers des bus [36]. Les sur-salaires (et autres avantages) contrarient l'emploi et l'allocation rationnelle des ressources. À une autre échelle la Grande-Bretagne en offre un exemple saisissant. La « maladie britannique » est inséparable de la puissance syndicale qui a largement contribué au développement du chômage et plus généralement à la baisse de productivité de l'économie [37]. Effet pervers massif qui ne tient pas évidemment aux intentions des acteurs mais à la logique d'intérêts dotés de pouvoirs.

L'État n'est pas sans responsabilité dans ces perturbations du marché, lui qui a pour fonction d'en assurer la protection. En France comme outre-Atlantique, le pouvoir politique ne s'est guère préoccupé du respect des droits des actionnaires, il a admis les monopoles syndicaux (qui ne se justifient pourtant pas plus que les autres)... L'État démocratique n'est ni ange ni bête, il lui arrive de bien faire, mais dans les années récentes il a souvent mal fait son travail : il se prend de plus en plus pour la Providence et néglige parfois son rôle de « gendarme » ; pire, il enfreint lui-même les règles du jeu en distribuant des prébendes sous forme de protections contre le marché. Dès lors qu'ils fonctionnent, les mécanismes de la concurrence ont un avantage sur les princes qui nous gouvernent : ils sont incorruptibles.

La rançon de la liberté

Comprendre le marché n'implique pas adhérer à l'utopie des libéraux-libertariens et le considérer comme *la* formule de la « bonne société ». Le marché ne peut être livré à lui-même, pas plus qu'il ne peut à lui seul fonder un ordre social — il a des vertus remarquables mais ne permet de faire l'économie ni de la morale ni de la politique.

Le XVIIIe siècle a mis ses espoirs dans l'articulation favorable des intérêts. Il s'agissait de contrebalancer, par l'intérêt, les passions tumultueuses et destructrices de l'homme. Plutôt que de tabler sur les préceptes moralisateurs des philosophes ou les commandements de la religion, il apparaissait nécessaire de prendre les hommes « tels qu'ils sont », et socialement utile de jouer sur l'arithmétique des passions : se servir de l'une (innocente) pour refréner les autres (dangereuses) [38]. Le système répondait à une question qui a hanté le siècle des Lumières : comment faire l'économie de la vertu ? Mais la vertu de l'économie, l'expérience l'a montré, ne va pas jusque-là : l'échange n'a éliminé ni l'envie, ni la jalousie, ni la soif de puissance ou de prestige, pas plus que les passions idéologiques — en particulier celles qui sont nées de la croyance en d'autres systèmes providentiels qui permettraient également de se passer de toute réforme morale.

Le marché doit être considéré dans son ordre, qui ne concerne qu'une partie des activités humaines et qui ne peut être tenu pour autonome. En raison même de ses coûts et de ses défauts — ceux de la liberté.

— La liberté économique a des coûts élevés. La concurrence engendre l'insécurité, l'inégalité des résultats, l'échec pour certains. La grande force du marché est sa flexibilité, mais cette flexibilité exige des acteurs capacité d'adaptation et mobilité, elle entraîne une forte dispersion des gains et des pertes, des rétributions élevées mais aussi des pénalités élevées. Le marché est un « souverain cruel » (W. Lippmann), il n'est évidemment pas illégitime d'en atténuer les coûts sociaux. Tel était le sens de ce que Irving Kristol appelle le *« conservative Welfare State » :* préserver l'efficacité du marché tout en assurant aux individus une sécurité minimale face au chômage, à la vieillesse, à la maladie, au dénuement *. Sous certaines réserves tenant aux modalités, il est difficile de ne pas considérer ce « grand compromis réformiste » comme une remarquable réussite, permettant de concilier effectivement efficacité économique et progrès

* Avec évidemment des variantes selon les pays. Il faut en particulier noter que les États-Unis n'ont pas de système général d'assurance-maladie.

social [39]. Ce sont ce compromis et cette réussite que l'inflation du rôle de l'État dans les années 60 et 70 a remis en cause. Il y a là aussi un point d'équilibre à ne pas dépasser.

— La liberté n'implique pas son bon usage. Faudrait-il laisser les individus libres d'échanger leur droit de vote contre un autre bien, d'acheter et de vendre des enfants, de pratiquer le commerce de la drogue ?... Dans les limites mêmes des marchés autorisés par la loi, la liberté des acteurs ne garantit évidemment pas une évolution de l'économie propre à la satisfaction croissante de désirs élevés. Et à cet égard les résultats de l'économie de marché peuvent apparaître insatisfaisants. À la fin des années 60 et au début des années 70 (avant la crise économique), ils ont fait l'objet de critiques multiples et véhémentes. La dénonciation de la « société de consommation » est devenue un thème rebattu — une société dispendieuse, futile, vouée au culte des objets, pervertie par les marchandises. Le réquisitoire n'est pas sans quelque fondement mais il a été développé d'une manière profondément viciée. En raison d'abord d'une méconnaissance des bienfaits, pourtant flagrants, du progrès économique. L'économie n'est certes pas une fin en soi, elle n'a d'autre place que celle que lui assignait Aristote : un moyen d'assurer la « bonne vie ». Mais ce moyen n'est pas à négliger. Le capitalisme, comme l'a noté Jean Baechler, a permis pour la première fois en dix mille ans à la grande majorité du peuple d'échapper à la misère, à la pénurie, à la mortalité prématurée [40]. Saint Thomas d'Aquin affirmait que la « suffisance matérielle » est nécessaire à la pratique de la vertu.

Ensuite, en raison d'un refus de lier les résultats du système à sa vraie cause, la liberté de choix des acteurs et donc leurs échelles de préférences. Cette liberté est supposée aliénée par la publicité ou dénaturée par l'inégalité. Ne revenons pas sur le thème de la publicité manipulatrice. L'inégalité, elle, est un fait évident, mais elle n'est pas telle dans nos sociétés que leur orientation générale ne soit pas fixée par les choix de la grande majorité. L'effet de nombre joue et l'inégalité est largement diluée au sein de la myriade de décisions individuelles dont l'agrégation façonne l'évolution sociale. La production de la plus grande partie des biens de consommation ne reflète pas les désirs d'une minorité, les télévisions et les radios privées ne sont pas « élitistes » (les télévisions ou radios publiques le sont bien davantage), les plus grands succès « artistiques » ou « littéraires » (Alain Delon, Frank Sinatra, Gérard de Villiers, Colleen McCullough, Guy des Cars...) ne sont pas le fait des *happy few,* etc. « Une civilisation façonnée par le marché, écrit Irving Kristol, est une civilisation qui traduit les désirs, les préférences, les aspirations que le commun peuple *(common people)* a en commun [41]. »

Ces préférences ne sont pas nécessairement partagées par ceux, les clercs, les hauts fonctionnaires, les politiques, qui ont pour profession d'analyser, de juger cette société ou/et de prendre des décisions en son nom, et qui eux n'appartiennent pas au *common people*. Alors que faire ? Pour qui ne partage pas les préférences de ses contemporains ou de la majorité d'entre eux et en a conscience, le choix se pose dans les termes suivants : ou préconiser qu'on fasse le bien d'autrui en décidant pour lui, en faisant appel à l'autorité publique pour corriger ses préférences ; ou travailler à transformer le marché de l'intérieur. Le marché est « libéral » par nature, il s'accommode de diverses formes d'organisation — les mutuelles, les coopératives... aussi bien que les sociétés anonymes —, il est perméable à des pratiques de plus haute valeur morale (le don substitué à l'échange), ses résultats traduisent une hiérarchie de valeurs qui n'est pas intangible. Mais pour qui croit ou feint plus ou moins de croire que la situation qu'il juge insatisfaisante n'est due qu'à des forces mauvaises ou à des acteurs méchants, que la liberté des acteurs n'est qu'une liberté fictive, le choix est clair : va-t-on seulement essayer de persuader les méchants de ne plus l'être ? Il faut pour contrer l'action des *bad guys* que s'exerce le pouvoir des *good guys*. Coupables et victimes appellent un justicier.

DEUXIÈME PARTIE

LE MYTHE ANIMISTE

version angélique

Ce qui caractérise presque partout l'homme de progrès, c'est qu'en dernière analyse, il compte sur le renforcement de l'autorité gouvernementale pour améliorer la condition humaine.

WALTER LIPPMANN [1]

Le mythe a sa face sombre mais aussi sa face claire : si les mauvais résultats s'expliquent par de mauvaises intentions, de bonnes intentions (éclairées) garantissent de bons résultats. Le social est malléable à la volonté de quelques-uns. Plutôt que de le laisser sous la coupe d'une minorité intéressée, il faut en confier la maîtrise à une autorité désintéressée et éclairée : l'État. Le pouvoir d'État est alors investi d'une nouvelle mission, il ne doit plus seulement encadrer les activités privées, définir les droits et obligations de chacun, il doit fréquemment décider pour tous. Si la liberté des joueurs signifie la « manipulation » des consommateurs, la « relégation » de certains élèves, l'« exploitation des travailleurs », l'autorité publique ne peut se borner à définir les règles du jeu, elle doit intervenir dans la partie — réglementer les salaires et les prix, supprimer les filières d'enseignement, redistribuer davantage les revenus... La fiction d'une liberté fictive justifie la tutelle sociale.

Cette version angélique du mythe repose ainsi sur trois postulats implicites :

— *L'activité publique ne vise qu'à l'intérêt public.* L'intérêt public s'oppose à l'intérêt privé et l'autorité publique en a le monopole. Les hommes au pouvoir (dirigeants politiques, hauts fonctionnaires) et ceux qui les conseillent (experts, clercs) échappent par une grâce d'État aux passions ordinaires des hommes, ils n'ont pas d'intérêts personnels, ils ne sont que l'incarnation d'un intérêt supérieur.

— *Le savoir nécessaire au pouvoir tutélaire est disponible.* L'animisme angélique est inséparable d'une prétention au savoir qui justifie la concentration du pouvoir. L'autorité publique fera le bien des citoyens en décidant pour eux car ses titulaires savent, mieux qu'eux, où est leur bien. Les détenteurs officiels du savoir (les « intellectuels ») sont très généralement des auxiliaires puissants de cette croissance du pouvoir. Eux-mêmes échappent bien entendu à l'aliénation dont ils observent les effets chez le commun des mortels. Leur savoir est libérateur mais à condition qu'il dispose du levier du pouvoir. Leur idéal n'est pas une nouveauté : dignes héritiers des « philosophes » du XVIIIe, ils parlent de liberté et prônent un « despotisme éclairé ».

— *Le bon usage de la contrainte est la clef des problèmes sociaux.* Il n'est pas de problème sans solution : il suffit de contrer l'action maléfique qui est à son origine et de mettre en œuvre une contrainte bénéfique, en d'autres termes de faire faire aux acteurs ce qu'ils doivent faire. La « bonne » contrainte a la vertu d'imposer de bons résultats. Le social se modèlera au gré de la « main visible » de la réglementation publique.

Dans les années 1960-1980, le mythe sous cette version comme sous sa version diabolique est devenu la représentation dominante au sein des nations occidentales. Avec sans doute des variantes, des nuances, et une force inégale selon les pays et les années. Mais au-delà de ces différences — et en particulier de celles liées à l'alternance politique —, la confiance en un État bienveillant et omniscient apparaît comme une idée très généralement partagée — que le gouvernement soit social-démocrate (H. Wilson, O. Pälme), « conservateur » (R. Nixon), « libéral » (L. Johnson, J. Carter), conservateur « éclairé » (E. Heath), libéral « avancé » (V. Giscard d'Estaing)... Avec son génie prospectif, Tocqueville a mis l'accent sur l'essentiel :

« Qu'on écoute attentivement la voix de nos différents partis, on verra qu'il n'y en a point qui ne les adopte (ces idées). La plupart estiment que le gouvernement agit mal ; mais tous pensent que le gouvernement doit sans cesse agir et mettre tout à la main. Ceux mêmes qui se font le plus rudement la guerre ne laissent pas de s'accorder sur ce point. L'unité, l'ubiquité, l'omnipotence du pouvoir social, l'uniformité de ses règles forment le trait saillant qui caractérise tous les systèmes enfantés de nos jours. On les retrouve au fond des plus bizarres utopies. L'esprit humain poursuit encore ces images quand il rêve [2]. »

La formule a l'avantage de la simplicité — « Il ne faut ni beaucoup de génie ni même beaucoup de réflexion pour traiter d'un mal en disant à quelqu'un de donner l'ordre de le guérir [3] ». (W. Lippmann.) — mais elle fait fi de l'expérience humaine. L'histoire n'a cessé de montrer que le pouvoir transfigure beaucoup moins ceux qui le détiennent qu'il ne les corrompt, qu'il y a souvent loin des intentions aux résultats et que plus la société est complexe, plus le savoir nécessaire à sa maîtrise dépasse les facultés humaines, que la contrainte ne change pas les hommes et qu'elle est largement inefficace pour faire le bien. Les hommes ne se sauveront pas en confiant à quelques-uns le soin de leurs destinées. La frontière entre le bien et le mal ne passe pas entre certains acteurs et les autres mais passe dans le cœur de chaque homme. Soljenitsyne a souligné cette vérité éternelle dans *L'Archipel du Goulag.* Son jugement a du poids, il avait quelque mérite à le porter.

Les deux révolutions de la fin du XVIIIe siècle s'inspiraient de principes radicalement opposés. Les révolutionnaires français croyaient détenir le savoir et la vertu, fonder la société juste en éliminant les méchants. Les « Founding Fathers » n'avaient, eux, nulle confiance en certains acteurs opposés à d'autres, ils mettaient leurs espoirs dans des mécanismes institutionnels protecteurs des libertés : « Si les hommes étaient des anges, écrivait J. Madison, aucun gouvernement ne serait nécessaire. Si les hommes pouvaient être gouvernés par des anges, nul contrôle interne ou externe sur le gouvernement ne serait nécessaire [4] ». Le savoir des premiers était spéculatif et rhétorique, celui des seconds fondé sur l'expérience. L'œuvre des uns, la constitution américaine, a été durable et efficace : les Américains n'ont jamais connu la tyrannie, le texte constitutionnel a joué un rôle essentiel comme facteur de cohésion de la nation américaine. L'œuvre des autres a été éphémère et sanglante : les révolutionnaires français ont produit des effets pervers en cascade ; ils ont, selon une logique animiste classique, imputé à des actions malfaisantes — celles des « contre-révolutionnaires » — ce qui n'était que la résistance du réel et ont été conduits où nul n'avait l'intention d'aller. Un système fondé sur les faiblesses des hommes a des fondations plus sûres qu'un pouvoir alloué à la vertu et la sagesse de quelques-uns. La proposition vaut aussi bien en économie qu'en politique. Elle n'implique nullement qu'il faille abdiquer face aux faiblesses humaines. La formule libérale peut être considérée comme un *stepping-stone* pour aller plus haut tout en préservant la liberté — par l'élévation des mœurs. L'histoire atteste également la puissance des mœurs.

Mais le principal enseignement de l'histoire est que les hommes sont peu sensibles à ses enseignements. L'expérience du réformisme animiste des années 1960-1980 n'a évidemment rien d'aussi tragique que celle des révolutions animistes, mais elle est également marquée par la multiplication des effets pervers. L'ignorance et la présomption se paient — aux frais d'autrui.

CHAPITRE VII

CONTRAINTES OU INCITATIONS

Au cours de l'été 1793, la crise des subsistances s'aggrave. La Convention et le Comité de salut public décident de la résoudre en usant de la contrainte. Augustin Cochin :

« Les marchés se garnissent mal ; la Convention décrète le 11 septembre 1793 qu'on ne vendra plus le grain que là : à l'instant les marchés se vident tout à fait. Les denrées se faisant rares et chères, la Convention baisse par décret du 29 septembre les prix du détail, pensant que le gros va suivre sous peine de ne plus vendre : le gros garda et en moins d'une semaine les boutiques étaient vides et le petit commerce à merci. La même loi maximant la viande maxime le bétail : aussitôt les herbagers abattent en masse (...), l'engrais des bêtes ne rapportant plus rien ; et la Convention de revenir en toute hâte sur son décret pour sauver l'élevage (23 octobre). Mais alors les bouchers qui restent maximés ne peuvent plus acheter et cessent de tuer ; ce qui amène une crise de la tannerie, puis des écorces, puis de la cordonnerie, puis de l'habillement des troupes, sans parler de celle de la viande, plus violente encore que celle du pain (février 1794). Le 11 avril 1794, le Comité de salut public met en réquisition sur tout le territoire, pour Paris et les armées, le huitième cochon d'un an qu'il confie à son maître en attendant livraison au maximum (...). Quand, après des mois, le commissaire se présente, le cochon est mort ou mourant : forcé, mais certain, de le vendre à bas prix, son maître ne pouvait que perdre à le nourrir et s'en est bien gardé. La République n'eut que des squelettes, trop tard d'ailleurs pour les saler : les chaleurs étaient venues [1]. »

L'enchaînement est classique : une politique autoritaire contraire aux vœux des intéressés ; une réaction stratégique de ces derniers en vue de s'y soustraire ou d'en annuler les effets ; la production, du fait de cette réaction, d'effets pervers ; une nouvelle réglementation ou/et une contrainte accrue, qui aggravent encore la crise... Cet enchaînement procède toujours de la même illusion, l'illusion animiste (version angélique) que renforce l'illusion de la force. La méthode autoritaire a l'avantage d'apparaître simple et commode. « Au point de vue intellectuel c'est le moindre effort (...). Le premier novice venu peut s'imaginer avoir favorisé le progrès de l'humanité en donnant à un fonctionnaire armé la mission de contribuer au bien public [2]. » (W. Lippmann.) En d'autres termes : pour obtenir le résultat désiré il suffit que l'autorité publique décide qu'il en sera ainsi et donne l'ordre aux acteurs de se conduire en conséquence. Mais la contrainte ne suffit pas pour que les résultats soient conformes aux intentions. Les animistes surestiment le savoir des dirigeants et sous-estiment la marge de liberté des dirigés.

Dans les années 60 et 70 se sont multipliées les politiques publiques contraignantes en vue de soumettre le marché à des fins sociales. En vertu d'une représentation qui oppose radicalement l'intérêt public et les intérêts privés. L'intérêt général doit s'imposer aux intérêts particuliers * , et agir en vue de l'intérêt général, c'est nécessairement contrer les intérêts particuliers. Le raisonnement qui sous-tend ces politiques tient pour l'essentiel en deux propositions :

— Toute défaillance du marché justifie l'intervention publique (et non l'inverse). Cette proposition pose comme équivalents la réalité observée et un projet de réalisation. Or, rapporter une situation présente insatisfaisante (produite effectivement par le marché) à une situation future satisfaisante (conséquence attendue de l'action publique), c'est présumer que les résultats de l'intervention publique seront toujours conformes aux intentions explicites des acteurs. La comparaison doit porter en fait sur deux types de procédures de décision, toutes deux imparfaites, un marché imparfait, une intervention publique imparfaite. Sans doute la réglementation publique est-elle nécessaire dans différentes situations mais pourvu que la balance des coûts/risques/bénéfices penche en sa faveur. Dans les autres cas le remède est pire que mal. Mais les réformateurs utopistes répugnent à ce genre d'approche, de même qu'ils ne conçoivent pas qu'une défaillance de l'intervention publique puisse, si la balance penche de l'autre côté, justifier un retour aux mécanismes d'incitations du marché.

— Cette intervention publique prend nécessairement la forme d'une réglementation contraignante. Soit acquise la nécessité de

* « Nos pères, écrit Tocqueville, étaient toujours prêts à abuser de cette idée, que les droits particuliers sont respectables, et nous sommes naturellement portés à exagérer cette autre, que l'intérêt d'un individu doit toujours plier devant l'intérêt de plusieurs [3]. »

l'intervention publique : des comportements privés sont à l'origine de maux sociaux qu'il faut réduire ou éliminer. Il y a alors deux modes d'intervention possibles : ou modifier la structure d'incitations pour mieux orienter le comportement des acteurs, ou édicter les normes du comportement requis. La première solution, *the public use of private interest*, selon la formule de Charles L. Schultze, est rarement considérée, l'intervention publique signifie très généralement une réglementation contraignante :

« Dans la plupart des cas, écrit C.L. Schultze, la condition préalable d'une action socialement bénéfique est l'identification non des méchants et des héros mais des défauts du système d'incitations qui conduisent les honnêtes citoyens ordinaires à agir contrairement au bien public (...). (Or) habituellement quand il est entendu qu'un problème requiert l'action publique, on fait peu d'efforts pour isoler les causes de la défaillance du marché et pour traiter le problème d'une façon qui préserve autant que possible le choix volontaire et les incitations privées (...). Nous avons tendance à ne considérer qu'une seule manière d'intervenir — substituer aux décisions décentralisées et orientées par un mécanisme d'incitations du marché privé les techniques de commandement et de contrôle de la bureaucratie publique [4]. »

Le mode de pensée animiste conduit ainsi à méconnaître le rôle des incitations et à ignorer la possibilité de jouer sur ce clavier à des fins publiques. Les anges n'utilisent pas des méthodes qui ont une odeur de soufre. Mais qui veut faire l'ange...

Le prix de la pollution

Autour de 1970 les États-Unis furent atteints d'une fièvre de pessimisme apocalyptique : la planète était en danger, les ressources menacées d'épuisement, l'humanité d'extinction. C'est dans ce climat que naquit la croisade écologique qui allait connaître un énorme succès. La défense de l'environnement devint une cause « libérale », mêlant des slogans hostiles aux milieux d'affaires à des professions de foi idéalistes où l'on retrouvait le thème du retour à la nature (toujours très populaire outre-Atlantique). L'interprétation de la pollution par les écologistes suivait généralement un schéma classique : la pollution est un mal qui résulte de l'action des hommes, elle est donc la conséquence d'intentions coupables (celles des entreprises), elle appelle alors la contrainte publique pour mettre fin à ces actions malignes [5].

L'intervention publique suivit. Le Congrès vota différentes lois, les *Clean Air Amendments* (1970), *Water Pollution Control Act Amendments* (1972), *Environmental Pesticide Control Act* (1972)... dont l'application était confiée à une nouvelle agence fédérale, l'*Environmental Protection Agency* (EPA). La technique choisie était celle de la réglementation autoritaire : un système d'interdictions, d'obligations ou de tolérances, en particulier la fixation de seuils de pollution à ne pas dépasser. Technique apparemment simple mais qui s'est révélée la source de multiples controverses, difficultés et effets pervers.

Soit l'exemple de l'eau [6]. La loi de 1972 requérait de l'EPA qu'elle impose à toutes les industries polluantes des normes fixant une limite aux déversements autorisés de déchets dans l'eau. Ces normes devaient être adaptées à chaque type de production industrielle et, à échéance de cinq ans, elles devaient correspondre à l'utilisation de la meilleure technique existante de limitation de la pollution. Il était prévu que d'ici 1983 des limites plus strictes seraient imposées, toujours en fonction de la « meilleure technique disponible ». Pour l'élaboration de ces normes, l'EPA avait également à prendre en compte « l'âge des équipements et des installations, les méthodes de production utilisées, les aspects techniques de la mise en œuvre des différents procédés anti-pollution, les changements dans les processus de production (...), l'impact sur la qualité de l'environnement (autre que l'eau)... » En prime, l'EPA avait à estimer ce qui était « économiquement réalisable ».

Il y a aux États-Unis 62 000 installations polluantes (de l'eau). Les pollueurs les plus importants sont au nombre de 9 000 et varient fortement en ce qui concerne les caractéristiques que l'EPA est supposée prendre en compte (méthodes industrielles, âge de l'équipement, etc.). Dans une situation donnée, il y a généralement nombre de possibilités pour réduire la pollution : changer de matières premières, modifier la méthode de production ou les caractéristiques du bien produit, traiter les déchets en cours de production, choisir telle ou telle technique de traitement des déchets ou confier cette tâche à l'usine municipale en les déversant dans les égouts... Sélectionner la méthode appropriée pour chaque firme implique que l'on mette en balance ces différentes possibilités avec leurs coûts respectifs en tenant compte de la situation économique de l'entreprise. Et le bon choix doit être sujet à révisions : les circonstances économiques sont changeantes, les techniques progressent. Et il y a 62 000 cas de figure ; la tâche suppose un administrateur omniscient.

Il n'est pas alors étonnant que la politique de l'eau ait pu être donnée en exemple de *collective failure* [7]. Les administrateurs de l'EPA ne sont que de simples mortels, leur savoir était plus qu'insuffisant et de plus ils ne le savaient apparemment pas. L'agence a rapidement enflé — son budget à sextuplé entre 1970 et 1978 — et elle a produit des règlements à profusion. Vers le milieu de 1976,

492 règlements différents avaient été promulgués ou étaient en voie de l'être. Des règlements souvent improvisés et généralement contestés, nombre d'entre eux en justice : en 1976, l'EPA attaqué devant les tribunaux a retiré toutes ses directives concernant les produits chimiques organiques. Et des règlements à l'efficacité douteuse : l'amélioration de la qualité de l'eau a été modeste, les délais de réponse aux normes imposées ont été importants, les coûts extrêmement élevés, les ressources utilisées très en deçà de l'optimum et l'innovation freinée. Le système s'est révélé en effet source d'incitations perverses. En spécifiant que la « meilleure technologie possible » servirait de base à la future réglementation, la loi a eu un effet contre-productif. Les firmes vont-elles patronner des recherches et se lancer dans des expérimentations en vue d'améliorer les techniques antipollution si le résultat doit en être un règlement plus strict ? Les entreprises sont bien davantage incitées à recruter des avocats pour se battre sur le terrain juridique et négocier avec les administrateurs. À cela s'ajoute que dès lors que la norme est respectée, les firmes polluantes n'ont plus aucune incitation à réduire leur pollution.

Le système est donc vicié essentiellement pour deux raisons : il implique qu'un organisme central prenne des centaines de décisions fondées sur des informations dont il ne peut disposer (et en pratique il se traduit par des règlements uniformes appliqués à des situations diverses), il n'incite nullement les pollueurs à rechercher la méthode la plus efficace de lutte contre la pollution. La pollution atmosphérique a été justiciable de la même politique et les mêmes causes ont produit les mêmes effets [8]. Les règlements de l'EPA se sont multipliés — 2 500 pages de réglementation en 1981 —, ils se sont révélés fréquemment mal adaptés et très coûteux, ils ont contrarié l'innovation et l'allocation optimale des ressources (en particulier dans le domaine énergétique en décourageant la production de charbon). L'EPA a fixé des seuils critiques pour les principaux polluants, seuils en deçà desquels la concentration de substances toxiques dans l'air est supposée sans risques et au-delà desquels elle est supposée devenir dangereuse. Fiction réglementaire : il n'y a généralement pas de solution de continuité mais une gradation. Dans le cas de l'ozone, par exemple, une étude a montré qu'il n'existe aucune limite au-dessous de laquelle la concentration de l'ozone dans l'air est sans effet sur les humains et que les effets délétères croissent à mesure que s'élève le taux de concentration. La fixation du seuil comporte donc nécessairement une part d'arbitraire, et de plus l'EPA a souvent défini ces taux sans disposer de données techniques suffisantes. Pour l'ozone, le seuil a été fixé en 1971 à 0,08 partie par million (ppm) de photo-oxydants ; sous le feu des critiques, il a été élevé à 0,10 ppm en 1978 et à 0,12 en 1979, soit une variation de 50 %. Exemple d'une politique largement improvisée et insuffisamment « éclairée » (*voir également l'exemple encadré ci-dessous),* dont les principaux bénéficiaires ont été là encore les avocats. Faute de servir l'intérêt général, la multiplication des batailles judiciaires sert au moins les intérêts d'une corporation.

La lutte contre la pollution automobile

« Une illustration des belles occasions perdues — écrit William Tucker — nous est offerte par la décision de l'EPA obligeant tous les constructeurs automobiles américains à adopter le convertisseur catalytique à base de mousse de platine pour éliminer les gaz toxiques répandus par le pot d'échappement. Le brevet avait été déposé par la General Motors, et l'EPA exigea que Ford et Chrysler le rachètent sous prétexte qu'il représentait le dernier mot de la technique pour répondre aux normes de 1976 sur la pollution, aux termes du *Clean Air Act* de 1970. A ce moment-là, Ford était en train de mettre au point un système d'allumage électronique au niveau des cylindres qui satisfaisait exactement à ces exigences et il demanda un an de délai pour mener à bien les derniers essais d'un procédé qui lui semblait meilleur à long terme. Si cette société avait eu le choix, et avait préféré prendre le risque d'une amende pendant un an pour suivre son idée, les choses auraient peut-être été différentes. Mais l'EPA se prononça pour l'application uniforme de la règle aux trois principaux constructeurs américains. Par la suite, le convertisseur catalytique s'est révélé être une source d'ennuis innombrables, en grande partie par la faute des conducteurs qui négligèrent de l'entretenir, car nul ne leur avait indiqué l'intérêt de cette dépense, et qui par surcroît multiplièrent les occasions de panne en utilisant de l'essence ordinaire à forte teneur en plomb. Pendant ce temps les constructeurs japonais avaient mis au point leur système d'allumage électronique, qui améliorait le rendement du moteur en termes de kilomètres parcourus à vitesse constante pour une consommaton donnée — tout en respectant les règles édictées par l'EPA sur la pollution. »

Source : 9.

La politique publique a ainsi péché par présomption et ignorance des incitations. Le phénomène de la pollution lui-même n'est, pour l'essentiel, que le résultat d'un mauvais système d'incitations. Si les industries crachent leurs fumées dans l'air ou déversent leurs déchets dans les rivières, ce n'est pas en raison de la noirceur d'âme des industriels mais parce que l'eau et l'air sont des biens gratuits. Depuis des centaines d'années la qualité de l'environnement est traitée comme une ressource librement et gratuitement disponible. L'information donnée par le prix a été bien reçue, et le marché a répondu en utilisant au maximum l'eau et l'air comme égouts et en négligeant la recherche de techniques anti-pollution. Les constructeurs automobiles ont privilégié la vitesse, l'accélération, l'abaissement des coûts de production au détriment de la qualité de l'air, vicié par les échappements de voitures ; les aciéries, les cokeries, les usines de pâte à papier ont été construites de manière à économiser la force de travail et les autres coûts tout en utilisant, et souillant, d'énormes quantités d'air et d'eau [10]. Il y a là une défaillance du marché :

la pollution est un coût non acquitté par le pollueur et supporté par les pollués (en termes économiques, une externalité négative).

L'intervention publique est donc nécessaire, mais elle n'implique pas l'abolition de la discipline du marché. La « faute » ne tient pas aux acteurs mais au système. Mieux vaut rectifier le système que contraindre les acteurs. Plus précisément la solution consiste à modifier le mécanisme d'incitations par la fixation d'un impôt sur la pollution payé par les pollueurs en fonction de la quantité de polluants qu'ils déversent dans la nature. Autrement dit, il faut donner un prix à la pollution. Une telle politique aurait l'avantage à la fois de créer des incitations bénéfiques et d'économiser l'information. Toute entreprise polluante serait incitée à diminuer la pollution pour réduire ses impôts, à moduler sa politique antipollution en fonction de ses coûts (une entreprise pour laquelle les coûts d'une moindre pollution sont élevés la réduirait moins qu'une entreprise pour laquelle ces coûts sont faibles, ce qui est exactement ce qui est nécessaire pour protéger l'environnement au moindre coût global pour la collectivité), à choisir la méthode antipollution la plus adaptée à son cas particulier, à stimuler la recherche et l'innovation en vue de protéger l'environnement au moindre coût. La décentralisation des décisions réduirait l'information requise du décideur et permettrait un meilleur usage social du savoir. Bref l'efficacité est garantie : la liberté d'initiative individuelle est autrement plus féconde que la science des bureaucrates *.

Ce mode d'intervention publique a fait l'objet aux États-Unis de nombreuses études et propositions, et il a la faveur générale des économistes. Pourquoi alors son insuccès politique ? Il faut incriminer bien entendu le poids de la représentation animiste mais aussi sa fausseté. Les hommes politiques, les administrateurs ne sont pas les parties désintéressées qu'ils prétendent être. Leurs intérêts sont aussi en jeu et la réglementation autoritaire est plus propre à les satisfaire qu'un système de taxation. Les administrateurs :

« Dans le cadre d'une politique de réglementation, note E.S. Mills, le rôle de l'EPA comprend des activités complexes, controversées, discrétionnaires : établissement de normes, négociations avec les pollueurs, confrontation avec l'industrie, recherche de soutiens au Congrès et au sein de l'exécutif pour les actions proposées, etc. Il est irréaliste d'attendre des dirigeants de l'EPA qu'ils soient désireux d'abandonner

---

* Ajoutons cependant que cette politique n'est pas évidemment sans poser certains problèmes techniques, qu'elle n'est pas applicable universellement (il est notamment des substances très dangereuses pour lesquelles la réglementation contraignante s'impose), enfin que la fixation du montant de la taxe est en dernière analyse une question d'ordre politique : quel est le degré optimum de pollution, c'est-à-dire quel est le prix que la société est disposée à payer pour réduire la pollution [10] ?

un tel pouvoir ou de telles sensations fortes pour la morne routine de la collecte d'impôts [11]. »

Les législateurs : les mandats sont courts, surtout aux États-Unis, et l'efficacité des mesures antipollution est difficile à mesurer, surtout dans le court terme. La sécurité de leur emploi ou leur promotion éventuelle dépend alors davantage de leur image dans l'opinion que de la qualité des décisions prises. Or, définir des normes contraignantes, fixer des limites à ne pas dépasser, c'est pouvoir se targuer d'une action d'envergure, c'est manifester une ferme détermination à l'encontre des fauteurs de pollution. En revanche, établir un prix, c'est courir le risque (réel) de se voir accuser d'admettre un « droit de polluer », de s'accommoder de la pollution — en quelque sorte de pactiser avec le diable [12].

La pollution des prix

La méthode autoritaire a un atout important, l'opacité du social joue à son avantage : les bénéfices de la contrainte sont apparents, ses effets pervers sont souvent masqués ou n'apparaissent pas comme tels. La fixation autoritaire des prix (et des salaires) bénéficie largement de cet atout. La popularité de ce mode d'intervention publique pourrait paraître étonnante alors même qu'un raisonnement simple et des expériences multiples en montrent les incidences perverses. L'explication pourtant est aisée : fixer un prix maximum en deçà du prix du marché pour tel bien de consommation a un avantage évident (pour les acheteurs), fixer un salaire minimum au-delà du salaire du marché comporte un bénéfice évident (pour les salariés concernés). Quoi de plus simple que d'enrayer l'inflation en bloquant les prix ou de réduire l'inégalité en fixant un seuil minimal de rémunération. Mais le vice du raisonnement consiste à s'en tenir là, à ignorer les réactions des acteurs (toujours la loi de l'offre et de la demande ou en d'autres termes le mécanisme d'informations-incitations que constitue le système des prix). Si les acteurs ne sont plus libres de s'accorder sur les prix, ils restent maîtres des quantités et qualités échangées. La loi est invariable : tout prix artificiel, qu'il s'agisse d'un prix plancher ou d'un prix plafond, conduit les acteurs à jouer sur la quantité — ou la qualité — et aboutit inévitablement à compromettre l'ajustement de l'offre à la demande :

« Nous économistes, écrit Milton Friedman, nous ne savons peut-être pas grand-chose. Mais nous savons très bien comment produire des excédents ou des pénuries. Voulez-vous un excédent ? Demandez au gouvernement d'ordonner un prix *minimal* qui se situe au-dessus du prix qui prévaudrait sans cela. C'est ce que nous avons fait de temps à autre, pour produire des excédents de blé, de sucre, de beurre et de nombreuses autres marchandises. Voulez-vous une disette ? Demandez au gouvernement d'ordonner un prix *maximum* qui se situe au-dessous du prix qui prévaudrait sans cela. C'est ce que la municipalité de New York et, plus récemment, d'autres villes américaines ont fait pour les loyers à usage d'habitation, et c'est la raison pour laquelle ces villes ont toutes connu, ou connaîtront sous peu, une crise du logement. C'est la raison pour laquelle il y a eu tellement de pénuries pendant la Seconde Guerre mondiale [13]. » Le phénomène ne date pas de l'époque industrielle ni même de la Révolution française. L'histoire en offre des exemples à Babylone, à Sumer, en Grèce, en Chine... À Rome, selon les termes mêmes d'un historien du temps, l'empereur Dioclétien, en 301 après J.-C., « décida lui-même de réglementer les prix de toutes les choses à vendre (...), et les gens cessèrent d'approvisionner les marchés puisqu'ils ne pouvaient tirer un prix raisonnable de leurs marchandises, et la pénurie s'accrut à un point tel que (...) la loi elle-même fut écartée [14] ».

Dans les cas extrêmes, les effets pervers sont clairement visibles, généralement ils ne le sont pas — en raison de leur nature même : une absence. La première conséquence perverse des prix artificiels, c'est *ce qui n'a pas lieu* — les transactions mutuellement avantageuses qui ne sont pas conclues et qui l'auraient été au prix du marché. Les bénéfices que font certains, ceux qui profitent de la diminution ou de l'augmentation du prix, sont obtenus aux dépens d'autrui, les exclus de la transaction.

En août 1971, l'administration Nixon gela les prix et les salaires, aux applaudissements de J.K. Galbraith, et en particulier imposa des prix maximum pour le pétrole brut, l'essence au détail et les autres produits pétroliers. Ce blocage fut rapporté en 1974 — entre-temps était apparue une pénurie de viande de bœuf, les éleveurs n'amenant plus leur bétail sur les marchés et préférant attendre la fin du contrôle [15] — mais à une exception près, celle des produits pétroliers. À la fin de 1973, le cartel de l'OPEP avait imposé un quadruplement du prix mondial du pétrole, et la logique du marché aurait alors voulu que le prix intérieur suive et donc que s'opère une redistribution massive de revenus entre 215 millions de consommateurs, dont un nombre important aux ressources modestes, et une poignée de producteurs déjà bien pourvus. Le maintien du contrôle s'imposait pour éviter que le *big oil* ne touche des *windfall profits.* Mais il est dangereux de confondre les genres et de mêler deux problèmes distincts, celui de l'énergie, celui des revenus. Il était parfaitement possible de les dissocier (par exemple de laisser le marché libre et de lever une taxe exceptionnelle sur les profits de compagnies pétrolières), alors que rechercher l'équité en tordant les prix ne pouvait qu'entraîner des effets pervers. Et effectivement : le bas prix de l'énergie a contrarié l'extension de l'offre, c'est-à-dire la recherche et la production de pétrole et de gaz, elle a accéléré la croissance de la demande et favorisé le gaspillage. Il en est résulté un écart croissant entre la production intérieure et la consommation intérieure, et en conséquence un recours croissant aux importations (au prix mondial). R.E. Hall et R.S. Pyndick ont calculé en 1977 que la rançon du prix imposé était une baisse de l'offre d'environ 2 millions de barils par jour (en équivalent-pétrole) et une hausse de la demande d'environ 3 millions de barils par jour. Soit au total 5 millions de barils, soit la plus grosse part de l'énergie importée (7 millions de barils) [16]. La protection du consommateur aboutit à la nécessité d'acheter (très cher) à l'étranger ce qui pourrait être produit (beaucoup moins cher) à l'intérieur. Ironie de l'histoire : le contrôle des prix, justifié par la hausse du pétrole extérieur, a profité à ceux-là mêmes qui l'avaient provoquée, les pays de l'OPEP.

Les queues du printemps 1979 tenaient essentiellement, nous l'avons vu, à une légère réduction de ces importations jointe aux aléas de la distribution administrative de l'essence. Il faut ajouter que le contrôle des prix y a contribué également d'une autre manière. En raison des complexités de la réglementation, le plein effet de la fixation d'un prix maximum de l'essence dans les stations-service ne se fit sentir qu'en 1979. Et, comme toujours, l'offre réagit au prix imposé. Pour compenser leurs pertes, les propriétaires de stations-service réduisirent non la quantité de l'essence distribuée mais la qualité du service de distribution — les horaires d'ouverture, les contrôles de routine, les paiements par carte de crédit. À New York, par exemple, les stations étaient ouvertes en moyenne 110 heures par semaine en septembre 1978 et seulement 27 heures par semaine en juin 1979 [17]. Et les automobilistes à la queue leu leu maudissaient les compagnies pétrolières.

Le contrôle des loyers fournit d'autres exemples remarquables des effets pervers des prix imposés par la contrainte publique. En France, bien entendu, où la réglementation de l'après-guerre a entraîné une raréfaction de l'offre de logement et l'apparition consécutive d'un marché noir, en Italie également où la loi sur le « juste loyer » a aggravé la crise du logement *(encadré page suivante)*, mais nulle part sans doute de façon aussi matériellement frappante qu'à New York. Le visiteur de la métropole américaine ne peut pas ne pas être frappé par l'état de certains quartiers, dans le Bronx et Brooklyn notamment, qui semblent avoir été victimes d'un bombardement. Des lots d'immeubles abandonnés, brûlés ou à demi détruits, des zones urbaines dévastées. La ville la plus importante du pays le plus riche du monde semble atteinte d'un mal mystérieux

« JUSTE LOYER » ET PÉNURIE DE LOCATIONS

« La rubrique " appartements à louer ", écrit Marc Semo, a totalement disparu des petites annonces des quotidiens italiens. Pour qui n'a pas les moyens de devenir propriétaire, se loger est une véritable gageure. Cette situation aurait-elle été créée, comme le pense une bonne partie de l'opinion, par la loi *equo canone* — le " juste loyer " —, votée le 27 juillet 1978 après deux ans de débats parlementaires et un laborieux compromis entre le parti communiste et la démocratie chrétienne ? (...) [De fait], l'*equo canone*, qui avait été conçue pour relancer les locations devenues rares, n'a fait qu'empirer la situation et accroître la tendance à un rétrécissement du nombre de logements offerts en location (...). Elle (la loi) tend à harmoniser les prix des locations calculés en fonction de la surface habitable, l'état des lieux et le quartier. Dès l'entrée en vigueur de la loi, les anciens loyers bloqués devaient augmenter progressivement durant six ans jusqu'à rejoindre le " juste prix ". Les loyers trop élevés pouvaient être aussitôt diminués. Chaque année l'augmentation du prix du loyer est calculée sur la base d'un indice égal à 75 % de celui de la croissance générale du coût de la vie.

« Loi de compromis, l'*equo canone* a rapidement mécontenté propriétaires et locataires. Plusieurs dizaines de milliers de familles — on estime leur nombre à 50 000 — ont actuellement reçu des avis d'expulsion et, pour la seule ville de Rome, 3 500 demandes d'intervention de la force publique ont été déposées. La situation est d'autant plus inextricable que, après des années de blocage quasi total, des mesures d'expulsion rendues légalement possibles depuis l'entrée en vigueur de la loi ont été systématiquement suspendues et renvoyées d'une année sur l'autre par les différents gouvernements (...). " Nous avons des milliers de personnes sans logement et des milliers de logements sans personnes ", disait déjà il y a trois ans M. Giulio Carlo Argan, proche des communistes, ancien maire de Rome. Beaucoup de ceux qui ont investi dans la pierre préfèrent, en effet, laisser les appartements inoccupés plutôt que de leur voir perdre près de 30 % de leur valeur du simple fait qu'ils soient loués. L'*equo canone* a créé un véritable marché parallèle du logement qui profite des lacunes et des imperfections de la loi. M. Alborghetti estime que 50 % seulement des contrats de location respectent totalement la loi. Dans beaucoup de cas, le propriétaire demande un supplément de loyer, versé de la main à la main. Le propriétaire peut aussi décider de louer son appartement comme résidence secondaire, ou juste pour quelques mois, échappant ainsi au cadre de la loi. »

Le Monde, 3 décembre 1981.

dont les effets s'étendent progressivement et débordent sur des quartiers auparavant « indemnes ». En une décennie, selon P.D. Salins, deux cent mille appartements ont été détruits [18]. Et ceci alors même que depuis cinquante ans l'amélioration du logement a fait l'objet d'efforts concertés, que 10 milliards de dollars de dépenses publiques y ont été consacrés et que le système d'assistance accorde à toutes les familles pauvres une allocation-logement à peine inférieure au loyer moyen de la ville (à un coût de plus de 500 millions de dollars par an). La faillite a quelque chose de grandiose.

Si la médecine a été impuissante à enrayer le mal, c'est qu'elle est pour l'essentiel à son origine. Les différentes politiques publiques et leurs effets ont créé une situation où nombre de propriétaires d'immeubles ne sont plus incités à les entretenir ou même à continuer à les louer (et comme ils sont généralement invendables, il ne reste plus qu'à les abandonner *). *La raison première en est le montant des*

* Quitte, dit-on (mais sans que le fait soit attesté), à incendier ou faire incendier l'immeuble pour toucher la prime d'assurances.

loyers maintenu à un prix artificiellement bas. Le contrôle du prix suppose une définition du produit contrôlé, mais cette définition épuise rarement toutes ses caractéristiques et laisse donc une marge de manœuvre à l'offreur quant à la nature du produit offert. Dans le cas des appartements, le propriétaire peut jouer sur les réparations, la qualité du chauffage, l'entretien des parties communes, etc. Là encore il y a discordance entre le niveau de décision et le savoir nécessaire à cette décision. Le contrôleur à son niveau ne peut connaître toutes les caractéristiques de tous les appartements dont il a à fixer les loyers, et il ne peut pas davantage ajuster en permanence ces prix aux transformations des logements *. La réaction des propriétaires à la protection des locataires conduit alors, et tel a bien été le cas à New York, à la dégradation des locations.

Mais l'effet pervers n'aurait pas pris une telle dimension s'il n'y avait eu interaction entre les prix imposés et l'aide et la protection accordées à certains locataires, les *Welfare families* (essentiellement noires et portoricaines). Ces familles assistées sont le plus souvent des familles « à problèmes » : les pères sont généralement absents, le taux de délinquance est élevé, l'usage de la drogue fréquent... Or en matière de logement la politique sociale incite ces mêmes familles à un comportement déviant ou même destructeur. D'abord parce qu'elle fait du logement un bien gratuit ou quasi gratuit. Les familles inscrites à l'assistance reçoivent un chèque séparé pour le logement, le montant en est relativement élevé (et les loyers sont maintenus relativement bas). La gratuité engendre toujours le gaspillage. Ensuite parce que le non-paiement du loyer n'est assorti d'aucune véritable sanction. Le seul risque encouru est celui de l'expulsion, mais les conditions mises par la loi sont telles qu'il est difficile au propriétaire de l'obtenir, et dans tous les cas elle ne s'accompagne pas du paiement obligatoire des arriérés de loyer (selon P.D. Salins, 36 % des locataires *on welfare* ne paient pas régulièrement leur loyer). Enfin parce qu'il peut être rentable de dégrader le logement. Le propriétaire est tenu au respect d'un certain nombre de règles (d'hygiène ou de sécurité) sous peine d'amendes, et la non-observation de ces règles libère le locataire de ses obligations. Briser les fenêtres ou casser les appareils sanitaires devient alors un acte rationnel (la chose selon Salins est courante). Pourquoi alors les propriétaires, avant que nombre d'entre eux « abandonnent », acceptent-ils de prendre ces familles comme locataires ? La principale raison est qu'il n'y a pas de concurrence. Toute zone « sinistrée »

* Sur un marché libre, en revanche, le locataire est beaucoup mieux à même de juger de la qualité d'ensemble du logement. À son niveau, l'information requise est beaucoup plus faible et peut être acquise par une observation personnelle.

dévalue les quartiers alentour, la crainte de la « destruction » fait fuir les familles blanches et la « destruction » s'étend. De plus, dès lors que des familles assistées ont réussi à s'établir dans un quartier où réside la *working class* ou la *middle class* — le montant de l'allocation-logement le leur permet en raison du contrôle des loyers — la prévention à leur égard, justifiée ou non dans le cas particulier, suscite l'émigration. Les réformateurs sociaux ont mis ainsi en marche une machine infernale que nul ne contrôle et qui détruit des pans entiers de la ville.

De la même manière que tout prix imposé au-dessous du prix du marché réduit les échanges (en créant une pénurie) et la qualité des produits échangés, tout prix fixé au-dessus du prix du marché réduit les échanges (en créant un excédent) et élève la qualité des produits échangés. La règle s'applique à tous les prix et donc à ceux du travail. De multiples études empiriques l'attestent, en France, en Grande-Bretagne, aux États-Unis [19]..., des salaires fixés au-dessus de leur valeur d'équilibre avantagent les uns mais au prix du chômage des autres. La proposition est familière aux économistes (du moins à ceux qui ne succombent pas au mythe animiste), mais elle apparaîtrait sacrilège dans un discours politique. Raisonnement glacé d'économistes sans âme, raisonnement intéressé de mercenaires du grand capital, diront les professionnels de la générosité publique qui lui opposeront leurs bonnes intentions : comment l'élévation des salaires des plus « défavorisés » pourrait-elle être socialement nuisible ? Mais le mépris du réel n'est pas la meilleure manière d'aider les plus démunis, en l'occurrence il aboutit à les pénaliser.

Soit l'exemple de la législation sur le salaire minimum. Ici comme dans toute fixation autoritaire d'un prix, l'intervention d'une tierce partie — le gouvernement — limite la marge de choix des cocontractants. Apparemment au bénéfice des plus faibles : la loi vise à éliminer les plus mauvais choix en leur assurant une rémunération minimum. Mais il y a pire qu'un bas salaire : pas de salaire du tout. Les employeurs restent maîtres de l'embauche, si le salaire fixé dépasse la productivité des moins qualifiés, ils embaucheront un personnel moindre mais plus qualifié (et l'effet sera d'autant plus important que le salaire minimal s'écartera du salaire d'équilibre). Le cas des jeunes Noirs américains est probant à cet égard [20]. Dans les années 60 et surtout 70, le taux de chômage des *black teenagers* s'est considérablement élevé, il a atteint 40,3 % en 1980 — et ce chômage a évidemment largement contribué à la marginalisation sociale d'une partie de la jeunesse noire. Les animistes ont évidemment une explication (intentionnelle) toute prête : le racisme blanc. Et pourtant : *a)* le chômage des adolescents noirs était beaucoup plus faible dans les années 40 et les débuts des années 50, et il ne différait pas du chômage des adolescents blancs — le racisme est-il une invention de la période suivante ? *b)* le taux de chômage noir diminue fortement vers l'âge de 25 ans — les intéressés n'ont pas changé de couleur entre-temps. En fait ce chômage a peu à voir avec les intentions des acteurs, il résulte de plusieurs facteurs *, dont l'évolution du salaire minimal. Celui-ci, érodé par l'inflation des années 1941-1945, était trop faible pour dissuader l'embauche dans les années d'après-guerre, mais il a été relevé en 1950, en 1956 et brusquement dans les années suivantes. En 1949, année de récession, le pourcentage de jeunes Noirs chômeurs était inférieur à celui de n'importe quelle année de forte croissance de la période 1960-1980. Les *black teenagers* sont les plus vulnérables à l'augmentation du salaire minimum parce que ce sont ceux dont la productivité du travail est la plus faible : ils sont les moins qualifiés (et souvent n'ont pas même une formation de base en raison de la dégradation des écoles des ghettos), beaucoup ont des difficultés à se plier à la discipline du travail, ils n'ont enfin aucune expérience. La législation « protectrice » a pour effet de contrarier encore davantage leur intégration sociale. Il faut se méfier des tuteurs bienveillants.

---

* Sur ces autres facteurs, voir le chapitre X.

DÉLIRE RÉGLEMENTAIRE ET EFFETS PERVERS

Les États-Unis, à la différence de la France, n'ont pas de tradition interventionniste. Ils ont en quelque sorte rattrapé leur retard, et bien au-delà, au cours de la période 1960-1980. Une fièvre réglementaire s'est emparée des autorités publiques, qui a produit des absurdités et des effets pervers en pagaille. Quelques exemples : « — Une usine de conditionnement de viande *(Armour)* (...), reçut l'ordre du *Federal Meat Inspection Service* (Service fédéral d'inspection des viandes) de pratiquer une ouverture dans un convoyeur automatique de saucissons, pour que les inspecteurs puissent prendre des échantillons et les tester. La compagnie s'exécuta. Alors vint une autre agence fédérale, l'*Occupational Safety and Health Administration* (Office chargé de l'hygiène et de la sécurité dans le travail), qui exigea que l'ouverture fût fermée, pour raisons de sécurité. Les deux agences fédérales menaçaient l'usine de fermeture si ces ordres n'étaient pas exécutés sur-le-champ.

« — La société *Marlin Toy,* à Horicon, dans le Wisconsin, employait 85 des 1 400 habitants de la ville. Puis, en 1972, la *Food and Drug Administration* (Administration de contrôle des produits alimentaires et pharmaceutiques) interdit les deux principaux produits de la société : des hochets en plastique contenant des boules, parce que si le hochet se cassait, des enfants pourraient avaler les boules. La société retira de la vente les jouets en question, et le produit fut entièrement redessiné pour éliminer les boules. Mais, par erreur, le nom de la firme ne fut pas retiré de la liste des interdictions. Bien que l'erreur fût portée à la connaissance d'une agence nouvellement créée, la *Consumer Product Safety Commission* (Commission pour la sécurité des produits destinés aux consommateurs), l'agence insista sur le fait qu'elle ne pouvait retirer 250 000 listes de la circulation « juste pour supprimer un ou deux jouets ». La société *Marlin* rata la saison de Noël et fit faillite.

« — La *Continental Can Corporation* protège ses employés contre le bruit en dépensant 100 000 dollars par an. Elle leur procure des casques à oreillettes et insiste pour qu'ils s'en servent. L'*OSHA* (Occupational Safety and Health Administration) reconnaît que les casques réduisent le bruit bien au-dessous des normes fédérales. Néanmoins, en 1973, l'OSHA exigea que la *Continental Can* installe des boucliers antibruit autour de milliers de machines, ce qui coûta 33,5 millions de dollars, sous prétexte que certains ouvriers pourraient être trop « ignorants ou obstinés » pour porter leur casque. En fait, la *Continental Can* reçut l'ordre de prendre une police d'assurance de 33,5 millions de dollars pour protéger quelques hypothétiques travailleurs irresponsables.

« — Deux agences fédérales différentes ont assumé la responsabilité juridique des toilettes de la nation. D'abord, l'*OSHA* a établi que les employeurs doivent fournir des salles de repos spéciales dans le cadre des toilettes pour femmes. Les patrons se sont alors trouvés en infraction à la réglementation de la *Equal Employment Opportunity Commission* stipulant que si des salles de repos spéciales sont attribuées aux femmes, elles doivent aussi l'être aux hommes.

« — Des entreprises de construction travaillant à un nouveau barrage sur la *Little Tennessee River* ont reçu ordre de cesser le travail parce que, selon l'*Environmental Protection Agency* (Agence pour la protection de l'environnement), le barrage allait mettre en danger la vie du *snail darter,* petit poisson de 7 cm n'existant apparemment que sur une partie de la rivière longue d'environ 25 kilomètres. Le barrage était achevé à 90 %. Personne n'avait jamais entendu parler de ce poisson avant 1973. » (William E. Simon.)

« — En août 1973, la Commission pour la Défense du consommateur frappait d'interdiction, parce qu'elle constituait à son dire un danger immédiat la vente de certaines laques pour les cheveux présentées sous la forme de bombes aérosol. Le verdict de la commission s'appuyait sur le rapport préliminaire d'un unique chercheur, un universitaire, lequel affirmait que si des femmes enceintes utilisaient ces produits, il pouvait en résulter des malformations congénitales pour l'enfant. Après quoi la commission fit procéder à une étude approfondie, qui ne confirma pas les conclusions initiales — et l'interdit fut levé en 1974.

« L'erreur est humaine, et la commission fit preuve de bonne foi en reconnaissant qu'elle s'était trompée ; par surcroît, cet aveu fut si prompt qu'il a sans doute battu tous les records de vitesse dans les annales de l'administration. Il n'y a qu'un malheur, ou plutôt neuf : car neuf utilisatrices enceintes, émues par tout le bruit que l'on fit autour de cette affaire, décidèrent de se faire avorter plutôt que de mettre au monde un monstre. Quand la commission révisa son jugement, il était trop tard pour qu'elles changent d'avis. Ce qu'il y a de triste dans cette histoire, c'est que chacun agissait dans les meilleures intentions du monde, mais tous minimisaient le pouvoir redoutable de l'administration quand elle prétend régenter notre vie quotidienne. » (Murray L. Weidenbaum.)

Sources : 21.

Chapitre VIII

UN JEU À SOMME NÉGATIVE : LA REDISTRIBUTION

L'un des mérites du développement capitaliste est d'avoir dévalorisé les revenus du capital relativement à ceux du travail. Une catégorie sociale en est morte, celle des rentiers. L'un des effets de la croissance étatique a été en revanche de dévaloriser les revenus du travail. L'État s'est de plus en plus intercalé entre le revenu perçu et le travail fourni, et les liens entre l'un et l'autre se sont relâchés.

D'abord en raison de l'importance croissante des revenus liés non aux activités productives mais à la bienveillance publique. Les individus reçoivent une part accrue de leur revenu indépendamment de tout service rendu mais en fonction de leur situation ou de leur statut, selon des critères sociaux fixés par l'État. En 1978, le revenu disponible des ménages français était constitué pour deux tiers environ de revenus « économiques » et pour un tiers de revenus « sociaux ». Si l'on tient compte des biens collectifs, leurs ressources provenaient pour 55 % du fruit de leur activité économique, pour 45 % de la générosité de la puissance publique [1]. En d'autres termes le revenu national peut être *grosso modo* divisé en deux moitiés : la première qui rémunère pour l'essentiel le travail (très accessoirement le capital), la seconde qui est répartie selon des critères politico-sociaux.

Ensuite parce que ces ressources contrôlées par l'activité publique sont prélevées sur les revenus des activités économiques et que, pour une part, ce prélèvement est d'autant plus fort (non pas seulement en valeur absolue mais en proportion) que ces revenus sont plus élevés. Plus le travail augmente, moins il devient rentable. La progressivité accrue de l'impôt, l'inflation aidant, a amplifié cet écart entre le supplément de travail et le supplément de gain. De plus en plus, l'État impose à qui augmente la quantité ou l'efficacité de son travail de travailler davantage pour lui.

Cette socialisation croissante des revenus s'est fortement accélérée dans les années 1960-1980. Dans toutes les sociétés occidentales, la part du revenu national sous contrôle public a considérablement augmenté, et à la fin de la période il se situe en règle générale entre 35 et 45 % *(Tableau I).*

TABLEAU I

ÉVOLUTION DES PRÉLÈVEMENTS PUBLICS OBLIGATOIRES (IMPÔTS ET COTISATIONS SOCIALES) 1965-1980

En pourcentage du produit intérieur brut

	1965	*1970*	*1975*	*1980*
Suède	35,6	40,9	44,2	49,9
Danemark	30,1	40,2	41,1	45,1
France	35	35,6	37,4	42,5
République Fédérale allemande	31,6	32,8	35,7	37,2
Grande-Bretagne	30,8	37,5	36,1	35,9
États-Unis	26,5	30,1	30,2	30,7
Suisse	20,7	23,8	29,6	30,7

N.B. : La mesure est très délicate, et ces chiffres (de l'OCDE) doivent être tenus pour approximatifs. Selon d'autres calculs, par exemple, les prélèvements publics obligatoires aux États-Unis s'élevaient à 28 % du PIB en 1963 et à 36 % en 1980.

Source : 2.

Cette enflure du *Welfare State* (ce sont les dépenses sociales qui sont à l'origine de cette boulimie étatique) traduit pour une large part un déplacement des objectifs. Au cours de ces années, l'État protecteur « classique » tend à céder la place à l'État redistributif. Le premier, le *conservative Welfare State,* visait à limiter les coûts sociaux du marché et à assurer la sécurité (face au chômage, à la maladie, à la vieillesse...), le second a de plus hautes ambitions, il tend à prendre en charge la responsabilité globale de la répartition de la richesse produite. Sans doute a-t-il toujours pour objectif la sécurité, mais son point d'ancrage est autre : *l'égalité.* La réduction des inégalités économiques devient alors l'une des missions essentielles de l'action publique, à laquelle tendent à être raccordés ou subordonnés les différents objectifs des politiques sociales : la lutte contre la pauvreté tend à être assimilée à la lutte contre les inégalités de revenus, les transferts « horizontaux » (ainsi entre les célibataires et les familles) tendent à être appréciés et corrigés dans une perspective égalitaire, etc.

L'État redistributif doit beaucoup à l'animisme régnant. L'inégalité est perçue comme un mal social, il apparaît alors nécessaire pour l'extirper de faire appel à la contrainte angélique de l'État. Les animistes sont parvenus à imposer une représentation aux termes de laquelle les inégalités que sécrète le marché sont présumées illégitimes — le mot *inégalités* a pris en français, en anglais, en suédois..., une connotation péjorative — et les mesures publiques égalitaires présumées justes sans autre forme de procès. Quel homme politique occidental oserait se déclarer opposé à la réduction des inégalités ?

Et pourtant cette représentation est bien courte : elle reste le plus souvent indifférente aux sources, justes ou injustes, des revenus (faut-il considérer identiquement les rentes de situation, les revenus tirés de l'inflation et ceux qui correspondent à un travail productif ?) ; elle est hypothéquée en règle générale par l'absence de réflexion sur le degré juste d'inégalité de revenus (quel est le juste rapport entre le revenu d'un médecin et celui d'un ouvrier spécialisé ?) ; elle suppose résolu le problème de la procédure de décision (qui doit décider de la hiérarchie juste des revenus ?) ; enfin elle méconnaît les coûts de l'égalité. Bornons-nous ici à ses coûts économiques. En modifiant la répartition des revenus, la contrainte et la générosité publiques modifient la structure d'incitations qui conditionne le choix des acteurs. L'illusion angélique porte à croire que rien ne sera changé. Mais la dévalorisation des revenus du travail ne peut pas ne pas modifier les attitudes des acteurs face au travail. L'État redistributif vise à transférer des richesses des riches aux pauvres mais, *au-delà d'un certain seuil,* la redistribution altère la formation de la richesse et pénalise également les pauvres. Mais il n'est pas sûr que ce qui importe le plus à tous les apôtres d'une redistribution massive soit de promouvoir la justice ou d'aider réellement les pauvres. Bertrand de Jouvenel notait déjà en 1949 : « Il y a certains " redistributionnistes " qui seraient moins satisfaits par une élévation générale de l'échelle des revenus, préservant l'inégalité existante, que par un écrasement des inégalités [3]. » La redistribution devient alors une mesure punitive — et un jeu à somme négative : tout le monde y perd.

Incitations

La redistribution est toujours un jeu à somme négative. Le système redistributif distribue dans tous les cas moins qu'il ne prélève puisqu'il comporte un coût direct, celui de l'appareil redistributif, qui s'élève à mesure que se compliquent les mécanismes et que s'accroît le nombre des agents nécessaires pour le faire fonctionner. Mais surtout elle le devient davantage quand elle perturbe les incitations nécessaires à l'activité économique. La richesse est toujours limitée et provisoire. Avec la croissance, la prospérité a été perçue dans nos sociétés comme allant de soi. Mais le niveau de vie n'est ni un droit ni un acquis, il n'est que le résultat d'un effort continu. Sisyphe doit toujours pousser son rocher. Mais pour qu'il le fasse, encore faut-il qu'il soit incité à le faire, que la balance coûts/bénéfices/risques ne penche pas en faveur d'autres activités. Les hommes s'adaptent à des conditions changeantes. Si l'État contrôle davantage les revenus, il ne règle pas les formes et l'intensité du travail. Là encore, la marge de liberté des acteurs altère les effets de la contrainte (ou de la générosité) publique *.

Il y a (schématiquement) deux usages du temps — le travail et les loisirs — et deux usages des revenus — la consommation et l'épargne. Les hommes sont libres de choisir, et tout choix comporte un prix à payer, l'abandon des bénéfices de l'autre branche de l'alternative. Le prix du loisir, c'est la perte du revenu gagné si le même temps avait été consacré au travail. Le prix de la consommation, c'est la perte du revenu obtenu (à terme) si les mêmes ressources avaient été affectées à l'épargne. La redistribution modifie ces prix relatifs : elle abaisse le coût du loisir en réduisant les bénéfices du travail, etc. Effet évidemment non intentionnel, dont l'ampleur varie selon les formes et le niveau de la taxation imposée. La variable clef est le taux de taxation marginale, la part du gain supplémentaire que prélève l'État ou que cesse de distribuer l'État. Dans la mesure où les acteurs raisonnent en termes purement économiques, leur comportement est le fruit de multiples décisions prises *à la marge*. Ils choisissent *hic et nunc* entre un supplément de travail et un supplément de loisir, entre un supplément de consommation et un supplément d'épargne. Ce qui importe ici n'est pas la taxation moyenne mais la taxation du gain additionnel. Si elle dépasse le seuil au-delà duquel les acteurs auront le sentiment que « le jeu n'en vaut plus la chandelle », ils choisiront les satisfactions immédiates, c'est-à-dire des activités improductives (ou d'autres formes de réactions stratégiques).

Beaucoup dépend ainsi des modalités retenues. D'abord bien entendu du côté de ceux qui paient. Considérons, pour prendre un

---

* Nous ne traiterons pas ici des dérèglements macro-économiques dus à la croissance de l'État. Il va de soi que le secteur non marchand ne peut mordre indéfiniment sur le secteur marchand. A la limite, il absorberait toutes les ressources nécessaires à la production de marchandises [4].

exemple extrême, deux systèmes d'imposition sur les revenus, l'un proportionnel applicable à tous les contribuables au taux de 10 %, l'autre très progressif avec des taux variant de 1 à 99 %. Dans le premier cas, la taxation marginale serait égale à la taxation moyenne et identique quel que soit le revenu imposé ; dans le second, la taxation marginale s'élèverait très fortement avec le revenu. Il est facile d'imaginer un cas de figure où ces impôts auraient *a priori* un rendement égal. Mais l'impôt progressif aurait un effet évidemment beaucoup plus dissuasif puisqu'il comporterait, pour certains, des taux dépassant le « seuil de tolérance » (et en définitive il rapporterait moins car une partie de la matière imposable s'évanouirait). Ensuite du côté de ceux qui reçoivent : quand les prestations sont distribuées indépendamment des ressources (par exemple les allocations familiales), la taxation marginale est de 0 % ; mais quand elles sont accordées en fonction d'un plafond de ressources et que tout gain en deçà de ce plafond se traduit par une diminution correspondante de l'allocation, la taxation est de 100 % (et si l'allocation n'est pas progressivement réduite mais supprimée d'un coup dès lors que le seuil est franchi, le taux peut être beaucoup plus élevé).

L'égalité se heurte alors à l'efficacité. Plus la redistribution se veut égalitaire, plus la taxation marginale sera élevée *à la fois sur les riches et sur les pauvres.* A la limite, la suppression des plus hauts et des plus bas revenus implique que l'on taxe à 100 % les revenus au-delà du seuil maximum et à 100 % ou davantage les revenus en deçà du seuil minimum (sauf à subventionner également les revenus moyens). Ces taux ne sont pas pure fiction. En Grande-Bretagne, avant les réformes du gouvernement Thatcher, la progressivité de l'impôt sur le revenu variait de 33 à 83 %, avec une surcharge de 10 à 15 % pour les revenus qui ne provenaient pas du travail. Le taux marginal d'imposition de l'épargne pouvait donc atteindre 98 %. Avec pour conséquence de favoriser les consommations de luxe :

« L'une des choses qui frappe toujours comme un paradoxe les visiteurs étrangers en Grande-Bretagne, écrit Milton Friedman, c'est le grand nombre de Rolls Royce dans un pays au bord du désastre et où le gouvernement est voué depuis de nombreuses années à l'égalitarisme. Comment se fait-il qu'il y ait toutes ces Rolls Royce ? La réponse est très simple. C'est la façon la *moins coûteuse* pour quelqu'un qui possède une fortune d'essayer de la conserver tout en assurant son transport. Si au lieu d'investir cet argent dans une Rolls Royce on le place dans des valeurs produisant un revenu, la plus grande partie de celui-ci va au percepteur, alors qu'il ne coûte rien d'avoir une Rolls Royce. Quelqu'un investit, disons 30 000 livres sterling dans une Rolls Royce ; s'il investit cet argent dans des valeurs procurant un revenu, disons de 15 %, il aura un rendement brut de 4 500 livres par an. S'il est dans la tranche fiscale de 98 %, il ne lui reste que 90 livres par an à dépenser après impôts. Il ne lui coûte donc que 90 livres par an pour profiter de sa Rolls Royce toute l'année ! C'est la forme de transport la moins coûteuse qu'il puisse acheter. Par-dessus le marché il a l'avantage d'un avoir qui conserve une partie de sa valeur en capital. S'il met cet argent dans des obligations d'État, cela se dépréciera chaque année, même en dehors de ce que l'État va lui prendre sous forme d'impôts [5]. »

Les États-Unis offrent d'autres exemples extrêmes de taxation dissuasive, cette fois-ci pour les pauvres. Les prestations dont ils bénéficient sous certaines conditions, dont des conditions de ressources, sont réduites à mesure que leur revenu augmente, et leur travail est alors taxé à un taux marginal très élevé. Dans le New-Jersey, une femme seule avec trois enfants à charge ne gagnera, net, que 140 dollars si elle prend un emploi à 700 dollars par mois (la taxation est de 80 %). A Los Angeles, une famille de quatre personnes dont l'un des adultes est ou chômeur ou handicapé a droit à des prestation d'un montant de 718 dollars par mois. Supposons qu'un travail salarié procure à cette famille 100 dollars supplémentaires, ce gain entraînera une réduction des prestations, il sera soumis à l'impôt et le revenu net ne sera que de 41,10 dollars. Les cent premiers dollars gagnés sont donc « imposés » à un taux de 58,9 % et les suivants le sont à un taux supérieur. Dans un cas, ce taux dépasse même les 100 % : si le revenu gagné passe de 400 à 500 dollars, le revenu disponible de la famille baissera *(Tableau II)*. Il n'est alors pas étonnant que certains deviennent des assistés professionnels [6].

TABLEAU II

REVENU GAGNÉ ET REVENU DISPONIBLE
UNE FAMILLE ASSISTÉE À LOS ANGELES
(1979)

Revenus salariaux mensuels bruts	*Revenu disponible*	*Accroissement du revenu disponible*	*Taux marginal effectif d'« imposition »*
0	718.33 $	-	—
100	759.43	41.10 $	58,9 %
200	780.53	21.10	78,9 %
300	810.57	30.04	70,0 %
400	815.80	5.23	94,5 %
500	794.58	- 21.22	121,2 %
600	794.58	0	100,0 %
700	794.58	0	100,0 %
800	809.92	15.34	84,7 %
900	832.49	22.57	77,4 %
1 000	858.58	26.09	73,9 %

Source : 7.

Impôts et prestations peuvent donc être contre-productifs. L'idée, certes, n'est pas nouvelle et Jude Wanniski, l'un des tenants de l'économie de l'offre *(Supply-side economics)*, cite abondamment des développements de Montesquieu, David Hume, Adam Smith sur les dangers d'une fiscalité excessive [8]. La difficulté principale est évidemment celle de la mesure. Quel est le seuil au-delà duquel la taxation incite au moindre effort (ou à la fraude, ou à l'émigration, etc.) et quelle est l'importance de ce « moins » ? Il n'y a pas de réponse certaine et surtout pas de réponse unique. Le « seuil de tolérance » varie selon les circonstances (il n'est pas le même en temps de paix ou en temps de guerre), selon la perception du système d'imposition (le sentiment d'illégitimité du système ne peut que multiplier ses effets pervers), selon la situation des contribuables ou des prestataires (célibataires, pères de famille, femmes seules avec des enfants à charge... ne réagissent pas identiquement)... et selon le poids des autres déterminants de l'intensité du travail. Le revenu du travail n'est pas sa seule récompense : le travail offre un statut, des gratifications symboliques, des satisfactions psychologiques (le sentiment du travail bien fait)... A cela s'ajoute que les individus ne se déterminent pas uniquement en fonction du rapport coût/avantages et que jouent les valeurs intériorisées, les rôles sociaux. Il reste cependant que si les gens ne travaillent pas uniquement pour gagner de l'argent, ils ne sont pas indifférents à l'argent qu'ils gagnent ; que si le seuil de tolérance est variable et très difficile à déterminer, il n'en existe pas moins. Or il apparaît clairement que dans nombre de cas ce seuil a été dépassé dans les années 70. En témoignent les diverses formes qu'ont prises les réactions des intéressés et leurs conséquences perverses.

Désertions

Les formes de « désertion » sont multiples. Le choix travail/loisir est évidemment un choix très simplifié. Il y a bien des manières de réagir *individuellement* à un taux marginal perçu comme dissuasif. Les expériences suédoise, britannique et américaine en particulier permettent de reconstituer la panoplie des activités de désertion. Que l'on peut regrouper sous trois « rubriques » : la paresse, les tricheries, l'exode.

— *La paresse.* En Suède et en Grande-Bretagne, l'impôt sur le revenu est extrêmement lourd : le taux marginal d'imposition est déjà de 41 % (Grande-Bretagne) ou même de 63 % (Suède) pour l'ouvrier moyen et il s'élève jusqu'à 83 % (Grande-Bretagne) ou 85 % (Suède) [9]. L'un des effets du système est bien connu : Britanniques et Suédois ont largement perdu leurs habitudes de travail (au moins de travail légal) :

« Joindre un employé de l'administration ou même d'une entreprise privée par téléphone après deux heures de l'après-midi un vendredi relève en Suède comme en Norvège de l'exploit — écrit Alain Debove. La standardiste vous répond aimablement, mais d'une voix un peu gênée, que “ M. Johansson est en conférence ” — c'est la formule consacrée — ou très franchement qu'il a quitté le bureau pour la journée. En fait, M. Johansson a filé pour éviter les embouteillages et rallonger son week-end dans la *stuga,* ce petit chalet rudimentaire, souvent sans confort mais en pleine nature — ou sur le bateau à voile familial (...). Les Scandinaves ne prêtent plus tellement attention aujourd'hui à l'augmentation de leurs salaires. De plus en plus, ils vivent pour les loisirs qui sont souvent bon marché et d'un accès facile. C'est en fait la conséquence d'un système fiscal pétri de contradictions. Pourquoi faire des heures supplémentaires si celles-ci, comme c'est le cas actuellement, sont frappées de 70 % à 80 % d'impôts ? Mieux vaut demander des compensations sous forme de temps libre supplémentaire [10]... »

Selon D. Stromberg, la perte collective due à ces effets de la fiscalité (réduction *de facto* des horaires de travail, abaissement de la productivité) s'élève à 18 milliards de couronnes, soit environ 5 % du PNB [11]. Évaluation évidemment approximative et qui ne tient pas compte des initiatives qui auraient été prises en l'absence du « frein fiscal » (les créations d'entreprise se font rares en Suède). Dans le même sens la fiscalité britannique a contrarié l'esprit d'entreprise et le désir de promotion professionnelle, elle a incité les acteurs économiques et notamment le personnel dirigeant des entreprises à privilégier leurs loisirs (les « activistes de l'économie » sont une espèce en voie de disparition outre-Manche [12]). Le système détourne les acteurs de la vie professionnelle.

Subventionner le non-travail a le même effet qu'imposer le travail. En Grande-Bretagne comme aux États-Unis, le jeu cumulé des diverses formes d'aide aboutit à des taux de taxation marginale qui suppriment l'incitation matérielle au travail *(Tableau III).*

« Face à l'augmentation de la pauvreté, écrit J.M. Macabrey, la réaction de l'État britannique a été de créer depuis le début des années 60 toute une kyrielle de prestations accordées en fonction de la situation de fortune *(means-tested benefits).* Il existe une centaine de ces prestations, telles que les repas scolaires gratuits ou les allocations-chauffage. Par définition, ces avantages disparaissent quand le revenu de leur titulaire augmente. Ce faisant ils ont le grave inconvénient d'inciter une bonne partie de la population à rester au-dessous du seuil de pauvreté afin de conserver ces avantages [13].

C'est le « piège de la pauvreté » *(poverty trap),* un piège tissé de bonnes intentions. Outre-Manche comme outre-Atlantique, le sys-

TABLEAU III

REVENU GAGNÉ ET REVENU DISPONIBLE
FAMILLES ANGLAISES ASSISTÉES
(1979)

	salaire hebdomadaire		*Taux de taxation marginale*
	60 livres	120 livres	
	revenu disponible hebdomadaire		
Couple avec			
1 enfant ...	53,04	77,63	59,0 %
2 enfants ..	63,41	81,88	69,2 %
3 enfants ..	73,98	83,63	84 %
4 enfants ..	83,83	89,55	90 %

Source : 14.

tème d'assistance avait été conçu à l'origine comme un « filet de sécurité » que le développement des diverses formes de sécurité sociale devait réduire à un rôle de plus en plus subsidiaire. En fait il a enflé démesurément, et à la fin des années 70 il avait pour « clients » plus de 5 millions de Britanniques, près de 30 millions d'Américains. *Le système visait à aider les pauvres, il a contribué à entretenir la pauvreté* *.

— *Les tricheries.* Devenues la règle en Suède :

« De tous les défauts de notre système d'impôt sur le revenu, écrit Gunnar Myrdal, socialiste de toujours, le plus grave me semble être que nos lois invitent directement à la fraude fiscale. Pour moi et ma génération, l'honnêteté des Suédois a été une source de fierté. Aujourd'hui, à cause de mauvaises lois, j'ai le sentiment que nous sommes en train de devenir une nation de filous [15]. »

Comme en Grande-Bretagne :

« Je crois pouvoir dire en toute sincérité, écrit Graham Turner, que nous sommes devenus depuis dix ou quinze ans un pays de resquilleurs. Comment procède-t-on ? Il y a une infinité de moyens. Prenons le niveau le plus bas : un petit épicier de campagne (...). Comment gagne-t-il de l'argent ? Il découvre qu'en achetant à des grossistes normaux il a toujours des factures, mais s'il va au *Cash and Carry* pour acheter sa marchandise (...), la marge de bénéfice qu'il prend sur ces articles ne subit pas d'impôts pour la simple raison que les contrôleurs du fisc ne savent pas qu'il a tenu ces marchandises en magasin (...). Maintenant,

* Sur les effets pervers du système d'assistance américain (d'ordre économique et surtout d'ordre moral), voir les chapitres suivants.

allons à l'autre bout de l'échelle, prenons un directeur de société. Il a mille manières de procéder. Il peut faire acheter son alimentation par sa société, prendre ses vacances aux frais de sa société, donner un poste de directeur à sa femme même si elle ne met jamais les pieds à l'usine (...). Tout cela est vrai d'un bout à l'autre de l'échelle, de la classe ouvrière et des gens de maison jusqu'au-dessus du panier — hommes d'affaires, hommes politiques, ministres en place et futurs ministres —, tout le monde pense que le système fiscal est foncièrement injuste, et tous ceux qui le peuvent essaient de trouver un moyen de le contourner. Et dans la mesure où il existe un consensus sur l'injustice du système fiscal, tout le pays se met à " conspirer " — chacun aide l'autre à resquiller (...). Il y a seulement quinze ans, les choses étaient très différentes. Les gens auraient dit : " Eh ! cela ne doit pas se passer ainsi [16]. " »

Le système conduit les acteurs à un détournement d'activité : plutôt que de produire davantage, ils consacrent temps, énergie et ingéniosité à tourner le fisc, par des procédés légaux (l'évasion fiscale) ou illégale (la fraude). Parmi les plus courants :

a) *la pratique des avantages en nature.* Les à-côtés du salaire, avantageux parce que moins taxés, sont particulièrement importants et diversifiés outre-Manche. Le *perk* (la « gratte ») le plus habituel est la voiture de fonction, de luxe pour les hauts dirigeants, dont bénéficient environ 80 % des cadres supérieurs (près de 70 % des voitures neuves vendues en Grande-Bretagne sont acquises directement ou indirectement par des sociétés). Il existe d'autre part « toute une kyrielle d'autres avantages en nature allant des caisses privées d'assurance maladie aux logements gratuits, en passant par les crèches d'entreprises ou les coupes de cheveux remboursées. La série des objets de fonction est également interminable. Parmi les dernières trouvailles : les costumes de fonction, les cravates de fonction, les chemises de fonction et les chaussures de fonction. Après des siècles de luttes, les administrateurs de sociétés ont enfin obtenu les mêmes avantages que leurs chauffeurs [17]. » La pratique est née aux États-Unis, elle s'y est également développée et diversifiée dans les années récentes *(Tableau IV).*

b) *L'économie de troc,* c'est-à-dire un mode d'économie primitif, qui fait sa réapparition dans les pays les plus développés grâce à l'État redistributif.

« Inciter un dentiste suédois à quitter son court de tennis pour entrer dans son cabinet n'est pas une petite affaire, écrit M.B. Krauos. Mais un avocat ayant mal aux dents aura une chance : il peut troquer des services juridiques contre des soins dentaires. Le troc économise au dentiste deux impôts : son impôt sur le revenu et la taxe sur les honoraires de l'avocat [19]. »

Aux États-Unis également, les échanges en nature se développent : des soins médicaux contre la réparation de sa voiture, des

TABLEAU IV

LES AVANTAGES EN NATURE
DES CADRES SUPÉRIEURS AMÉRICAINS
(1980)

Proportion de sociétés qui accordent ces avantages
(sur 731 entreprises étudiées)

Voiture de fonction (également pour usage personnel)	68 %
Parking réservé	61 %
Conseils financiers	33 %
Conseils juridiques	16 %
Examens médicaux	67 %
Inscriptions à des clubs sportifs	56 %
Places de théâtre ou de stade	25 %

Source : 18.

steaks surgelés contre des meubles, des soins de coiffure contre des vêtements et des cours de yoga (exemples réels)... En 1978, un millier de coopératives d'échanges avaient été organisées, regroupant de 500 à 100 000 adhérents selon les cas. A Los Angeles, le *Barter* (troc), un hebdomadaire spécialisé, compte plus de 100 000 abonnés. A New York une société a organisé un transfert de plus de 50 millions de francs de marchandises entre une centaine d'entreprises désireuses d'échanger leurs stocks entre elles [20].

c) *La substitution du travail domestique au travail professionnel.* Le temps gagné sur le travail est utilisé pour la production domestique de biens et surtout de services : jardiner, réparer la plomberie ou la voiture, repeindre ou tapisser la maison... L'évolution du prix des services aidant, le *do-it-yourself* devient une pratique courante. En Grande-Bretagne, note J.I. Gershuny, il y a eu une abondante discussion sur la déqualification de la force de travail. Mais dans le cadre de l'économie domestique, la tendance est inverse. « Embaucher un cuisinier ou un chauffeur a toujours été le fait d'une minorité. La même chose est en train d'arriver en ce qui concerne les charpentiers et les vitriers [21]. » Il est douteux malgré tout que la division optimale des tâches y trouve son compte.

d) *La dissimulation des revenus.* Forme classique de désertion fiscale qui s'est amplifiée dans les vingt dernières années, en raison en particulier du développement du travail occulte. Selon les experts officiels, les revenus non déclarés atteindraient en Grande-Bretagne onze milliards de livres (soit 7,5 % du PNB). Les *moonlighters* (travailleurs du clair de lune) seraient au nombre de 2 à 3 millions. En Suède, D. Stromberg a estimé à 18 milliards de couronnes les pertes de recettes fiscales dues à la fraude (5 % du PNB). Aux États-Unis, selon l'*Internal Revenue Service,* les revenus non déclarés s'élèveraient à 100-135 milliards de dollars, soit 5,9-7,9 % du PNB (légal) [22]. Aux États-Unis également, le système d'assistance américain est largement déconsidéré en raison des multiples fraudes et abus auxquels il a donné lieu. Le système est pervers : les pauvres ont beaucoup à perdre à déclarer leurs revenus et presque rien à perdre à frauder [23]. Une part croissante de l'économie devient occulte ou souterraine.

— *L'exode.* Solution radicale dont il est des exemples célèbres (Ingmar Bergman, Bjön Borg, Richard Burton, Sean Connery, Mick Jagger, Michaël Caine) et qui a pris des proportions endémiques en Grande-Bretagne. C'est le *brain drain,* le départ des dirigeants d'entreprise, scientifiques, médecins, professeurs, journalistes, artistes… qui vont chercher fortune ailleurs. Le tableau ci-dessous qui concerne les seuls cadres dirigeants d'entreprise illustre l'importance de cette émigration.

TABLEAU V

MIGRATION NETTE
DES DIRIGEANTS D'ENTREPRISES
ET ADMINISTRATEURS
GRANDE-BRETAGNE (1974-1976)
(en milliers)

1964	*1965*	*1966*	*1967*	*1968*	*1969*	*1970*
+ 0,4	— 1,3	— 1,1	— 1,1	— 0,6	— 1,0	— 1,4
1971	*1972*	*1973*	*1974*	*1975*	*1976*	
+ 0,2	— 0,8	— 0,2	— 2,2	— 4,5	— 3,0	

Source : 24.

Aux États-Unis, le système fédéral permet de « voter avec ses pieds » sans quitter le pays. La migration de la population de l'Est et du Nord vers l'Ouest et le Sud s'explique sans doute par l'attirance du soleil mais aussi de cieux fiscalement plus cléments. Dans les grandes villes du Nord et de l'Est, la pression fiscale est presque toujours supérieure à celle des villes du Sud et de l'Ouest. Et les écarts peuvent être importants : pour une famille de quatre personnes dont le revenu est de 7 500 dollars, le poids de la fiscalité locale est de 23,8 % à Boston, 15,2 % à Philadelphie, 12,4 % à New York, et de 7,6 % à Los Angeles, 6,6 % à Houston, 4,4 % à La Nouvelle-Orléans. Parmi les raisons qui étaient à l'origine de la crise financière de New York, il y avait la fuite des sièges sociaux des grandes entreprises, en raison de leurs obligations fiscales et des sur-salaires qu'elles devaient offrir pour compenser les impôts locaux de leurs salariés. L'action du maire Edward Koch a permis d'enrayer cette crise — pour une part, grâce à une *diminution* des impôts [25].

Ainsi, au-delà d'un seuil, plus l'État prélève, plus la source du prélèvement tend à s'évanouir ; plus il développe l'assistance, plus il incite les assistés à le rester. Le système est contraire à l'efficacité et à l'intérêt bien compris de tous. Bien pire (et nous en reparlerons), les désertions qu'il suscite, la paresse, les tricheries, l'exode fiscal sont source d'injustices et traduisent une corruption des mœurs.

Protestations

Le 6 juin 1978, les électeurs de Californie votaient à une majorité de deux contre un la « proposition 13 » qui prévoyait notamment la réduction du taux et de la base d'évaluation de l'impôt foncier. Révolte fiscale couronnée de succès grâce à la procédure référendaire (sur initiative populaire) et dont le résultat a été d'amputer d'environ 57 % le rendement de l'impôt contesté. Ce référendum a fait grand bruit aux États-Unis — H. Jarvis, animateur de la campagne anti-fiscale, a eu l'honneur de la couverture de *Time* — et il a eu un effet d'entraînement tout à fait remarquable, provoquant nombre de référendums semblables dans d'autres États tandis que plusieurs propositions de réduction d'impôt à l'échelle fédérale étaient déposées sur le bureau du Congrès [26]. Le mécontentement s'est ici exprimé sous la forme non d'une désertion mais d'une protestation, pour reprendre la distinction désormais classique d'A.O. Hirshman, *exit/voice* [27]. Ces deux modes de réactions ne sont pas équivalents. La désertion est une arme individuelle, la protestation pour être efficace suppose une action collective, d'autant plus difficile et coûteuse que le groupe, ici celui des contribuables, est important et inorganisé. Un mécontentement fiscal peut rester durablement inexprimé (sauf indirectement par les désertions). Aux États-Unis les sondages montrent un mécontentement latent bien antérieur à la protestation de 1978. La campagne d'Howard Jarvis a agi à la façon d'un détonateur, et elle n'a pu être efficace que grâce à une procédure de démocratie directe qui n'a son équivalent que dans certains autres États américains et en Suisse. Dans des conditions « normales », les contribuables-électeurs doivent se plier à des règles du jeu qui limitent leurs possibilités d'exprimer et d'imposer leurs préférences (le calendrier électoral, le filtre des partis, la diversité des questions en jeu, l'autonomie des représentants...). A la fin de la période, malgré tout, l'insatisfaction fiscale s'est clairement exprimée au travers des votes qui ont permis la victoire des partis « bourgeois » en Suède (1976), du parti conservateur en Grande-Bretagne (1979), du président Reagan aux États-Unis (1980).

En Grande-Bretagne et en Suède, la protestation a été également le fait des syndicats ouvriers. Les groupes organisés sont évidemment mieux à même d'utiliser l'arme de la protestation que les contribuables. Mais généralement ils en usent davantage pour obtenir des bénéfices (concentrés) de la part de l'État redistributif que pour essayer d'en alléger les coûts (dispersés). En l'occurrence, les syndicats ouvriers ont été sensibles au coût de la pression fiscale mais, comble d'ironie, leur stratégie de protestation a conduit finalement à la renforcer.

Une redistribution importante pèse nécessairement sur les catégories moyennes, et les ouvriers suédois et britanniques ont réagi à l'augmentation de la fiscalité par des revendications accrues. Dans l'un et l'autre cas, leur protestation a été efficace mais a produit des résultats inattendus :

« [En Suède], écrit Walter Eltis, les ouvriers compensent une fraction des augmentations d'impôts par des augmentations de salaires, lors de la négociation annuelle sur les salaires qui est un trait caractéristique du *wage bargaining* suédois. Le secteur marchand de l'économie ne peut pas compenser ces hausses de salaires par des augmentations de prix parce que les marchandises suédoises doivent être compétitives sur les marchés mondiaux et que la monnaie n'est pas automatiquement dévaluée à mesure que les salaires augmentent. Puisque le secteur marchand doit payer de plus hauts salaires mais ne peut élever ses prix, chaque fois que les impôts augmentent, il doit réduire l'emploi (...). Le gouvernement est considéré comme ayant l'obligation d'agir comme employeur en dernier ressort. Quiconque ne sera pas employé dans le secteur marchand doit pouvoir trouver un travail grâce au gouvernement. Cette pratique augmente les dépenses publiques, et donc nécessairement les impôts et les salaires une nouvelle fois. Les suppléments de salaires persuadent les entreprises qu'elles doivent s'arranger pour employer moins d'ouvriers, ainsi le gouvernement doit en employer encore davantage. Ce processus peut continuer sans fin, obligeant à la hausse des impôts, des salaires et de l'emploi public chaque année. Résultat de ce processus : la proportion des impôts et cotisations sociales par rapport au produit national net a atteint 65 % en Suède en 1978, et de 1970 à 1978 l'augmentation représente 14 % du PNB (de 46 à 60 %), une augmentation beaucoup plus rapide qu'en aucun autre pays de l'OCDE. En 1976 l'électorat a lancé un appel pour une halte dans ce perpétuel accroissement des impôts [28]. » En Grande-Bretagne, le même processus s'est déroulé jusqu'à ce qu'en 1976, l'État cesse de se conduire en employeur en dernier ressort [29].

L'État redistributif peut ainsi enfler sans que personne ne l'ait vraiment voulu. Une fois enflé, il est très difficile à alléger en raison des intérêts qu'il draine. Tout emploi public, toute prestation fait figure de droit acquis et toute atteinte aux « droits acquis » suscite de violentes protestations, des intéressés ou/et de ceux qui parlent en leur nom, hommes politiques ou intellectuels. Même quand sa perversité est manifeste, l'État redistributif est politiquement et socialement difficile à réformer, comme Mme Thatcher et le président Reagan en font l'expérience ; comme en ont fait l'expérience, mais l'inspiration était différente, les présidents Nixon et Carter.

CHAPITRE IX

HISTOIRE D'UN EFFET PERVERS : LE « WELFARE » AUX ÉTATS-UNIS

Le système américain d'aide sociale aux pauvres apparaît comme un système à la fois discrédité et bloqué. Témoin et victime de ce discrédit, le terme de *Welfare* (littéralement « bien-être ») qui parce qu'il est utilisé couramment pour le désigner s'est chargé d'une connotation péjorative. Au travers des sondages, le mot *Welfare* suscite toujours des réactions défavorables du public américain, et il est associé aux idées de laxisme, d'inefficacité, de corruption, d'opacité. L'opinion générale, telle que la dégage S.M. Lipset, est sans ambiguïté : « Aidez les pauvres, débarrassez-nous du *Welfare*[1]. » Le système persévère néanmoins dans l'être en dépit de plusieurs tentatives de réforme globale. Tel qu'il existe, *il n'a été voulu par personne,* il résulte d'une interaction imprévue entre les décisions publiques et les réponses des intéressés. Massif et coûteux effet émergent, produit d'une histoire à épisodes et de dérapages en chaîne dont chacun rendait la réforme à la fois plus nécessaire et plus difficile.

Dérapages et réformes avortées

L'histoire du *Welfare System* de 1964 à 1980 peut être décomposée en cinq phases principales :

— La *War on Poverty* (guerre contre la pauvreté). La stratégie de l'administration Johnson privilégiait, nous l'avons vu, l'action sur les sources de la pauvreté : plutôt que de pratiquer une politique d'assistance, il fallait donner aux pauvres la possibilité de trouver eux-mêmes les voies et moyens pour sortir de leur condition *(to learn their way out of poverty).* Mais la « guerre contre la pauvreté » comportait également des programmes de transferts en nature afin d'aider les pauvres à obtenir certains biens fondamentaux et à accéder à un style de vie plus proche de celui de l'Amérique moyenne : aide médicale pour les personnes âgées *(Medicare),* pour les pauvres *(Medicaid),* aide au logement des familles pauvres dans le cadre d'un nouveau « département », le *Housing and Urban Department,* extension à l'échelle fédérale de l'aide alimentaire par coupons d'alimentation *(Food Stamps)* * [2]... Ces programmes renforçaient le système d'assistance déjà existant et dont l'organisation remontait pour l'essentiel au *Social Security Act* de 1935. Cette loi, prise dans le cadre du *New Deal,* visait avant tout à la mise en place de mécanismes d'assurances — assurances-retraites, assurances-chômage, assurances-veuvage **; —, elle prévoyait également diverses formes d'assistance en faveur des personnes âgées sans ressources, des veuves et de leurs enfants à charge et des handicapés. L'une de ces prestations mérite une mention particulière : l'*Aid to Families with Dependent Children* (AFDC) ***, destinée à secourir par une aide en espèces les enfants de familles pauvres dont l'un des parents était décédé, absent ou handicapé (dans l'esprit du législateur, la mesure visait essentiellement les orphelins). Cette prestation avait été conçue à l'origine comme une mesure mineure, et les réformateurs de 1935 pensaient qu'elle était appelée à disparaître à la suite du développement de l'assurance-veuvage. En fait, elle allait devenir dans les années 70 la « pierre angulaire du système présent de *Welfare* [3] ».

Les promoteurs de la « guerre contre la pauvreté » héritaient donc de prestations en espèces, créaient des prestations en nature, mais leur objectif n'était nullement la création d'un système d'assistance étendu et durable. Au contraire, en jouant sur les facteurs de la pauvreté, la politique suivie devait permettre la réduction progressive du nombre des assistés et la diminution du coût de l'assistance. « Rêve », « rêve impossible », écrit G.Y. Steiner [4], qui tarda pourtant à se dissiper alors même que les dérapages devenaient manifestes.

* Les *Food Stamps* sont des bons ou des coupons pour l'achat de denrées alimentaires que les individus dont les revenus ne dépassent pas un certain plafond peuvent se procurer à un prix inférieur à leur valeur réelle (50 dollars par exemple pour un coupon de 100 dollars). Le prix d'achat de ces coupons (donc le montant de l'aide) est fonction du revenu et de la taille de la famille.

** Mais non assurances-maladie. À la différence des systèmes européens, le système américain de protection sociale ne comporte pas de couverture générale du risque maladie (pas plus que d'allocations familiales).

*** « Aide aux familles avec des enfants à charge. »

— *Le dérapage.* La « guerre contre la pauvreté » n'a pas obtenu les résultats escomptés. Elle a certes contribué à réduire la pauvreté, mais d'une tout autre manière que celle recherchée : beaucoup moins par la promotion des pauvres que par la multipication des assistés [5]. En 1964, l'ensemble des dépenses sociales en faveur des pauvres s'élevait à 7,9 milliards de dollars, elles atteignaient 15,9 milliards de dollars en 1969, soit un doublement en cinq ans (en dollar constant, l'augmentation est à peine moins forte). Emballement inattendu de l'ensemble des prestations (nombreuses et diversifiées) et plus particulièrement de celle qui est au cœur du système : l'AFDC *(Aid to Families with Dependent Children).*

En 1960, le nombre des bénéficiaires de l'AFDC s'élevait à 3 millions (contre 2,2 en 1950), il monta à 5,3 millions en 1967. La « clientèle » avait grossi et elle n'était plus celle à laquelle avaient pensé les créateurs de cette prestation. L'AFDC concernait de moins en moins les orphelins de père et de plus en plus (68 % en 1967) les enfants dont le père, toujours vivant, avait quitté le foyer. Ainsi, évolution doublement imprévue, le bénéfice de l'AFDC était généralement lié à la rupture des liens familiaux, et le nombre des familles assistées ne cessait de croître en période de prospérité. En 1967, le Congrès tenta d'enrayer cette progression en liant l'obtention de l'aide à l'obligation de rechercher un emploi ou de suivre une formation professionnelle (programme WIN) et en élaborant un système de taxation progressive qui devait assurer l'incitation au travail *. Cette réforme fut un échec quasi complet. L'administration du nouveau système dégénéra en un cauchemar bureaucratique, et la nouvelle réglementation eut en particulier pour résultat de permettre à certains *working poor* de s'inscrire sur les listes de l'AFDC. En 1971, le nombre des allocataires était passé de 5,5 à 10,6 millions. New York vers la fin des années 60 devint le symbole de la crise de l'assistance. Le montant de l'aide y était particulièrement élevé (la décision relevait des États et les différences étaient très sensibles d'un État à l'autre) et l'inflation du nombre des assistés particulièrement rapide : une personne sur trente au début des années 60, puis une sur dix, une sur sept, une sur six en 1970. La ville semblait devenir, selon l'expression du *New York Times,* une *Welfare city* **.

---

* Auparavant, tout gain supplémentaire (jusqu'au plafond fixé pour l'obtention de l'aide) se traduisait par une réduction d'autant de l'allocation. La taxation marginale était donc de 100 %.

** Cependant, contrairement au mythe répandu, ce n'est pas la « générosité » de la ville de New York envers les pauvres qui était la principale cause de ses difficultés financières. Comme l'ont montré diverses études et comme l'a souligné William Simon, ancien secrétaire au Trésor dans *A Time for Truth,* la crise financière de New York ne résultait que très

Pourquoi une telle explosion ? Diverses raisons ont sans doute joué : l'existence d'une « clientèle » potentielle sous-estimée, le changement idéologique créé par le mouvement des Droits civiques, les efforts des organisations militantes pour inciter les indigents à réclamer leurs « droits » et aussi les effets du système lui-même. En accordant des allocations élevées qui entraient en concurrence avec le revenu gagné par le père de famille, le système a sans aucun doute contribué à la vague de désintégration familiale qui a alors touché la population pauvre (surtout noire) : désertions des pères en grand nombre, multiplication des naissances illégitimes. Il a également incité certains prestataires à se retirer du marché du travail ou à ne pas y entrer. Comme l'a montré M. Rein [7], le nombre des *Welfare mothers* s'était accru de toutes celles qui avaient renoncé à chercher un emploi mal payé alors qu'elles pouvaient recevoir sous forme de prestation un revenu supérieur et plus régulier, en particulier dans les villes où il était possible de prendre un travail à mi-temps sans perdre le bénéfice de l'allocation. Ainsi en 1970-1971, une *Welfare mother* pouvait gagner 2 000 dollars en travaillant à temps partiel et recevoir en même temps 3 386 dollars au titre de l'AFDC à New York, 2 600 dollars à Chicago, 1 800 dollars à Phœnix. De plus, les titulaires de l'AFDC étaient automatiquement bénéficiaires du *Medicaid,* et la perte de la prestation en espèces signifiait généralement la fin de l'aide en nature. L'effet dissuasif était inévitable.

Ironie de l'histoire, ce sont ainsi les formes d'aide antérieures à la *War on poverty* ou/et qui ne relevaient pas de sa stratégie dominante qui ont démesurément grossi, profitant en particulier de la nouvelle situation politico-sociale créée par l'ardeur réformatrice des démocrates. Cet effet émergent aurait pu susciter des appréciations positives : après tout la couverture financière des pauvres s'était étendue. Il n'en fut rien et à la fin des années 60, comme nous l'avons vu, domina un sentiment d'échec.

Chez les conservateurs, la législation sociale des démocrates était présentée et condamnée comme (la formule était fréquemment utilisée) *« throwing money at social problems* * *».* La critique était impropre en ce sens qu'elle méconnaissait l'inspiration dominante de la « Grande Société », mais elle pouvait évidemment rendre compte,

---

partiellement du coût du *Welfare* (supporté aux trois quarts par l'État de New York et par l'État fédéral) mais bien davantage de la mauvaise gestion de la ville et en particulier de la faiblesse de l'administration face aux revendications des syndicats d'employés municipaux. Il en était résulté des avantages considérables en leur faveur : outre des rémunérations très élevées, un système de reraites et de primes particulièrement « généreux » (exemple extrême, une prime d'uniforme même pour les employés qui ne portaient pas d'uniforme) [6].

* Littéralement : le fait de jeter de l'argent aux problèmes sociaux. La formule fut utilisée par le candidat Richard Nixon lors de la campagne de 1968.

au moins partiellement, de la pratique. Pour les « libéraux », les réformes étaient au contraire insuffisantes et trop timides. La réalisation de la « Grande Société » impliquait la fin de la *pauvreté,* non la réduction des inégalités économiques. Or, l'optique avait changé : la pauvreté définie d'abord en termes absolus (en deçà d'un minimum) prenait un autre sens (relatif) dont la définition renvoyait au degré d'inégalités des revenus. L'aide sociale n'était plus alors considérée comme un moyen de secourir les pauvres temporairement dans le besoin, mais comme un moyen de redistribuer les revenus. L'appréciation de l'évolution des années 60 en était alors radicalement changée : car si, la croissance économique aidant, le nombre de pauvres (absolus) avait sensiblement diminué, la pauvreté relative n'avait guère été affectée [8]. L'insatisfaction était donc générale. De nouvelles réformes s'imposaient, ne serait-ce que pour réformer les réformes précédentes.

— *Le projet Nixon et son échec.* Le gonflement des prestations en espèces n'était pas seulement un phénomène inattendu, il créait une situation contraignante. Une réforme du système qui réduirait le montant des prestations ou le nombre des prestataires ne pouvait pas ne pas susciter de fortes résistances. Le dérapage des prestations monétaires ne signifiait pas seulement un échec de la stratégie du président Johnson, il rendait difficile le renouvellement de l'expérience. Aussi, si le candidat Richard Nixon avait pu critiquer librement et vivement les programmes sociaux des démocrates, le président Nixon avait une marge de manœuvre moindre [9]. Dès le début de son mandat (janvier 1969), le nouveau président se plongea dans le maquis de l'aide sociale, et après quelques mois de réflexions et de discussions il choisit d'élire une nouvelle stratégie contre la pauvreté, *l'income strategy,* et de proposer une forme d'impôt négatif sur le revenu. Politique qui avait l'avantage à la fois de tenir compte des contraintes existantes — elle étendait la couverture des prestations en espèces, prenant acte en quelque sorte de l'évolution du système — et d'apparaître comme une novation audacieuse et généreuse. En juin 1969, D.P. Moynihan, alors secrétaire général du Conseil des affaires urbaines créé par R. Nixon pour étudier les problèmes de la pauvreté, lui présentait cette réforme comme un « programme authentiquement nouveau, sans aucun doute possible " nixonien ", sans aucun doute possible nécessaire et qui attirerait l'attention du monde, sans parler des États-Unis ». Des termes, semble-t-il, propres à le convaincre.

L'idée de revenu garanti n'était pas une idée neuve. Le système avait été proposé, sous forme d'un impôt négatif sur le revenu *(Negative Income Tax),* par plusieurs économistes dans les années 40 et 50, dont George Stigler et Milton Friedman. Sous sa forme la plus simple, la politique du revenu garanti consiste à distribuer à tous les individus ou ménages dont les revenus sont inférieurs au minimum garanti une allocation égale à la différence entre leurs revenus et ce minimum. Système qui a l'inconvénient évident de taxer à 100 % les gains suplémentaires (tant que le revenu reste en deçà du minimum garanti). Aussi avait-on imaginé un système d'impôt négatif prévoyant une réduction de l'allocation moins rapide que la progression des gains. L'aide continue alors à être versée au-delà du minimum garanti et tend progressivement vers zéro au fur et à mesure que le revenu augmente. Système séduisant, auquel s'étaient ralliés à la fin des années 60 de nombreux économistes (dont P. Samuelson et J. Tobin), et qui, confronté au système existant, semblait offrir de nombreux avantages : en se substituant aux prestations existantes en espèces ou en nature *, l'impôt négatif mettrait fin à nombre d'iniquités et effets pervers du système (inégalités entre États, ruptures de familles...), simplifierait le mécanisme de l'aide (une seule prestation, une administration centralisée), étendrait la couverture des pauvres (toutes les familles y auraient droit) et comporterait une véritable incitation au travail.

Le 8 août 1969, dans une allocution télévisée, le président Nixon proposa solennellement de mettre fin au système existant d'aide sociale — « un échec colossal » — et de lui substituer un nouveau système qui « bénéficierait à tous les pauvres, qu'ils travaillent ou non, et à toutes les familles ayant des enfants à charge, que le chef de famille soit le père ou la mère ». Le projet — le *Family Assistance Plan* (FAP) — devait assurer à toutes les familles un revenu minimum variable selon sa taille. Pour répondre à la principale objection que ce système ne pouvait pas manquer de susciter, R. Nixon insistait sur l'obligation et l'incitation au travail. Il ne s'agissait pas, expliquait le Président, d'un « revenu garanti » car les allocataires, à l'exception des handicapés et des femmes seules chargées d'enfants d'âge préscolaire, seraient tenus d'avoir un emploi ou d'être inscrits dans un centre de formation professionnelle. Le travail supplémentaire d'autre part n'était pas pénalisé car le barème d'aide était ainsi établi qu'« on avait toujours avantage à travailler ». Et R. Nixon terminait par cette formule devenue fameuse : *What America needs now is not more welfare but more workfare* **.

---

* Les partisans de l'impôt négatif souhaitaient qu'il se substituât à la fois à l'AFDC, aux *Food Stamps*, à l'aide au logement, etc. — à la seule exception du *Medicaid*. En pratique, le projet Nixon ne prévoyait que la suppression de l'AFDC.

** « Ce dont l'Amérique a besoin aujourd'hui, ce n'est pas de davantage d'assistance mais de davantage de bonne organisation sociale du travail. » *Workfare* est un néologisme créé à

Ce *Family Assistance Plan* marquait donc un « saut qualificatif ». Il ne s'agissait plus d'aider financièrement certains pauvres, en raison de leur âge, de leur incapacité ou de leur situation familiale difficile, mais d'assurer un revenu minimum à toutes les familles économiquement faibles. Pour la première fois, la couverture financière s'étendait officiellement aux *« working poor »*. Le projet surprit — et en particulier troubla les « libéraux ».

« Le fait est peut-être paradoxal, mais non pas surprenant, écrit L. Lenkowsky, les hommes politiques libéraux furent déconcertés. Pendant huit ans, ils avaient fait de l'élimination de la pauvreté l'objectif central de la politique sociale, mais ils n'avaient proposé rien d'aussi audacieux que ce que présentait un président républicain quelques mois après sa prise de fonctions. Pire, il s'agissait de ce Président dont on considérait qu'il puisait une partie de son inspiration et une grande part de ses soutiens chez ceux-là qui s'étaient opposés aux mesures les plus " avancées " de la " Grande Société ". Nixon apparaissait maintenant comme un pionnier en matière de politique sociale, tandis qu'eux-mêmes semblaient accrochés à des idées dépassées [10]. »

Le projet était « libéral » en ce qu'il étendait l'aide sociale, mais il était présenté par un « conservateur ». Son ambivalence brouillait les divisions politiques traditionnelles et fut l'une des raisons de son échec.

En avril 1970, le FAP fut adopté à la Chambre des représentants à une forte majorité (243 voix contre 155), mais il échoua devant la commission des Finances du Sénat qui le rejeta en novembre par dix voix contre six. Le 91 e Congrès arrivait alors à son terme, et au début de l'année suivante le président Nixon lança un nouvel appel en faveur de l'adoption du FAP (rebaptisé et remanié). La Chambre nouvellement élue adopta à nouveau le projet en juin 1971, mais il fut bloqué au Sénat sans que l'Assemblée se soit prononcée par un vote. D.P. Moynihan, qui a joué un rôle actif dans l'élaboration et la discussion du projet, a raconté avec verve et acuité dans *The Politics of a Guaranteed Income* l'histoire de cet échec. Selon son interprétation, il résulte avant tout d'une conjonction d'oppositions diverses ou/et opposées. Comme l'a noté également un autre spécialiste (moins engagé que Moynihan), le projet est vite apparu excessif aux uns et insuffisant aux autres [11]. L'*establishment* démocrate-libéral s'est montré tout d'abord, à l'exception de quelques personnalités, très réservé puis, tandis que le débat devenait

---

cette occasion par R. Nixon sur le modèle de *Welfare*. En fait, il s'agissait bien d'une proposition de « revenu garanti » (sous la forme d'un impôt négatif), mais si Richard Nixon récusait l'expression, c'est à la fois, semble-t-il, pour éviter de se contredire (il avait combattu ce système pendant sa campagne) et afin de désarmer les critiques conservatrices (l'expression *guaranteed income* a aux États-Unis une connotation de « gauche »).

confus, l'on a assisté à des phénomènes de surenchère, l'acceptation du FAP étant subordonnée à l'élévation du revenu minimum garanti. À ce blocage largement idéologique se joignait un blocage d'origine bureaucratique : le projet encourut l'opposition des professionnels de l'assistance sociale, de cette administration dispensatrice de services créée depuis peu dans le cadre de la « Grande Société » et dont les intérêts apparaissaient menacés. La pression des activistes noirs aidant, cette opposition se fit radicale. Enfin, de l'autre bord, les tenants de l'orthodoxie financière rejoignirent les représentants du Sud pour critiquer un projet qui, à leurs yeux, était trop coûteux et ne permettait pas d'éliminer les vices essentiels du système existant (la fraude, les abus).

Au-delà de l'analyse des diverses oppositions ou réticences — les « libéraux » ont de leur côté incriminé le Président qui aurait retiré son soutien au projet en « fin de parcours » [12] — il est d'autres raisons importantes de l'échec. Les réformateurs avaient à tenir compte d'autres intérêts encore, ceux des bénéficiaires du système à réformer. Or d'une part l'administration ne sut pas exposer clairement les relations entre le FAP et le système qu'il devait remplacer, d'autre part et surtout, elle décida d'éviter de léser quiconque. Ce respect des intérêts acquis était certes politiquement très compréhensible, mais il ne permettait pas, comme nous le verrons un peu plus loin, de mettre en place un mécanisme efficace d'incitation au travail. Le système bloquait sa propre réforme.

Deux textes cependant passèrent : le *Supplemental Security Income Plan* (SSI) (1972), qui créait bien un revenu garanti mais limité aux personnes âgées, aux handicapés et aux aveugles et l'amendement Talmadge (1972), qui renforçait l'obligation de travail en supprimant toute aide aux personnes qui refusent un emploi offert (sans raison « valable ») ou un programme de formation (obligation qui s'applique en particulier à toutes les femmes chefs de famille dont les enfants ont dépassé six ans).

— *Le dérapage (suite).* Le système restait donc pour l'essentiel inchangé — et il continuait à déraper sous la présidence républicaine comme sous la présidence démocrate. La croissance des dépenses sociales d'assistance fut encore plus rapide pendant ces années que pendant la période précédente, et l'évolution échappait toujours pour une large part à la volonté des dirigeants et se traduisait à nouveau par l'allongement des listes d'assistés. Mais, nouveauté, cet accroissement des « clients » de l'aide sociale concernait moins les prestations en espèces — le nombre des bénéficiaires de l'AFDC en particulier se stabilisa dans les années 70 autour de

11 millions — que les prestations en nature et notamment l'une d'entre elles, les bons d'alimentation (*Food Stamps*) [13] *.

À la fin de l'administration Johnson, une campagne virulente avait dénoncé la « sous-alimentation inimaginable » aux États-Unis. La chaîne de télévision CBS présenta un documentaire dépeignant en termes violents « la faim en Amérique ». Dès son arrivée aux affaires, la nouvelle administration s'attela à ce problème, et la commission créée à cet effet proposa d'uniformiser à l'échelle fédérale le système des *Food Stamps* et de l'étendre en abaissant les conditions d'obtention. La réforme passa en 1971 et eut un succès inattendu. Il était prévu d'étendre le régime à 11,5 millions de personnes (contre 4,3 en 1970) ; dès 1972, le nombre des prestataires était de 12,1 millions, il atteignait 19,2 millions en 1975. Ce nombre décrut ensuite progressivement, la croissance économique aidant, jusqu'en 1978 (il était de 15,9 millions en décembre 1978) ; mais à la suite des difficultés économiques et de l'application du *Food Stamp Act* de 1977 qui supprima l'obligation d'achat **, ce nombre dépassa de nouveau les 19 millions en 1979, il a atteint les 21 millions en 1980 — en dépit d'une campagne menée par l'administration Carter pour éliminer fraudes et erreurs.

En 1969, cette politique d'aide en nature avait été conçue comme une mesure « bouche-trou » qui n'aurait plus sa raison d'être une fois la réforme globale mise en place. Elle est devenue en fait un substitut partiel à cette réforme, un « mini-impôt négatif » (en nature) selon l'expression de R. Nathan [14]. Effet non désiré et au minimum en un sens indésirable : l'importance prise par cette forme d'aide en rendait difficiles la suppression et le remplacement, et donc plus délicate la réforme globale d'un système d'assistance dont les défauts les plus manifestes (inégalités entre États, coût bureaucratique, gaspillages et abus, incidences sur la stabilité familiale) n'étaient pas éliminés.

— *Le projet Carter et son échec.* En 1976, la plate-forme du parti démocrate prévoyait le remplacement du *Welfare* par un « système simplifié de maintien du revenu, financé de manière substantielle par le gouvernement fédéral ». L'administration Carter se mit rapidement au travail, et le 6 août 1977 le Président rendait publiques, dans un discours prononcé à Plains en Géorgie, ses propositions de réforme (dont le jour même le Congrès était officiellement saisi [15].

Le projet Carter — *Program for Better Jobs and Incomes* (PBJI) — s'apparentait à la proposition Nixon en ce qu'il proposait également

* Il faut aussi mentionner l'augmentation très rapide des frais d'assistance médicale.

** Auparavant une famille pauvre devait par exemple acheter 50 dollars un coupon de 150 dollars ; à la suite de cette réforme, elle peut obtenir gratuitement un coupon de 100 dollars.

l'application d'un régime de revenu garanti comportant de fortes incitations au travail. Le niveau de revenu minimum n'était guère différent, relativement, de celui proposé sept ans plus tôt, mais le bénéfice de cette garantie devait s'étendre à tous les pauvres, chargés de famille ou non, mariés ou célibataires. L'aide à ceux qui pouvaient occuper un emploi était assortie de l'obligation de travailler (des sanctions financières étaient prévues en cas de refus d'emploi) et dans tous les cas les gains supplémentaires ne se traduisaient que par une réduction moindre de l'allocation. À ce système était joint un programme de création massive d'emplois publics qui devaient également favoriser le retour au travail des allocataires chômeurs.

Le PBJI avait davantage d'atouts politiques que le FAP. La Maison-Blanche était occupée par un démocrate, le Congrès, toujours à majorité démocrate, apparaissait plus « libéral » que les Congrès précédents —, de plus la commission des Finances du Sénat comprenait maintenant parmi ses membres D.P. Moynihan, sénateur démocrate de New York nouvellement élu et promu président de la sous-commission de l'Aide publique. Mais le Sénat n'eut pas à se prononcer car le 22 juin 1978, le *speaker* de la Chambre des représentants annonça le report de la discussion sur le projet. Moins d'un an après sa présentation publique, il était enterré. Le PBJI n'avait pas survécu à son premier examen, devant la commission *ad hoc* de la Chambre des représentants. Il était apparu en effet que le coût supplémentaire n'était pas de l'ordre de 6 milliards de dollars, comme l'indiquaient les promoteurs du projet, mais de l'ordre de 20 milliards. À un moment où la fronde anti-fiscale venait de remporter une victoire éclatante en Californie (la « proposition 13 »), une telle augmentation des dépenses publiques était exclue. En 1979, devant le Congrès suivant, le Président proposa une nouvelle version, moins ambitieuse, de sa proposition de réforme, dont l'objet était principalement d'égaliser les prestations entre États. Ce texte fut voté par la Chambre des représentants, mais il ne survécut pas à la défaite du président Carter aux élections de 1980.

Le blocage

Au-delà des circonstances, l'échec de ces réformes s'explique, principalement par le poids du système lui-même et les intérêts qu'il draine. Les projets successifs des présidents Nixon et Carter étaient des plans de réforme globale. Leurs objectifs étaient de substituer à un régime défectueux un système d'aide étendu qui *a*) soit simple et allège le coût bureaucratique de l'aide, *b*) soit uniforme et évite les distorsions d'un État à l'autre, *c*) ne soit pas ou soit moins susceptible de fraude et d'abus et comporte une incitation efficace au travail, *d*) ne soit pas d'un coût prohibitif et allège la charge des États. Objectifs ambitieux rendus illusoires par la nécessité de tenir compte du système existant et des intérêts engagés. « La politique en matière de *Welfare,* écrit F. Doolittle, met en cause un équilibre délicat d'intérêts : Russel Long *, les mères de famille noires assistées à Los Angeles, les maires, les gouverneurs, les travailleurs sociaux, la Chambre de Commerce des États-Unis — la liste est longue [16]. » Les réformateurs ne peuvent pas alors ne pas susciter des oppositions — « Même les éléments les plus irrationnels du système profitent à quelqu'un [17] » — ou/et en préservant les « avantages acquis », ils sont contraints à dénaturer leur réforme et à ne pas atteindre leurs objectifs.

Soit l'exemple du projet Nixon. Le FAP se substituait sans doute à l'AFDC, mais d'une part il était prévu que dans les États où les bénéficiaires de l'AFDC recevaient davantage que dans le cadre de l'application du FAP, un supplément serait versé afin que nul ne soit lésé, d'autre part subsistaient de nombreuses autres prestations telles que les *Food Stamps,* le *Medicaid*, l'aide en matière de logement. Or, la combinaison de toutes ces allocations pouvait annuler les effets du barème progressif prévu par le FAP et même entraîner une telle taxation des revenus supplémentaires que dans certains cas les prestataires avaient en définitive un revenu moindre alors qu'ils gagnaient plus. Ce point fut en particulier mis en lumière par le sénateur républicain John Williams lors d'une séance cruciale de la commission des Finances du Sénat. Williams avait obtenu des experts du HEW (ministère de la Santé, de l'Éducation et de l'Assistance) l'élaboration d'une série de tableaux combinant les différents programmes d'aide sociale. Ces exemples, note très honnêtement D.P. Moynihan, étaient accablants. À New York, sous certaines conditions, une femme seule, avec trois enfants à charge et sans revenu propre, aurait eu un revenu garanti de 7 435 dollars ; avec un salaire de 6 000 dollars, son revenu global net s'élevait à 9 185 dollars, mais avec un salaire de 6 279 dollars son revenu tombait à 7 529 dollars à la suite du passage d'un seuil [18]. Interrogeant le représentant de l'administration, Patricelli, Williams prit également un autre exemple :

Sénateur Williams. — « Selon cette loi, si leurs gains (des prestataires) s'élèvent de 720 dollars à 5 560 dollars, leur revenu sera de 6 109 dollars,

* Président de la puissante commission des Finances du Sénat qui enterra le projet Nixon.

soit 19 dollars de moins que si, assis dans une chaise longue, ils gagnent seulement 720 dollars. Est-ce exact ? »

M. Patricelli. — « C'est exact. »

Sénateur Williams. — « Ils sont pénalisés de 19 dollars parce qu'ils ont quitté leur chaise longue pour gagner 5 500 dollars. Est-ce exact ? »

M. Patricelli. — « C'est exact. »

Sénateur Williams. — « Y a-t-il ici une quelconque logique ? »

M. Patricelli. — « Il n'y en a pas, sénateur [19]. »

Et répondant au président de la commission (le sénateur R. Long), Patricelli ajoutait :

« Tout ce que nous avons pu faire avec le *Family Assistance Act* est de colmater certaines brèches. Nous n'avions pas le pouvoir de revoir le programme d'aide alimentaire (*le Commodity Program,* le *Food Stamp Program*), la Sécurité sociale, l'aide médicale (*Medicare Program*) [20]. »

Soit d'autre part le cas du projet Carter. L'écueil était le même, sauf qu'il était plus difficile à franchir, le système entre-temps ayant « grossi ». L'objectif initial du président Carter était de réformer le *Welfare* sans en élever le coût global ; il avait dû y renoncer et en définitive son projet se révélait très coûteux. Il voulait simplifier le système d'assistance et en définitive, comme le déclarait Richard Nathan devant la commission *ad hoc* de la Chambre des représentants, le projet de loi « représente un compromis compliqué entre différents objectifs et différents programmes. Il est en fait si compliqué que peu le comprennent et moins encore (parmi les experts et les organisations) l'ont adopté avec enthousiasme et sans réserve [21]. »

Les réformateurs démocrates n'avaient pu échapper aux dilemmes qu'avaient déjà connus leurs prédécesseurs républicains. Ainsi, entre autres exemples : pour éviter toute réduction des allocations en espèces, les réformateurs avaient le choix entre fixer le minimum fédéral au niveau du montant des prestations existantes dans les États les plus généreux, ou choisir un seuil moins élevé et attribuer des suppléments dans certains États. La première politique était évidemment coûteuse et aurait eu pour résultat de placer la moitié de la population du Mississippi *on Welfare*, la seconde (celle que les rédacteurs du PBJI avaient à contrecœur choisie) altérait la simplicité et la rationalité du projet [22].

Il s'est avéré ainsi impossible d'élaborer un projet qui soit à la fois techniquement satisfaisant et politiquement acceptable. Les réformateurs ont buté sur le dilemme classique de l'impôt négatif (*encadré ci-contre*) que rendait insoluble la nécessité de tenir compte des « intérêts acquis » dans le cadre du système existant. Les trois conditions essentielles à remplir — prévoir un niveau de prestations qui ne pénalise pas les prestataires (électeurs) de l'ancien système, comporter un taux de taxation des revenus supplémentaires qui ne décourage pas le travail, être d'un coût additionnel supportable pour les contribuables (électeurs) — étaient évidemment liées entre elles, et il suffisait que deux d'entre elles soient satisfaites pour que la troisième ne le soit pas : si les prestations nouvelles étaient respectueuses des intérêts acquis et si la taxation marginale était faible, le coût devenait prohibitif ; si le coût additionnel était réduit et la taxation marginale toujours faible, les anciens prestataires y perdaient, etc. Bref la quadrature du cercle.

La causalité angélique a ainsi quelques ratés : le *Welfare* apparaît comme un résultat sans intention et sa réforme comme une intention sans résultat. Le système est à la fois un effet non voulu et un obstacle formidable à toute volonté réformatrice. Encore les solutions proposées par les présidents Nixon et Carter n'étaient-elles que des fuites en avant. Revenir en arrière est chose beaucoup plus difficile.

La politique du président Reagan en est l'illustration. La victoire du candidat Reagan sur le Président sortant a été beaucoup plus ample que ses partisans eux-mêmes ne l'escomptaient, et les succès des républicains aux élections du Congrès ont dépassé leurs espérances *. Le nouveau Président se réclame d'un « conservatisme » fermement opposé à la boulimie étatique et très critique à l'égard du *Welfare*. Il bénéficie d'un changement profond du climat intellectuel : le « libéralisme » a beaucoup perdu de son crédit, il apparaît incapable de proposer des idées nouvelles, et les démocrates eux-mêmes s'accordent sur la nécessité de freiner les dépenses publiques et de ne pas surcharger le secteur privé. Le temps semble donc venu d'une contre-réforme. Et pourtant, contrairement aux apparences, la nouvelle administration ne remet pas pour l'essentiel en cause (et d'une certaine manière consacre) l'« héritage social » des démocrates. Les propositions que le président Reagan a faites au Congrès et qu'avec une habileté unanimement reconnue il a réussi à faire voter ne modifient pas l'économie du système de protection sociale (assurances et assistance) — nulle réforme globale — pas plus qu'elles ne réduisent sensiblement sa taille. Elles n'ont pour effet que d'enrayer le développement des dépenses sociales. Les fameuses « coupes » (*budgets cuts*) opérées dans le budget 1982 semblent démentir cette affirmation. Mais en réalité, ces économies ont été calculées à partir d'un chiffre hypothétique, les projections du *Congressional Budget Office*, et la hache de David Stockman,

* Les républicains ont gagné douze sièges, et la majorité, au Sénat, trente-trois sièges à la Chambre des représentants (où la majorité reste démocrate).

LE DILEMME DE L'IMPÔT NÉGATIF

Dès lors que le revenu garanti est conçu comme le moyen de « vaincre la pauvreté dans les pays riches [23] », c'est-à-dire dès lors que le seuil retenu dépasse sensiblement un simple minimum de subsistance, le choix des modalités ne peut éviter l'un des écueils suivants :

— Si, afin d'éviter la désertion devant le travail, le taux de taxation marginale est relativement faible, l'aide s'étend à des non-pauvres et le coût devient prohibitif. Le système en effet est tel que toute baisse de la taxation marginale élève le seuil au-delà duquel la prestation cesse d'être versée et donc le nombre des ayants droit. Le projet Carter de 1979 fixait le revenu garanti à 4 654 dollars par an pour une famille de quatre personnes. Une taxation de 25 % aurait étendu le bénéfice de l'aide jusqu'aux familles gagnant 18 616 dollars, soit à peu près le revenu médian américain. Un taux de 33,3 % aurait inclu parmi les ayants droit les familles gagnant jusqu'à 13 962 dollars (une somme plus importante que celle gagnée par une large partie de la population travaillant à New York). Le taux retenu dans le projet était de 50 % et l'aide n'aurait alors cessé qu'au-delà d'un revenu de 9 308 dollars (2 000 dollars au-dessus du seuil de pauvreté). Ainsi, plus est forte l'incitation au travail, plus est massive la redistribution des revenus et plus est coûteux le système [24].

— Si, afin de réduire les coûts, le taux de taxation marginale est élevé, le système aboutit à subventionner pour une large part les loisirs des prestataires. Aux États-Unis, des expérimentations sociales ont été conduites sur une grande échelle afin de tester les effets d'un impôt négatif sur le revenu, en particulier dans le New Jersey à partir de 1967, puis à Gary (Indiana), Seattle et Denver. Les résultats sont complexes, mais ils montrent clairement que l'offre de travail est sensible au montant des prestations et au taux de taxation marginale et qu'une partie importante du coût de ces programmes ne sert en fait qu'à compenser les réductions de travail provoquées par ces mêmes programmes — et les conditions pratiques de ces expériences (les intéressés en particulier savaient que ces programmes étaient expérimentaux) en ont réduit sans aucun doute les effets. Ainsi, à Denver et Seattle, la diminution de l'offre de travail comptait pour 23 à 55 % du coût additionnel des programmes selon les modalités retenues. Les résultats de Gary et ceux, réexaminés, du New Jersey, vont dans le même sens [25]. J. Cognan a réétudié le projet Carter à la lumière des résultats du New Jersey. Le projet de 1976 prévoyait par exemple qu'une famille de quatre personnes dont le père gagnait 8 400 dollars recevrait une allocation de 700 dollars. Mais compte tenu de sa réaction à cette aide, *i.e.* une réduction de travail estimée à cinq heures par semaine, ses gains baisseraient et donc l'allocation augmenterait et passerait à 1 150 dollars. Plus du tiers de l'aide au revenu serait en fait une subvention affectée au loisir [26].

Le taux de taxation marginale retenu par le projet Carter (et le projet Nixon) apparaissait comme un moyen terme : 50 %. En fait il était trop faible pour éviter la multiplication des ayants droit et trop élevé pour éviter leurs réactions négatives.

Ainsi, sauf à fixer le revenu garanti très bas, le dilemme de l'impôt négatif n'a pas de solution.

directeur du budget, n'a fait généralement que réduire des augmentations. Ainsi, de 1981 à 1982, les dépenses sociales (dont celles d'assistance) ont *augmenté* — de 66 milliards de dollars à 73,4 milliards par exemple pour les dépenses de santé, de 42,9 milliards à 44 milliards pour l'AFDC, les *Food Stamps* et diverses autres formes d'assistance * [27]. Il s'agit donc beaucoup moins d'une marche arrière que d'un coup de frein. Sur moyenne période, les chiffres sont parlants : *en 1964, la part du budget consacré aux dépenses*

* Les conditions d'obtention du *Welfare* ont été rendues plus rigoureuses, les crédits de certains programmes ont été réduits, mais globalement les dépenses d'assistance ont néanmoins augmenté.

sociales était de 28,8 %, en 1981, de 53,3 %. En 1986, selon les projections de l'administration républicaine, elle devrait être de 51,8 % [28]. La contre-évolution n'est en aucune manière à la mesure de l'évolution qui l'a précédée. « Ce que Reagan a fait, écrit Ben J. Wattenberg, n'est pas une petite affaire — stopper le développement des dépenses civiles et du *Welfare State.* Il a arrêté sur ses rails une tendance de cinquante années de la politique américaine. C'est important. Mais c'est différent de ce que les *media* nous ont conduits à croire en ne cessant de parler de " changement radical " (la phrase usuelle). Le changement n'était pas radical mais modéré. » Et B.J. Wattenberg ajoute que le président Reagan a toutes les chances de devenir, sans le savoir, le Président qui a ratifié la « Grande Société » de son prédécesseur L.B. Johnson [29].

Pour faire aboutir cette politique « modérée », le Président a dû pourtant surmonter une importante vague de protestations. Dès mars 1981, le magazine *U.S. News and World Report* recensait 157 groupes (syndicats, *civil-rights groups,* associations religieuses, *public-interest groups*...) qui avaient formé hâtivement une coalition en vue de faire obstacle aux « coupes » budgétaires [30]. Celles concernant les programmes d'assistance ont suscité de multiples réactions indignées de la part du *New York Times,* du *Washington Post*, et de tous ceux, intellectuels ou hommes politiques, qui jouent le rôle d'anges gardiens des pauvres. Et pourtant c'est le système qu'ils défendent qui est diabolique : les pauvres y sont piégés.

Chapitre X

LES PAUVRES PIÉGÉS

La pauvreté est une affaire trop sérieuse pour être abandonnée aux économistes, ou du moins à ceux, économistes ou non, qui ne pensent la société qu'en termes économiques. À s'en tenir à une vision statistique de la pauvreté, le système d'assistance américain peut apparaître comme ne méritant pas l'indignité dont il est frappé. Il fonctionne certes dans des conditions plus qu'imparfaites, mais il draine des sommes importantes en faveur des pauvres. N'est-ce pas le moyen le plus simple et le plus efficace de « vaincre la pauvreté » ? Le développement du *Welfare* résulte d'un gigantesque cafouillage, mais il a effectivement permis à un nombre croissant de pauvres de franchir la *poverty line*. Les statistiques officielles, également cafouilleuses, ont longtemps masqué ces effets (statistiquement) bénéfiques : le nombre de pauvres avait sans doute décru dans les années 60 — de 36 millions en 1963 à 24 millions en 1969 —, mais il semblait se maintenir au même étiage, autour de 24-25 millions, au cours de la décennie suivante alors que dans le même temps les dépenses en faveur des pauvres doublaient [1]. Le vice ici tient moins au système qu'à l'instrument d'observation. Les statistiques officielles sont biaisées de diverses manières, en particulier parce qu'elles ne tiennent pas compte des prestations en nature (*Food Stamps*, aide médicale, logement public...). Or, compte tenu de ces transferts, les résultats sont sensiblement différents : selon les estimations du *Congressional Budget Office* (1976), le nombre des pauvres n'est plus alors que de 12,8 millions ; selon les comptes de M. Paglin (1976), de 6,4 millions ; selon les nouveaux calculs du *Census Bureau* (1982) de 13,6 millions [2]. Ces chiffres sont controversés — la mesure n'est pas seulement incertaine, elle est pour une part affaire de conventions et elle constitue un enjeu politique —, mais ils rendent sans aucun doute mieux compte de la réduction de la pauvreté qu'a permis le développement de l'assistance. Oui, mais à quel prix ? Statistiques faussées ou rectifiées ont en commun de laisser de côté l'essentiel : *le coût moral de l'assistance.* Subventionner la pauvreté pour l'éliminer, c'est aller de mal en pis.

Sam pris au piège

Dans son récit-reportage *Visible Man* [3], George Gilder fournit une illustration saisissante des effets pervers du système américain d'assistance. L'auteur y raconte une *true story of post-racist America* (sous-titre du livre), l'histoire d'un jeune Noir américain, Mitchell (Sam) Brewer, et au travers de cette histoire la vie dans un ghetto noir urbain du Nord.

Pourquoi le *Visible Man ?* En avril 1975, date des événements qui vont amener G. Gilder à s'intéresser à celui qui allait devenir le « héros » de son livre, Sam est un jeune homme, noir, célibataire, sans père, sans emploi régulier, vivant au sein d'un ghetto, plusieurs fois arrêté pour violences, et qui vient à nouveau d'être incarcéré, cette fois-ci sous l'accusation de viol. Homme « visible » par excellence car archétype du Noir sur lequel se sont penchés à de multiples reprises journalistes, sociologues, psychosociologues... Mais homme visible seulement en apparence car les nombreux experts qui le présentent comme la victime de certaines conditions et déterminations sociales négatives (le racisme, la pauvreté, de mauvaises écoles, de mauvaises conditions de logement, etc.) ne rendent pas compte de façon satisfaisante de son comportement. Au moins dans le cas de Sam. Le livre de G. Gilder offre l'intérêt d'être le fruit d'un considérable travail d'observation concrète, il a le mérite de rendre à l'acteur son épaisseur humaine et il illustre le jeu d'autres facteurs sociaux.

Sam est né en 1951 à Greenville (Caroline du Sud). En 1963, sa mère et son compagnon du moment émigrèrent vers le Nord, emmenant le jeune Sam, et s'installèrent sur Clinton Avenue à Albany (capitale de l'État de New York) au cœur d'un quartier dont l'« industrie » principale est le *Welfare.* Sam y connut l'adolescence d'un jeune Noir du ghetto, marquée par une atmosphère de violence — en une occasion même il reçut un coup de couteau d'un de ses « beaux-pères » occasionnels — et par l'absence de modèle « normal » de comportement masculin : un père absent, des professeurs généralement féminins, des *stepfathers* temporaires, les hommes du voisinage, ni mariés ni soutiens de famille. Pourtant, à son retour du Vietnam en 1970 — il s'était engagé dans les *Marines* l'année précédente —, Sam semblait décidé à se marier, avec Linda dont il avait déjà une fille, et fut un temps un employé (dessinateur) apprécié dans les services de l'administration de l'État. Mais à la suite de diverses circonstances, il retourna à la rue, célibataire et chômeur, passant à nouveau son temps à jouer aux cartes, boire et se quereller. Mais comment gagner de quoi vivre ? Sam pouvait vivre momentanément avec sa mère, mais la situation ne pouvait s'éterniser. Il pouvait aussi (nous sommes dans l'État de New York) s'inscrire à l'assistance, mais la démarche était humiliante (*i.e.* perçue comme telle) — pour 94 dollars par mois, accepter de voir ses échecs consacrés, officialisés par un travailleur social — comme étaient humiliantes les conditions d'octroi : pour devenir prestataire, un jeune homme capable de travailler devait accepter un certain nombre d'heures (43 par mois) de travail sous-qualifié et peu valorisé — balayer des planchers, vider des cendriers… Alors que faire ? Travailler ? Pour Sam, pour les jeunes Noirs dans sa situation, il existait en fait de nombreuses autres manières de gagner de l'argent. D'abord par des moyens criminels (vol, trafic de drogue…). Sam n'y avait que très rarement recours. Sa solution, la solution la plus prisée sur Clinton Avenue pour « s'en sortir » était la *Welfare mother* (mère de famille seule, inscrite à l'assistance). Il y en avait 300 dans le quartier, 600 à Albany. La moitié d'entre elles étaient noires. Elles avaient en moyenne plus de trois enfants, ce qui leur donnait droit à une allocation mensuelle (nette d'impôt) de 258 dollars, plus 140 dollars par mois de tickets d'alimentation *(Food Stamps).* Elles bénéficiaient, de plus, de soins médicaux gratuits et de 187 dollars par mois d'aide au logement. Pour les célibataires de Clinton Avenue, ces ressources étaient nettement supérieures à ce qu'ils pouvaient espérer gagner en travaillant. Les données disponibles ne permettent pas de savoir combien de Noirs comme Sam étaient à la recherche d'une mère assistée et d'une assistance par personne interposée. Mais la compétition était féroce — surtout si l'on se limitait aux femmes noires. Il y avait bien également les femmes qui travaillent. Mais peu d'entre elles acceptaient de vivre durablement avec un chômeur. Sam était « beau garçon », mais jusque-là avait toujours échoué à « accrocher » une femme *« with money who was not on Welfare ».* La solution était donc bien du côté des *Welfare mothers. « They are the ticket ».* Ainsi pensait Sam au début de 1972.

Le sort en décida autrement ou plutôt lui imposa un délai avant qu'il ne devienne un *free rider* de l'assistance. Sam rencontra Beverly, les deux jeunes gens se plurent, une fille naquit. Mais la jeune mère ne pouvait bénéficier de l'assistance, elle n'avait que quatorze ans. Alors commença une période dominée par l'attente, l'attente du seizième anniversaire de Bev qui lui donnerait la capacité de prétendre à l'aide sociale. Entre-temps, Sam travailla dans une entreprise de matériel en bois. Sam gagnait environ 100 dollars par semaine, soit 87 dollars nets d'impôts et de taxes ; après avoir versé 15 dollars de pension pour sa première fille, il lui en restait 72 pour loger et nourrir sa « famille ». Sam et Bev choisirent alors de vivre au jour le jour, couchant tantôt ici, tantôt là. Quelques mois plus tard, Sam eut une augmentation et ils louèrent deux chambres sur Clinton Avenue. Ils vécurent là les dernières semaines qui séparaient Bev de ses seize ans et de la « manne » de l'assistance.

Pour Bev, en effet, devenir une *Welfare mother* se traduisait par des bénéfices substantiels. Elle allait recevoir en tant que femme seule chargée d'un enfant une aide dont la valeur annuelle globale excédait de 1 500 dollars environ le revenu net d'un employé au salaire minimum. Mais pour l'obtenir, il fallait qu'elle fût « sans homme » — aussi Sam quitta-t-il fictivement leur appartement. Le mariage ici aurait été un mauvais calcul car il aurait rendu plus compliquée et plus contraignante l'obtention de la prestation en espèces (l'AFDC) et, au cas où Sam aurait continué à travailler, Bev aurait perdu le bénéfice des *Food Stamps* et du *Medicaid* (la gratuité des soins médicaux). De plus, à mesure que la date attendue approchait, Bev commençait à considérer l'assistance d'une autre manière : le statut de mère assistée lui accordait non seulement des avantages matériels mais aussi l'indépendance vis-à-vis de Sam.

Le jour de son anniversaire, Bev se rendit au bureau d'assistance, remplit les formulaires, inscrivit Sam comme « père absent », rencontra un certain nombre de ses anciennes camarades (du temps où elle était elle-même une enfant assistée) et devint une *Welfare mother*. Le soir, fêtant l'événement avec ses amies à un *fast-food restaurant*, elle leur dit qu'elle ne pensait pas rester avec Sam beaucoup plus longtemps.

En fait Sam (qui avait quitté son emploi), Bev et leur fille s'installèrent dans un nouvel et plus grand appartement, au nom de Bev bien entendu. Mais leurs relations s'aigrirent et leur vie commune devint très instable. En 1975, Sam fut accusé de viol. L'affaire eut une large audience et devint passionnée à la suite de la mobilisation de l'*Albany Rape Crisis Center* et en raison du féminisme militant de l'avocat général. Elle semblait alors mal se présenter pour Sam, mais le jury, sensible apparemment au fait que la prétendue victime était lesbienne et considérée comme une semi-prostituée, l'acquitta. Sam est revenu sur Clinton Avenue, son mode de vie ne semble guère destiné à changer.

Jusqu'au moment où le livre s'arrête, Sam a donc vécu dans deux villes, Greenville dans le Sud pendant sa prime enfance, Albany dans le Nord depuis. À la fin de son ouvrage, G. Gilder relate le voyage qu'il fit avec son « héros » à Greenville où, après diverses recherches, Sam retrouva son père naturel, fit connaissance de sa belle-mère, de ses demi-frères et demi-sœurs — une véritable famille. Puis l'auteur compare la situation des Noirs dans les deux villes. À Greenville les Noirs sont beaucoup plus pauvres qu'à Albany : le revenu noir médian est de 20 % plus élevé dans la ville du Nord et la proportion des familles pauvres (selon les critères officiels) 45 % plus faible. Et pourtant les Noirs du Sud sont beaucoup plus souvent mariés et beaucoup plus souvent vivent avec leurs femmes et leurs enfants. Selon les statistiques officielles (1970), il y avait 19 145 Noirs à Greenville contre 14 132 à Albany, mais dans la ville du Nord il y avait deux fois plus de familles pauvres sans père avec de jeunes enfants. La pauvreté ne peut donc être la cause de la « désertion » des pères : à Greenville il y avait 50 % de plus de Noirs pauvres et 50 % de moins d'abandons de famille.

La différence entre les deux situations peut être datée. Avant le milieu des années 60, les familles sans père n'étaient pas plus courantes à Albany qu'à Greenville. Puis le système d'assistance s'est développé considérablement dans l'État de New York, très modestement en Caroline du Sud. En 1969, les familles assistées recevaient 676 dollars par an à Greenville, près de 2,5 fois plus à Albany (si l'on tient compte des prestations en nature, la différence est encore plus importante et elle s'est accrue depuis) ; et toujours en 1969, 40 % des Noirs pauvres d'Albany étaient *on Welfare* contre 18 % à Greenville. La corrélation est nette entre l'instabilité familiale et la pauvreté *assistée*.

« Aujourd'hui, écrit G. Gilder, sur Clinton Avenue, les célébrations de mariages ou de retrouvailles, le soin affectueux des enfants, la fidélité et l'amour des pères, la dignité du travail, tous les rituels de la famille et de la communauté sont rapidement en train de disparaître. À leur place, un ensemble disparate de *Human Resources Department, Day-Care Centers, Counseling Services, Welfare Offices, Food Stamps Registration Centers* et *Medicaid bureaux,* tous avec la même fonction : accorder des bénéfices à ceux qui s'arrangent pour ne pas se marier ou ne pas travailler. Travail et mariage qui après tout sont les canaux essentiels par lesquels l'on devient un homme fait et un citoyen responsable [4]. »

Ainsi Sam est pris au « piège de l'assistance » *(Welfare trap)*. Il est non seulement victime d'un système pervers mais aussi des dispositions psychologiques durables qu'il a créées. Socialisé dans une *Welfare area*, il en a intériorisé les attitudes qui s'accordent avec — et que ne peut que renforcer — la logique de la situation. « Le problème n'est pas l'argent gaspillé ; les conservateurs parlent trop du gâchis d'argent qu'entraîne le système d'assistance. Le problème est que l'assistance gâche les hommes [5]. »

Les recettes d'un gâchis

Il y a bien des manières d'aider les pauvres : par le biais de la charité privée ou par l'aide publique, par un système universel (les allocations familiales par exemple) ou un système catégoriel (les pauvres ou certains pauvres seulement), par des allocations d'urgence ou par des prestations durables, par des services ou par de l'argent... Le système américain fournit un exemple manifeste de ce qu'il ne faut pas faire : tabler à l'excès sur l'action publique et méconnaître le rôle du bénévolat privé ; aider les pauvres en tant que pauvres, c'est-à-dire doter les personnes aidées du statut de pauvres ; subventionner les pauvres en âge et en état de travailler et leur accorder des aides durables et importantes, concurrentes du revenu du travail *.

Ce système est pervers d'abord en ce qu'il contraint ses bénéficiaires (?) à abdiquer pour une part leur dignité. Les « pauvres » aux États-Unis forment une vaste catégorie, définie non par leur propre sentiment de pauvreté mais par des critères statistiques et officiels. Les autorités publiques, bienveillantes et tutélaires, ont décidé qu'en deçà d'un certain seuil les ressources étaient insuffisantes et une assistance requise. Accepter cette assistance, c'est alors accepter d'être catalogué comme pauvre, adopter un statut dévalorisé, avoir en quelque sorte son infériorité ou son échec explicitement reconnu. C'est de plus passer par des formalités humiliantes, avoir à donner des preuves de sa pauvreté, accepter le contrôle de sa vie privée (l'aide aux pauvres implique toujours le contrôle des pauvres), c'est enfin bénéficier d'un système discrédité et supporter le discrédit qui s'y attache. Le coût est élevé et beaucoup refusent de le payer. L'un des faits les plus significatifs mais les moins connus concernant le *Welfare* est le nombre considérable des ayants droit qui ne font pas valoir leur « droit » — et ce en dépit des efforts réalisés pour que la « clientèle » de l'assistance s'étende à tous ses « clients » potentiels. Ainsi plus des trois cinquièmes des familles « complètes » dont le niveau de ressources leur ouvre le bénéfice des *food stamps* ne sont pas demandeurs ; 50 % environ des personnes âgées qui peuvent obtenir le *Supplementary Security Income* ne le réclament pas [6]. Le

* L'analyse porte ici sur l'aide accordée aux adultes valides. L'assistance allouée aux personnes âgées et aux handicapés est évidemment d'une autre nature (encore qu'eux également supportent le coût moral de l'assistance).

même phénomène se retrouve outre-Rhin et outre-Manche : en Allemagne fédérale, 48 % des ayants droit à l'assistance y renoncent, en Grande-Bretagne, près de 900 000 « pauvres » ne sollicitent pas les bénéfices de la générosité publique [7]. L'explication tient sans doute pour une part au manque d'information ou aux complications administratives, mais elle tient également — raison principale selon les enquêteurs allemands — à la volonté de ne pas recevoir d'« aumône », au souci de conserver l'estime de soi et celle des autres. Aux États-Unis les sondages confirment cette répugnance de nombreux « pauvres » à être traités comme tels. Ainsi la majorité des bénéficiaires éventuels de l'application d'un impôt négatif (les familles « pauvres » dont les parents ne sont ni séparés ni handicapés) n'y est pas favorable. « La raison, commente J. Bishop, est que probablement ils considèrent l'impôt négatif comme une forme d'assistance *(Welfare)* et que l'assistance est pour les gens qui ne peuvent subvenir à leurs besoins. Ils ne se considèrent pas comme faisant partie de " ceux-là " [8]. »

Un grand nombre pourtant — comment ne pas les comprendre ? — échange une partie de leur âme contre le plat de lentilles de l'assistance. Mais en entrant dans ce système, ils mettent bien davantage encore leur âme en péril. L'assistance a pour effet de dispenser les individus de leurs obligations premières (travailler, nourrir sa famille), elle exerce par là même une influence perverse. Le fait n'est pas une découverte. Saint Jean Chrysostome avait des mots très durs pour ceux que les largesses des cités de l'Empire avaient transformés en parasites professionnels [9]. Tocqueville, visitant l'Angleterre, déplorait la dépravation des couches indigentes à la fois bénéficiaires et victimes de la charité légale [10]. Renouvelant aujourd'hui son voyage en Amérique, il ne pourrait manquer de faire le même constat, au moins pour une fraction de la population assistée.

L'assistance ne fait pas bon ménage avec la famille. Elle la remplace dans sa fonction de subsistance et par là même contribue à la disloquer. L'histoire de Sam et Bev en fournit un exemple que confirment les données statistiques. En 1960, un quart des pauvres vivait dans des familles « sans homme », en 1977, un peu plus de la moitié [11]. Le développement du *Welfare* est lié à la vague d'abandons de familles et de naissances illégitimes qui a touché en particulier la minorité noire.

Le pourcentage de familles noires dirigées par une femme seule est passé de 17,6 % en 1950 à 39,2 % en 1978. En 1978, 40 % des enfants noirs vivaient dans des familles « sans homme » (contre 12 % des enfants blancs). En 1976, plus de la moitié des naissances noires étaient illégitimes. Les familles « incomplètes » forment le plus gros contingent de la population *on Welfare* [12].

Cette évolution rend caduque l'interprétation que privilégient les « libéraux » et qui absout — et justifie — la politique « libérale » : la famille victime de la pauvreté. Si la pauvreté était la grande responsable, comment expliquer que, le temps passant, il y ait eu à la fois moins de pauvres, davantage d'assistés et plus d'enfants sans père ? Comment expliquer que dans l'État de New York où la générosité publique avait en grande partie aboli la pauvreté, la crise de la famille ait été particulièrement aiguë [13] ?

Le *Welfare* sape la famille pour deux séries de raisons. Des raisons d'ordre stratégique : le système d'assistance américain crée des situations où la désertion ou l'éviction du père devient un acte économiquement rationnel. L'AFDC et les prestations attenantes étant généralement réservées aux femmes seules chargées d'enfants, le départ du père peut devenir un moyen d'accroître le revenu familial ou son retour représenter une perte financière. « Une femme, écrit C. Stack, peut être immédiatement rayée des listes de l'assistance quand son mari la rejoint au sortir de prison ou au retour de l'armée, ou si elle se marie [14]. » Par la force des choses, le *Welfare* entre en concurrence avec le père. Il joue un rôle corrupteur en opposant l'intérêt à la vertu, l'intérêt économique des enfants (et de leur mère) aux obligations morales du père, et en faisant des enfants sans père des investissements rentables. Le sénateur Edward Kennedy, peu suspect pourtant d'esprit exagérément critique à l'égard de l'action publique, a décrit en termes éloquents le mécanisme d'incitations à la maternité « illégitime » (ses propos s'appliquent aux jeune Noires des ghettos) :

« Après tout regardez ce que nous faisons. Nous prenons une jeune fille — une enfant de 18, 16 ans ou même plus jeune — et voici ce que nous lui disons. Nous disons, abandonnez tous vos espoirs. Vos écoles ne vous formeront pas. Vous n'apprendrez pas à lire ou à écrire. Vous n'aurez jamais un emploi décent. Vous vivrez dans des quartiers marqués par un chômage sans fin et la pauvreté, la drogue et la violence. Et alors nous disons à cette enfant : attendez, il y a une manière, la seule, d'être quelqu'un pour quelqu'un d'autre. Nous vous donnerons un appartement et de quoi le meubler. Nous vous donnerons une télévision et un téléphone. Nous vous donnerons de quoi vous habiller et de quoi vous nourrir à bon marché, et des soins médicaux gratuits, et un peu d'argent en plus. Et en contrepartie vous avez seulement une chose à faire : juste aller et avoir un enfant. Et face à une telle offre, il n'est pas surprenant que des centaines de milliers de filles jeunes aient été prises dans le piège qu'est devenu notre système d'assistance [15]... »

Ces raisons stratégiques, pour importantes qu'elles soient, n'expliquent cependant pas tout *. Dans l'État de New York l'aide est accordée depuis longtemps à l'ensemble des familles tenues pour pauvres, que le père soit présent ou non, qu'il travaille ou soit chômeur. En 1961 il y avait dans la ville de New York 12 000 familles *on Welfare* dont le père avait déserté ou avait été rejeté ; en 1968, il y en avait 80 000, soit un accroissement de plus de 600 % pendant une période où la population de la ville restait stable [17]. Un phénomène du même ordre a été constaté dans le cadre de l'expérimentation de l'impôt négatif à Denver et à Seattle. Parmi les vertus attribuées à l'impôt négatif, l'on a souvent mentionné aux États-Unis le fait que, attribué à toutes les familles pauvres et non pas seulement aux mères isolées, il ne pouvait favoriser les désunions ; or l'observation a révélé au contraire une multiplication de ruptures de familles [18]. Ce ne sont donc pas seulement les modalités pratiques de l'aide aux mères isolées qui sont perverses mais toute forme d'assistance qui altère durablement le rôle économique de la famille. Et ce en raison de son coût psychologique : l'assistance porte atteinte à la dignité des parents (en particulier des pères) en les dépouillant de la qualité de *breadwinner* (« gagne-pain »), en se substituant à eux dans une fonction qui est une des sources essentielles du respect de soi et du respect des autres. Le *Welfare* démoralise parce qu'il dévalorise : non seulement il suscite ou accuse le sentiment d'infériorité ou d'échec du père, mais il le rend inutile. Dans une famille assistée, le père ne peut que se sentir de trop.

Le gâchis moral du *Welfare* tient également à deux autres incitations perverses : à l'oisiveté, à la fraude. Le législateur américain a insuffisamment pris garde à l'effet cumulatif dû à l'interaction entre les différents programmes d'assistance, et le système soumet le travail des « pauvres » à des taux de taxation marginale très élevés **.

---

* En France, à une échelle beaucoup plus réduite, les mêmes causes ont produit les mêmes effets. En 1978 a été créée une « aide aux parents isolés » d'un montant relativement élevé : 10 % de moins que le SMIC pour une personne seule avec un enfant, 13 % de plus avec deux enfants. Dans son rapport pour la préparation du VIIIe plan (mars 1980), le sous-groupe « Paupérisation et personnes isolées » a proposé de revoir les conditions d'obtention de cette API en raison de ses effets pervers : le refus du mariage ou de la vie en couple (ou celle-ci menée en fraude), plus l'absence d'incitation au travail [16].

** Cf. chapitre VIII. Le *Medicaid* en particulier joue un rôle dissuasif important. L'aide médicale cesse totalement et brutalement au-delà d'un certain palier de revenus. Les familles peuvent alors y perdre en termes monétaires la valeur de la prestation supprimée excédant le gain de revenu (la taxation marginale dépasse alors les 100 %). Mais elles perdent aussi le sentiment de sécurité que leur donne l'assurance de soins médicaux gratuits. Les familles ne peuvent guère être insensibles à cet effet de seuil. Selon E.K. Browning, d'autre part, le taux de taxation marginale qui pèse sur les familles à bas revenus atteint en moyenne 65 % (en tenant compte des différentes prestations et des impôts et taxes) [19].

L'inactivité ou une activité réduite est alors un choix économiquement rationnel mais aussi moralement coûteux. L'individu y perd le sentiment de pouvoir « s'en sortir » par lui-même, d'avoir prise sur son avenir. Et le temps libre qu'il y gagne a également un effet démoralisant :

« Souvent, souligne Edward Banfield, le chômage volontaire est tout aussi démoralisant que le chômage involontaire. Je ne parle pas ici des gens qui savent utiliser leurs loisirs (ces gens-là sont rares, même parmi les riches) ; pour la plupart des autres, surtout ceux qui vivent au jour le jour, le travail est l'unique source de discipline et le seul refuge contre l'ennui [20]. »

Le comportement de Sam et Bev illustre à la fois cet effet dissuasif sur le travail — attesté par plusieurs études [21] — et cet effet corrupteur de l'oisiveté. Il témoigne également d'une pratique qui est devenue une des plaies endémiques du *Welfare* : la tricherie. Tout système de prestations qui fixe des conditions d'octroi restrictives et difficiles à contrôler ouvre des tentations — ici à la dissimulation des revenus (pour éviter en particulier le passage des seuils), à la dissimulation des maris ou concubins (pour remplir les conditions de mère isolée). L'administration du *Welfare* favorise en plus la fraude et les abus : c'est le *Welfare mess* (la pagaille de l'assistance). Les programmes, par sédimentations successives, se sont multipliés et les conditions d'obtention de l'aide sont souvent mal définies. En 1979, rien qu'à l'échelle fédérale il y avait treize programmes séparés d'aide alimentaire, dix-sept programmes différents d'aide au logement, huit programmes distincts d'aide médicale, etc. D'où un cauchemar bureaucratique, des gaspillages et double emploi, et des abus en grand nombre. En 1980, une habitante de Chicago, Linda Taylor, a été parée du titre de « reine du Welfare » pour avoir réussi à recevoir vingt-trois chèques par mois en se faisant inscrire sous des noms différents et en jouant sur la multiplicité des aides et des organismes d'aide [22]. La distribution légale des prestations est de plus très inégale et parfois aléatoire. D'un État à l'autre, les critères de l'aide et son montant sont très variables : dans 26 États, le bénéfice du *Medicaid* est réservé aux prestataires de l'AFDC, dans les autres il est étendu à toutes les familles pauvres ; l'AFDC est exigible par les familles dont le père est chômeur dans 24 États mais non dans les autres ; le montant de l'AFDC était en 1977 de 720 dollars par an dans le Mississippi, de 3 408 dollars dans l'Oklahoma, de 4 368 dollars dans le Kansas, de 5 712 dollars dans l'État de New York. Certaines aides en nature ne sont attribuées que dans la limite des ressources disponibles, c'est-à-dire à certains des ayants droit seulement. À Oakland (Californie), par exemple, le logement public apparaît comme un « avantage distribué arbitrairement parmi les familles à bas revenus [23] ». D'où des sentiments d'injustice qui ne peuvent qu'inciter à la fraude et qu'attise également la publicité donnée aux cas de fraude. La presse et des rapports officiels les dénoncent périodiquement, suscitant sans le vouloir des imitateurs. Si beaucoup trichent, pourquoi pas moi ? La corruption morale qu'engendre la tricherie s'étend par métastase dès qu'elle est publique.

L'assistance, certes, n'est pas vécue identiquement par tous les Américains assistés. La population *on Welfare* n'est pas un tout homogène et les situations sont variables : de la *Welfare mother* chargée de nombreux enfants à la jeune fille enceinte pour cause d'AFDC, du Blanc pauvre victime de la régression sociale au Noir élevé dans un ghetto... Mais dans tous les cas, semble-t-il, le coût moral reste élevé. L'étude faite sur la vie à *Stairwell 7*, un logement public réservé à des familles pauvres qui se situent à la limite de la pauvreté, montre à quel point, même pour des assistés qui ne considèrent leur situation que comme une transition imposée par la nécessité, une telle expérience mine la confiance en soi et l'estime de soi [24]. Et pour une fraction de la population *on Welfare*, le statut d'assisté devient un statut durable. Le système s'assure en quelque sorte la fidélité d'une partie de sa clientèle par les dispositions durables qu'il crée. Une enquête menée sur la population assistée à Los Angeles a révélé que sur 137 600 familles allocataires dirigées par des femmes seules, 37 000 appartenaient à une seconde génération de prestataires. Beaucoup d'entre elles étaient de très jeunes mères (moins de 17 ans) qui n'avaient jamais vu leurs propres mères travailler ; pour quelques-unes, les familles assistées composaient la moitié du voisinage [25]. Le *Welfare* produit une *Welfare class*. Une partie de la population assistée — plusieurs millions de personnes [26] — reste prise au piège, en particulier les Noirs des ghettos. Leur situation et leur comportement justifient que l'on paraphrase Lord Acton : la dépendance corrompt, la dépendance absolue corrompt absolument.

La question noire

La question noire a donc changé de nature : elle se pose beaucoup moins dans le Sud que dans les grandes villes du Nord, elle ne concerne plus l'ensemble de la populaton noire mais une fraction d'entre elle, environ 30 %, la *black underclass*. Le problème n'en reste pas moins la plaie la plus visible de la société américaine : près d'un tiers des Noirs vivent en marge de la société et selon un style de vie dominé par différentes formes de pathologie sociale : l'absence générale du père au foyer, l'éducation assurée davantage par la rue que par l'école (et le climat de la rue se retrouvant à l'école *), une vie adulte souvent instable (un grand nombre de jeunes hommes n'ont pas d'adresse fixe), une violence endémique, le travail largement supplanté par le *Welfare* ou/et les activités illégales (20 % environ des adultes résidant à Harlem vivaient en 1966 du commerce de la drogue, de la prostitution, des jeux, etc [27]...) Un climat plus que malsain dans un cadre souvent lépreux et un type dominant de comportement : l'absence de discipline de soi et de sentiment d'obligation vis-à-vis d'autrui, la tendance à considérer toute règle comme un affront personnel, une attitude souvent agressive ou provocante (dont la manifestation la plus courante sera une radio portative poussée à fond), une pauvreté ostentatoire [28]. L'une des caractéristiques essentielles de ce groupe humain n'est pas en effet la pauvreté — les Noirs du Sud sont plus pauvres, beaucoup dans le monde le sont bien davantage — mais la manière dont cette pauvreté est vécue. Wladimir Boukovski n'est pas un spécialiste de la société américaine, mais armé de son expérience et de sa fraîcheur d'âme il a mis l'accent sur l'essentiel :

« Il m'arrive d'aller assez souvent aux États-Unis. En 1977, j'y ai visité quatorze villes, surtout des grands centres industriels. Invité des syndicats américains, je rencontrais des ouvriers, des enseignants, des étudiants. Mes hôtes avaient pour règle de me montrer les quartiers les plus pauvres, les taudis, ainsi que les quartiers résidentiels — cela afin que je vois les " contrastes de la vie américaine ". Cependant si les beaux quartiers sont effectivement impressionnants, les taudis ne me firent aucun effet. Cela non seulement parce que du point de vue soviétique c'étaient des habitats tout à fait normaux, moyens, mais il ne serait pas honnête de transposer les normes soviétiques aux États-Unis car tout est relatif. Il s'agit d'une mentalité spécifique à ces districts. Ayant moi-même passé mon enfance dans les taudis, je sais très bien ce qu'est la pauvreté " digne " — tout sauf des haillons pittoresques appelant la compassion. Ce sont des habits soigneusement rapiécés, un sourire forcé et des efforts désespérés pour " avoir l'air comme tout le monde ". Il arrive que douze familles soient obligées de cohabiter dans un baraquement, séparées par des cloisons de contre-plaqué. Mais il y a des fleurs, de la peinture fraîche. Aux États-Unis le moindre détail indique que les

---

* Dans nombre d'*inner city schools*, fréquentées essentiellement par des Noirs et des Latino-Américains, « trafic de drogue, extorsion, agressions en tout genre (70 000 par an contre des enseignants) sont monnaie courante. On cite un établissement de Saint-Louis est où trois professeurs sur quatre sont armés ; une *high school* de Philadelphie où dans les couloirs des policiers en tenue restent à vue l'un de l'autre : il s'y perpètre, dit-on, un meurtre et un viol par semaine. Quand même ils fréquentent ce type d'école, les élèves ont abandonné leurs études [29]. »

habitants ne veulent pas améliorer la qualité de la vie. Il n'est pas coûteux de réparer une entrée, de mettre un contre-plaqué à la place d'une vitre cassée, il ne coûte rien de nettoyer la saleté. Je sentais dans tout ce que je voyais une sorte de défi conscient. C'était la politique du pire. La société est responsable de tout, c'est à elle de tout prendre en charge (...). Même lorsque nous passions des années dans nos cellules, nous nous efforcions d'avoir un parquet propre, de nous procurer un torchon, de découper un calendrier dans un journal pour l'accrocher au mur. Chacun réussissait à garder une tenue correcte. Même si on se retrouvait pour deux jours seulement dans une cellule en désordre, on s'efforçait de la rendre habitable. Rien d'étonnant : c'était à nous d'y vivre. Quant aux habitants de ces taudis, ils restaient là à attendre que la société, prise de remords, leur apporte tout sur un plat [30]. »

Ce gaspillage humain est le fruit pour une large part d'un système et d'un discours *. Du système du *Welfare* et de ses effets pervers. Du discours animiste qui méconnaît ou sous-estime les conséquences négatives de la politique angélique et rejette la culpabilité sur la faute présente ou/et passée des Blancs. Ce discours est à la fois faux et pernicieux. Si les Noirs n'étaient que ce que les Blancs ont fait d'eux, comment expliquer, entre autres, que la majorité d'entre eux aient échappé au sort que connaît l'*underclass* ? 70 % des Noirs américains vivent au-dessus du seuil de pauvreté, travaillent, font vivre leurs familles, payent leurs impôts, etc. [31]. Si la couleur de la peau, veto pour les uns, servait alors de passe-droit pour les autres, comment expliquer qu'un grand nombre de Portoricains et plus généralement de Latino-Américains soient pris à leur tour dans le même piège : la dépendance, le sentiment d'un dû à leur égard, la dislocation des familles [32] ?...

Ce discours trahit la réalité mais aussi la modifie — dans un sens contraire aux intérêts de ceux qu'il prétend défendre. La représentation animiste se conjugue avec le système d'assistance pour *encourager l'irresponsabilité morale*. En accusant à peine le trait : la société américaine ne prend pas seulement en charge les obligations premières de certains de ses membres, elle est tenue pour coupable de leurs comportements déviants et même criminels. À la suite des émeutes noires des années 60, l'administration Johnson confia à la commission Kerner une mission d'enquête et de propositions. Ses conclusions sont devenues rapidement vérité officielle : la violence noire s'explique essentiellement par le racisme blanc, et les jeunes émeutiers ne faisaient que traduire les sentiments de l'ensemble de leur « communauté ». Conclusions démenties par les travaux ultérieurs — les émeutiers appartenaient généralement à l'*underclass* et n'étaient nullement représentatifs de la population noire — et

* Jouent également l'état du marché du travail... et de la législation pénale.

qui n'on fait qu'empirer les relations raciales et contrarier la réhabilitation de ceux qui avaient choisi la violence.

« Si, écrivent L.H. Bolce et S.H. Gray, l'attention avait été concentrée sur la culture de la plus basse classe et ses effets corrosifs sur l'esprit et le caractère plutôt que sur la communauté noire en général, et si des politiques avaient été mises en place dans cette optique, nous aurions pu faire l'économie de certains des actes d'une catégorie délinquante qui fut surprise de voir son comportement justifié par les leaders d'opinion [33]. »

Il importe donc d'éviter de faire aux pauvres l'injure de les traiter comme des corps sans âme. L'assistance n'est jamais qu'un pis-aller. Nécessaire sans aucun doute — mais l'État n'en a pas le monopole — pour accorder des secours d'urgence à ceux qui sont victimes des circonstances, pour aider ceux qui sont hors d'état de travailler, pour constituer un filet de sécurité au-dessus de la misère. Mais profondément perverse dès qu'elle concurrence durablement le travail.

La meilleure « politique » de lutte contre la pauvreté n'est pas la redistribution mais la croissance économique qu'un excès de redistribution justement contrarie. Les États-Unis ont été construits par des immigrants pauvres qui n'ont pas eu besoin de l'État pour sortir de leur condition. L'« État-Providence » n'est certes pas à jeter dans les poubelles de l'histoire mais, vu le poids qu'il a pris dans la période 1960-1980, le progrès social exige aujourd'hui qu'il perde de sa graisse et de sa prétention. Et aussi qu'il tienne compte des acquis de l'expérience. Celle-ci plaide en faveur des systèmes universels (de type français) de préférence aux systèmes catégoriels (de type américain) et en particulier pour une prestation ignorée des Américains mais qui cumule plusieurs vertus : les allocations familiales. D'abord, exception à la règle, l'action redistributive joue ici *volontairement* sur le clavier des incitations : il s'agit d'encourager les naissances *. Ensuite cette prestation aide les familles en contrepartie des fonctions sociales qu'elles remplissent, sans qu'une taxation marginale ne diminue la rentabilité du travail, sans stigmatiser quiconque ni attenter à la dignité des allocataires, sans privilégier des comportements déviants (les abandons de famille, les naissances illégitimes) ni prêter aisément à la fraude. Le système français de protection sociale est enflé à l'excès, il est critiquable par bien des aspects, mais il ne peut que bénéficier de la comparaison avec le système américain. Malheureusement il évolue dans la mauvaise

* Cette incitation est évidemment d'autant plus nécessaire en période de déclin démographique.

direction, surtout depuis les années 70 : les allocations familiales ont été la parente pauvre de l'évolution des prestations sociales tandis que se sont développées les allocations catégorielles et sous conditions de ressources. La rhétorique égalitaire a servi de justification, comme si l'égalité était une fin ultime et valait qu'on lui sacrifie des valeurs plus hautes. « Je continue à croire, a écrit N. Berdiaev (...), que la justice sociale doit se fonder sur la dignité de chaque personnalité et non sur l'égalité [34]. »

Chapitre XI

LES BIENS SOUS TUTELLE

Le mythe angélique s'étend naturellement aux biens publics : des biens nobles par nature, produits d'activités désintéressées, incarnations de l'intérêt général, des biens en quelque sorte d'une essence supérieure qui se distinguent radicalement des biens privés, subalternes sinon vulgaires, soumis à la loi de l'argent, objets de désirs manipulés. Comment pourrait-on mettre sur le même plan la recherche médicale et la production de gadgets, l'action du ministère de la Culture et celle des producteurs de lessive ? Cette représentation, fondée sur quelques exemples, généralement toujours les mêmes, caricature la réalité, mais elle a réussi dans une large mesure à s'imposer en France, et à imposer l'équivalence biens publics — biens essentiels ou/et de qualité supérieure.

Or, cette équivalence est loin d'être toujours juste, qu'on la lise dans un sens ou dans l'autre. Qu'il suffise de noter que l'alimentation, l'habillement, le logement, biens évidemment de première nécessité, sont fournis en totalité ou en très grande partie via le marché. Que nombre de biens collectifs qui sont produits dans tel pays par des organismes publics le sont dans d'autres, et très généralement à un moindre coût *, par des sociétés privées (le téléphone, les transports urbains, l'enseignement supérieur, la protection contre l'incendie, la télévision, etc). Que les dirigeants de Michelin ou de Peugeot ont davantage contribué à l'intérêt général que les producteurs publics de Concorde, des abattoirs de la Villette et tous les gaspilleurs de l'argent public. Que dans le domaine de la culture même, la comparaison entre les produits du marché et ceux,

* Nombre d'études empiriques ont montré que, pour les mêmes biens, la production privée était généralement moins coûteuse pour la collectivité que la production publique [1].

publics, hors marché est loin de tourner toujours à l'avantage de ces derniers : saint Augustin ou Stendhal en livre de poche contribuent davantage à l'élévation du niveau culturel que les spectacles des maisons des jeunes et de la culture, les créations de la télévision publique sont généralement bien pâles à côté des *Enfants du Paradis* ou de *Ma nuit chez Maud,* les universités françaises, établissements publics, n'offrent fréquemment aujourd'hui que des produits de piètre qualité comparés à nombre d'universités privées américaines ou de grandes écoles privées françaises...

Les biens publics n'en bénéficient pas moins d'un préjugé favorable qui leur assure une quasi-impunité et les dispense généralement d'une comparaison coûts/avantages avec les procédures concurrentes, privées, de production. Cette représentation a contribué à un dérapage de la politique sociale française, dérapage qui a également bénéficié d'une idée-force : l'égalité. L'intervention publique sur les biens offerts aux particuliers s'est en effet multipliée et diversifiée avec notamment pour objectif d'étendre ce que l'on peut appeler l'égalité d'usage (ou une moindre inégalité d'usage). L'action publique ne porte pas ici sur les revenus mais sur leur emploi. Il s'agit, par exemple en instaurant la gratuité, de limiter davantage la sphère du marché, d'élargir le domaine où la consommation est indépendante des ressources. Cette politique s'est développée par sédimentations successives et s'est traduite non seulement par l'accroissement et l'uniformisation de la consommation publique mais aussi par une intervention correctrice sur la consommation privée. Soit :

— Les mesures qui assurent une parfaite, ou presque parfaite, égalité d'usage par l'instauration de la gratuité ou de la quasi-gratuité. Parmi ces biens offerts gracieusement par les autorités publiques, citons : les universités, les piscines municipales, Beaubourg, la pilule, les livres scolaires, les maisons de la culture, la télévision, les bibliothèques publiques, etc. (ces biens ne sont pas dans tous les cas fournis gratuitement, mais ils le sont toujours à un prix très inférieur au coût réel).

— Les mesures qui conduisent à une moindre inégalité d'usage par l'unification des services rendus et donc de leur prix. C'est par exemple la suppression (envisagée dans les années 70 et partiellement réalisée en 1982) de la première classe dans le métro parisien ou la suppression (déjà ancienne) de la troisième classe à la SNCF ; c'est également la diminution du nombre de catégories de places dans les théâtres nationaux.

— Les aides spécifiques à certaines catégories pour certains usages sous forme de biens publics à prix réduits : logements publics, restaurants et cités universitaires, foyers de jeunes travailleurs, maisons de retraite...

— Les aides spécifiques à certaines catégories pour certains usages sous forme de bons ou cartes qui se traduisent par des réductions de prix : cartes de transport pour les familles nombreuses, pour les personnes âgées, chèques-vacances...

Ces diverses formes d'action — auxquelles il faudrait ajouter toutes les consommations subventionnées ou fiscalement favorisées — ont pour effet commun de réduire l'incidence de la demande solvable (pour parler en termes économiques) dans l'accès à certains biens et services. Ce faisant cette politique privilégie certaines consommations de préférence à d'autres, en d'autres termes elle met une part accrue de la consommation sous tutelle. La gratuité totale n'est évidemment qu'une apparence, toute réduction artificielle des prix signifie simplement que la charge est reportée de l'usager sur le contribuable. *« There is no such thing as a free lunch. »* Les ressources affectées ici auraient pu l'être ailleurs. Ceux qui en décident ne sont ni les payeurs ni les usagers. Certains décident pour les autres au nom du savoir qu'ils détiennent de ce qui est bon pour eux. La liberté y perd (la prétention au savoir justifie l'extension du pouvoir) sans que l'égalité y gagne (ce savoir prétendu est fréquemment infirmé par l'expérience).

Les préférences rectifiées

L'égalité d'usage restreint la liberté de choix des individus. Comme l'a écrit il y a trente ans Bertrand de Jouvenel [2], toute politique redistributive se traduit sans doute par un transfert de ressources mais également par un transfert de pouvoir. Développer la redistribution, quel qu'en soit le sens, c'est transférer à l'État une part accrue du pouvoir de décision quant au montant des ressources des ménages ; et pratiquer une politique redistributive par la promotion de l'égalité d'usage, c'est non seulement influer sur les revenus des individus mais aussi décider de leur affectation. Accroître les consommations gratuites ou subventionnées, c'est accroître la prise en charge des besoins par la collectivité et donc limiter le jeu des préférences individuelles.

Soit l'exemple de la gratuité (ou de prix très inférieurs aux coûts). Le financement des services collectifs — impôts ou tarification ? — alimente en France un débat classique mais généralement tronqué. Ainsi le rapport de la commission « inégalités sociales » du VIIe Plan (1975) préconisait un développement des services collectifs et, pour le financer, une augmentation du prélèvement global « obligatoire » sans « trop compter » sur l'élévation des tarifications [3]. Sans trancher avec précision, ce rapport privilégiait (si l'on peut dire) le contribuable sur l'usager, il faisait par là même l'impasse sur les préférences des individus. « Ne tenant aucun compte des goûts et des aspirations des individus, écrit Alfred Sauvy, la gratuité impose le choix des bureaux [4] ». Pour que la gratuité ou la quasi-gratuité correspondent aux choix des particuliers, il faudrait d'abord que tous soient d'accord sur le montant des ressources à affecter à la production de ce bien et ensuite que ce montant soit identique à celui fixé par les autorités publiques. L'écueil est de taille et la seule manière praticable de l'éviter est de faire comme s'il n'existait pas, c'est-à-dire de préjuger des préférences individuelles et de nier implicitement leur diversité. En revanche, le respect des lois de l'échange, la vérité des prix, respecte la liberté de choix de chacun : les payeurs sont les usagers, l'usage résulte d'un acte volontaire qui n'est pas orienté d'en haut.

L'un des inconvénients majeurs des biens publics est leur uniformité. Face à la diversité des goûts, l'État ne propose que du « tout fait » là où fréquemment le marché est susceptible d'offrir du « sur mesure » [5]. Et toute politique qui vise à unifier davantage encore l'offre publique accentue le divorce avec la demande. C'est la raison pour laquelle la suppression partielle de la première classe dans le métro parisien est une mesure socialement régressive. En imposant une moindre inégalité d'usage du métropolitain (et pourquoi le métro plutôt que le théâtre, les voyages en avion ou les eaux minérales ?), elle empiète sur la liberté de choix des usagers *. Ceux qui préfèrent le confort ou la tranquillité de la première classe aux autres biens auxquels ce choix leur impose de renoncer se voient privés de la possibilité de satisfaire leur préférence. Préconiser ou appliquer ce type de mesure, c'est au mieux méconnaître la diversité des désirs — les personnes âgées, par exemple, ne demandent pas au métro exactement la même chose que les jeunes gens — ; c'est au pire refuser à certains le droit à des désirs différents. Sans doute une décision de ce genre n'est-elle pas sans profit pour tout le monde ; elle permet surtout à ceux qui décident (et ne prennent guère le métro) de jouir du pouvoir de décider et de tirer les bénéfices de leur démagogie.

La politique de l'enseignement public est un exemple massif de ce divorce entre l'offre publique et la demande. Dans les années 60 et 70, cette politique a accru l'uniformité des services offerts et étendu les obligations imposées aux usagers (captifs). En d'autres termes,

* Ajoutons qu'une telle mesure ne touche pas à l'inégalité économique — les effets de celle-ci étant simplement reportés sur d'autres biens.

l'offre force la demande. Les écoliers sont soumis à l'obligation scolaire jusqu'à 16 ans, astreints au même enseignement jusqu'à la seconde, tenus de se plier à la carte scolaire. La conception « éclairée » du progrès social implique l'extension des contraintes et la négation de la liberté de choix des usagers — le « droit à la différence » ne s'étend pas à l'école. Et pourtant l'aspiration à la différence existe. Les « consommateurs d'école », pour reprendre le titre du livre de Robert Ballion, s'accordent pour revendiquer la liberté de choix de l'école — 92,2 % des parents d'élèves souhaitent que leurs associations demandent en premier lieu « le libre choix des établissements scolaires par les parents [6] » — et diffèrent quant au type d'école qu'ils souhaitent. Le consensus éducatif, note Robert Ballion, a pris fin, la demande est diversifiée : coexistent aujourd'hui « les trois conceptions de ce qu'a voulu et veut produire l'école : " l'enfant discipliné " (celui des écoles lassalliennes), l'" enfant raisonnable " (des écoles de la République), l'" enfant épanoui " (de la nouvelle école) et les trois types de rapport pédagogique qui les accompagnent [7] ». La conception qui vise avant tout l'« épanouissement » de l'enfant s'est imposée comme valeur collective et norme officielle, mais elle n'a la préférence que d'une minorité.

Diversité des attentes, donc, auxquelles ne peut répondre qu'un enseignement diversifié. La politique menée va à rebours de l'évolution des préférences. Dans la pratique, les parents ne peuvent faire valoir ces préférences qu'en usant de manœuvres ou de passe-droits pour que leurs enfants bénéficient de la différenciation occulte de l'école publique, ou en recourant à l'école privée. L'enseignement privé est la seule formule qui offre explicitement des services éducatifs diversifiés, il permet par là même un meilleur (ou un moins mauvais) ajustement de l'offre et de la demande. Robert Ballion met l'accent sur cette fonction des établissements privés qui, très divers, répondent à des désirs différents. Ainsi par exemple les établissements confessionnels parisiens peuvent être catalogués comme suit : *a)* les établissements d'excellence (13 % des établissements), établissements anciens, renommés pour la qualité de leur enseignement et la rigueur de leur éducation (chrétienne et traditionnelle) ; *b)* les établissements d'éducation pour catégories élevées (19 %), réservés en majorité aux jeunes filles de « bonne famille », moins soucieux de la qualité scolaire, attentifs à la « tenue », dispensant une éducation traditionnelle ; *c)* les établissements « substituts » (41 %), de niveau inférieur à l'enseignement public mais qui répondent au désir de sécurité de nombre de familles (des établissements sans « politisation », ni « grèves », ni « drogue », etc.) et qui servent également de lieu d'accueil pour les enfants mal à l'aise dans l'enseignement public ; *d)* les établissements novateurs (5 %), qui mettent l'accent sur un rapport pédagogique qui privilégie l'épanouissement de l'enfant ; *e)* les établissements refuges (22 %), de clientèle populaire, qui accueillent en particulier des enfants en difficulté et des cas sociaux [8].

L'enseignement privé pallie ainsi partiellement ce qu'a d'absurdement rigide l'enseignement public. Intégrer cet enseignement privé au sein du public, ce serait aller jusqu'au bout d'une logique autoritaire qui nie les droits des parents au profit du pouvoir des élus, de la bureaucratie et des syndicats d'enseignants.

Les aides spécifiques qui visent à réduire l'inégalité face à certains biens sont entachées — indépendamment même du coût de leur financement — du même vice fondamental : elles préjugent des préférences individuelles. Qu'il s'agisse de l'aide au logement, des restaurants universitaires ou des chèques-vacances, ce sont toutes des aides affectées, donc à usage imposé.

Soit l'exemple des chèques-vacances. Cette formule a été mise en pratique par le gouvernement socialiste en 1982, mais le ministre du « Temps libre » n'a fait ici que reprendre une idée lancée en 1977 par une commission officielle présidée par Jacques Blanc dans un rapport sur le tourisme familial et social remis au président Giscard d'Estaing [9]. Sous un titre engageant : « Choisir ses vacances », ce rapport faisait diverses propositions dont la création d'un titre-vacances inspiré de la procédure du chèque-restaurant (les titres émis par des organismes professionnels seraient achetés par les employeurs, les comités d'entreprise ou les caisses de retraite et revendus aux salariés à un coût moindre, modulé selon la rémunération et la date des vacances ; ils seraient honorés par des prestataires de services conventionnés). Ce système peut paraître séduisant, mais il cumule les inconvénients. D'abord celui d'être nécessairement compliqué et coûteux. La procédure du chèque-vacances suppose la mise en place d'un système d'achat et de vente des tickets, le calcul de sa valeur dans chaque situation particulière, la passation de conventions entre les prestataires de services et l'État, le contrôle de ces prestataires afin d'éviter les abus — de quoi occuper les bureaux et nécessiter ou justifier l'augmentation de leurs effectifs. L'aide proposée est ensuite critiquable dans sa répartition puisque réservée aux seuls salariés (les autres ont-ils moins besoin de vacances ?). Enfin et surtout, ce système est un bon exemple du « despotisme tutélaire » décrit par Tocqueville. L'État et les organismes sociaux considèrent qu'il est souhaitable que tous prennent des vacances et décident d'aider certains à les prendre (d'une certaine manière). Mais si des bénéficiaires potentiels souhaitaient utiliser différemment les ressources ainsi distribuées, acheter un vélo ou compléter une collection de timbres par exemple, ou pratiquer le yoga ou faire un don à la Fondation de France ?... Et la tutelle ne se borne pas là : le « droit aux vacances » n'est ici en fait qu'un « droit » à *certaines* vacances. Les utilisateurs du chèque-vacances devront s'adresser aux prestataires de services conventionnés et non aux autres. Le rapport s'intitule « choisir ses vacances », il prévoit en fait de n'aider que ceux qui voudront bien accepter qu'on ait déjà choisi pour eux.

Ces différentes formes d'aide ne font ainsi que traduire la prétention des élus ou des bureaucrates à arbitrer pour autrui entre les biens désirables. Aux États-Unis, plusieurs enquêtes ont mis en lumière le décalage existant entre les « besoins » estimés par les administrateurs et les préférences réelles des intéressés. Ainsi à la suite d'une expérimentation d'allocation-logement portant sur plus de 25 000 familles, il est apparu que les pauvres et ceux qui décidaient pour leur bien n'avaient pas la même hiérarchie de priorités.

« Les pauvres, écrit B.J. Friedsen, ne donnent pas à la qualité du logement la haute priorité que lui assignent les gestionnaires du programme. Dans la longue histoire du réformisme en matière de logement aux États-Unis, c'est la première fois que les bénéficiaires ont pu faire savoir leur opinion sur la manière dont l'aide doit être utilisée. Les vues des réformateurs ont toujours dominé (...). Au travers de cette expérimentation, l'avis des pauvres, de cette génération au moins, est sans équivoque : leur principal problème, tel qu'ils le voient, est le coût, non la qualité (...). Les pauvres ont encore de sérieux problèmes de logement, mais ce ne sont pas ceux auxquels s'attaquent la plupart des programmes publics de logement [10]. »

Dans le même sens, une autre enquête a montré que les personnes âgées ne jugent pas leur logement de la même manière que les fonctionnaires sociaux [11]. L'aide tutélaire impose à ses bénéficiaires des critères qui ne sont pas les leurs.

Cette politique aboutit ainsi dans nombre de cas à substituer *sans nécessité* la décision publique aux choix individuels. Ce qui est en cause n'est évidemment pas toute forme d'égalité d'usage — la liberté individuelle n'est pas un absolu — mais le débordement du principe hors de sa sphère légitime. Tracer la frontière entre le secteur où les biens doivent être réglés par l'échange volontaire et monétaire (ou le don) et celui où, par une grâce d'État, l'usage des biens doit être partiellement ou totalement indépendant des ressources est une entreprise difficile qui exigerait une longue analyse. Mais il est possible de fixer quelques bornes. L'égalité d'usage s'impose là où la diversité des goûts et le libre choix doivent céder face aux droits fondamentaux et universels : nul n'a la possibilité d'acheter la quantité de police qu'il désire ni de mettre aux enchères son droit de vote, la justice n'est pas à vendre, la bombe atomique est parfaitement égalitaire... Elle s'impose également face à certains biens d'« investissement » ou de « conservation » de valeur exceptionnelle : l'accès à l'éducation, les soins de santé doivent être largement indépendants des ressources... Mais elle déborde manifestement son domaine là où il n'y a guère de raisons de rectifier par voie autoritaire la consommation volontaire des individus : les vacances, la pilule, les transports, les films, les loisirs, la nourriture (des étudiants), le logement (des ménages modestes), etc. L'action publique s'est développée en ces domaines d'une manière désordonnée au gré de multiples improvisations, sans réflexion d'ensemble ni débat théorique. Le mythe angélique et l'idée égalitaire dispensaient de toute autre justification *.

Au-delà du mythe, il y a sans doute parfois une bienveillance réelle, mais aussi des intérêts politiques et bureaucratiques, et la tendance à préférer ses propres préférences à celles du commun des mortels. L'exemple de la télévision française est très clair à cet égard. La justification de la tutelle publique n'est plus ici l'égalité mais le service public ou l'intérêt général — mais ces notions passe-partout ne sont jamais définies et ne jouent souvent qu'une fonction d'intimidation ; la qualité des programmes — mais invoquer cette qualité pour légitimer la tutelle, c'est revendiquer le droit d'en décider pour les autres ; l'indépendance vis-à-vis des intérêts privés — mais le marché soumet les producteurs aux consommateurs infiniment plus que l'économie publique ne soumet le service public aux usagers. En fait l'opposition animiste public/privé ne sert pour une large part qu'à masquer un détournement de pouvoir. De la part des gouvernements successifs, bien entendu, qui ont vu dans le monopole un moyen de développer la publicité politique en leur faveur. De la part également de la bureaucratie des chaînes qui a tiré du système des bénéfices pécuniaires et non pécuniaires. Outre la politisation de l'information, la télévision française se caractérise par

* Signalons également un autre procédé important de tutelle sur la consommation : la différenciation des taux de TVA. « En 1966, écrit Maurice Allais, le taux normal de TVA était de 20 %, mais il existait des taux réduits (10 % pour le savon, le charbon, les livres, la margarine, les conserves, etc. ; 6 % pour les huiles, le chocolat, les pâtes, les confitures, etc.) et des taux majorés (25 % pour les bijoux, parfums, électrophones, tapis... ; 23 % pour les machines à laver, aspirateurs, articles de sport, de pêche...). Qui pouvait rationnellement justifier le traitement privilégié du savon relativement aux machines à laver ? Qui pouvait considérer un aspirateur comme un article de luxe ? (...) Cette situation est restée aujourd'hui (1977) fondamentalement la même. Le taux de TVA varie du taux réduit de 7 % au taux majoré de 33,3 %. Les fournitures de logement destinées aux hôtels classés dans la catégorie " tourisme " sont frappées au taux de 7 % alors que les disques le sont au taux de 33,3 %. Considère-t-on que pour le bonheur des Français le tourisme est plus utile que les disques ? (...) Cette diversification des taux de la TVA est tout simplement déraisonnable. Elle n'aboutit qu'à des cadeaux gratuits à certains aux frais des autres [12]. »

le « gonflement excessif des coûts de production et la diffusion d'émissions destinées à plaire, non au public, mais aux producteurs et à la bureaucratie du monopole [13] ». Le public est largement perçu comme un client captif dont il faut limiter la liberté de choix :

« Les projets depuis toujours, écrivent J.L. Missika et D. Wolton, ont trouvé leur justification suprême dans la volonté de faire une télévision " pour " le public, l'informer, le distraire, l'éduquer. Mais simultanément, la télévision de service public a toujours éprouvé une méfiance à l'égard des goûts du public. Les sondages ont toujours eu mauvaise presse, identifiés en général aux pires turpitudes de la télévision commerciale américaine, même si elle aussi a bien changé depuis les années 60. La télévision est finalement la seule activité de création dans laquelle tenir compte des réactions du public ressemble à une remise en cause des orientations du service public !... Et une des raisons de l'impopularité de la loi de 1974, dans une partie des milieux professionnels et intellectuels, vint de ce qu'elle introduisait une timide prise en compte de l'audience dans la politique de production et de programmation. On criait à l'assassinat de la création et à la tyrannie des sondages alors que ceux-ci n'intervenaient que pour moins de 1 % dans la répartition de la redevance [14]. »

Dans cette optique, la télévision privée apparaît évidemment comme l'abomination de la désolation car elle a le tort de se plier aux goûts du public (et non à ceux du gouvernement ou de petites féodalités). La comparaison internationale confirme que les télévisions commerciales sont plus respectueuses, intérêt oblige, des préférences des téléspectateurs que les télévisions publiques. L'offre de programmes varie sensiblement selon la nature des chaînes, mais beaucoup moins leur « consommation » car les télévisions publiques provoquent bien davantage de « désertions » que les télévisions privées [15]. Certes la logique du marché ne garantit nullement la qualité des émissions : le public peut avoir mauvais goût. Mais qui entend évincer le marché se prononce pour le monopole de pouvoirs. Et il n'est pas sûr que ceux qui les détiennent aient toujours bon goût. Et il est possible au sein du « privé » de travailler à promouvoir la qualité — par l'action collective, par un effort de conviction raisonnée, non par l'appel au bras séculier.

L'égalité à tâtons

Les réformateurs ont, une fois de plus, surestimé leur propre savoir et sous-estimé la liberté d'autrui. L'égalité d'usage pure et parfaite (la gratuité) n'est jamais qu'une égalité formelle, elle laisse le champ libre à d'autres inégalités. Sous ses différentes formes, cette politique non seulement creuse l'inégalité de pouvoir entre ceux qui décident et les autres mais accorde une prime à certains autres, les mieux éduqués, les mieux informés, les mieux organisés, ceux qui ont des relations, etc. La chronique de l'égalité d'usage abonde en effets pervers inégalitaires :

— *Les aides spécifiques aboutissent parfois/souvent (?) à des redistributions aberrantes.* La politique de construction d'HLM est sans doute l'exemple le plus frappant de faillite de cette forme d'intervention. Les aides ont été, en pratique, mal affectées — nombre de bénéficiaires n'auraient pas dû en être les destinataires — si bien qu'on a pu juger globalement cette politique comme un « vaste détournement de fonds publics [16] ». L'aide à la pierre (qui a prévalu jusqu'en 1976) n'a abouti dans une large mesure qu'à subventionner le logement des catégories moyennes [17]. Le phénomène n'est pas propre à la France. Le logement public est offert à un prix réduit, il suscite une demande qui excède l'offre, crée des files d'attente et permet à ceux qui disposent des meilleures informations ou des meilleures relations — ce ne sont pas les plus déshérités — de détourner l'aide à leur profit. Aux États-Unis, les ambitieux programmes de rénovation urbaine ont bénéficié bien davantage aux catégories moyennes qu'à ceux pour lesquels ils avaient été conçus, les « pauvres » [18].

Les aides indirectes accordées aux étudiants fournissent un autre exemple de transferts fondés sur de bonnes intentions et un mauvais calcul. Le bénéfice du statut d'étudiant est loin d'être négligeable puisqu'un économiste a pu affirmer que dans les conditions actuelles il peut être raisonnable pour un bachelier de poursuivre ses études plutôt que de prendre un emploi *même si* ces études ne lui rapporteront rien à terme ; ce faisant il maximise sa satisfaction immédiate sans hypothéquer ses gains futurs [19]. Or, s'il est vrai également que la situation économique des étudiants est loin d'être homogène et que certaines aides sont directes et différenciées (bourses), il reste que les avantages nombreux dont bénéficient tous les étudiants sous forme de consommations subventionnées (restaurants universitaires, résidences, soins médicaux, prix réduits divers) jouent largement à rebours de l'égalité en raison de la composition sociale de la population étudiante *.

Ainsi l'un des vices majeurs d'une telle politique, c'est qu'en pratique elle est généralement mal ajustée. « Moduler » les prix à des fins égalitaires n'est pas seulement une pratique tutélaire, c'est

---

* L'Université, nous l'avons vu, s'est « démocratisée », mais elle est loin d'être un microcosme de la société globale (penser qu'elle puisse le devenir relève d'ailleurs de l'utopie, sauf à préconiser une contrainte extrême et probablement contre-méritocratique).

généralement une pratique dont l'expérience montre qu'elle excède les capacités de ceux qui nous gouvernent.

— *L'égalité d'usage des biens collectifs se traduit fréquemment par une contre-redistribution sociale.* Si l'on excepte les biens indivisibles telle la défense nationale, les services collectifs gratuits ou subventionnés qui sont en principe également (ou moins inégalement) utilisables sont en fait inégalement utilisés : il y a transfert dont le sens dépend de l'identité des utilisateurs. Or il apparaît que dans nombre de cas les usagers privilégiés de ces services appartiennent plutôt aux catégories « privilégiées ». La gratuité de l'enseignement profite à tous jusqu'à 16 ans mais à certains seulement quand cesse l'obligation légale. L'utilisation des équipements touristiques, l'usage des installations sportives, la fréquence des voyages sur Air France ou Air Inter augmentent avec le niveau de revenu. La fréquentation des spectacles subventionnés (théâtre, concert, ballet, opéra) ou des bibliothèques publiques s'élève avec le niveau culturel et donc *grosso modo* le niveau social. Chaque spectateur de l'Opéra bénéficiait en 1977 d'une subvention de 360 F, chaque passager de Concorde en 1978 d'une subvention de 3 685 F [20]. Les bénéficiaires n'appartenaient pas aux couches les plus démunies.

Certes l'usage effectif des biens collectifs ne va pas toujours dans le même sens, et les effets redistributifs sont complexes et variés : la gratuité de l'enseignement primaire profite à toutes les familles, les centres aérés ont surtout une clientèle populaire, la localisation des biens « culturels » (Beaubourg, La Comédie-Française, l'Opéra) creuse l'inégalité entre Paris et la province, les subventions aux transports en commun favorisent surtout les salariés... Faute d'analyse qui prenne tout en compte — les données disponibles sont partielles — il est imposible de conclure avec certitude [21]. Mais il est douteux que l'incidence globale des biens collectifs « divisibles » soit autre chose qu'une redistribution à rebours.

Cette distribution déréglée de revenu (en nature) d'origine fiscale est un effet pervers, elle annule en partie les effets distributifs de la fiscalité mais, comble de perversité, elle n'en annule pas les effets pervers. La redistribution peut avoir à la fois une faible incidence sur la répartition finale des ressources et une incidence forte (et négative) sur le montant de ces ressources. Supposons que les professions libérales et cadres supérieurs soient soumis à un taux marginal d'imposition très élevé mais qu'ils récupèrent pour l'essentiel leur mise — la somme versée au Trésor public — sous forme de transferts en nature. La partie est nulle, mais au tour suivant les joueurs auront tendance à réduire leur travail ou à masquer leurs revenus tout en continuant à recevoir les mêmes transferts. Les effets pervers se cumulent. Il y a quelque chose de cela dans l'expérience suédoise, qui a le mérite de montrer le chemin à ne pas suivre.

— *L'inégale qualité des biens collectifs ne fait généralement que renforcer les inégalités.* Les bénéfices des services publics sont inégalement partagés, de même les coûts de la dégradation d'un service public. Les fournisseurs de biens publics ont un avantage important sur les fournisseurs de biens privés, ils peuvent offrir un bien de mauvaise qualité sans craindre la faillite. Une lessive qui laverait mal, un rasoir qui raserait mal ne resteraient pas longtemps sur le marché, un enseignement public qui enseigne mal peut faire preuve de longévité. Le mécanisme du marché donne en effet au consommateur un moyen simple et efficace d'expression de son insatisfaction, la désertion : qui est mécontent de sa lessive et de son rasoir choisira une autre marque. Mais la production publique ne donne pas le même pouvoir aux usagers. Comme l'a montré A.O. Hirschman dans *Exit, Voice and Loyalty*[22], les formes de réactions possibles — *exit* (la désertion) et *voice* (la protestation) — sont ici plus exigeantes et plus coûteuses et par là même plus inégales. Les consommateurs « dominés » ne sont pas ceux qu'on pense :

a) Nombre de biens collectifs n'ouvrent que peu de possibilités de désertion, utilisables surtout par les *happy few*. Les biens collectifs parfaitement indivisibles (la politique extérieure, la défense nationale) profitent, ou nuisent, à tous sans désertion possible autre que l'émigration et le changement de nationalité. Certaines consommations publiques divisibles sont l'objet d'un usage imposé : le « bénéfice » des vaccinations obligatoires, de l'affiliation automatique à la Sécurité sociale… s'impose à tous — l'*exit* est passible de sanctions. Dans les autres cas, le prix de la désertion est moins élevé, mais sa mise en pratique suppose néanmoins que le « déserteur » en ait les moyens. Déserter d'une école publique vers une école privée comporte des coûts d'information et un coût financier ; utiliser le téléphone ou le télégraphe parce que la poste fonctionne mal, changer de quartier si la sécurité n'y est plus assurée sont des choix onéreux ; se rabattre sur le théâtre ou le cinéma quand la télévision publique devient ennuyeuse implique un prix à payer…

b) Les fournisseurs de biens collectifs sont peu sensibles à la désertion, davantage à la protestation. Leur financement est largement indépendant de la dimension de leur clientèle, et les avantages de leur situation — les possibilités de laisser-faire ou d'indolence — ne seront pas remis en cause par le départ de certains consommateurs. Au contraire, comme ceux qui ont les moyens de déserter sont également ceux qui sont le plus susceptibles de protester, la tranquillité des dirigeants du service public peut s'en trouver plus assurée. L'analyse d'A.O. Hirschman est partie d'une observation paradoxale : au cours de ses recherches sur le développement, il a constaté que les chemins de fer du Nigeria, alors qu'ils fonctionnaient correctement quand ils étaient en situation de monopole, se sont révélés médiocres et incapables de toute amélioration dès qu'ils ont été exposés à la concurrence de la route. L'explication est simple : l'apparition de nouveaux moyens de transport a privé le rail non pas d'une fraction aléatoire de ses usagers mais des plus exigeants d'entre eux. Et comme les dirigeants des chemins de fer étaient plus sensibles aux revendications des passagers qu'à la défection d'une partie de leur clientèle, la désertion des protestataires a supprimé l'incitation à la modernisation [23].

Cet exemple a une portée générale : la dégradation de l'enseignement public aux États-Unis a été amplifiée par la défection de la clientèle aisée. La baisse de qualité du service des postes, aux États-Unis et en France, a « bénéficié » également du phénomène d'*exit*.

« L'administration postale américaine, écrit A.O. Hirschman, fournit un autre exemple de monopole indolent : sa prospérité repose sur le fait que les usagers les plus riches et les plus exigeants ont la possibilité, limitée il est vrai, de s'adresser ailleurs. L'existence de moyens de communication rapides et sûrs que sont le télégraphe et le téléphone leur permet de mieux supporter les défaillances qui affectent l'acheminement du courrier ; elle permet aussi à l'administration postale d'exercer d'autant mieux sa tyrannie sur ceux des usagers pour qui le recours à d'autres moyens de communication est trop onéreux ou incommode [24]. »

c) Ce jeu de réactions (actives ou passives) en chaîne aboutit ainsi, dans le cas de la dégradation d'un service collectif, à pénaliser les plus modestes. D'une façon générale, *exit* et *voice* ne sont pas des armes équivalentes : la désertion est l'arme privilégiée des faibles, la protestation l'arme privilégiée des forts. Sur le marché la désertion est un mode d'action individuel qui ne réclame le plus souvent ni un grand effort ni une grande compétence, elle est un moyen accessible aux timides, aux petits, aux sans-grade. La protestation, en revanche, est dans tous les cas psychologiquement éprouvante pour qui n'a pas l'habitude ou le goût d'exprimer formellement son mécontentement ; elle est plus aisément utilisable par ceux qui savent parler, écrire, argumenter, par ceux qui sont doués de culot ou dotés d'une « grande gueule », et bien entendu par ceux qui sont organisés. Or les biens collectifs non seulement sont surtout sensibles à l'arme des forts, la protestation, mais ils ne donnent guère la possibilité aux faibles d'utiliser l'arme de la désertion. Les faibles sont alors les victimes privilégiées de la baisse de qualité d'un service collectif. Le préjudice qu'ils subissent est lié à leur discrétion et reste, du fait de cette discrétion, peu visible.

Soit à nouveau l'exemple de l'enseignement. En France, comme aux États-Unis, ce sont les plus modestes qui ont droit à l'enseignement le plus mauvais. En décembre 1981, le rapport rédigé par Laurent Schwartz à la demande du gouvernement socialiste (dans le cadre de la commission dite « du Bilan ») a mis l'accent sur l'une des plaies cachées de l'Éducation nationale : la dégradation de la formation des professeurs des collèges et le nombre important de professeurs incompétents. En 1980, plus de la moitié des postes d'enseignement des collèges étaient occupés par des PEGC (professeurs d'enseignement général des collèges), la plupart anciens instituteurs et beaucoup sous-qualifiés pour un enseignement secondaire *(encadré page suivante).* Or ces PEGC officient surtout dans des collèges à clientèle modeste en raison de leurs affectations (ils sont nettement plus nombreux dans les ex/CEG, de clientèle généralement populaire, que dans les anciens premiers cycles de lycée) et en raison de la désertion de ceux des usagers qui ont les moyens de juger de la qualité de l'enseignement et d'émigrer vers un autre collège. Et ici comme ailleurs ceux qui ont le moins de possibilités pour déserter sont les moins armés pour protester. La puissance de protestation existe, mais elle est du côté des syndicats, en l'occurrence du Syndicat national des instituteurs (SNI). Dans son rapport, Laurent Schwartz incriminait la responsabilité des principaux et des censeurs de collèges qui « ont eu souvent de grands torts en affectant des enseignants à des postes où ils étaient incompétents » ; celle, « la plus grave », des gouvernements qui par ce type de recrutement ont réalisé « des économies substantielles aux dépens de l'ensemble des enfants » ; et aussi celle, « très lourde », du SNI qui a choisi « de mordre sur les enseignements au-delà de l'école élémentaire, par là même de mordre sur un autre syndicat, le SNES ». Le SNI, poursuivait Laurent Schwartz, a « pratiquement sacrifié son idéal de formation des maîtres dans un but de puissance politique et sociale [25] ». Crime de lèse-syndicat qui a provoqué une contre-attaque violente et indignée : des « affirmations péremptoires », des « perfides observations » ou « accusations scélérates » ; « les propos de Laurent Schwartz sont ceux d'un grand bourgeois qui découvre l'école du peuple et qui trouve qu'elle n'est pas bonne pour les fils de la bourgeoisie » (J.-Cl. Barbarant, responsable des PEGC au SNI, qui fut désigné pour lancer la contre-offensive). Le secrétaire du syndicat, Guy Georges, alla jusqu'à écrire au premier ministre pour faire part de son « indignation » et déclarer « ne pouvoir accepter qu'un membre de la commission du Bilan tire profit de sa mission pour monter un véritable règlement de comptes [26] ». La cause fut

LES PEGC ET LA DÉGRADATION DU SERVICE PUBLIC D'ENSEIGNEMENT

RAPPORT DE LAURENT SCHWARTZ POUR LA COMMISSION DU BILAN (DÉCEMBRE 1981)

« Il y a deux sortes d'enseignants dans les collèges, on devrait dire deux populations d'enseignants, complètement différentes ; d'une part les certifiés ou agrégés, comme dans les lycées, d'autre part les PEGC, professeurs d'enseignement général des collèges, formés de façon complètement différente, un peu comme les instituteurs. *La plupart des PEGC sont d'anciens instituteurs,* à qui on a donné une formation complémentaire, une minorité sont des étudiants d'université ; ils subissent cette formation complémentaire *(connaissance et pédagogie)* dans les centres régionaux de formation des professeurs de CEG, où ils sont salariés (...). La formation pédagogique est probablement bien soignée. Mais, en ce qui concerne les connaissances, les futurs PEGC passent l'examen de 1e année *d'un* DEUG (diplôme de 1er cycle d'université, DEUG : diplôme d'études universitaires générales ; la scolarité du DEUG dure 2 ans, avec un examen à la fin de chaque année), et ils étudient ensuite deux matières choisies dans deux DEUG, suivent les cours dans l'École normale ou à l'Université, mais ne passent qu'un examen *interne,* le CAPCEG (certificat d'aptitude de professeur des collèges d'enseignement général), pas celui de l'université (...). Le PEGC n'est pas toujours au niveau de l'examen, les professeurs d'École normale sont compétents, mais tout se passe « en famille », avec parfois un *très grand laxisme,* l'universitaire présent a très peu d'influence. En cas d'échec, des problèmes de remboursement du salaire perçu antérieurement se posent, et la pression syndicale pour la générosité est forte. Le nombre des reçus dépasse en général 80 %, et sur ceux-là une bonne partie est d'un niveau *vraiment faible.* Il faut dire qu'on oblige les PEGC à être bivalents, à connaître deux disciplines et à les enseigner ; il n'est pas raisonnable d'imaginer que des étudiants ou des instituteurs puissent convenablement préparer en 2 ans l'équivalent de deux matières très différentes de DEUG universitaires, c'est donc *forcément* bâclé et laxiste. Si, dans ces deux matières, ils ont passé un examen interne laxiste, ils n'ont l'examen externe (1re année d'un DEUG) que dans *une* matière ! Mais en outre, il y a des PEGC qui sont des instituteurs *intégrés,* c'est-à-dire choisis sur dossier (...). Ceux-là, quelles que soient leurs capacités pédagogiques comme instituteurs, ont souvent une compétence *très faible* dans les matières à enseigner. Nous avons reçu plusieurs lettres de ces PEGC, anciennement bons instituteurs, qui montrent que *les cas scandaleux ne sont pas des exceptions marginales !* De bivalents, les PEGC ont rapidement été considérés comme polyvalents, *on donne à enseigner n'importe quoi à n'importe qui !* (...) Lors de l'introduction de la physique en 6e (réforme Haby), moins du tiers des enseignants avaient fait de la physique (en dehors de leurs années de lycée, bien anciennes) ; lors de l'introduction de l'économie dans l'enseignement secondaire, on a demandé aux professeurs d'histoire de l'enseigner ; une sorte de machine folle, emballée, s'est mise à tourner ! (...)

« Voici maintenant quelques chiffres. Au budget de 1980 pour les collèges, il y a 141 888 postes d'enseignement, dont 82 728 postes de PEGC (58 %), 55 053 postes de professeurs certifiés, 4 107 postes de professeurs agrégés ou deux fois admissibles à l'agrégation (...). Autrefois les enseignants de la 6e à la terminale étaient *licenciés,* sinon *agrégés.* On ne peut pas toujours regretter le " autrefois " ; mais quand même, l'Université avait, les dernières années, de nombreux candidats au CAPES et à l'agrégation, et on baissait le nombre de postes offerts ! Nous nous sommes forcés à écrire froidement ces chiffres, sans colère apparente, mais ils sont accablants ! On a appelé cette partie de la réforme Haby de 1975 (le cadeau de 32 300 postes de PEGC aux instituteurs pour 1975-1980) la réforme Peter. On connaît le principe de " Peter " qui dit que tout individu occupe le métier correspondant à son premier niveau d'incompétence ; en effet, tant qu'il est compétent il est régulièrement promu ; dès qu'il atteint son premier niveau d'incompétence, il cesse d'être promu mais il reste à son niveau et occupe donc tout le reste de sa vie un poste à son premier niveau d'incompétence. *Il fallait donner aux instituteurs des promotions et une carrière qu'ils méritaient amplement ; il était anormal, pour les promouvoir, de les faire enseigner dans des collèges.* »

La France en mai 1981. Études et rapports de la commission du Bilan, t.IV, *L'Enseignement et le développement scientifique,* Paris, La Documentation française, décembre 1981.

rapidement entendue. Les élèves (et leurs parents) victimes de cet « enseignement au rabais » (L. Schwartz) ne font pas le poids.

L'angélisme dont se réclament producteurs et avocats des biens tutélaires relève donc bien du mythe. Les bonnes intentions (affichées) ne garantissent nullement de bons résultats. Certes tout n'est pas noir — les maternelles par exemple apparaissent dans l'ensemble comme une réussite — mais il y a beaucoup de gris. Cette représentation angélique est évidemment un atout et elle est bien protégée. Les ministres, les bureaux et les syndicats pratiquent les uns et les autres une certaine rétention de l'information et les biens publics bénéficient d'une certaine impunité vis-à-vis de l'extérieur. Administration et entreprises publiques échappent largement au contrôle parlementaire, les résultats de leurs actions ne font guère l'objet de travaux d'évaluation (à la différence des États-Unis) et les contrôles sont internes et discrets — les rapports administratifs sur les dysfonctionnements des services publics, tel le rapport Nora sur la Sécurité sociale (1980), restent confidentiels. Il existe certes une exception, le rapport de la Cour des comptes qui rend public chaque année un lot d'erreurs, d'abus et de faux pas. Mais ce rapport reste marqué du sceau de la prudence.

Son élaboration, écrit E. Rohde, obéit « à un ensemble de règles florentines, non écrites pour la plupart. Loin de reproduire simplement les observations des rapporteurs, les textes insérés sont tous soigneusement recomposés, voire expurgés... Certains tronçons font parfois l'objet d'âpres négociations, où il est question de la place d'une virgule, entre l'auteur et ses pairs, voire entre celui-ci et le cabinet du ministère concerné (qui en prend normalement connaissance pour fournir une réponse également insérée). En dehors des questions que la Cour aura décidé d'évoquer dans le rapport public, la plus grande majorité de ses observations — sous forme de “ référés ” ou de “ notes du parquet ” — resteront inconnues du public. Celui-ci ne saura vraisemblablement jamais ce que recouvrent celles ayant concerné par exemple les interventions en faveur des rapatriés ou les dépenses de primes à la construction. Et c'est sans doute dommage [27] ».

Les biens sous tutelle bénéficient de la tutelle sur les informations qui les concernent.

CHAPITRE XII

BIENVEILLANCE PUBLIQUE CONTRE BIENVEILLANCE PRIVÉE

Il y a trois modes de circulation des biens et des services : l'échange, la contrainte et le don. Dans l'ordre du privé, les biens circulent par l'échange (l'achat-vente sur le marché) et par le don (les soins des parents aux enfants, la quête à la messe le dimanche, le bénévolat au service des autres...). Dans l'ordre du public, cette circulation est dominée par la contrainte (acceptée ou non), préalable et contrepartie nécessaires aux dons de l'État. Or, la représentation dominante, soucieuse de privilégier la bienveillance publique, a jeté non seulement un voile pudique sur la contrainte qui en est inséparable, mais aussi un voile d'ignorance sur la bienveillance privée. Les animistes contemporains raisonnent dans le cadre de l'opposition échange (privé)/dons (publics) : l'échange est inégal ou manipulé, il faut donc qu'intervienne l'État bienveillant, armé, bien entendu, de ses bonnes intentions et de sa prétention au savoir, et plus discrètement de ses moyens contraignants. Représentation *a priori* paradoxale : les animistes contemporains qui disqualifient le marché à partir des intentions sordides ou coupables de certains de ses acteurs ignorent les activités animées des intentions les plus pures et les plus désintéressées ; les mêmes qui s'en prennent à la logique de l'argent pensent en termes utilitaristes et n'accordent guère d'attention aux biens immatériels qui relèvent par nature du privé : l'amitié, l'affection, la tendresse, le sentiment de compter pour quelqu'un... Mais la bienveillance privée n'est pas conforme à la répartition des rôles de l'animisme régnant : l'angélisme est un monopole d'État (et de certains groupes, qui font appel à lui). Même si ceux qui se réclament de ce monopole — comme d'ailleurs ceux qui rêvent d'étendre le marché à toutes les activités humaines — ne seraient pas ce qu'ils sont s'ils n'avaient d'abord bénéficié de soins où ni l'État ni l'échange n'ont leur part :

« En tout temps, dans toutes les sociétés, écrit Bertrand de Jouvenel, les parents s'occupent de leurs enfants, leur fournissent nourriture et protection, et les entourent de soins : toute exception soulève le scandale. À la vérité, l'être humain n'est jamais si diligemment servi que lorsqu'il est dans l'incapacité de " marchander " ou de " défendre ses droits ". Il est normal, par conséquent, que nous reportions dans notre vie d'adulte quelques restes de cette attente d'amour, de ménagement et d'aide, qui fut encouragée dans notre enfance. Cette attente est tout à fait négligée dans ces représentations de la société qui s'inspirent d'un club de célibataires (...). On semble oublier que l'espèce humaine n'aurait pas pu durer sans le don, que celui-ci est plus essentiel que l'échange [1]. »

La famille, affaire d'État

« L'amour commence à la maison, écrit mère Teresa. Les personnes qui s'aiment pleinement et véritablement l'une l'autre sont ce qu'il y a de plus heureux dans le monde. Nous le voyons bien jusque chez les plus pauvres ; ils aiment leurs enfants, ils aiment leur foyer, ils peuvent n'avoir presque rien ou même n'avoir rien du tout, mais ils sont heureux [2]. » Mère Teresa s'y connaît en misère humaine, les pauvres ne sont pas pour elle une donnée statistique ou un objet de discours dans les salles cossues des organisations internationales ou des colloques de spécialistes. Et elle ouvre son admirable petit livre *La Joie du don* (le titre anglais est *A Gift for God*) par ces phrases simples et fortes sur l'amour au foyer et dans la vie familiale.

Ce discours, combien l'ont tenu en Occident dans les années 60 et 70 ? L'écho en tout cas en a été bien faible, couvert par les éclats des experts et idéologues, intellectuels et demi-intellectuels, occupés à donner une tout autre image, essentiellement négative, de la famille.

La famille a été de préférence :

— Étudiée au travers de ses fonctions sociales coupables : la transmission de l'héritage (matériel, culturel) et sa contribution à la perpétuation des inégalités, à la reproduction de l'ordre social.

— Placée sous les feux de l'actualité à propos d'abus, largement grossis : femmes battues, enfants maltraités, *wife abuse, child abuse*, qui ont fait l'objet aux États-Unis d'estimations extravagantes et pourtant largement citées et diffusées (en 1975, un expert estimait le nombre possible de femmes battues aux États-Unis à 28 millions, soit 42 % des femmes mariées [3]).

— Considérée comme responsable des perturbations psychologiques de chacun de ses membres : les relations familiales ont été fréquemment présentées, la vulgate psychanalytique aidant, comme répressives et pathogènes.

— Largement ignorée dans la mesure des inégalités : « Tous les jours, écrit Alfred Sauvy, la presse dénonce l'infortune des salariés modestes (en France le " smicard ") sans relever qu'une famille de trois enfants a un pouvoir de consommation moindre, même si son ou ses salaires sont notablement supérieurs au minimum [4]... »

Mal aimée généralement des « leaders d'opinion », la famille a été prise directement pour cible par certaines minorités (très) actives. Soit aux États-Unis (et dans les autres sociétés d'Occident avec quelques variantes) : les féministes, la *New Left*, les *Sexual Libertarians*, les homosexuels... dont quelques titres montrent clairement quel est l'ennemi privilégié — *La Mort de la famille* (Cooper), *Le Mariage est un enfer* (Perutz), *Le Bébé piégé* (Peck), *La Femme eunuque* (Greer) [5]. Plus généralement, la famille est apparue comme un obstacle à la « libération » des mœurs, comme une entrave à l'expression du « moi », à ce narcissisme qui restera comme l'un des traits originaux des années 70 : après tout, nous sommes sans doute l'unique civilisation à avoir, un temps, prôné l'égoïsme comme idéal personnel.

Le réquisitoire contre la famille a perdu de sa force à la fin des années 70, mais non pas l'idée de la crise, du déclin de la famille. Parallèlement au discours critique, un autre discours a été tenu qui est devenu largement vérité officielle et qui s'articule toujours autour de deux thèmes essentiels. D'abord un diagnostic : le modèle traditionnel de la famille a largement vécu, et la famille n'est plus en état de remplir les rôles qu'elle assumait traditionnellement. Le déracinement, la rupture des relations au sein de la parentèle, l'isolement, la mise en cause du mariage comme institution, le conflit des générations à l'intérieur des familles... créent une situation, considérée comme irréversible, où la famille ne peut plus se suffire à elle-même. La thérapeutique ensuite qui s'impose d'elle-même : il faut bien entendu que l'État prenne le relais.

« La famille, écrit le Premier ministre suédois Olof Pälme, est une réalité sociale qui, comme tant d'autres, a évolué avec le temps. Elle est très différente aujourd'hui de ce qu'elle était dans notre vieille société rurale et agraire. Maintenant, la famille ne saurait se suffire à elle-même : elle a besoin de l'appui de la collectivité [6]. »

La famille est devenue de plus en plus une affaire d'État. Considérée comme une « cause nationale » par le président Carter, discutée en France au sein des commissions du Plan, soumise à une sollicitude publique extrême dans les pays scandinaves, partout assistée de spécialistes, de travailleurs sociaux en nombre croissant appointés par l'État.

La bienveillance publique se déploie ainsi à partir du constat de l'insuffisance ou de la faillite de la bienveillance familiale et elle prétend y suppléer. Or le constat est faux et la prétention exorbitante. Non seulement la famille n'est pas ce que les tenants de l'action publique disent qu'elle est, mais les politiques publiques se sont révélées fréquemment préjudiciables à la famille.

L'intervention de l'État sur la famille a de nombreux aspects et bien peu d'effets positifs. Considérons trois séries d'exemples empruntés à la France, aux États-Unis et au Danemark, qui sont autant d'exemples d'influences perverses ou de procédures coûteuses :

— La politique sociale française a contribué à distendre les liens entre générations. Comme l'a montré Agnès Pitrou [7], cette politique est partie d'une idée fausse, elle ne l'a pas rendue vraie mais a joué en ce sens. L'idée fausse, reçue comme incontestable par tous les praticiens de la politique sociale, est celle de la famille éclatée, de la rupture des liens familiaux entre adultes, entre générations successives aussi bien qu'entre collatéraux. Ces liens rompus et qu'il est tenu pour impossible de renouer, la politique sociale se doit alors d'en pallier l'absence, mais, ce faisant, il lui arrive de susciter ou d'aggraver « l'éclatement entre les générations et à l'intérieur des réseaux familiaux [8] ».

« On pourrait en donner bien des exemples, écrit Agnès Pitrou. Ainsi les dispositions de l'" obligation alimentaire " entre générations, en cas de besoin de l'une d'elles, sont pratiquement abandonnées dans la jurisprudence, et l'on réclame de divers côtés la suppression totale de la responsabilité financière d'une génération vis-à-vis de l'autre : toutes sortes d'allocations spécifiques ne remplacent-elles pas le pécule que les parents assuraient à leurs enfants incapables de subvenir à leurs besoins ou, plus fréquemment, celui que les enfants devaient verser à leurs parents âgés ou infirmes ? Les pratiques administratives en matière de logement en sont une autre illustration. Le développement des zones périphériques de logement a concerné les jeunes familles, tandis que les personnes âgées restaient dans les quartiers anciens ; plus récemment, la rénovation de ces quartiers vétustes chasse à leur tour les personnes âgées sans les rapprocher pour autant de leurs enfants logés en HLM, car, sauf exception, ces critères de proximité familiale n'entrent pas en ligne de compte, surtout dans les grandes agglomérations, pour l'attribution des logements dictée par la nature, le financement et la localisation des " programmes ". Quant aux logements, ils sont conçus " en peuplement normal " pour abriter strictement une famille nucléaire sans ascendants, et le peuplement normal donne droit à l'allocation logement. Dans ces conditions (...), il est difficile de faire venir, même temporairement, le grand-père ou la grand-mère. Enfin, l'État et les administrations ou institutions sociales entérinent et même organisent eux-mêmes la ségrégation des âges en " programmant " et en réalisant des équipements spécifiques à chaque catégorie : foyers-clubs du troisième âge, maisons de jeunes, clubs d'enfants (...).

« Le processus circulaire se referme ; le constat de la rupture présumée des liens familiaux engendre une série d'actions destinées à y pallier dans l'exercice de la vie quotidienne des familles ou des vieillards, mais dont certaines à leur tour renforcent l'isolement ou l'éloignement [9]. »

— Aux États-Unis, la famille nucléaire elle-même a été pénalisée par plusieurs dispositions publiques. Cette *anti-family policy*, qui n'a pas apparemment été perçue comme telle par ceux qui l'ont élaborée, a selon Theodore Caplow [10] trois composantes. D'abord une taxe sur le mariage et surtout une surtaxe sur le mariage des pauvres. La surimposition des couples mariés dont les deux membres travaillent a été un effet non intentionnel des réformes fiscales de 1978 : le simple fait d'être marié a pour 17 millions environ de ménages américains un coût qui peut s'élever à plusieurs milliers de dollars par an pour les catégories moyennes-supérieures de revenu. Le mariage devient « hors de prix » — à moins de ruser avec le fisc comme ce couple qui avec force publicité divorçait chaque année en décembre pour se remarier en janvier *. La *marriage penalty* est encore plus forte pour les pauvres : conséquence perverse du *Welfare* dont on a vu l'influence corrosive.

Ensuite une prime aux naissances illégitimes (la promotion des jeunes mères à un statut d'adulte, des avantages financiers et en nature importants et tentateurs) qui relève du même système d'assistance et explique au moins pour une part l'augmentation rapide du nombre d'enfants nés hors mariage. Enfin ce que l'on aurait appelé en d'autres temps l'« incitation des mineurs à la débauche », résultat paradoxal de programmes fédéraux maladroitement conçus. Les crédits pour l'éducation sexuelle et la contraception sont distribués au travers d'un réseau d'organisations quasi publiques qui dépendent presque entièrement des fonds publics mais n'ont pas de droit acquis à les obtenir. Leurs demandes de crédits doivent être justifiées chaque année sur la base de leurs résultats antérieurs. « En termes pratiques, cela signifie que la survie des agences et des postes de ceux qui y travaillent dépend de leur capacité à développer une large clientèle en délivrant des contraceptifs au plus grand nombre d'adolescents possible. » Cette activité de

* Cette incitation fiscale au divorce ou/et à l'union libre a été réduite mais non supprimée en 1981.

« promotion » de la sexualité adolescente s'est révélée, conclut Th. Caplow, d'une efficacité incontestable [11].

Dans le même sens, les programmes d'éducation sexuelle ont donné l'occasion à certains groupes d'opérer un travail de sape des normes traditionnelles de la famille et du comportement privé. L'opération s'est faite sous les couleurs de la liberté, mais elle vise en fait à disqualifier certaines valeurs au profit d'autres valeurs. Dans les années 70, de nouveaux programmes d'éducation sexuelle ont été appliqués dans certains États, qui ont reçu l'aval et le soutien financier de l'administration Carter. Ces programmes ont fait l'objet d'une critique dévastatrice de la part de Jacqueline Kasun qui a montré qu'il s'agissait « non d'éducation mais d'endoctrinement ». Tout choix sexuel est présenté comme parfaitement *all right*, y compris l'homosexualité, la masturbation et jusqu'à l'inceste dont « on commence même à enseigner aujourd'hui (1980) la même chose [12] ». La neutralité affichée est largement fictive ou plutôt à double sens. Certains jugements de valeur sont proscrits — ce qui permet de dissocier la sexualité de la procréation, du mariage, de l'amour — mais d'autres jugements de valeur sont implicitement introduits. Les termes clefs de cet « enseignement » sont révélateurs : la créativité, l'image de soi, l'enrichissement par l'expérience, le style de vie, la réalisation de soi [13]... Sous le couvert de la bienveillance publique, cette *sex education* ne fait que valoriser l'égoïsme privé.

— L'exemple danois illustre enfin un autre aspect de cette bienveillance publique et qui en est la contrepartie obligée : le déplacement du pouvoir de décision, ici au détriment de l'autorité et de la responsabilité des pères et mères de famille. Au Danemark, en effet, l'enfant est dès la naissance placé d'office et d'autorité sous tutelle publique. La loi l'indique clairement : « Il est du devoir de la commission municipale du bien-être social [ce titre ne détonnerait pas dans *1984* d'Orwell] de contrôler les conditions dans lesquelles vivent les enfants de sa zone de compétence et d'aider les parents à les élever et à en prendre soin [14]. »

« Il ne s'agit nullement d'une formule creuse, explique Olivier Postel-Vinay. Pendant l'année qui suit la naissance, l'assistante sociale se rend, parfois à plusieurs reprises, au domicile de la famille. Si, pour quelque raison, « l'enfant paraît susceptible de requérir une aide particulière », la commission municipale est tenue de mener une enquête et peut exiger que l'enfant soit vu par un médecin ou un psychologue. Si l'enfant paraît mériter un examen approfondi, il est envoyé gratuitement dans un « centre d'orientation ». Si plus tard l'enfant rencontre des difficultés d'adaptation à son environnement quotidien, scolaire ou autre, la commission municipale est tenue de fournir une assistance spéciale. Si la famille ne souhaite pas recevoir cette assistance spéciale, la commission peut nommer un « conseiller personnel » de l'enfant. Si cette mesure paraît insuffisante, la commission peut décider de retirer l'enfant de sa famille. Un juge assiste la commission mais ne prend pas part à la décision. La commission peut décider, contre l'avis de la famille, de placer l'enfant dans une autre famille, dans une institution ou dans un hôpital psychiatrique. Si besoin est, elle requiert l'assistance de la police [15]. »

L'exemple danois est sans doute un exemple extrême — comme la loi suédoise qui interdit la fessée parternelle * —, mais la tendance est générale : l'éducation des enfants échappe partout davantage au pouvoir de décision des parents, dans le domaine de l'enseignement d'abord (la réforme Haby par exemple impose un menu unique et obligatoire de la sixième à la seconde), mais aussi dans les autres domaines. Au nom de l'intérêt de l'enfant et en vertu de son propre savoir, une élite professionnelle — psychologues, psychiatres, experts en sciences humaines, travailleurs sociaux — a étendu son pouvoir sur la famille. Cette élite se réclame généralement d'une « éthique thérapeutique » qui s'accorde avec ses intérêts de catégorie. D.P. Moynihan a fait remarquer qu'en mettant l'accent sur la pulsion plutôt que sur le choix raisonné en tant que déterminant des conduites humaines et en imputant à la société la responsabilité des problèmes des individus, cette catégorie professionnelle para-publique vise à susciter une demande pour ses services ; l'idée d'une responsabilité sociale universelle étend leur clientèle et l'importance de leur savoir [17]. Il est certes un domaine — la médecine — où la nécessité de l'expertise est indéniable et où la réglementation publique a eu des effets positifs (en France la protection maternelle et infantile), mais dès qu'il ne s'agit plus du corps mais de l'esprit, le savoir des experts est beaucoup plus incertain et bien davantage susceptible de corruption idéologique. Sous réserve bien entendu des parents indignes ou incapables, le pouvoir de décision doit rester au sein de la famille. Non seulement parce que tout autre système est attentatoire à la liberté, mais parce que les parents sont mieux armés que tout autre pour décider ce qui est le bien des enfants. Ils bénéficient de davantage d'informations sur les enfants et sur leurs besoins individuels, ils peuvent observer quotidiennement leur évolution et les réactions aux décisions prises, et ils sont très généralement riches de deux biens rares et essentiels — l'amour et le

* Le 16 mars 1979, le Parlement suédois a adopté par 259 voix contre 6 un projet de loi interdisant les punitions corporelles sur les enfants. Selon ce texte, toute punition causant une souffrance physique ou morale, même légère ou temporaire, est un délit. La loi s'applique aux parents aussi bien qu'à toute personne qui a charge d'enfants [16]. L'État prévoit une sanction publique pour quiconque a recours à une sanction familiale. Mélange poussé jusqu'au ridicule d'utopie pédagogique et d'autoritarisme législatif.

temps — dont la bureaucratie n'est guère prodigue. Et c'est au sein même de la famille que les enfants ont le plus de chances d'avoir une voix dans les décisions prises.

L'état de la famille

Le discours officiel est un miroir déformant. La famille a des racines solides et fait preuve, contre beaucoup d'attentes, d'une remarquable vitalité face à des vents contraires. En dépit en effet de l'image que l'on donne d'elle, des attaques dont elle a été l'objet, de cette sollicitude publique qui soigne de préférence le mal par le mal, « la famille, entendue dans son acception la plus large, demeure une institution solide et incontestée, un instrument de soutien et d'intégration à la société aux rôles multiples et complémentaires [18] ». Il y a donc des mythes à dissiper.

D'abord le mythe de la désintégration interne de la famille :

« La vie familiale va très bien, on s'entend bien, on est heureux », « Les relations avec la cellule familiale sont simples et sans détours », « La vie de famille me plaît beaucoup », « Nous, on est des privilégiés, notre famille, c'est magnifique », « Les relations entre les différentes personnes qui forment la famille sont bonnes, c'est le bonheur d'être ensemble ».

Ces phrases extraites d'entretiens réalisés par la COFREMCA [19] donnent une image de la vie de famille en France qui ne correspond guère à la représentation dominante mais que confirment tous les sondages. En 1977, lorsqu'on demandait aux Français ce qui leur avait apporté le plus de plaisir au cours de ces dernières semaines, 54 % ont répondu « être en famille ». C'est la réponse qui a recueilli, et de loin, le plus de suffrages. 77,5 % des personnes interrogées étaient d'accord avec la proposition : « Certains moments passés en famille sont ceux que j'apprécie le plus dans mon existence. » Selon un autre sondage (1977), les chaînes conjugales ne semblent pas trop lourdes à porter puisque le mariage n'a été une source de déceptions que pour 12 % des personnes interrogées et que 50 % d'entre elles y ont au contraire trouvé plus qu'elles n'en attendaient. *(Voir tableau page suivante.)*

Les relations des enfants avec leurs parents ne détonnent pas dans ce tableau. En octobre 1977, les deux tiers des quatorze-vingt-quatre ans se déclaraient « très bien » ou « plutôt bien » compris par leurs parents, et 20 % ni bien ni mal. En mai 1978, 61,2 % des lycéens estimaient que leurs relations avec leurs parents étaient « plutôt bonnes », 20,2 % « excellentes », 14,8 % « plutôt mauvaises » et 3,4 % « franchement mauvaises ». L'enquête sur la « Bof généra-

Quand vous pensez au moment où vous vous êtes marié, dites-vous que votre mariage vous a apporté…				
	Plutôt plus que ce que vous en attendiez	*Plutôt moins que ce que vous en attendiez*	*A la fois plus et moins*	*Sans opinion*
Ensemble (mariés) 100 %	50	12	24	14
Sexe				
Homme	54	6	25	15
Femme	45	17	24	14
Age				
18-24 ans	50	10	29	11
25-34 ans	50	8	31	11
35-49 ans	57	10	21	12
50-64 ans	42	18	24	16
65 ans et plus	47	13	20	20
Sondage SOFRES, juin-juillet 1977 [20].				

tion » (les 13-17 ans) publiée en octobre 1978 par le *Nouvel Observateur* donne le même son de cloche : « La famille semble être une des valeurs les plus sûres et les moins contestées [21]. »

Aux États-Unis également, la famille a fait preuve d'une remarquable capacité de « résistance ». *« Love + marriage = happiness (still) »*, J.L. Freedman résume par cette formule les résultats d'une analyse secondaire portant sur de nombreux matériaux. Le mariage élève le niveau de satisfaction et des hommes et des femmes, mais particulièrement celui des femmes [22] — le discours féministe semble avoir eu plus d'échos dans les *mass media* que dans la conscience des intéressées. Dans une perspective plus générale, Theodore Caplow a dénoncé ce qu'il appelle *« the sociological myth of family decline »* [23]. Son diagnostic s'appuie sur une enquête d'un intérêt exceptionnel à la fois parce que les moyens et les méthodes utilisées permettent d'approcher véritablement le vécu des individus, et parce que le lieu d'enquête permet des comparaisons dans le temps. Theodore Caplow et son équipe sont en effet retournés à Muncie (Indiana), qui sous le nom de *Middletown* avait été l'objet en 1924 et en 1935 des enquêtes de Robert et Helen Lynd (devenues des classiques de la littérature sociologique américaine). Cette troisième enquête a commencé en 1977. Une vingtaine de sociologues, plusieurs années d'investigation, dix-sept sondages locaux, les matériaux recueillis sont solides. Or :

« Presque tous les indicateurs de la vie de famille que nous avons mesurés dénotent un renforcement de la vie familiale par rapport à 1924. Même si tout le monde a l'impression du contraire, les faits à " Middletown " sont incontestables. Il y a beaucoup plus de contacts aujourd'hui entre parents et enfants, maris et femmes ; les uns et les autres sont plus satisfaits de leur situation dans la famille et ils s'entendent mieux qu'avant (...). Le taux de mariage reste très élevé : l'âge du mariage n'a pratiquement pas changé. On a beaucoup parlé du nouveau style de vie expérimentale qu'on retrouve à " Middletown " comme partout, mais, une fois réduit en chiffres, ce phénomène ne touche qu'un pourcentage infime des familles [24]. » Sans doute pourrait-on tenter d'expliquer l'écart entre l'image reçue et la réalité observée par les particularités des familles de " Middletown ", mais l'analyse montre qu'elles sont dans l'ensemble « semblables aux familles américaines en général [25] ».

La mariée n'est-elle pas trop belle ? Que faites-vous, dira-t-on, de la montée du divorce, de l'augmentation des naissances illégitimes, du nombre croissant de jeunes qui vivent ensemble sans être mariés ? Ces phénomènes sont incontestables, mais ils ne font que nuancer ce tableau, ils ne l'infirment pas. L'erreur consiste à généraliser à partir de comportements minoritaires et parfois marginaux — mais qui de ce fait attirent davantage l'attention —, et à leur accorder un sens qu'ils n'ont généralement pas.

Il faut bien entendu mettre à part le cas des familles assistées aux États-Unis, en particulier des familles noires de l'*underclass,* piégées par la bienveillance publique [26]. Mais pour le reste, la norme reste inchangée. Certes le taux de nuptialité a baissé, mais la très grande majorité des Français et des Américains se marient. Certes les divorces sont plus fréquents, mais la plupart des mariages sont stables (six sur sept en France, deux sur trois aux États-Unis). Certes les naissances illégitimes ont augmenté, mais leur nombre reste très modeste en proportion de l'ensemble des naissances (10 % environ en France ; 14,8 % aux États-Unis, et 7,7 % pour les Blancs). Certes la pratique de la cohabitation juvénile s'est rapidement répandue en France (surtout à Paris et dans les catégories sociales élevées), mais la majorité des jeunes qui se marient n'ont pas vécu ensemble auparavant. Et les divorcés se remarient, généralement à brève échéance (triomphe de l'espoir sur l'expérience, disait le docteur Johnson). Et les jeunes concubins passent très généralement devant monsieur le maire, sinon monsieur le curé, dès que l'enfant s'annonce (la proportion de ceux d'entre eux qui envisagent d'avoir un enfant sans se marier est de l'ordre de 10 %). En fait les remises en cause du modèle familial restent marginales, même si elles peuvent être bruyantes, aussi bien en France qu'outre-Atlantique. Le discours dominant et parfois la politique publique ont fait sans doute des dégâts, mais, au moins pour ces deux pays, l'oraison funèbre du noyau familial « traditionnel » — papa, maman et les enfants — est prématurée [27].

Second mythe : celui de la famille éclatée. La famille élargie reste une réalité bien vivante, forte de relations étroites et multiformes. En France :

« Je vous dis, avec maman, on se voit tous les quinze jours, elle vient passer son samedi après-midi ici. Et pour les fêtes, elle vient manger ; voyez, pour Noël… Là il y a eu son anniversaire… Elle est venue manger… pour les anniversaires des petits, l'anniversaire de mariage ; enfin pour toutes ces occasions-là. Ah ! on est content de se retrouver. » (Femme de magasinier, 37 ans, deux enfants, travaille, mère retraitée.) « Si on peut descendre tous les week-ends voir les parents et les frères et sœurs, eh bien on le fait ; si vraiment on ne descend pas, c'est rare qu'eux ne viennent pas… en principe ils viennent passer le samedi et le dimanche ici. » (Femme de douanier, 26 ans, un enfant, mère et beaux-parents à 80 km.)

Ces témoignages, recueillis par Agnès Pitrou [28], illustrent une pratique générale. Plus de 50 % des ménages parmi ceux qui ont encore des parents en vie les voient au moins une fois par semaine ; 2 % seulement ne les voient jamais. Entre ces deux extrêmes, la très grande majorité des autres voient leurs parents chaque mois ou plusieurs fois par an. Quant aux rencontres avec les collatéraux, elles sont presque aussi fréquentes. Pour plus de la moitié des ménages, les relations avec frères et sœurs sont plus assidues qu'avec les parents, peut-être, note Agnès Pitrou, « à cause de la proximité des âges, des modes de vie et des centres d'intérêts. On voisine si on habite assez près les uns des autres ; sinon on se réunit pour le week-end ; pour les vacances, on échange les enfants pour les garder à tour de rôle… Parfois, certes, il y a des exclus hors de ce cercle, parce qu'ils ont eux-mêmes pris leurs distances vis-à-vis de la famille, par exemple en marquant fortement les différences de revenus ou de niveau de vie. Mais à l'écart de ces rejetés, le cercle de famille se maintient et parfois vit intensément [29]. » La grande ville elle-même n'a pas l'effet destructeur qu'on lui prête puisque, mis à part certes le cas de Paris, plus la ville est importante, plus les relations familiales sont étroites.

Au travers de ces relations ne circulent pas seulement de l'affection et du sentiment, mais aussi des biens et des services. L'économie de dons n'est pas limitée au seul noyau familial, il existe tout un réseau de relations économiques, dominées par le don, au sein de la parenté. Réseau ignoré de la comptabilité nationale, méconnu des autorités publiques mais qui joue un rôle essentiel, en particulier pour ceux qui sont les plus démunis face à la complexité et à l'anonymat des services de la bienveillance publique. Dons et prêts sont pratique courante dans tous les milieux. Sous des formes diverses : aide à l'achat du logement (un tiers des ménages propriétaires ou en accession à la propriété reconnaissent avoir reçu un appoint de leurs parents), aides financières (pour l'installation du jeune ménage, pour l'achat d'une voiture, d'un réfrigérateur...), garde des enfants (une femme sur trois ayant une activité professionnelle et un enfant en bas âge confie son enfant à sa mère ou à sa belle-mère pendant les heures ouvrables), hébergement de vacances (entre un quart et un tiers des ménages passent leurs vacances d'été ou une partie de ces vacances chez leurs parents, davantage en milieu ouvrier), cadeaux en nature (les légumes du jardin, des jouets ou des vêtements pour les enfants...), coups de main occasionnels (pour bricoler, peindre, tapisser, déménager, etc.), conseils et renseignements (pour trouver un appartement, choisir son médecin, faire des démarches administratives...), etc. [30]. De façon informelle, sans déclarations publiques ni étude savante des « besoins », la solidarité familiale — et par là même la « sécurité familiale » — tisse dans la vie quotidienne des Français un réseau serré de relations bienveillantes. Bien évidemment cette aide est différenciée et (financièrement) inégale selon les milieux : la famille, ici comme ailleurs, est source d'inégalités (faudrait-il pour autant sacrifier la famille à l'égalité, en faisant par là même le lit du pouvoir ?). Mais l'importance des relations familiales ne peut se mesurer à la valeur monétaire des biens en circulation. Ce sont en fait les membres des catégories modestes (ouvriers et employés) qui ont le plus besoin de la famille élargie, et ce sont eux qui y font le plus spontanément appel — comme le souligne Agnès Pitrou :

« Ils (les ménages ouvriers et employés) ont peu de relations sociales efficaces en dehors de la famille, participent peu à des groupes formels et fréquentent essentiellement la parenté : auprès de qui pourraient-ils être mieux écoutés et compris qu'auprès de ses membres ? Les services administratifs leur sont souvent hermétiques, régis par des règles élaborées dans un autre univers culturel, et leurs droits leur sont mal connus ; les services commerciaux sont hors d'atteinte financière. C'est donc la famille élargie qui subviendra aux besoins qui surviennent, du prêt d'argent à la garde des enfants ou des personnes âgées. Elle accomplit une mission de soutien, voire de survie, qui évite la dégradation de la situation et n'oblige pas le ménage à remettre une part de son autonomie entre les mains d'un organisme extérieur anonyme qui décidera pour lui. »

La bienveillance familiale apparaît préférable à la bienveillance publique :

« Le bol familial, même s'il est accompagné de certaines contraintes, semble continuer à avoir une meilleure saveur que la soupe populaire en cas de malheur [31]. »

Aux États-Unis, également, l'isolement de la famille nucléaire relève du mythe. A San Francisco, 44 % des femmes et 22 % des hommes voient leur mère tous les jours [32]. A « Middletown », « la plupart des gens ont des membres de leur famille dans des foyers proches avec lesquels ils entretiennent des relations étroites, continues et faciles [33]. » La référence aux données antérieures suggère qu'il ne s'agit pas d'un vestige d'un temps en voie d'être révolu mais au contraire d'un mode de relations qui s'est développé et renforcé au cours des années. Theodore Caplow et son équipe se sont en particulier intéressés à la fête de Noël 1978. Cette fête de famille par excellence est célébrée non pas au sein du petit noyau familial, mais au sein d'un cercle très élargi. Pendant la période de Noël 1978, les personnes interrogées (formant un échantillon représentatif) ont vu 80 % de leurs parents et grands-parents vivants, presque tous leurs propres enfants, plus de 70 % de leurs petits-enfants, et, si l'on tient compte de l'échange des cadeaux, ceux en ligne directe qui se tiennent en marge ou sont mis au ban sont encore plus rares. Les collatéraux également sont partie prenante dans une proportion importante, et lorsque la distance met un obstacle à la présence des oncles et tantes, neveux et nièces..., lettre et téléphone sont fréquemment utilisés. Enfin le nombre de cadeaux reçus en moyenne par chacun (3,3) témoigne dans le même sens : à Noël, en particulier, mais en fait plus généralement, l'isolement des foyers, le repli sur le couple et les enfants sont des idées fausses. « Pour la plupart de leurs membres la plus grande partie du temps, conclut Théodore Caplow, les familles au sens large *(composite families)* de " Middletown " fournissent une niche sûre et confortable dans un monde hasardeux [34]. »

La générosité en privé

La bienveillance privée ne se limite pas au cercle de famille. La vertu privée de bienfaisance, écrit Tocqueville, « porte chaque individu à soulager, suivant ses moyens, les maux qui se trouvent à sa portée (...). (Elle) est aussi vieille que le monde ; elle a commencé avec les misères humaines ; le christianisme en a fait une vertu divine et l'a appelée la charité [35]. » Mais la charité n'a pas bonne presse au temps de l'État-Providence, elle est généralement, en France notamment, ignorée ou dévaluée, taxée de paternalisme (mieux vaut apparemment le paternalisme d'État), associée à une bonne conscience hypocrite (mieux vaut sans doute la bonne conscience qui fait appel non à soi-même mais à l'État). Pourtant, en dépit des idées dominantes, en dépit des prélèvements croissants de la collectivité —

angélisme oblige —, la charité, sous son nom ou sous d'autres appellations, est loin d'être un simple vestige de temps reculés.

Aux États-Unis, les donations (*charitable contributions*) se sont élevées à 32,8 milliards de dollars en 1978 (2,25 % du revenu disponible), 47,7 milliards en 1980, 53,6 en 1981. Ces dons proviennent pour plus de 85 % de particuliers (le reste provient des entreprises et des fondations) et vont pour près de la moitié aux Églises et institutions religieuses, pour un quart environ à des institutions de santé ou d'aide sociale. Par ailleurs, selon des sondages Gallup, la moitié des Américains ont des activités bénévoles et 29 % d'entre eux donnent du temps au service d'autrui. Selon un autre calcul, plus de 6 milliards d'heures de travail sont consacrées chaque année aux organisations charitables et religieuses (soit sur la base de 1 800 heures par an l'équivalent de près de 3,4 millions d'emplois en plein temps [36]). Ces activités sont extrêmement diverses, comme en témoignent les exemples suivants rapportés par le magazine *People* :

Emma Endres-Kountz, pianiste, a abandonné à 65 ans les concerts pour créer une école de musique gratuite dans un quartier déshérité de Chicago. La discipline est stricte — deux absences non excusées entraînent le renvoi —, mais la liste d'attente est longue.

George Harvey, un ingénieur de 49 ans, anime depuis dix-sept ans un groupe de lecture et de discussion pour les *teenagers* de Brooklyn. Avec un succès qui ne se dément pas.

À Saint Louis, l'association « Aunts and Uncles, Inc » (« tantes et oncles ») a fourni en 1980 14 000 paires de chaussures neuves à des enfants ou des adultes nécessiteux.

À Merca (New Jersey), Elenn Freas, professeur, 51 ans, dirige un service d'aide par téléphone pour les vieillards isolés. Ceux-ci reçoivent chaque jour un appel d'un des membres de l'équipe — trente-sept bénévoles — afin de vérifier que tout est « *all right* ».

En Caroline du Nord, le gouverneur Jin Hunt a encouragé le bénévolat, donnant lui-même l'exemple, et a associé les bénévoles aux tâches de l'administration. J. Hunt estime qu'en 1979-1980, les volontaires qui ont travaillé dans le cadre des services de l'État ont accompli plus de 400 000 tâches qui, rémunérées, auraient coûté 170 millions de dollars aux contribuables de Caroline du Nord. « Nous aurions dû, ajoute-t-il, engager 14 500 employés à plein temps pour faire la même chose [37]. »

La France n'a pas la même tradition de bénévolat que les États-Unis, mais même s'il est impossible d'en donner une estimation globale, les dons et les dévouements y sont beaucoup plus nombreux que leur discrétion ne le laisserait croire. En 1981, le Secours catholique a reçu 540 000 donations, son budget était de 208,9 millions de francs en 1979, de 320 millions en 1980 (cette augmentation de plus 50 % s'explique partiellement par un legs d'un montant exceptionnel). Les collectes sur la voie publique ont rapporté en 1976 près de 80 millions de francs. (Voir encadré ci-contre.)

Les bénévoles sont près de 100 000 à la Croix-Rouge française, de 40 000 au Secours catholique, de 24 000 au Secours populaire français ; la Société de Saint Vincent de Paul-Louise de Marillac a environ 30 000 membres (en France). En 1980, plus de 70 000 malades et handicapés ont été transportés à Lourdes, encadrés et assistés par des bénévoles. Et il faut également citer : les Petits Frères des pauvres, l'Armée du Salut, Aide à toute détresse, À la porte ouverte, les pèlerins d'Emmaüs... Et un grand nombre d'associations spécialisées : les « Auxiliaires des aveugles » (aident en particulier les aveugles lors de leurs déplacements), les « Donneurs de voix » (enregistrent des livres sur cassettes pour les mal-voyants), « SOS Troisième Âge » (offre des services aux personnes âgées), « Le Nid » (accueille les prostituées et aide à leur réinsertion), et les « Compagnons bâtisseurs », les « Alcooliques anonymes », les « Médecins du monde », la fondation Claude Pompidou, l'association des Paralysés de France, les œuvres hospitalières de l'Ordre de Malte, « SOS Amitié », etc. [38].

L'État n'est donc nullement l'unique « Providence » ; les acteurs privés font beaucoup pour les autres, en famille et hors de la famille. Ce qui est en cause ici n'est évidemment pas toute forme de bienveillance publique mais son enflure et sa prétention dans la période contemporaine. La charité privée, la famille ont bien des avantages sur l'aide publique : pas de coût ni de relations bureaucratiques, nulle obligation imposée à autrui, une aide directe, discrète, volontaire, largement indemne des effets pervers dont le *Welfare* américain donne l'exemple. Et surtout elles peuvent donner ce que l'État n'est guère capable d'offrir. La bienveillance publique raisonne essentiellement en termes d'argent, elle va au plus facile et néglige souvent l'essentiel : la dimension psychologique et morale des problèmes humains. Le malheur des hommes n'est pas là uniquement où l'État angélique veut le voir, il est aussi et surtout dans la détresse morale, le manque d'affection, l'isolement, le sentiment d'être inutile ou indésirable — des maux qui sont avant tout le lot des « sans famille », (preuve *a contrario* s'il en fallait une du rôle irremplaçable des liens familiaux). Mais reconnaître cela, c'est aussi reconnaître les limites sinon l'impuissance de la bienveillance d'État : faut-il tabler sur la tutelle publique pour soulager la détresse morale ? Faut-il compter sur la bureaucratie pour donner de la tendresse ?

Deux témoignages :

« La misère n'est pas là où on veut bien le faire croire, écrit Loïc Etienne fort de son expérience de médecin des urgences à Paris. Comment faire comprendre que c'est au cœur du XVIe ou du XVIIe

LA CHARITÉ (AUTORISÉE) SUR LA VOIE PUBLIQUE		
	Résultats des collectes en 1976	*Sens de l'évolution du produit des collectes*
Hors-concours : la « grande cause 1976 » : la recherche médicale	7 200 000	
Lutte contre la tuberculose et les maladies respiratoires	11 700 000	↘
Jeunesse au plein air	9 362 000	↗
Lutte contre le cancer	9 000 000	↗
Paralysés et infirmes	7 000 000	↗
École publique	6 000 000	→
Aveugles	5 000 000	→
Croix-rouge	4 500 000	→
Lépreux	4 300 000	↗
Personnes âgées	4 044 000	→
Le Bleuet de France [1]	2 500 000	↘
Campagne mondiale contre la faim	2 000 000	→
Cœur	1 600 000	↘
La Mère et l'Enfant	941 000	→
Centre de vacances et de loisirs	466 000	↘
Fondation Maréchal-de-Lattre-de-Tassigny [2]	300 000	↘
TOTAL	79 513 000	

1. Le chiffre de la collecte ne comprend pas les « pourboires » gardés par les associations d'anciens combattants.
2. Il s'agit d'une estimation.

Source : 39.

arrondissement, ou encore tout en haut de ces escaliers de marbre monumentaux du centre de Paris, que se cachent des détresses insoutenables ? Comment faire comprendre que l'aisance ne supprime pas le vide vertigineux de la solitude ? Comment faire comprendre que parmi les couches défavorisées les problèmes financiers ne sont qu'une goutte d'eau dans l'océan de la misère morale et culturelle ? (...) Souvent on s'aperçoit que le vrai motif de l'appel n'est pas un motif strictement médical, mais le besoin de parler avec un médecin, seul interlocuteur possible lorsque toutes les portes se sont closes alentour. La solitude : un problème que l'on n'ose pas aborder car il ne peut se chiffrer ni en subventions ni en électorat, mais en temps investi, en chaleur humaine accordée ! Combien en crèvent, du manque de communication [40] ! »

« À New York, écrit Mère Teresa, les sœurs (de la charité) font de petites choses, elles assistent les enfants, visitent les isolés, les malades, les indésirables. Nous savons maintenant que le plus cruel des maux est d'être indésirable. C'est cette pauvreté-là que nous trouvons ici autour de nous (...). La société anglaise est une société de bien-être, mais j'ai marché le soir dans vos rues et pénétré dans vos maisons, et j'ai trouvé des mourants privés de tout amour. Il y a parmi vous une autre sorte de pauvreté — une pauvreté de l'âme, pauvreté de solitude et d'inutilité. C'est la pire maladie du monde d'aujourd'hui, pire que la tuberculose ou la lèpre (...). Nous ne devons pas nous satisfaire de donner de l'argent. Ce n'est pas assez que l'argent car l'argent se gagne ; ce dont les gens ont besoin, c'est de vos cœurs pour les aimer [41]. »

L'« action sociale » ne peut donc se passer de l'œuvre bienveillante des acteurs privés, c'est-à-dire potentiellement de tout le monde. Mais pour les professionnels de la générosité publique, une telle action représente une concurrence et une solution coûteuse. La générosité privée consiste à donner à autrui son temps, son attention, son argent... La générosité publique a l'avantage d'éliminer ce coût — il s'agit d'être généreux avec l'argent des autres — et de procurer des bénéfices : elle permet de se forger à peu de frais une image flatteuse, de se ranger du côté des pauvres et de dénoncer ceux de l'autre bord, de se constituer des clientèles ou des électorats... Sans doute certains sont-ils animés de bonnes intentions, mais la qualité morale de ces intentions est douteuse quand le souci (parfois ostentatoire) de l'intérêt des autres s'accorde avec ses propres intérêts. Il faut se méfier de ceux qui ne sont généreux que par personne (publique) interposée.

Il y a les obligations publiques, il y a les obligations privées. L'un des vices majeurs des politiques sociales contemporaines et de la représentation animiste qui les fonde est de privilégier à l'excès les obligations publiques et de méconnaître les obligations privées. La bienveillance privée est ignorée, de même la malveillance privée (celle de l'homme moyen). La bienveillance est réservée à l'État, la malveillance aux forces coupables. L'homme moyen est présumé incapable de l'une, innocent de l'autre ; il n'est qu'un être captif et passif, ses malheurs comme son salut ne dépendent pas de lui, pas plus que des autres hommes moyens. Le bien et le mal sont des catégories réservées aux *happy few*. Quand la société dit au jeune délinquant : « tu n'es pas coupable », elle lui dit également : « tu es incapable » [42].

La représentation animiste est une représentation méprisante des hommes. Et la politique qu'elle inspire est une politique fondamentalement immorale qui les conduit sur la pente de l'irresponsabilité individuelle et du moindre effort. L'idéal qu'elle propose est de se reposer dans le sein de l'État, d'abdiquer sa responsabilité, c'est-à-dire sa dignité, dans les mains de ceux qui tiennent les machines. Eux y trouvent leur compte. Paris vaut bien le pourrissement des mœurs.

CHAPITRE XIII
L'ANGÉLISME DÉMOCRATIQUE

Au jeu des politiques publiques, il y a souvent un grand nombre de perdants mais toujours un gagnant : le pouvoir d'État. Cette emprise croissante du public apparaît légitime parce que marquée du sceau démocratique : l'individu est dépossédé, mais au bénéfice du citoyen. La justification est généralement implicite parce qu'elle apparaît incontestable. Puissance du mythe angélique : les dirigeants (hommes politiques et bureaucrates) sont tenus pour des acteurs désintéressés qui épousent la volonté populaire tandis que les individus-enfants se métamorphosent par la grâce des urnes en citoyens-adultes :

« Les peuples démocratiques — écrit Tocqueville dans l'une de ses pages où s'exprime à nouveau son génie " prospectif " — qui ont introduit la liberté dans la sphère politique, en même temps qu'ils accroissaient le despotisme dans la sphère administrative, ont été conduits à des singularités bien étranges. Faut-il mener les petites affaires où le simple bon sens peut suffire, ils estiment que les citoyens en sont incapables ; s'agit-il du gouvernement de tout l'État, ils confient à ces citoyens d'immenses prérogatives, ils en font alternativement les jouets du souverain et ses maîtres, plus que rois et moins que des hommes (...). Il est (...) difficile de concevoir comment des hommes qui ont entièrement renoncé à l'habitude de se diriger pourraient réussir à bien choisir ceux qui doivent les conduire ; et l'on ne me fera point croire qu'un gouvernement libéral, énergique et sage puisse jamais sortir des suffrages d'un peuple de serviteurs [1]. »

Il y a donc dédoublement de la personnalité : l'être diaphane et impuissant dans l'ordre du privé reprend vie et capacité de décision dès qu'il s'agit de participer à des choix collectifs. Le développement de l'emprise publique est allé de pair avec une extension du droit de suffrage et il en résulte (pour prendre le cas français) quelques situations singulières : un adolescent de 16 ans, s'il est employé ou ouvrier, peut participer aux choix des délégués du personnel ou des membres du comité d'entreprise mais, s'il est élève de troisième ou de seconde, il n'a aucune liberté de choix quant aux matières qui lui seront enseignées ; les jeunes gens de 18 ans sont considérés comme aptes à trancher des choix collectifs, jusqu'à 16 ans ils ne sont pas jugés aptes à choisir entre l'école et le travail. D'un rôle social à l'autre, les capacités d'un même acteur semblent ainsi radicalement différer, et il en va de même pour les adultes : le développement des consommations collectives, la réglementation croissante des activités privées résultent de procédures de décision qui font appel du consommateur ou du père de famille mal informé à l'électeur bien informé ; les préférences du premier doivent être corrigées et le second, qui est le même, est apte à définir le sens et l'étendue de cette « correction » — par quelle alchimie miraculeuse ? La réalité est évidemment tout autre. Qu'il s'agisse des « souverains » ou de ceux qui agissent en leur nom, la politique réelle n'a rien d'angélique.

Le mythe du citoyen-roi

Il n'est pas de procédure de décision qui ne soit en pratique entachée d'imperfections et susceptible de corruption. Mais le mythe inverse l'ordre des réalités : la démocratie est beaucoup plus difficile et exigeante que ne le sont les procédures privées de décision, en raison à la fois du savoir requis et disponible et des modalités techniques de l'expression des préférences.

Le marché pur et parfait suppose un consommateur parfaitement informé, la démocratie pure et parfaite un électeur parfaitement éclairé. Situations évidemment idéales, mais l'écart entre la norme et la réalité a toutes chances d'être beaucoup plus important dans le second cas que dans le premier. Le marché a en effet l'avantage, nous l'avons vu, d'économiser le savoir, et il permet aux préférences individuelles de s'exprimer par des décisions particulières adaptées à chaque bien ou service, renouvelées fréquemment et susceptibles d'adaptations : le consommateur juge au détail, il est conduit à arbitrer entre ses différents désirs en fonction de ses ressources et des informations qui lui donnent les prix, il peut comparer dans chaque cas coûts et bénéfices et manifester aisément son mécontentement en choisissant l'*exit* (Hirschman), c'est-à-dire en changeant de produit ou de fournisseur.

La procédure de décision démocratique n'a pas toutes ces vertus : il est évidemment plus difficile d'arbitrer entre des programmes économiques qu'entre deux marques de lessive ou d'automobile, d'apprécier la politique scolaire que de choisir *hic et nunc* entre telle ou telle école, telle ou telle filière. Le citoyen est appelé à juger non pas seulement du résultat, mais aussi des mécanismes, il doit s'engager non pas uniquement sur pièces comme sur le marché, mais aussi sur des promesses, et il est censé être capable de les apprécier politiquement et techniquement. Sous réserve de certains domaines spécialisés au sujet desquels il existe un accord implicite pour s'en remettre à des décisions d'experts sous l'autorité publique (ainsi la réglementation de la mise en vente des médicaments), les interventions publiques relèvent de « questions disputées » et les électeurs sont supposés aptes à trancher, en bloc, entre différentes politiques économiques, sociales, éducatives, etc. La science requise du citoyen s'étend à mesure que s'accroît et se diversifie l'intervention publique — un choix éclairé supposerait aujourd'hui qu'il fût plus savant que les savants.

De plus, les règles du jeu politique masquent le plus souvent les coûts et les limites des différents choix possibles. Soit l'exemple des biens collectifs : si le jeu du marché permet au consommateur d'établir une relation directe entre le coût d'un bien et le bénéfice qu'il en reçoit, en matière de biens collectifs, cette relation est masquée : les avantages du centre Georges-Pompidou sont apparents pour ses usagers mais non son coût pour les contribuables ; comment le citoyen pourrait-il arbitrer ? Consommateur au détail, il acquitte « en gros », et selon des règles indépendantes du montant de sa consommation. Ce système distend la relation entre ce qu'il paie (taxes et impôts) et ce qu'il reçoit (sa consommation de biens collectifs) au point qu'elle ne peut que lui échapper. De même tendent à lui échapper les limites tenant à la rareté des ressources disponibles. Si je désire acheter une Rolls Royce tout en conservant le même mode de vie, le prix du véhicule m'informe immédiatement qu'il m'est impossible de satisfaire simultanément ces désirs. Mais si je souhaite à la fois des dépenses accrues en matière sociale, des réductions d'impôt et un budget équilibré, la contradiction s'impose avec beaucoup moins d'évidence. Et ce d'autant plus que la logique de la compétition électorale et du jeu politique conduit les candidats à promettre plus qu'ils ne peuvent tenir et les gouvernements à vivre au-dessus de leurs moyens. Le phénomène général de l'inflation sous des gouvernements de tendances diverses suggère comme l'écrit Thomas Sowell, « qu'une part non négligeable de l'art politique consiste à présenter une version déformée des choix réels et à essayer de donner l'apparence de réussir à satisfaire simultanément des revendications concurrentes qui ne peuvent l'être en réalité [2]. » Le mythe animiste présente le consommateur manipulé par la publicité et le citoyen indemne de toute propagande. En fait, il est beaucoup plus facile de « vendre » un mauvais programme qu'un mauvais produit. La démagogie politique a une efficacité que peut lui envier n'importe quel publicitaire.

Enfin les citoyens n'expriment leurs préférences (sauf le cas des référendums) que par le choix de ceux qui décideront en leur nom. Ces procédures sont elles-mêmes imparfaites. L'électeur est contraint de choisir entre de vastes « cocktails » de programmes et ne peut réviser son choix qu'à échéances périodiques. Il choisit dans le cadre de règles contraignantes (les mécanismes électoraux) et parmi des concurrents dont la sélection préalable et le jeu d'alliances lui échappent. Sauf exception (américaine), les partis se réservent le monopole du choix des candidats — les électeurs, s'ils avaient eu la parole, n'auraient-ils pas préféré Michel Rocard à François Mitterrand comme candidat socialiste en 1981 ?

Le choix démocratique a ainsi quelque chose de l'achat d'une pochette-surprise. La surprise peut être bonne ou mauvaise, elle témoigne dans tous les cas de la fiction du citoyen-roi. Les choix électoraux ne sont évidemment pas sans portée (variable selon les circonstances), mais les conditions du choix laissent une large marge d'autonomie aux élus (et à la bureaucratie d'État) vis-à-vis des électeurs. Et plus s'étend l'intervention publique, plus s'accroît cette autonomie. La période 1960-1980 offre en abondance des exemples de décisions prises sans l'avis des citoyens et indépendamment de leurs préférences. Les prélèvements publics obligatoires sont passés en France sous le septennat du président Giscard d'Estaing de 36,3 % du PIB à 42 % sans que jamais les Français se soient prononcés en ce sens. La politique de *Busing* et d'*Affirmative Action* s'est développée aux États-Unis alors que les Américains y étaient majoritairement et durablement hostiles. La peine de mort a été supprimée en 1974 en Grande-Bretagne (et en 1981 en France) contre les vœux de la majorité. La réforme Haby n'a été précédée d'aucune expression claire des préférences du « souverain ». La politique pénale américaine est, selon J.Q. Wilson, « l'une des plus intéressantes illustrations de la maxime, familière à tous les spécialistes de science politique, selon laquelle on ne peut prédire la politique publique simplement en connaissant les attitudes du peuple [3] ». La politique française de subventions à la « création culturelle » est en quelque sorte par nature en porte à faux avec les goûts de la majorité : si ces spectacles ont besoin de subventions, c'est faute de public — faut-il ajouter, et parfois de talent ? Etc. (*le tableau page suivante* offre d'autres exemples). Certes les gouvernements ne peuvent modeler leur politique au gré de l'évolution de l'opinion majoritaire, mais qu'ils puissent faire fi des préférences durables de la majorité de leurs concitoyens montre l'infirmité des procédures de la démocratie représentative, au moins quand l'inter-

POLITIQUES PUBLIQUES ET OPINION PUBLIQUE (ÉTATS-UNIS)

Comparaison entre l'avis du public concernant 14 mesures nationales et la politique effectivement pratiquée en la matière par le gouvernement (1974)

Mesures	*Pourcentage d'enquêtés favorable à la mesure*	*Concordance entre l'avis de la majorité et la politique effectivement adoptée*
Réduction des dépenses de défense	56	Non
Contrôle des salaires et des prix	62	Non
Transport des élèves pour l'intégration raciale	32	Non
Recensement des armes à feu	71	Non
Aide aux écoles paroissiales	52	Non
Établissement de relations diplomatiques avec Cuba	63	Non
Amnistie inconditionnelle	41	Oui
Légalisation de la marijuana	26	Oui
Amendement sur l'égalité des droits	79	Oui*
Financement des élections législatives sur le budget fédéral	72	Non
Peine de mort	63	Non
Surtaxe de 5 % sur l'impôt sur le revenu	46	Oui
Réduction des crédits affectés aux programmes sociaux	34	Oui
Légalisation de l'avortement	52	Oui

* Cet amendement a été adopté par le Congrès, mais il n'a pas été ratifié par le nombre requis d'États (trente-huit).

Source : 4.

vention publique devient tentaculaire. Les élus sans doute n'oublient guère qu'ils doivent plaire aux électeurs. Mais plaire peut aussi vouloir dire mystifier. Et ils pensent également à eux, indépendamment des électeurs. Et ils ne peuvent pas ignorer les intérêts organisés. Et, bien entendu, ils sont sous influence, celle des idées dominantes.

Des hommes ordinaires

Les princes qui nous gouvernent n'ont apparemment que des intentions louables et désintéressées. Les candidats s'engagent à agir en vue de l'intérêt général, les élus et les fonctionnaires n'agissent qu'au nom de cet intérêt supérieur. Les hommes au pouvoir entendent donner d'eux-mêmes une image idyllique que contestent évidemment leurs adversaires mais pour aussitôt affirmer qu'eux-mêmes échapperont aux vices qu'ils dénoncent. Dans tous les camps les acteurs se réclament en quelque sorte d'une grâce d'État qui les ferait échapper aux passions ordinaires des hommes. Nombre d'analyses « distinguées » concourent à cette représentation, telle par exemple celle de Dahl et Lindblom pour qui l'intervention publique semble relever par nature de la recherche de l'intérêt public : toutes les actions publiques renvoient à des déficiences des activités privées sans que jamais soient pris en compte les intérêts particuliers des décideurs et la logique de leur situation [5]. À l'inverse, l'école du *Public Choice* privilégie ces facteurs : les hommes publics ne se conduisent pas autrement que les entrepreneurs et les consommateurs, et recherchent également à maximiser leur satisfaction dans le cadre des contraintes de la situation. Ce qui change, c'est seulement la structure d'incitations au sein de laquelle se prennent les décisions [6]. Une telle analyse ne rend sans doute pas compte de toute la réalité car elle laisse de côté le rôle de la conviction idéologique, des idées régnantes et la prégnance des rôles sociaux *, mais elle met l'accent sur des facteurs essentiels du comportement des hommes publics.

« Les gouvernements, a écrit Walter Lippmann, sont composés de personnes qui se rencontrent de temps à autre dans une salle pour prononcer des discours et rédiger des résolutions, d'hommes qui étudient des papiers à leurs bureaux, reçoivent des lettres et des rapports et y répondent, reçoivent et donnent des avis, écoutent des réclamations et y répondent ; d'employés qui manipulent d'autres papiers ; d'inspecteurs, de percepteurs, de policiers et de militaires. Il faut nourrir tous ces fonctionnaires, et souvent ils mangent trop. Ils préféreraient sans doute aller à la pêche, ou faire l'amour, ou n'importe quoi plutôt que feuilleter leurs papiers. Ils ont besoin de dormir. Ils souffrent d'indigestion, d'asthme, de la bile, de palpitations ; ils s'ennuient parfois, se fatiguent, négligent leur travail. Ils ont des migraines nerveuses. Ils ne savent que ce qu'ils ont appris, ou observé, ils peuvent imaginer ce qui par hasard les intéresse ; ils ne peuvent réaliser que les choses qu'ils peuvent persuader ou ordonner de faire à une multitude invisible. On les considère généralement comme les agents de la destinée. Ils doivent, eux ou d'autres qui brûlent du désir de prendre leurs places, déterminer ce que sera l'avenir (...). Si l'on veut exalter les fins de l'État, il est évidemment nécessaire d'oublier les limites de l'homme [7]. »

---

* Ainsi, par exemple, les entrepreneurs privés et les administrateurs publics ne sont pas seulement placés dans des strutures d'incitations différentes, ils sont titulaires de rôles distincts. Le « métier » des uns concerne des intérêts particuliers, le métier des autres est voué à l'intérêt général. Or sans croire que les rôles métamorphosent les hommes, ils contribuent à l'intériorisation des valeurs dont ils sont porteurs — ce qui ne veut pas dire qu'« endossant » l'intérêt général, les administrateurs publics oublient leurs intérêts propres. En termes sociologiques, l'on dira que le paradigme à utiliser est mixte.

Ces hommes au pouvoir ou qui aspirent à l'être diffèrent néanmoins des *common people* en ce qu'ils ont généralement plus d'ambitions et plus d'énergie que la moyenne de leurs concitoyens. Mais pas nécessairement de plus hautes qualités morales. Et le métier politique n'est guère de nature à développer de telles qualités. Le pouvoir lui-même, l'expérience l'a maintes fois prouvé, est source de corruption. P. Sorokin a mené une vaste enquête historique d'où il ressort que le niveau moral des dirigeants est très généralement inférieur à celui des dirigés, même dans les sociétés démocratiques, et que la corruption du pouvoir est d'autant plus intense qu'il est plus concentré [8]. « Il y a un climat du pouvoir qui altère les hommes. » (Bertrand de Jouvenel.) La compétition électorale est sans doute le moins mauvais système de sélection des gouvernants, mais elle a des effets négatifs sur la psychologie des acteurs politiques : le souci de séduire l'électorat, de vaincre l'adversaire incite à privilégier ce qui est politiquement rentable, à masquer ses erreurs et à dénigrer les réussites des autres, à dire aux électeurs ce qu'ils ont envie d'entendre et à taire les vérités désagréables. L'hypocrisie est le tribut que les hommes politiques se croient généralement obligés de payer à l'efficacité. À la limite, peu importe que les idées soient vraies ou fausses, il suffit qu'elles soient utiles.

Cette compétition, inséparable du métier politique dans les régimes démocratiques, lui donne une de ses caractéristiques essentielles : l'absence de sécurité d'emploi. Sauf exception, les élus sont évidemment soucieux de leur réélection, et la logique de leur situation (la structure d'incitations au sein de laquelle ils agissent) les invite à adopter certains types de comportement. Notamment à suivre quatre règles d'or :

— *Vanter l'action présente ou future du pouvoir*. Tous les candidats clament : « Donnez-nous le pouvoir et vous verrez comme vous vous en trouverez bien. » Les opposants critiquent bien entendu les titulaires du pouvoir mais non le pouvoir lui-même, ils promettent de faire mieux, rarement moins. La logique du processus démocratique incite à surenchérir sur les promesses de l'adversaire, à l'addition, non à la soustraction. Il est évidemment difficile de tenir le langage contraire : « Donnez-nous le pouvoir et nous nous occuperons moins de vous. »

— *Accorder la priorité au court terme*. Les élus sont soumis à des contraintes de temps que fixent les échéances électorales. La courte vue fait partie du métier. Les préférences des hommes au pouvoir vont aux politiques dont les résultats seront apparents avant les élections et les coûts reportés à plus tard. De là la faveur des politiques de relance conjoncturelle, fréquentes quand s'approche la date fatidique, celle des emprunts qui alourdissent la dette publique mais permettent d'étaler dans le temps les coûts à payer. De là également la relative indifférence face à des problèmes essentiels mais dont les effets sont lointains, tel le déclin démographique. L'urgence politique tend à primer sur l'importance réelle.

— *Disperser les coûts et concentrer les bénéfices.* L'exploitation « publique » des contribuables et des consommateurs est une pratique rationnelle. Il est politiquement beaucoup plus rentable de prendre peu à un grand nombre pour donner beaucoup à un petit nombre que de faire l'inverse. Accorder des prébendes à un petit groupe assure sa reconnaissance politique, et faire payer tout le monde n'entraîne qu'un faible coût par tête et reste largement indolore. Au contraire concentrer les coûts — par exemple en supprimant une prébende — entraîne un concert de protestations si le groupe est organisé et des pertes de voix assurées, tandis que le bénéfice est aussi peu apparent pour le contribuable que le coût dans le cas précédent. La pratique redistributive n'obéit pas seulement à des considérations d'égalité, elle obéit également à des lois politiques. Les agriculteurs par exemple en sont les bénéficiaires dans la plupart des pays occidentaux : leurs produits sont sur-payés, à la faveur de l'intervention publique et au détriment de la grande masse des consommateurs *.

— *Privilégier l'apparent, le visible,* les mesures dont les bénéfices sont clairement perçus et les coûts masqués. Augmenter le SMIC apparaît comme une mesure sociale « généreuse », ses bénéficiaires sont faciles à identifier — les « smicards » — mais non les principaux perdants : ceux dont la productivité est inférieure au nouveau salaire minimum et qui ne trouveront pas d'emploi. Fixer un seuil maximum de pollution est une décision énergique qui permet de se forger ou d'améliorer une (son) image de marque. Les avantages sont apparemment évidents et les effets pervers n'apparaîtront qu'à terme, et seulement si les spécialistes les mettent en lumière. De même réglementer les loyers, bloquer les prix, étendre la gratuité ont des vertus apparentes et des vices cachés, etc.

Ces règles jouent naturellement en faveur de la croissance de l'État ; l'État démocratique fait naturellement boule de neige et il est difficile de remonter la pente. Elles sont aussi à l'origine d'une

* À l'inverse, dans les pays sous-développés, les agriculteurs forment la grande masse de la population et sont inorganisés, et les produits agricoles sont sous-payés. « La plupart des gouvernements (des pays pauvres), écrit Théodor W. Schultz, pratiquent une discrimination contre les paysans et en faveur des consommateurs urbains. Au Nigeria, par exemple, le gouvernement fixe les prix agricoles si bas que l'agriculteur n'a pas les moyens de moderniser sa ferme. L'objectif est de maintenir bas le prix des produits alimentaires dans les villes parce que c'est là que se trouve le pouvoir politique [9]. »

redistribution occulte. L'État angélique est soucieux d'égalité mais souvent indifférent à la justice. En dehors même des vices de la redistribution officielle, l'action publique est source d'enrichissements sans cause et d'appauvrissements sans justification, en particulier par la distribution de droits-privilèges et de faux droits monétaires.

La réglementation publique est un moyen détourné et efficace d'accorder des faveurs et d'opérer des transferts. Les professions protégées en sont sans doute le meilleur exemple. « Toutes les fois que l'État crée un monopole de droit, écrit Maurice Allais, il y a apparition d'une rente gratuite, d'un enrichissement sans cause [10]. » Tel est le cas en France des chauffeurs de taxis, des bureaux de tabac, des commissaires-priseurs, des notaires, des agents de change, etc. Le phénomène n'est pas propre à la France. Lors d'une session parlementaire d'un État américain, des groupes professionnels ont proposé que soit soumise à l'octroi de licence la pratique des métiers suivants : commissaires-priseurs, puisatiers, entrepreneurs de restauration immobilière, tondeurs de chiens, électrothérapistes, thérapistes du sexe, évaluateurs-experts, réparateurs de télévision. À Hawaii, les tatoueurs doivent avoir des permis d'exercer. Au New Hampshire, les vendeurs de paratonnerres doivent avoir une licence [11]. Ces limitations imposées au jeu du marché ne sont en fait qu'une distribution de privilèges aux gens en place. Protégés de la concurrence et titulaires de droits qui peuvent se monnayer cher. La valeur globale des licences des transporteurs routiers américains était estimée en 1972 entre 2 et 3 milliards de dollars, une licence de taxi vaut 50 000 dollars à New York [12]. Par ce type de réglementation, l'État arbitre en faveur des gens en place le conflit classique mais peu apparent qui les oppose à leurs rivaux potentiels. Les bénéficiaires forment un groupe visible, généralement organisé, susceptible de rendre la monnaie sous forme de suffrages. Les exploités, eux, sont moins facilement identifiables — ce sont les consommateurs, pénalisés par l'absence de concurrence, et les exclus de la compétition ; ils sont inorganisés et n'ont généralement pas une claire conscience de leur exploitation.

Les épargnants forment également une masse corvéable à merci, dont l'exploitation est largement imputable à l'État. L'inflation est un phénomène complexe mais qui implique toujours la responsabilité monétaire de l'État, soit que lui-même ait créé des faux droits, soit qu'il ait permis qu'on en crée. L'État contemporain est un dandy qui vit au-dessus de ses moyens et qui pour boucler son budget adopte des moyens de truands : la création de fausse monnaie. La création monétaire est évidemment moins coûteuse politiquement qu'un surcroît officiel d'imposition, et elle accélère une inflation dont l'État lui-même est le premier bénéficiaire. À la fois parce que la hausse des prix allège la charge des emprunts et que l'État est le plus gros débiteur, et parce qu'elle lui assure automatiquement et discrètement des rentrées fiscales supplémentaires. Le barême de l'impôt sur le revenu n'est jamais modifié qu'en retard sur l'inflation, et la hausse des revenus nominaux se traduit pour l'État par un « dividende fiscal » (*le tableau suivant* illustre ce mécanisme).

LE DIVIDENDE FISCAL DE L'INFLATION AUX ÉTATS-UNIS

Dans l'exemple retenu, les montants de revenu ont été choisis de telle manière que le revenu réel de 1980 soit identique à celui de 1972 (en d'autres termes 19 869 dollars de 1980 « valent » 10 000 dollars de 1972).

Revenu annuel en dollars		*Impôt fédéral sur le revenu en %*		*Surcroît d'imposition*	*Diminution du pouvoir d'achat*
1972	*1980*	*1972*	*1980*		
10 000	19 869	7,5	10	+ 33 %	– 2,7 %
20 000	39 729	11,8	15,7	+ 33,1 %	– 4,4 %
30 000	59 580	14,7	21	+ 42,9 %	– 7,4 %
40 000	79 440	17,6	25	+ 42,9 %	– 9,2 %

« Ainsi, commente Jean-Louis Syren, en dépit des ajustements de tranches votés en 1976 et 1978 par le Congrès, le taux moyen d'imposition des revenus du travail a augmenté de 33 à 43 % selon le niveau de revenu de 1972 à 1980 ! Cette augmentation automatique des recettes permet alors au gouvernement de ne pas décider explicitement un alourdissement de la fiscalité s'il veut accroître ses dépenses. Il est évidemment beaucoup plus facile de se demander combien on peut dépenser étant donné que l'inflation a accru les recettes fiscales que de répondre à la question : combien le contribuable américain est-il prêt à payer [15] ? »

Suscitée ou tolérée par l'autorité publique, l'inflation fait d'autres bénéficiaires et aussi bien évidemment des victimes.

« L'inflation, écrit Maurice Allais, a pour effet de modifier considérablement la répartition des revenus : en spoliant les détenteurs de créances au profit de leurs débiteurs ; en spoliant les épargnants et les retraités au profit des salariés, qu'il s'agisse des employés et ouvriers ou des cadres moyens et supérieurs — en spoliant ceux des salariés dont les rémunérations ne progressent qu'avec retard au profit des salariés qui sont en mesure d'obtenir les premiers des hausses de salaires [13]. »

Les épargnants en particulier sont des victimes toutes désignées, et l'autorité publique veille, en particulier en France, à ce que leur spoliation profite à l'État. C'est la « répression financière », selon l'expression de Jean-Jacques Rosa [14]. La rémunération de l'épargne n'a cessé d'être réglementée, et les gouvernements successifs ont interdit aux institutions financières publiques ou privées de rémunérer librement et convenablement les déposants. Après impôt et compte tenu de l'inflation, les taux de rémunérations sont devenus négatifs. Le tableau suivant donne à titre d'exemple la rémunération réelle du livret A de la Caisse d'épargne (exonéré d'impôt mais victime de l'inflation) :

en %	*1969*	*1971*	*1973*	*1975*	*1977*	*1979*	*1980*
Intérêt nominal	4	4,25	4,25	7,5	6,5	6,5	7,5
Intérêt réel	1,4	– 1,55	– 3,15	– 4,2	– 2,9	– 4,2	– 5,8
Source : 15.							

L'épargnant doit payer pour prêter son argent, et l'État emprunteur y trouve son compte :

« Tout le système fiscal et financier, explique Jean-Jacques Rosa, est conçu pour alimenter en épargne à bon marché les circuits publics : l'impôt pénalise les porteurs d'actions *, et l'État et ses satellites s'arrogent la priorité dans l'émission des obligations. Les avantages fiscaux donnés aux Caisses d'épargne et au Crédit Agricole, comme la faiblesse de la rémunération que les banques publiques offrent à leur actionnaire principal, faussent la concurrence en leur faveur (...). Le grand avantage de ce mécanisme est qu'il équivaut à un impôt caché sur l'épargne, donc peu douloureux, assorti de subventions non aisément comptabilisables, donc peu choquantes. Lorsque les autorités monétaires décident de ne rien changer à la rémunération des dépôts alors que l'inflation vient de progresser d'un ou deux points, personne ne crie à l'accroissement de la pression fiscale. Le Parlement n'en débat pas à l'occasion de la loi de finances. C'est l'impôt fiscal, discrétionnaire et silencieux. C'est tout le contraire de l'impôt sécheresse.

« Ayant obtenu des ressources à bas prix, les institutions publiques peuvent alors distribuer du crédit à bon marché aux emprunteurs que le gouvernement lui désigne. C'est ainsi que la classe politique au pouvoir transforme sans le dire l'impôt sur l'épargne en bénéfices politiques pour sa clientèle électorale [17]. »

Les hommes politiques ne sont pas uniquement soucieux de leurs intérêts politiques ; comme le commun des mortels, ils ne sont pas insensibles aux gratifications matérielles ou symboliques que le

---

* Dont la valeur réelle a beaucoup baissé. De 1962 à 1976, la valeur réelle moyenne des actions a été réduite des trois quarts [16].

métier peut procurer. Les avantages en nature sont appréciés parce que discrets (*l'encadré page suivante* donne la liste de ces avantages dont bénéfice le *Congressman* américain). Les manifestations publiques ostentatoires — parades, cérémonies et réceptions — répondent souvent davantage à un souci de prestige qu'aux nécessités du bien public. Certains biens collectifs, même, ont valeur de consommation symbolique pour les gouvernants, Concorde ou Beaubourg par exemple. Les bureaucrates également ne sont pas de pures parties désintéressées. Les fonctionnaires gagnent en pouvoir et en importance à mesure que s'étend l'intervention publique. Au sein même de l'administration, la position de chaque fonctionnaire dépend de l'importance de son domaine et de son budget, du nombre de ses subordonnés. La loi d'airain de la bureaucratie conduit à son développement continu, et au-delà du point où les coûts excèdent les bénéfices. Les contraintes du marché sont absentes, les administrateurs sont largement à l'abri d'effets de *feedback* de la part des usagers. Seul joue le contrôle des autorités publiques dont l'expérience montre qu'il est plus lâche et moins propre à une gestion efficace. Les agences fédérales américaines ont bénéficié d'une large autonomie vis-à-vis du pouvoir politique, et leurs effectifs ont démesurément grossi : de 200 à plus de 1 500 personnes pour l'OFCC *(Office of Federal Contract Compliance)* au cours des années 70, de 30 juristes à 300 pour l'EEOC *(Equal Employment Opportunity Commission)* de 1962 à 1976 [18]. Les « grands corps » qui forment l'élite de la fonction publique en France ont réussi le tour de force de se soustraire à toute évaluation sérieuse de leurs performances. La haute administration française bénéficie d'un système de primes dont elle a réussi à maintenir la parfaite opacité et qui échappe aussi bien à la connaissance du public qu'au contrôle parlementaire. Des soucis bien ordinaires.

L'État-enjeu

Les intérêts de ces acteurs privilégiés que sont les élus et les administrateurs ne sont pas les seuls à transparaître au travers du voile de l'intérêt général. Il y a les intérêts organisés. L'accroissement des interventions de l'État a modifié le cadre d'action stratégique de nombreux acteurs et provoqué un détournement d'activités. En termes schématiques : il peut être plus efficace pour un agriculteur d'aller manifester pour un relèvement des prix que de consacrer la même énergie à augmenter sa récolte. Le marché disperse les responsabilités et les lieux de décisions. La croissance de l'État concentre au contraire les décisions en un lieu unique vers lequel

LES AVANTAGES EN NATURE DU CONGRESSMAN

En plus de leurs salaires — 60 663 dollars par an —, les membres du Congrès des États-Unis bénéficient des avantages suivants :

— Des subventions importantes pour rémunérer les membres de leur équipe. Cette subvention varie de 592 000 dollars à 1 190 000 dollars pour un sénateur selon la taille de son État. Elle est de 336 000 dollars pour un membre de la Chambre des représentants.

— Des bureaux au Capitole et dans les immeubles qui appartiennent au Congrès, et des crédits pour leur mobilier.

— De larges crédits pour les déplacements, les lettres, le téléphone, les télégrammes et les dépenses officielles hors de Washington : de 37 000 à 147 000 dollars pour un sénateur.

— La gratuité des coups de téléphone à longue distance par le biais du *Federal Telecommunication System*.

— Un généreux système de retraite dès après cinq années de mandat. La pension maximum — pour trente-deux ans de « service » — est de 48 530 dollars.

— Des occasions de voyage à l'étranger pour raisons officielles.

— Une assurance-maladie subventionnée par l'État.

— Des soins médicaux d'urgence gratuits.

— Des piscines gratuites à leur usage exclusif ainsi que des gymnases, des services de massage et de physiothérapie.

— Des coiffeurs au Capitole à 3,5 dollars la coupe pour un homme. Des soins de beauté à prix réduit pour les élues et leur équipe.

— Des repas dans des salles à manger privées à prix réduits.

— Des photographies personnelles gratuites pour usage politique.

— Une assistance à la bibliothèque du Congrès pour la rédaction des discours et des réponses aux électeurs.

— Un parking réservé, également pour les membres de leur équipe.

Source : 19.

convergent demandes et pressions. L'État-arbitre devient un État-enjeu, le lieu privilégié de la bataille des groupes d'intérêts. « L'État, écrivait Bastiat, c'est la grande fiction à travers laquelle tout le monde s'efforce de vivre aux dépens de tout le monde [20]. » L'économie privée, l'économie d'échange est un jeu à somme positive, l'économie publique un jeu à somme nulle ou négative. Au sein du *public household* (la « collectivité » publique), chacun se bat non pour accroître la production des richesses mais pour bénéficier de la répartition des richesses collectées par l'État ou de la distribution de droits-privilèges qui restreignent la production de richesses. Le marché invite à la division du travail et à la coopération, l'État-distributeur donne une prime à une forme d'activité improductive — la pression sur ses propres décisions — et oppose les uns aux autres : la manne publique vient des poches privées et elle n'est pas infinie, les droits accordés à l'un le sont au détriment d'autrui, qui lui-même y trouvera souvent prétexte pour réclamer des privilèges. C'est ce que Walter Lippmann appelait le collectivisme progressif, lié à l'illusion d'un pouvoir magique de l'État, celui d'enrichir tout le monde. L'État peut certainement enrichir certains, mais à trop donner de prébendes il ne peut qu'appauvrir l'ensemble de ses « sujets » et quémandeurs.

L'État contemporain tend ainsi à devenir ce que John W. Gardner appelle un « *special interest state* » [21]. Les groupes d'intérêts ont proliféré aux États-Unis ; la croissance de l'intervention publique dans le domaine des intérêts privés a poussé ceux-ci à s'organiser et à se mobiliser pour susciter ou orienter l'intervention publique. Le travail de *lobbying* a échappé à la crise. Selon *Time*, il y aurait environ 15 000 « lobbyistes » professionnels à Washington (représentant des entreprises, des syndicats, des associations professionnelles, des organisations de consommateurs...)

« Si, par hasard, ironise J.W. Gardner, le Congrès votait un programme de prestations modestes en faveur des gens nommés " Smith ", il apparaîtrait dans l'année une *National Smith Association* avec un bureau central à Washington. Dans les deux ans, cette association serait un lobby parfaitement fonctionnel — se battant pour que les prestations soient augmentées en proportion du coût de la vie, écartant les propositions de prestations pour les individus appelés " Brown " et " Jones ". La troisième année, l'association aurait réussi à provoquer la création d'une *Smith Development Agency* pour gérer le programme. Ce programme aurait des amis puissants au Congrès et dans l'administration, et les prestations enfleraient [22]. »

La logique du système donne une prime à l'organisation et aux positions stratégiques, et favorise la croissance des dépenses publiques. Les coalitions des quémandeurs sont en effet beaucoup plus nombreuses et beaucoup plus efficaces que les coalitions des payeurs. D'abord parce que les groupes demandeurs sont de taille beaucoup plus modeste : les médecins américains ou les diverses catégories de bénéficiaires du *Welfare* sont moins nombreux que les contribuables ou les épargnants américains — et le coût de l'organisation est d'autant plus élevé que le groupe est important. Ensuite les intérêts en cause ne sont pas de même importance : les demandeurs ont beaucoup à gagner, les payeurs peu à perdre [23]. Mais de mesure catégorielle en mesure catégorielle, l'addition que l'État fait payer au grand nombre inorganisé finit par être lourde. Les pressions qui s'exercent sur l'État protecteur ou distributeur favorisent donc sa croissance et contrarient tout effort pour faire « marche arrière ». Le *Welfare* américain n'est pas le seul système bloqué. L'État-providence suédois a accumulé les effets pervers, mais il n'a guère été modifié par les partis « bourgeois » après leur accession au pouvoir. Qu'il s'agisse de prestations ou de droits-privilèges, le chemin apparaît, au moins dans la période 1960-1980, comme un chemin à sens unique. L'État contribue ainsi à bloquer la société : chacun est arc-bouté sur son pré carré de subventions et de droits acquis, défenseur d'un *statu quo* qui est en définitive préjudiciable à tous. L'État angélique joue les apprentis sorciers.

La démocratie ainsi est bonne fille. Elle s'accommode du rôle privilégié de certains acteurs qui ne négligent pas leurs propres intérêts. Mais le jeu des intérêts ne suffit pas à expliquer la croissance de l'État et les formes qu'ont prises les politiques publiques pendant les années 1960-1980. Les idées, nous l'avons vu, ne sont pas innocentes. Le mythe diabolique-angélique est démenti par la réalité, mais il est une part de la réalité. Si, pendant cette période, les politiques pratiquées ont été largement indépendantes de l'orientation politique des gouvernants, c'est sans doute en raison de la logique du pouvoir et des intérêts, c'est surtout en raison de la force de la représentation animiste. Les intellectuels ont exercé une influence beaucoup plus importante qu'elle n'a été généralement perçue parce qu'ils ont fourni le cadre intellectuel de l'action publique. Ils se sont révélés des auxiliaires précieux de la concentration du pouvoir. Le fait n'est pas nouveau. Les clercs ont souvent trahi.

TROISIÈME PARTIE

LA TRAHISON DES CLERCS

Les idées des économistes et des philosophes de la politique, qu'elles soient vraies ou fausses, sont plus puissantes qu'on ne le croit généralement. À vrai dire, le monde est presque exclusivement mené par elles. Les praticiens qui se croient eux-mêmes indemnes de toute influence sont fréquemment les esclaves de quelque défunt économiste.

J.M. KEYNES [1]

Le pouvoir des intellectuels est peu visible, il ne porte que sur des choses impalpables que les gestionnaires publics ou privés tendent à considérer avec une légère commisération : des idées. Mais les idées, qu'ils en aient conscience ou non, forment l'outillage mental des acteurs, filtrent leur perception du réel. Pendant la période 1960-1980, la gauche intellectuelle a très généralement remporté la bataille des idées face à des adversaires qui souvent se sont inclinés de bonne grâce et ont repris à leur compte nombre de thèmes devenus dominants. Le discours animiste, qu'elle a imposé dans une large mesure comme le discours légitime, tire sa puissance de séduction et d'intimidation de la noblesse des intentions affichées et de la difficulté intellectuelle à séparer intentions et résultats. Réduire les inégalités, étendre les « droits », aider les pauvres, vaincre la pollution, « démocratiser » l'école... autant d'objectifs qui sont apparus difficilement contestables et ont été quasiment incontestés.

Mais ces bonnes intentions ne sont pas seulement présomptueuses et parfois intéressées, elles cachent autre chose. L'animisme, nous l'avons vu, est sélectif : il opère une séparation tranchée non seulement entre les acteurs mais aussi entre les comportements et les maux sociaux. Récapitulons :

Les élèves qui choisissent des filières courtes sont victimes d'un choix forcé, les jeunes filles sexuellement « libérées » sont parfaitement conscientes et libres, les consommateurs de biens privés sont aliénés, les consommateurs de biens collectifs ne font qu'exprimer des désirs authentiques, les pères de famille sont mal informés, les citoyens omniscients... Les inégalités forgées par le marché sont illégitimes, non les rentes créées par l'État, les inégalités scolaires attribuées aux familles appellent une intervention correctrice, les inégalités de pouvoir que crée cette intervention sont passées par pertes et profits, les inégalités face aux biens privés sont condamnables, celles que produisent *de facto* les biens collectifs, celles que creusent l'inflation ou les différences de génération sont ignorées...

Ce clivage entre la liberté présentée comme fictive et la liberté réelle, entre les inégalités dignes d'être considérées et les autres est un signe supplémentaire d'un sens caché. La liberté est présumée réelle quand l'acteur joue le « bon » rôle ou adopte le « bon » comportement, les inégalités privilégiées sont celles qui impliquent de « bons » coupables — et inversement. L'appel au pouvoir aboutit moins à promouvoir la liberté ou l'égalité qu'à forcer la liberté dans le « bon » sens et à substituer certaines inégalités à d'autres. Plus ou moins consciemment, les bonnes intentions animistes masquent la volonté de réduire les pouvoirs concurrents (l'élite économique, la famille) et d'imposer au commun des mortels les préférences d'une minorité. Élitisme qui joue la contrainte d'État. Les intellectuels qui ont forgé cette représentation ne sont pas des purs esprits, soumis uniquement à l'éthique de la vérité ; ils ont leurs passions, leurs intérêts et la tentation d'user à des fins personnelles de l'arme du savoir. Et ils ont besoin du levier du pouvoir pour imposer aux hommes moyens des préférences qui ne sont pas les leurs.

CHAPITRE XIV

LES PROFESSIONNELS DES IDÉES

Les intellectuels sont fréquemment des gens dangereux. D'abord par leur propension à déraisonner. « L'histoire intellectuelle des quatre siècles passés, écrit I. Kristol, ne comporte que quelques îlots de bon sens flottant sur un océan d'insanités [1]. » Les socialistes, tant « utopiques » que « scientifiques », croyaient au paradis sur terre. Fourier, manifestement le plus toqué, décrit un État idéal de l'avenir où les bêtes nuisibles auront disparu et où les animaux feront le travail des hommes. Un anti-castor se chargera de la pêche, une anti-baleine remorquera les navires sur la mer les jours de calme plat et un anti-hippopotame les bateaux sur les fleuves. Godwin ne tient pas pour impossible qu'après l'abolition de la propriété les hommes ne deviennent immortels. Kautsky affirme qu'avec la société socialiste « naîtra un nouveau type d'homme..., un surhomme, un homme sublime ». Trotsky est plus précis : « L'homme sera beaucoup plus fort, beaucoup plus perspicace, beaucoup plus fin. Son corps sera plus harmonieux, ses mouvements plus rythmiques, sa voix plus musicale. La moyenne humaine s'élèvera au niveau d'Aristote, de Goethe, de Marx. Et au-dessus de cette crête de montagne s'élèveront de nouveaux sommets [2]. » Le sottisier est particulièrement riche du côté socialiste parce qu'y règne une pensée utopique, mais même du côté des « réalistes » les erreurs de jugement ne manquent pas : Malthus, à l'aube du XIXe siècle, s'effrayait du développement de la population comparé à celui des richesses, Adam Smith lui-même envisageait le déclin final du capitalisme vers un État stationnaire, Sismondi pensait que le développement économique avait atteint ses limites en 1815, etc. [3].

Ensuite par la prétention de beaucoup d'entre eux à régir le monde. De tout temps, philosophes et savants ont émis des prétentions à dicter aux autres les règles de leur salut temporel, de Platon à Saint-Simon, Auguste Comte, Marx et jusqu'à nos clercs modernes [4]. Certains ont fourni des armes aux oppresseurs et aux bourreaux, un grand nombre a abdiqué tout esprit critique dès lors qu'ils semblaient incarner leurs idées au pouvoir. De Voltaire qui voyait d'un œil favorable le despotisme pourvu qu'il fût « éclairé » à Sartre qui traitait les « anticommunistes » de « chiens ». Les intellectuels n'ont cessé de se fourvoyer dans de mauvaises causes. Le métier expose à bien des tentations.

Les tentations des clercs

Les intellectuels, *stricto sensu,* ne sont pas, comme le notait Georges Sorel, « les hommes qui pensent : ce sont ceux qui font profession de penser [5] ». Les intellectuels vivent des idées, ils ont pour métier de les produire et de les transmettre. Ils sont donc soumis aux obligations du travail intellectuel : formuler clairement ses idées, éviter les ambiguïtés de vocabulaire, ne pas décoller du réel, relier logiquement ses arguments, ne pas écarter les données qui semblent infirmer ses thèses, s'en tenir aux conclusions impliquées par la démonstration, ne pas confondre les genres (par exemple, présenter comme une œuvre scientifique ce qui est un essai)... Bref, respecter l'éthique intellectuelle qui est une éthique exigeante, qui impose de « penser le déplaisant » et d'avoir pour objectif la vérité. Mais les clercs sont soumis également à d'autres incitations et contraintes, celles qui tiennent à leur position sociale. La distinction entre l'activité intellectuelle (et ses règles) et la profession intellectuelle (telle qu'elle est effectivement exercée) est, comme le note Thomas Sowell, une distinction essentielle. X par exemple peut être simultanément anti-intellectuel en tant qu'il s'oppose aux vues dominantes au sein de cette catégorie d'acteurs, et « intellectuel » en ce qu'il se conforme aux normes de l'activité intellectuelle. Inversement un dictateur peut être « anti-intellectuel » par son mépris pour les normes de l'éthique intellectuelle et accorder un pouvoir important ou/et des gratifications substantielles aux intellectuels qui acceptent de le servir. Lyssenko a bénéficié sous Staline d'un statut qu'aucun généticien, si génial soit-il, ne peut espérer obtenir au sein d'une société libre [6].

En tant que « professionnels », les intellectuels ont évidemment intérêt à accroître la demande pour leurs propres produits. Or ils ne disposent d'aucun monopole de production : les idées sont un produit largement offert par les autres membres de la société. Aussi une condition nécessaire pour susciter une hausse de la demande d'idées d'« intellectuels » est de les différencier. Les certificats d'authentification que donnent certaines institutions (universités, instituts de recherche, etc.) sont utiles en ce sens, et davantage encore « l'emballage » : le vocabulaire, la présentation, la formalisation... La proposition « LIX fois XXXIII égale MCMXLVII » est à la portée d'un écolier de 7e, ce sont les symboles qui lui donnent une apparence savante [7]. Les intellectuels sont tentés de jouer de cette apparence : le jargon que cultivent certains spécialistes a une fonction de différenciation, les mathématiques qu'emploient souvent avec excès les économistes servent à bien marquer la différence entre spécialistes et non-spécialistes.

Cette pratique n'est pas seulement à usage externe. Le champ intellectuel est jalonné de gratifications diverses : postes universitaires, contrats d'édition, estime de ses pairs, passages à la télévision, directions de collections, etc. Pour obtenir ces gratifications, l'originalité du produit offert est un atout précieux. Cette incitation introduit un clivage entre les règles de l'activité intellectuelle et l'intérêt du professionnel. Confirmer le savoir existant est peu payant, introduire une nouvelle théorie l'est davantage. Le succès va moins à celui qui s'attelle à l'humble recherche de la vérité qu'à celui qui fait preuve de virtuosité intellectuelle, quelque valide que soit son analyse. Et que dire du malheureux qui ne fait que démontrer la validité d'une proposition de bon sens ? Si le bon sens donne la solution, à quoi sert l'intellectuel ?

Ce jeu d'incitations n'a cependant pas qu'une seule facette. Le champ intellectuel doit être décomposé. Suivons l'analyse proposée par Raymond Boudon [8]. Le marché auquel s'adresse l'intellectuel-producteur est un marché triple. L'intellectuel peut en premier lieu s'adresser exclusivement à un cercle de pairs, spécialistes de la même discipline. Les travaux d'un mathématicien, par exemple, ne s'adressent qu'aux mathématiciens. Les attentes du « public » sont alors précises et fortement « structurées » : le produit doit être conforme aux règles acceptées au sein de la communauté des mathématiciens. Quant aux gratifications qui permettent de rémunérer par exemple l'inventeur d'un nouveau théorème, elles sont également données par les pairs : surcroît de prestige, distinction académique, promotion, facilités pour obtenir des crédits de recherche... D'une façon générale, le producteur s'adressant à ce type de marché que Raymond Boudon appelle le marché de type I reste inconnu à l'extérieur de la communauté scientifique. Relèvent de ce marché non seulement les travaux des sciences « exactes » mais aussi telle enquête démographique ou sociologique, telle recherche philosophique pourvu que ces produits s'adressent à une communauté de spécialistes, que cette communauté s'accorde sur un ensemble de règles d'évaluation et qu'elle dispose de ressources matérielles et symboliques qui permettent de rémunérer le producteur.

L'intellectuel peut en second lieu viser à la fois le public de ses pairs et un public plus large (marché de type II). Raymond Boudon prend comme exemple *L'École capitaliste en France,* de C. Baudelot et R. Establet ; ouvrage d'apparence savante, armé de nombreux tableaux statistiques, annonçant des « hypothèses » et des « démonstrations », mais aussi ouvrage engagé, dont les « hypothèses » sont aussi des « idées » destinées à un public plus vaste que les sociologues de profession : les enseignants et aussi (les deux catégories peuvent se recouper) les militants et sympathisants du PCF. Aux États-Unis, jouaient également sur plusieurs tableaux des ouvrages comme le rapport Coleman, *Inequality of Opportunity* ou *Inequality,* de Christopher Jencks. Ici le producteur se soumet à l'évaluation et sollicite les rémunérations à la fois des membres de sa communauté scientifique et d'autres groupes. Il peut éventuellement alors bénéficier des gratifications caractéristiques du marché de type I et de gratifications autres (influence politique, notoriété, tirages importants). Enfin l'intellectuel peut offrir sa production sur un marché diffus (de type III). Le romancier en est l'exemple type. Le public ici est considéré comme le juge souverain, même si le rôle des critiques et « leaders d'opinion » peut être important.

Cette typologie, qualifiée par son auteur de rudimentaire, est néanmoins fort utile. Elle permet en particulier d'aider à la compréhension de l'évolution de la production intellectuelle française dans les quinze dernières années. Plusieurs facteurs se sont combinés. D'abord une certaine dévalorisation des gratifications qu'est susceptible d'offrir le marché de type I. L'Université française s'est mal remise de la crise de mai-juin 1968, les rémunérations symboliques qu'elle peut offrir aux universitaires sont relativement pauvres, beaucoup plus pauvres en tout cas qu'aux États-Unis. Et la croissance du pouvoir syndical dans l'Université et dans la recherche a rendu les carrières moins dépendantes de la qualité de la production intellectuelle. Ensuite une augmentation de la demande sur les marchés II et III. Les débats sur les « problèmes de société », l'intellectualisation de la vie privée (l'éducation des enfants, les comportements sexuels… auparavant régis par la tradition), la prise en charge par l'État de nombreux « problèmes » (qui relevaient traditionnellement du privé) ont suscité un appel aux professionnels des idées. Enfin le rôle spécifique de ce que Raymond Boudon nomme le « Tout-Paris intellectuel », un réseau complexe d'intellectuels et de journalistes qui dominent la vie « culturelle » parisienne.

« Ce Tout-Paris ne peut à l'évidence se donner pour tâche d'évaluer, d'apprécier et de récompenser des produits de type cognitif. Une telle tâche ne peut revenir qu'à des institutions dont le modèle le plus classique pour le monde contemporain est l'Université. En revanche, le Tout-Paris intellectuel est *légitimement* à même d'apprécier une production obéissant à des critères de type esthétique. Une " lecture " de Gramsci ou de Marx, par le fait même qu'elle se donne pour une " lecture ", c'est-à-dire comme une interprétation à propos de laquelle l'auteur se donne le droit de l'arbitraire sous réserve de se soumettre au devoir de l'*originalité,* est l'exemple typique d'un produit qui, par sa structure même, vise à échapper aux règles de la méthodologie scientifique. Un tel produit peut s'adresser directement au " monde " intellectuel [9]. »

Sur le marché II, ce Tout-Paris joue un rôle privilégié dans l'évaluation des idées. Nombre de livres « scientifiques » sont critiqués et commentés dans les pages culturelles de la presse intellectuelle dès leur parution et avant tout jugement des pairs (les comptes rendus et discussions critiques dans les revues professionnelles sont en quelque sorte court-circuités par la rapidité des *media*). Le cas de l'*École capitaliste en France* est caractéristique à cet égard. Ce livre a été considéré comme une « contribution scientifique » majeure par certains rédacteurs de la presse intellectuelle. Le processus d'évaluation par les pairs ne s'est développé qu'ensuite et trop lentement pour influencer l'opinion « générale » [10].

Ce système d'incitations a suscité la reconversion de nombre d'intellectuels français vers le marché II et vers les valeurs privilégiées par le Tout-Paris intellectuel, l'esthétisme, l'originalité, la virtuosité rhétorique (ce qui implique en pratique l'abandon des règles spécifiques de l'activité intellectuelle). Raymond Boudon cite « les deux exemples typiques de Louis Althusser et Gilles Deleuze. Une des premières publications d'Althusser, *Montesquieu, la Politique et l'histoire* (1959), est un livre de style parfaitement universitaire d'histoire de la philosophie politique. Il est instructif de comparer le *style* et les modes de raisonnement d'Althusser dans cette publication avec des publications ultérieures telles que *Lire le Capital* (1965) ou *Pour Marx* (1965). Dans le cas de Deleuze, on comparera par exemple son livre sur David Hume, *Empirisme et Subjectivité* (1953), avec des publications récentes telles que Gilles Deleuze, Félix Guattari, *Capitalisme et Schizophrénie, L'Anti-Œdipe* (1972) [11] ».

L'exemple de Jean-Paul Aron avec *Le Mangeur du* XIX*e siècle* est encore plus manifeste. En 1967, Jean-Paul Aron publie un *Essai sur la sensibilité alimentaire au* XIX*e siècle* (Cahiers des

Annales, A. Colin) dont le succès public fut à peu près nul. En 1973, le même auteur publie *Le Mangeur du* XIX*e siècle* (R. Laffont), *remake* du précédent et qui connaît un grand succès. Reconversion vers le marché II (changement d'éditeur, abandon de l'appareil scientifique) et reconversion réussie grâce à une recette éprouvée. Antoine Grimod s'est livré dans la revue *Contrepoint* à une comparaison éclairante entre le livre de 1967 et celui de 1973 :

« Comparons les deux livres. 120 pages de texte (plus des tableaux, d'ailleurs peu utiles) en 1967, 360 en 1973 ; faisons la part de la typographie, le livre a doublé. Le titre grandiose d'aujourd'hui ne doit pas abuser : il s'agit toujours de Paris. Seule la période considérée s'est élargie : au lieu de la première moitié, c'est maintenant tout le XIXe siècle. Différence plus apparente que réelle puisqu'en 1967 l'auteur avertissait que le dernier tiers du siècle " n'apportait pas à cette étude d'éléments nouveaux " et que d'autre part il utilisait déjà abondamment les menus du Second Empire, ceux publiés par le Baron Brisse, surtout, " dans la mesure où ils témoignent de la période précédente dont ils tirent la leçon ou maintiennent la tradition ". Comme le plan n'a guère changé non plus d'un livre à l'autre, d'où vient le changement ? tout simplement de ce que l'auteur, peut-être à la lumière de mai 1968, a découvert un système de valeurs, un système d'explication, en un mot une idéologie qui lui a permis de refaire son livre et de l'enrichir merveilleusement. En 1967, l'auteur voulait dégager pour l'étudier un système alimentaire autonome (...), " le profil d'une mentalité alimentaire comme d'un comportement autonome, d'une dimension spécifique de la civilisation du XIXe siècle. "

« En 1973, il faut aussi pourfendre le bourgeois (n'est-il pas le père ou le frère du nôtre ?), qui se vautre dans la " grande bouffe " pendant que l'ouvrier crève de faim : " C'est à table, dès 1796-1797, quand le peuple meurt de faim, que le XIXe siècle se profile. " Entrelardons la description chronologique des " bons endroits " de Paris au XIXe siècle par quelques pages d'histoire tirées du nouveau catéchisme : (" La Commune matée, les exécutions suspendues, les bagnes surpeuplés, la France se remet à vivre. La bourgeoisie respire "), et le tour est joué : en passant de la description de style universitaire sans passion à la dénonciation de la boulimie bourgeoise, on assure le succès, orchestré par la communauté des bien-pensants (...).

« Voyez le gibier. En 1967 : " On peut se demander si, pendant le XIXe siècle, une sorte de timidité, relent des interdits nobiliaires, ne commanda pas le goût alimentaire de la bourgeoisie à l'égard de ces produits. "

« La remarque est intéressante puisqu'en effet les prix du gibier dans les magasins de comestibles semblent peu élevés relativement. En 1973, cette timide bourgeoisie s'étant muée en une hydre féroce et triomphante, Jean-Paul Aron supprime purement et simplement ses notations précédentes sur la faible consommation du gibier et retourne son analyse : " Avant la Révolution, la chasse était un privilège seigneurial. Maintenant, sur les tables, le gibier appose le signe de l'égalité conquise (...). "

« Bien que l'Assistance publique ait à nourrir chaque année une population de 15 à 20 000 personnes, le bilan de son action, dressé par Jean-Paul Aron en 1967, est très positif : au point de vue énergétique, la ration alimentaire moyenne était de 2 000 calories, soit exactement les besoins définis par la physiologie contemporaine. Quant au choix des denrées, il reflète exactement les goûts de la population non assistée : volaille et légumes frais assez abondants, pomme de terre rare malgré son prix avantageux, viande en quantité très supérieure à celle du Parisien moyen : 277 g au lieu de 170.

« En 1973, Jean-Paul Aron a appris à interpréter les statistiques et à y déchiffrer " les arrière-pensées de la bienfaisance bourgeoise ". Voici le résultat, sous le titre, naturellement, *Le Paternalisme :* " *a)* La récupération officielle des valeurs de servitude : énorme prépondérance du pain ; délicatesses graciles : 70 g de volaille par semaine... " Pour mesurer la bonne foi de l'auteur, il suffit de se reporter aux chiffres fournis par son *alter ego* de 1967 (...). [Ces chiffres montrent en effet] que le pensionnaire de l'Assistance publique mange plus de volaille et beaucoup moins de pain que la moyenne des Parisiens.

« Voici la suite du paragraphe (1973), qu'il faut citer en entier : " *b)* Inversement, l'attribution quotidienne de viande, un prodige ; le miséreux n'en mange pas, le malaisé que très rarement. Mais, détail notable, elle n'est pas présentée solide, on l'utilise à la confection du bouillon. Celui-ci fait l'objet d'innombrables commentaires : il cuit des jours et des jours, il engloutit des légumes ; c'est un monde régénérant ! La loi noue le soulagement du pauvre à sa déréliction. Le plaisir de la chère procède des yeux, du toucher, de la consistance des aliments : boire la viande, c'est se sustenter sans se réjouir tout à fait. Le corps social se donne bonne conscience en maintenant les écarts, il compose avec la déchéance mais ne se laisse pas déborder, il lui fournit des baumes, s'arrêtant, à propos, au seuil de la douceur. "

« N'est-il pas merveilleux, notre chercheur, modèle révisé 1973, lâchez-le sur n'importe quel terrain, il vous rapportera toujours le même gibier [12]. »

Ce qui est en cause ici n'est nullement le fait que des intellectuels s'adressent à un public plus large * mais que, le faisant, ils s'abandonnent à la mode et aux délices de l'esthétisme et qu'ils présentent comme un travail conforme aux normes intellectuelles un produit frelaté. Les intellectuels ont bien entendu droit aux jugements de valeur **, mais pourvu que ces jugements soient explicites, que ceux qui en usent ne prétendent pas à la recherche pure et ne tentent pas d'invoquer l'autorité de la science pour faire passer des préférences personnelles. Les experts peuvent jouer aux idéologues, ou mieux aux philosophes. Encore faut-il, qu'ils ne se recroquevillent pas dans leur manteau d'experts.

---

* L'auteur serait masochiste de prétendre le contraire. (Ce livre vise bien entendu le marché de type II.)

** Même remarque que précédemment.

Cette tentation idéologique sous apparence scientifique est un phénomène classique. Marx déjà prétendait à la science tout en couvrant ses adversaires d'injures et en appelant à l'action politique. Les intellectuels, plus que les autres, sont victimes de la passion idéologique. Mais plus que les autres également, ils disposent de moyens pour la masquer. Les données se prêtent aux manipulations, la rhétorique peut tout justifier. Et même quand l'expérience leur donne tort, leur situation les affranchit largement de la nécessité de reconnaître leurs erreurs :

« Il est peu d'actes, écrit M. Friedman, qui soient aussi difficiles à accomplir que de dire *mea culpa* et de regarder la réalité bien en face, lorsque les faits ne cadrent pas avec des opinions philosophiques auxquelles on est resté longtemps attaché. On s'y résout seulement lorsque cette persistance dans l'erreur entraîne un grave préjudice personnel. C'est pourquoi les hommes d'affaires, qui risquent la faillite s'ils refusent de tenir compte des réalités, sont une des seules catégories sociales à acquérir l'habitude de le faire (...). Les socialistes et les partisans de l'interventionnisme qui ont confisqué, à tort, la noble épithète de " libéral " aux États-Unis (...) ne subiront aucun préjudice personnel important — du moins pas dans un avenir proche — s'ils ne reconnaissent pas leurs errements. Bien au contraire, beaucoup d'entre eux n'auraient rien à gagner à vouloir le faire. Leurs idées se vendent bien, et il se peut qu'ils aient beaucoup de mal à mettre sur le marché un autre produit qui se vendrait aussi bien [13]. »

Les préférences des clercs

L'« intellectuel de gauche » n'est pas une originalité française. Aussi loin que portent les sondages d'opinion et les analyses détaillées des votes, les intellectuels occidentaux apparaissent nettement plus orientés à gauche que la majorité de la population. Aux États-Unis, tout au long du XXe siècle, l'élite intellectuelle a été à dominante *« liberal »* ou *« progressive »*. En 1969-1970, la moitié de la population adulte se définissait comme *« conservative »* contre moins de 15 % pour chaque groupe de *« leading intellectuals » :* professeurs, critiques, éditeurs... Plus de 80 % des universitaires de haut niveau soutenaient les termes des propositions de Hanoi et du FLN en vue de mettre fin à la guerre du Vietnam [14]. Pourquoi une telle inclination ? En 1949, F.A. Hayek constatait avec regret que les plus actifs, les plus intelligents parmi les intellectuels américains inclinaient le plus souvent vers le socialisme alors que leurs opposants étaient souvent d'une qualité inférieure. « Personne, écrivait-il, qui a quelque familiarité avec un grand nombre de facultés (...) ne peut ignorer le fait que les professeurs les plus brillants sont aujourd'hui généralement socialistes alors que ceux dont les vues politiques sont conservatrices sont fréquemment médiocres. » Cherchant à expliquer ce phénomène, Hayek rejetait naturellement l'idée que l'intelligence tend à choisir le socialisme, et suggérait l'explication suivante : les plus intelligents des conservateurs ont une palette de choix très large et ils s'engagent fréquemment dans des activités non académiques, en revanche l'Université et la recherche attirent dans une proportion beaucoup plus importante les plus intelligents parmi ceux qui sont mal à l'aise ou insatisfaits dans la société. Il est difficile d'être « radical » et cadre supérieur dans une grande entreprise, il peut être frustrant d'être révolutionnaire et de servir un État compromis avec la « classe dominante »... « De fait, il apparaît alors probable non que les gens les plus intelligents soient généralement socialistes, mais qu'une proportion plus élevée de socialistes parmi les meilleurs esprits choisissent de se consacrer eux-mêmes à ces travaux intellectuels qui leur donnent une influence décisive sur l'opinion publique [15]. »

Ce phénomène de sélection différentielle apparaît indéniable. Les sciences humaines (la sociologie en particulier) attirent moins les partisans du *statu quo* que ceux qui ont des comptes à régler avec leur société. Mais d'autres facteurs jouent également : l'orientation politico-sociale des clercs n'est pas sans liens avec leur position sociale et leurs intérêts de « professionnels ». Les intellectuels tendent à être favorables à un système social favorable aux intellectuels, un système qui reconnaisse ce que sont à leurs yeux les *droits du savoir*.

La famille, les institutions traditionnelles, le marché sont des obstacles aux prétentions des intellectuels. Le savoir qui y règle les comportements n'est pas le leur : il s'agit du bon sens, de l'acquis de l'expérience, du savoir véhiculé par la tradition, de celui incarné dans des institutions (les institutions, comme disait Amiel, sont souvent plus sages que les hommes, « elles accumulent l'expérience collective »), d'un savoir enfin dispersé entre tous les membres de la société. Et les préférences qui s'y expriment ne sont pas les leurs. Un système libéral (fondé sur le marché et la famille) donne le pouvoir à l'*ordinary people*. Or l'homme moyen n'a ni les mêmes jugements ni les mêmes goûts que l'intellectuel, et il a le plus souvent l'outrecuidance de se passer de lui. Pire, il ne reconnaît pas les produits intellectuels à leur juste valeur, il préfère les matches de football aux ouvrages sophistiqués, les feuilletons policiers aux débats culturels ; il se fie davantage à l'expérience et au bon sens pour élever ses enfants qu'aux théories des psychologues et psychiatres... Quels que soient les efforts des intellectuels pour s'adapter au marché et valoriser leurs produits, autant dire pour se conduire en bons entrepreneurs capitalistes, le capitalisme ne reconnaît pas suffisamment leurs mérites. Les consommateurs ont un jugement faussé, l'appel à l'État permettra de le rectifier. *Une société libérale ne donnera jamais aux intellectuels les gratifications que peut offrir un gouvernement autoritaire et surtout totalitaire.* Devenir écrivain officiel, n'est-ce pas le rêve inconscient de nombre de clercs ?

La logique de leur situation et de leurs intérêts conduit ainsi les clercs à discréditer les savoirs concurrents et donc la famille, la tradition, le marché. Victimes souvent du péché d'orgueil, ils ne comprennent pas vraiment la nature de ce savoir. L'expérience des générations est beaucoup plus sûre que nombre de théories psycho-psychanalytiques, le savoir fragmenté sur le marché est infiniment mieux adapté au fonctionnement d'une économie complexe que la science de quelques experts dans un bureau central. Mais il ne s'exprime pas selon les normes du savoir intellectuel, il n'est pas articulé, rationalisé, formalisé. Les procédures intellectuelles propres aux experts leur paraissent les conditions nécessaires de la rationalité et de l'efficacité. C'est ainsi par exemple qu'au nom de la nécessité d'une politique « rationnelle » R. Dahl et Ch. Lindblom déclarent : « Le recours aux experts est devenu une aide indispensable pour le calcul rationnel dans la vie moderne. » Pour ces deux universitaires cotés, la bureaucratie « est une méthode pour introduire des jugements scientifiques afin de peser sur les décisions publiques » et « un succès dans la recherche délibérée, calculée, consciente pour adapter les moyens aux fins de la manière la plus rationnelle [16] ». Dans ces phrases s'expriment à la fois la présomption d'un savoir qui prétend au monopole (les autres formes de savoir ne sont pas considérées), mais aussi l'ignorance ou la mise au secret des implications d'une telle attitude. L'efficacité n'a pas de sens indépendamment des fins poursuivies. Nulle expertise ne peut satisfaire à l'« efficacité » définie à partir de multiples hiérarchies de valeurs individuelles. La prétention à l'« efficacité » peut seulement permettre aux experts de substituer leurs propres valeurs à celles des « ignorants » [17].

L'interprétation animiste s'accorde ainsi avec les tentations et les préférences des clercs. Elle permet de disqualifier les institutions et les acteurs qui font obstacle à leurs prétentions, de discréditer une élite concurrente (les hommes d'affaires) et de prétendre au titre de conseillers des princes pour le bien des sujets. Le cas de J.K. Galbraith est typique à cet égard. La raison manifeste de son hostilité au marché tient au fait que les individus ne s'y comportent pas comme ils devraient s'y comporter (selon les normes galbraithiennes) et ne sont pas suffisamment attentifs aux conseils éclairés qu'il leur prodigue. J.K. Galbraith stigmatise les gadgets, les « gaspillages » de la consommation privée, c'est-à-dire les choix des autres qu'il est obligé de supposer aliénés pour justifier que ses propres préférences doivent l'emporter sur celles d'autrui.

« Galbraith, écrit Milton Friedman, m'a toujours semblé être une version du XXe siècle des aristocrates radicaux *(Tory Radicals)* britanniques au début du XIXe siècle (...). [Ce groupe de conservateurs qu'on appelait aussi la jeune Angleterre avait une position très proche de celle de Galbraith aujourd'hui.] Comme lui ils croyaient en une aristocratie. Et comme lui ils savaient qu'ils en étaient membres. Ils y appartenaient par la naissance, lui par d'autres qualités. Ils pensaient que l'aristocratie avait des devoirs envers le peuple et qu'ils étaient dans la communauté le seul groupe désintéressé qui puisse le savoir car leur position sociale leur était venue naturellement sans qu'il leur soit nécessaire de faire un effort, et cela leur imposait des devoirs, tout en garantissant leur désintéressement (...). Leur attitude était totalement paternaliste : ils étaient dans la position d'un père vis-à-vis de ses enfants, ces derniers doivent reconnaître naturellement la supériorité de leur père et la supériorité de ses valeurs sur les leurs. Les *Tory Radicals* s'attendaient donc comme allant de soi à ce que les masses acceptent que les aristocrates règnent sur leurs valeurs et leurs croyances parce que les aristocrates voulaient leur bien. Je crois que l'opinion de Galbraith est essentiellement la même [18] *. »

L'image dominante de l'intellectuel est une image favorable, surtout en France. Elle reflète le prestige de l'activité intellectuelle, non les incitations de la profession intellectuelle. Cette image est un atout considérable. Les experts apparaissent comme des tierces parties désintéressées, porteurs par définition d'un point de vue objectif. Les déclarations d'un représentant d'un groupe d'intérêt

* Il est, à cet égard, assez amusant de rappeler comment, dans le *Manifeste communiste*, Marx et Engels évoquaient ces *Tory Radicals* de la jeune Angleterre, sous le titre de « socialisme féodal » :

« Les aristocraties française et anglaise, de par leur position historique, eurent pour vocation d'écrire des pamphlets contre la société bourgeoise moderne. Dans la révolution française de juillet 1830, dans le mouvement anglais pour la Réforme, elles avaient succombé une fois de plus sous les coups de cette arriviste abhorrée. Il ne pouvait plus être question d'une lutte politique sérieuse. Il ne leur restait plus que la lutte littéraire. Or, même dans le domaine littéraire, la vieille phraséologie de la Restauration était devenue impossible. Pour se créer des sympathies, il fallait que l'aristocratie fît semblant de perdre de vue ses intérêts propres et de dresser son acte d'accusation contre la bourgeoisie dans le seul intérêt de la classe ouvrière exploitée. Elle se ménageait de la sorte la satisfaction de chansonner son nouveau maître et d'oser lui fredonner à l'oreille des prophéties d'assez mauvais augure.

« Ainsi naquit le socialisme féodal où se mêlaient jérémiades et libelles, échos du passé et grondements sourds de l'avenir. Si parfois sa critique amère, mordante et spirituelle frappait la bourgeoisie au cœur, son impuissance à comprendre la marche de l'histoire moderne était toujours assurée d'un effet comique.

« En guise de drapeau, ces messieurs arboraient la besace de prolétaire afin de rassembler le peuple derrière eux ; mais, dès que le peuple accourait, il apercevait les vieux blasons féodaux dont s'ornait leur derrière et il se dispersait avec de grands éclats de rire irrévérencieux.

« Une partie des légitimistes français et la Jeune Angleterre ont offert au monde ce spectacle. » (Chap. III, I.)

seront immédiatement considérées comme dictées par des intérêts catégoriels, les déclarations d'un expert pourtant membre également d'un groupe d'intérêt (celui des experts) seront indemnes d'une telle suspicion. Même si sont en jeu des contrats avec des administrations, des créations d'emploi pour experts, des projets de publications et des choix idéologiques. Certains experts méritent sans aucun doute ce traitement privilégié. Mais combien sont ceux qui dérogent ?

CHAPITRE XV

LES EXPERTS AU TRAVAIL

La politique scolaire américaine a été une politique particulièrement « éclairée ». Il est sans doute peu d'exemples où les experts aient exercé une telle influence sur la mise en œuvre de politiques publiques. Les débats « académiques » ont pris alors une signification nouvelle et les enjeux ont changé de nature : la compétition symbolique ne concernait plus la conquête d'une chaire prestigieuse mais les titres « à la une » des journaux, le pouvoir d'influence ne s'exerçait plus de manière diffuse et indirecte mais avait un impact immédiat, pratique et politique : la mise en question des politiques effectivement pratiquées. L'arme du savoir intellectuel changeait en quelque sorte de calibre. Mais il est dangereux de confier des armes trop lourdes aux intellectuels.

Recherches et controverses « scientifiques »

« Le jour, raconte G. Hogdson, où Daniel Patrick Moynihan arriva à Harvard au printemps de 1966, il rencontra certains de ses nouveaux collègues au Club de la faculté à Cambridge. Était présent cet après-midi-là parmi d'autres le professeur Seymour Martin Lipset du département de Science politique de Harvard. " Hello, Pat ! dit Lipset, devinez ce que Coleman a trouvé ? "

« " Coleman " était James S. Coleman, professeur de sciences sociales à l'université John Hopkins, qui avait été chargé par l'administration Johnson de conduire une vaste enquête sur les inégalités de chances scolaires liées à la race, la religion ou l'origine nationale. Et ce que l'enquête Coleman avait trouvé (...) pouvait à peine être davantage une surprise. Il avait trouvé, comme le dit avec excitation Lipset à Moynihan, que " *Schools make no difference ; families make the difference* [1] ". »

La conclusion avait en effet de quoi surprendre. Ce rapport provenait d'une initiative politique, il avait été conçu par ses initiateurs comme une caution scientifique de la politique mise en œuvre, et il en sapait les bases. Reprenons. Les réformateurs sociaux (hommes politiques et experts) qui mirent en chantier la « Grande Société » voyaient en l'école une voie royale de la justice et de l'égalité. Cette foi en l'enseignement était pour une large part une foi en leur propre savoir. Il était tenu pour acquis, témoigne *a posteriori* J. Coleman, « que nous savions ce qui rendait l'école plus efficace : de meilleurs équipements, des maîtres ayant une formation plus longue, des professeurs plus expérimentés, des manuels renouvelés, de meilleures bibliothèques, d'autres choses encore que l'augmentation des dépenses par élève pourrait permettre d'acheter [2] ». La variable privilégiée était donc celle qui était à la fois la plus facile à « manipuler » (pour les hommes politiques) et la plus aisée à mesurer (pour les experts) : *money.*

Dans cette optique l'enquête de Coleman, commandée par le Département de l'Éducation à la demande du Congrès, était conçue, semble-t-il, comme une opération de relations publiques afin de vaincre les réticences et de justifier l'augmentation des dépenses scolaires. Cette enquête bénéficia de gros moyens — elle porta sur 4 000 écoles et 600 000 élèves — et aboutit en 1966 à la publication d'un énorme rapport : *Equality of Educational Opportunity Research* (737 pages plus 548 pages d'annexes statistiques), plus connu sous le nom de « rapport Coleman » [3]. La forme était technique mais le contenu explosif. En effet, contrairement à toutes les attentes, et à celle de James Coleman lui-même, l'enquête révélait la fausseté du postulat de base de la nouvelle politique scolaire : les inégalités de résultats scolaires, en particulier entre Blancs et Noirs, ne pouvaient s'expliquer par l'inégalité des ressources éducatives entre les écoles. En fait les différences constatées étaient mineures, leur incidence faible, et il apparaissait que la variable essentielle était justement celle sur laquelle l'école n'a aucune prise : le *background* des élèves (le niveau socio-économique des parents et leur intérêt pour les études de leurs enfants).

La bombe pourtant n'éclata qu'à retardement. Le Département de l'Éducation fit preuve d'une grande discrétion et, selon un stratagème bureaucratique éprouvé, rendit public le rapport le 4 juillet 1966 (jour de la fête nationale américaine). Il pouvait compter également sur l'effet dissuasif de la taille et de la technicité du texte et publia un résumé fallacieux qui gommait ce qu'il y avait d'iconoclaste dans les conclusions de Coleman [4]. Mais à Harvard, Pat Moynihan s'employa à éviter que le rapport ne passe inaperçu. Il organisa avec le professeur Thomas Pettigrew un séminaire consacré à l'analyse et à la discussion de cette enquête, séminaire qui eut un succès inattendu. Pendant trois ans, il rassembla un grand nombre de spécialistes et devint un pôle intellectuel de l'Université. « Ce séminaire m'a appris quelque chose à propos d'Harvard », a raconté Pat Moynihan. « Les gens ne sont pas intéressés à un problème quand ils pensent qu'il est résolu. Il n'y a pas là de réputations à gagner. Mais quand quelque chose dont les gens pensent qu'il a été mis sous clef est révélé, soudain ils veulent tous être partie prenante [5]. » Les problèmes d'éducation devinrent alors à la mode (intellectuelle). Et le rapport Coleman gagna progressivement en audience au point de devenir « le centre de la plus importante controverse de l'histoire des débats sociologiques américains [6] ».

La question était technique mais l'enjeu politique. La controverse se situa sur les deux plans, mobilisant la grande presse comme les milieux universitaires. Le rapport fut disséqué par les collègues de Coleman, des milliers d'heures d'ordinateurs furent dépensées pour réexaminer et réutiliser les données recueillies, et de nombreux articles passèrent au crible méthodes et résultats. Mais en dépit des efforts de certains pour invalider les conclusions de Coleman, ces recherches ne firent pour l'essentiel que confirmer sa « découverte ». Et en 1972, Christopher Jencks, l'un des participants au séminaire Moynihan, conclut dans le même sens dans son ouvrage « à sensation », *Inequality* [7]. Jencks, alors proche de la « nouvelle gauche », reprenait à son compte les conclusions hérétiques du rapport Coleman et poussait même plus loin l'hérésie puisque l'école n'avait selon lui que peu d'influence sur la réussite sociale. Décidément elle ne méritait pas la foi qu'on avait mise en elle.

Mais alors comment expliquer la persistance de l'infériorité scolaire des Noirs ? Les travaux sociologiques n'avançaient que des conclusions négatives : ainsi, selon le rapport Coleman, aucune variable, pas même le milieu familial, ne rendait compte de cette différence. Restait évidemment une interprétation possible — d'ordre génétique. En 1969, A. Jensen, professeur de psychologie à Berkeley, publia dans la *Harvard Educational Review* une longue étude sur les tests d'intelligence et la réussite scolaire [8]. L'auteur constatait d'abord que l'éducation compensatrice avait apparemment échoué, puis, au terme d'une analyse très technique, il avançait deux propositions : *a)* les différences de Q I (quotient intellectuel) entre individus semblent relever davantage de l'hérédité biologique que de l'environnement social ; *b)* les différences moyennes de Q I entre groupes (en particulier entre Blancs et Noirs) semblent également s'expliquer davantage par le rôle de l'inné que par celui de l'acquis. L'article était écrit dans un style universitaire et l'explication par l'incidence des différences génétiques entre races n'était avancée que comme une hypothèse plausible, congruente avec les données utilisées. Mais A. Jensen avait « mis le doigt sur le point le plus à vif, le plus sensible de tout le système de pensée libéral concernant l'éducation et l'égalité [9] ». Son interprétation disculpait, au moins en partie, les Blancs de leur responsabilité dans l'infériorité sociale des Noirs et disqualifiait l'école comme moyen de réforme sociale. Les passions alors se déchaînèrent. Les étudiants gauchistes du S D S *(Students for a Democratic Society)* manifestèrent à Berkeley en criant : « Combattons le racisme ! Jensen au poteau ! » Les cours de Jensen durent se tenir clandestinement pour éviter les interruptions violentes. Certains collègues de Jensen à Berkeley essayèrent, mais en vain, de le faire censurer. La *Harvard Educational Review* refusa de céder à quiconque (même à Jensen) des rééditions de son article tant qu'elles n'étaient pas assorties d'un bon nombre de critiques des arguments de l'auteur [10]... Sur le plan scientifique, la question de fond restait ouverte — elle l'est encore aujourd'hui [11] —, elle était tranchée sur le plan idéologique.

Mais où était alors la solution ? Comment rendre compte de ces inégalités scolaires entre Blancs et Noirs ? Par des différences génétiques, peut-être, disait Jensen. Non-sens ! s'exclamait la grande majorité de la communauté scientifique, bien plus probablement par l'absence d'intégration raciale.

Le rapport Coleman ne consacrait que trois pages aux effets de la déségrégation. Thomas Pettigrew, « libéral » d'origine sudiste (un mélange rare), pensa que ce n'était pas suffisant. Il persuada la *Civil Rights Commission* de reprendre les données pour analyser plus en détail l'incidence de la déségrégation. Le travail fut publié en 1967 sous le titre *Racial Isolation in the Schools,* sous la signature de D. Cohen et Th. Pettigrew, et donna l'impression que les données collectées par Coleman plaidaient en faveur de l'intégration. Ce qui d'une certaine manière était vrai : les variables scolaires apparaissaient de peu d'influence sur la réussite scolaire, mais parmi ces variables la plus importante (ou la moins négligeable) était la composition sociale de la classe ; or, l'intégration raciale modifie cette composition sociale (dans le bon sens) et devait donc permettre le rattrapage scolaire des Noirs. Il était donc possible de tirer de ces données des arguments en faveur de la déségrégation et James Coleman lui-même, dans un article de 1967, mit l'accent, avec une certaine prudence, sur les effets positifs de l'intégration scolaire [12].

Le rapport Coleman devint alors la caution scientifique des tenants de la déségrégation et en particulier des « décideurs » les plus importants en la matière : les juges. « À la fin des années 60, écrit D.P. Moynihan, les données du rapport Coleman servirent de base à nombre de décisions judiciaires en faveur du *Busing* [13]. » Et les experts eux-mêmes furent convoqués à l'audience : Thomas Pettigrew par exemple témoigna fréquemment, au titre de spécialiste, dans des litiges judiciaires portant sur le *Busing*, plaidant évidemment en sa faveur.

L'ironie de l'histoire veut que ce soit Pettigrew lui-même qui suggéra à un de ses jeunes collègues, David Armor, de faire une étude sur les résultats de cette politique, étude qui allait jeter les premiers doutes sur la validité de ses bases scientifiques. Cette étude parut trois ans plus tard en 1972 dans *The Public interest* sous le titre « *The Evidence of busing* ». L'analyse aboutissait à un constat de faillite : non seulement le *busing* n'avait pas permis d'améliorer les résultats scolaires des Noirs, mais il avait entraîné une dégradation des relations raciales. L'assaut était frontal et la riposte ne tarda pas. Ces résultats furent rapportés dans la grande presse (le *New York Times,* le *Washington Post,* le *Boston Globe*) avant même la publication du texte et dénoncés publiquement par des critiques qui n'avaient pas pu prendre directement connaissance de l'étude. Sur le plan académique, Thomas Pettigrew et trois de ses collègues publièrent une critique très âpre dans laquelle ils qualifiaient l'article d'Armor d'étude « biaisée et incomplète », et la polémique se poursuivit dans les colonnes de *The Public Interest.* La controverse publique était rude, mais, raconte G. Hogdson, elle restait très courtoise comparativement à l'atmosphère du William James Hall à Harvard où Pettigrew et Armor avaient leurs bureaux à deux portes de distance. Les deux hommes devinrent très acerbes. Armor échoua à obtenir un poste de professeur attitré à Harvard (la *tenure*). Il accusa l'un des assistants de Pettigrew d'avoir pénétré par effraction dans son bureau pour voler certaines de ses données. Thomas Pettigrew répliqua et démentit dans le *New York Times.* Armor accusa Pettigrew d'avoir étouffé son article ; Pettigrew reconnut lui avoir déclaré qu'il avait fait un « mal incomparable » en publiant [14]. Un bel épisode de sérénité scientifique, mais qui est encore peu de chose par rapport à ce que l'on peut appeler l'« affaire Coleman ».

Dès 1972, James Coleman avait fait connaître son désaccord avec la politique menée par les cours et les juges. Il le fit notamment dans une lettre adressée au *New York Times* mais que celui-ci ne publia pas et qui parut finalement dans *The Public Interest.*

Certains des résultats du *Coleman Report,* expliquait son auteur, « ont été utilisés improprement par les cours pour soutenir la proposition selon laquelle l'“ égale protection ” des enfants noirs n'est pas assurée jusqu'à ce que l'équilibre racial soit atteint dans les écoles. Je crois qu'il est nécessaire de reconnaître que l'égale protection dans le sens de l'égalité des chances scolaires ne peut être assurée par l'autorité publique. La plus grande partie de l'inégalité des chances prend sa source dans la famille, au travers de l'affection et de l'attention des parents (soins et attention diffèrent puisque les parents sont différents), et l'autorité publique peut seulement espérer réduire ces chances inégales. Cela signifie naturellement que les actions de l'autorité publique qui ont eu pour effet d'accroître la ségrégation raciale ou socio-économique doivent être corrigées par les cours, mais non sur la base erronée selon laquelle elles assurent par là l'égalité des chances scolaires [15]. »

Coleman invitait les cours à adopter une interprétation plus restrictive (et plus exacte) de son propre rapport. Mais il ne se borna pas là et en 1975 il présenta de nouvelles analyses qui allaient provoquer contre lui un véritable « tir de barrage ». En 1975 donc, dans divers articles et dans des interviews retentissantes à la grande presse, Coleman déclara : d'abord que la politique du *busing* obligatoire avait été contre-productive en accélérant la « fuite des Blancs » *(White Flight)* du centre des grandes villes américaines vers les *suburbs,* puis que dans les conditions où elle avait été menée, l'intégration scolaire ne semblait pas avoir amélioré les résultats scolaires des minorités. Ces textes et déclarations provoquèrent de violentes réactions et entraînèrent à propos du *White Flight* une vaste et intense polémique qui déborda hors du champ proprement scientifique : des représentants des groupes impliqués dans cette politique (l'organisation noire *NAACP,* la *Commission on Civil Rights*) y participèrent, la grande presse fut mobilisée (le *New York Times,* le *Washington Post*)...

Détaillons les principaux moments de cette controverse [16]. Le 2 avril 1975, J. Coleman présenta à une réunion de *l'American Educational Research Association* les conclusions de ses nouvelles recherches sur l'accélération du *White Flight* du fait de la politique de *busing* obligatoire dans le centre des grandes villes. Le *New York Times* mit deux mois à rendre compte de ces résultats (article du 7 juin), puis le 11 juillet publia en première page une critique vigoureuse de la méthode de l'enquête sous le titre : *« Coleman concedes views exceed new racial data * ».* Le journaliste R. Reinhold avait téléphoné aux 19 districts scolaires étudiés par J. Coleman et constaté qu'aucun n'avait connu une politique de *busing* sur injonction judiciaire. Coleman reconnut que ses vues *« went somewhat beyond the data ** »* mais il continua de soutenir ses conclusions de fond et présenta de nouveaux résultats en ce sens.

Sur le terrain proprement scientifique, les experts favorables à l'intégration organisèrent rapidement la contre-attaque. Le 15 août se réunit un « Symposium on School Desegregation and White

* « Coleman concède que ses vues vont au-delà de ce que montrent les données en matière raciale. »

** « ... allaient quelque peu au-delà des données. »

Flight », organisé par le *National Institute of Education,* patronné par le *Catholic University Center for National Policy Review* et le *Notre-Dame Center for Civil Rights,* dans les locaux de la *Brookings Institution.* Bien que J. Coleman participât à ce colloque, les documents présentés furent consacrés essentiellement à une réfutation de ses positions. Un peu plus tard, Gregg Jackson (de la *Commission on Civil Rights*) critiqua à la fois les données de Coleman et sa méthode dans deux articles, une version technique publiée dans *Educational Researcher* (novembre 1975) et une version destinée à une plus grande diffusion (*Phi Delta Kappan,* décembre 1975). Dans le même sens, des collègues de J. Coleman, Thomas Pettigrew et R.L. Green, dénoncèrent vigoureusement ses conclusions, d'abord au cours d'une conférence organisée par la NAACP puis dans différents articles, techniques (*Harvard Educational Review,* février 1976) ou non (*New Society,* 29 janvier 1976 ; *Phi Delta Kappan,* février 1976). Toutes ces critiques s'appuyaient en particulier sur trois nouvelles contre-expertises, les enquêtes de Reynolds Farley, Chris Rossell, T. Pettigrew et R. Green, qui concluaient à l'absence de relation significative entre la « fuite des Blancs » et la politique d'intégration scolaire.

La controverse ne s'arrêta pas là : J. Coleman reprit dans différents « papiers » ses conclusions précédentes ; dans *The Public Interest* (printemps 1978), D. Rawitch entreprit une critique en règle de l'une des contre-expertises les plus souvent citées, celle de C. Rossell. Et surtout — nouveau rebondissement —, de nouvelles études menées par R. Farley et C. Rossell aboutirent, à rebours de ce qu'ils avaient affirmé auparavant, à confirmer pour l'essentiel les conclusions de J. Coleman (comme eux-mêmes très honnêtement l'ont reconnu). De plus, une nouvelle étude conduite par D.J. Armor et publiée par la *Rand Corporation* (août 1978) aboutit à des résultats semblables [17]...

La violence de cette polémique tient pour une part à la personnalité de James Coleman : il est apparu comme un traître à la cause de l'intégration ; sa « défection » était évidemment une perte pour le camp « libéral », et elle était d'autant moins pardonnable. Elle tient également bien entendu à l'importance politique de l'enjeu et à la passion idéologique que suscite la cause de l'intégration.

Cette controverse et les résultats effectifs du *busing* témoignent des faiblesses des travaux d'expertise. En la matière comme en beaucoup d'autres, la recherche est techniquement très difficile, et elle se prête toujours à des critiques de méthode. Comment tenir compte de toutes les variables ? La passion idéologique mais aussi les failles de l'expertise ont incité les partisans du *busing* à pécher par omission, à considérer l'intégration indépendamment des autres variables scolaires. Pratiquer l'intégration dans un climat d'affrontement a peu de chances d'améliorer la qualité du travail. Les experts ont longtemps ignoré les variables « qualitatives ». Non seulement à propos du *busing* mais à propos également du rôle de l'école dans son ensemble : le rapport Coleman par exemple laissait de côté les processus éducatifs eux-mêmes, enfermés en quelque sorte dans une « boîte noire ». Coleman, Jencks après lui et d'autres ont eu alors tendance à extrapoler de *certaines* variables scolaires à l'école elle-même. Ils ont ainsi bien vu que leurs résultats démentaient la prétention ambiante à faire beaucoup mieux à coups de dollars, mais ils n'ont pas vu qu'ils s'accordaient avec la possibilité de faire bien pire en altérant la qualité de l'école (la prégnance de l'attitude réformatrice excluait toute perspective conservatrice). Et c'est ce qui est arrivé. L'école américaine, victime des réformes successives, s'est profondément dégradée, et les résultats scolaires en portent la marque. Preuve par l'expérience que *« schools make a difference »*. De plus, l'idée fausse à l'origine est devenue vraie : les différences entre écoles (certaines ont mieux résisté aux réformes que d'autres) expliquent pour une part les inégalités de réussite. James Coleman a rendu publics en 1981 les résultats d'une nouvelle enquête qui privilégie, expérience oblige, les variables qualitatives. Sa conclusion marque un retour au bon sens : « Les écoles qui sont exigeantes en matière de travail, qui requièrent le respect de règles quant à la présence et au comportement des élèves quand ils sont à l'école sont d'après ces résultats celles dont les élèves réussissent le mieux [18]. » Bref, *« better schools do better »*. Après un savant détour, les sciences sociales confirment ce que savent à peu près tous les parents et ce dont ils tiennent compte dans le choix de l'école de leurs enfants.

La dérive (idéologique) de l'idée égalitaire

Cet épisode de la vie intellectuelle américaine n'est pas seulement caractéristique de la tendance des experts à outrepasser leur savoir et parfois à pratiquer la guérilla pour raisons idéologiques ; il représente un moment important de l'évolution de l'idée égalitaire aux États-Unis. Les intellectuels « libéraux » ont en effet profondément remis en cause, généralement sous couvert de la science, l'idée traditionnelle de l'égalité.

Le principe égalitaire dans sa version « classique » implique, rappelons-le, l'égalité de droit, des chances ouvertes à tous, mais nullement l'illégitimité des inégalités produites par le marché et transmises par la famille. L'égalité « à l'américaine » proscrit dès l'origine les différences de statut entre les hommes et implique la possibilité pour chacun de profiter des chances (immenses) qu'offrent la nature et la société. L'idée « libérale » de l'égalité, dominante dans les années 70, a un tout autre contenu. Elle est l'aboutissement de déplacements successifs, souvent implicites, ou en d'autres termes de propositions successives qui se sont enchaînées.

— Première proposition : *l'application du principe d'égalité des chances implique la lutte contre les facteurs sociaux qui rendent la compétition inégale et doit aboutir à une moindre inégalité de résultats entre groupes (c'est-à-dire entre Blancs et Noirs).* L'égalité des chances ne se confond plus avec la simple égalité des droits et des facilités offertes, et elle est conçue moins comme un droit fondamental justifié en lui-même que comme un moyen de transformation sociale.

Cette translation du concept fut amorcée par l'arrêt historique *Brown v. Board of Education of Topeka* rendu à l'unanimité par la Cour suprême le 17 mai 1954. À propos d'un cas de discrimination scolaire, la Cour récusait le principe « séparé mais égal » comme contraire à la clause d'égale protection des lois du XIVe Amendement. Revirement de jurisprudence qui marquait la fin d'une époque et qui, d'autre part, s'appuyait sur un raisonnement de type nouveau. L'argument clef de la décision n'était pas, en effet, que l'affectation des élèves selon un critère racial violait une liberté fondamentale, mais que le fait de la ségrégation était en lui-même source d'inégalités scolaires : « Est-ce que la ségrégation des enfants dans les écoles publiques, fondée sur le seul critère de la race, les autres conditions extérieures demeurant égales, prive les enfants concernés des bénéfices de l'égalité en matière d'éducation ? La réponse est, à notre avis, affirmative. » La Cour étayait cette conclusion par un raisonnement d'ordre sociologique appuyé sur divers travaux cités en référence, insistant en particulier sur le fait que le sentiment d'infériorité engendré chez les enfants noirs par la ségrégation avait des conséquences négatives en matière scolaire. Attitude novatrice et aussi imprudente — il est dangereux pour un juriste de se fonder sur des travaux de sociologues, qui peuvent ultérieurement être remis en cause [19] — qui étendait la notion d'égale protection des lois en prenant en compte les facteurs sociaux de l'inégalité des chances et en s'attachant non plus seulement à l'égalité d'accès et de traitement mais aussi aux résultats scolaires. Cette novation ne fut guère cependant perçue comme telle, et la décision Brown affecta surtout l'idée d'égalité des chances en contribuant à faire de l'intégration scolaire un des critères clefs de cette égalité [20].

Dès cette première étape, il apparaît que l'idée d'égalité des chances n'est pas considérée en termes abstraits et généraux mais est marquée par une perspective particulière : la lutte contre certaines inégalités raciales. L'égalité des chances est alors moins recherchée moins pour elle-même que pour ses effets sociaux escomptés. Cette perspective allait devenir manifeste dans les années 60, lors de la mise en œuvre des programmes de la « grande société ». La volonté d'assurer des chances égales, ou moins inégales, s'explique moins par le souci d'appliquer le principe méritocratique que par celui de résoudre certains problèmes sociaux (les inégalités entre races, la pauvreté).

— Seconde proposition : *l'égalité des chances implique l'égalité des résultats entre groupes.* La seconde étape a été franchie quand, à l'idée selon laquelle il fallait rechercher l'égalisation des chances, afin qu'il en résulte une moindre inégalité de résultats entre groupes, s'est substituée l'idée selon laquelle l'égalité des résultats était la mesure *hic et nunc* de l'égalité des chances.

Le rapport Coleman a contribué à cette évolution. Les auteurs avaient considéré plusieurs significations possibles du concept sans prendre explicitement parti, mais la logique de leur analyse conduisait à une translation de sens. Faute en effet de trouver des différences sensibles entre écoles, Coleman et ses collaborateurs s'étaient intéressés à l'ensemble des facteurs sociaux de l'inégalité de réussite scolaire et ils étaient alors amenés à privilégier comme mesure de l'égalité des chances non plus l'égalité entre écoles fréquentées par les différents groupes, mais l'égalité de résultats scolaires entre ces groupes. *« Equal schools or equal students ? »,* le titre que Coleman choisit pour résumer les conclusions de son étude dans *The Public Interest* [21], opposait nettement les deux perspectives (*equal students* signifie ici égalité entre groupes d'élèves, principalement entre élèves blancs et élèves noirs). Or le fait que les écoles étaient égales alors qu'on les avait crues inégales ne pouvait que déplacer l'attention de l'égalité des *inputs* à l'égalité des résultats et substituer la seconde égalité à la première comme critère de l'égalité des chances scolaires.

Ce rapport, dont l'influence a été considérable, incitait donc les experts et les hommes publics à poser la question de l'égalité des chances en termes nouveaux ; — des termes qui, rencontre imprévue, recoupaient ceux qu'utilisaient de plus en plus les militants noirs. L'égalité de droits était acquise, l'idée alors progressa que cette égalité devait se traduire dans la réalité par une égalité de résultats effectifs entre groupes raciaux. Dès 1965, dans son rapport sur la famille noire, D.P. Moynihan notait :

« L'exigence d'une égalité des chances est généralement comprise par les Américains de race blanche comme la jouissance d'une liberté n'excluant pas la compétition, aussi bien dans le domaine électoral que pour les examens, l'emploi et le logement… Aujourd'hui, le principe de l'égalité des chances ne revêt pas la même signification pour les Noirs et pour les Blancs. Il ne s'agit pas (du moins, il ne s'agit plus) pour les premiers d'une simple exigence de liberté, mais aussi d'égalité effective au plan collectif. Comme l'écrit Bayard Rustin : " On ne s'attache plus seulement à obtenir la pleine égalité des chances, mais l'égalité de fait. " Par égalité, Rustin entend ici une situation effectivement comparable chez les Noirs et les Blancs [22]. »

— Troisième proposition : *l'égalisation des chances scolaires n'engendre pas l'égalisation des résultats.* Après le rapport Coleman, un autre travail sociologique contribua à ôter son crédit au concept classique d'égalité des chances : *Inequality,* de Christopher Jencks. La thèse centrale de Jencks était que l'école était à la fois innocente et impuissante ; elle n'était pas responsable des inégalités sociales et elle ne pouvait donc être appelée à les réduire.

Ces conclusions, relayées par la grande presse, eurent un écho considérable, en partie à la faveur d'interprétations biaisées ou erronées. Interprétation biaisée de la part de Jencks : il concluait donc que « réaliser l'égalité des chances ne modifierait pas substantiellement la répartition finale des revenus [23] » mais il s'agissait d'une égalité de résultats entre individus, non entre groupes. La seconde était aux yeux de Jencks secondaire car « éliminer les différences de revenus entre Blancs et Noirs ou entre enfants de familles riches et ceux de familles pauvres ne supprimerait pas l'inégalité en général, car il y a presque autant d'inégalité entre individus appartenant à un même milieu ou à une même race que dans la population dans son ensemble [24] ». Jencks utilisait ainsi sa propre norme de référence et jugeait la politique pratiquée à cette aune. Or, appréciée en fonction de l'égalité des résultats entre groupes, cette politique appelait un jugement tout différent. Les données présentées dans *Inequality* montraient en effet que la réduction des inégalités scolaires entre Noirs et Blancs, entre enfants pauvres et riches, réduirait sensiblement les inégalités de résultats économiques entre ces groupes. Ce biais introduit par Jencks fut généralement ignoré [25], si bien que le livre apparut comme démontrant la totale inefficacité de l'école dans sa mission égalisatrice.

— Quatrième proposition : *l'égalisation des résultats passe par une action directe sur les inégalités économiques. Inequality* de Jencks était un ouvrage savant, mais son objectif était explicitement politique : montrer la vanité de la politique des années 60 et plaider pour une autre stratégie : « Si nous voulons égaliser les revenus, nous devons le faire directement plutôt que d'égaliser quelque chose d'autre en espérant par ricochet une redistribution des revenus [26]. » Ses conclusions d'ordre sociologique pouvaient être utilisées pour justifier cette politique redistributive. En analysant les corrélations entre différentes formes d'inégalités (aptitudes cognitives, QI, statuts, revenus, etc.), Jencks aboutissait à un constat de large indétermination. Que restait-il alors pour expliquer les réussites sociales ? Jencks avouait son ignorance tout en avançant comme facteurs possibles la chance (sur laquelle il insistait) et les aptitudes non cognitives. Facteurs résiduels qui ne sont guère de nature, surtout évidemment le premier, à légitimer la hiérarchie des revenus. En réponse à des critiques, Jencks cependant se référa à d'autres principes justificatifs :

« Notre position en faveur d'une redistribution des revenus n'a rien à voir avec l'opinion qui est la nôtre à propos du rôle de la chance dans la fixation des revenus... Nous préconisons une redistribution parce que nous estimons que les pauvres ont davantage besoin que les riches d'un complément de ressources monétaires [27]. »

En fait, son argumentation était surtout négative, il récusait le principe méritocratique — « Je ne vois pas de justification morale à une répartition des revenus qui ne dépend que de la productivité [28] » — sans fixer des critères précis de justice distributive.

L'ouvrage de John Rawls, *A Theory of justice* [29], s'attelait précisément à cette tâche. Ouvrage ambitieux, considéré immédiatement comme très important et amplement discuté, et qui s'insérait également dans cette « montée » de l'idée égalitaire. La théorie rawlsienne de la justice peut être (très sommairement) résumée de la manière suivante [30] : supposons des hommes placés dans une « position originelle » (c'est-à-dire l'état de nature) et ignorants de la position particulière qui leur sera attribuée dans la société où ils vont entrer, et supposons que ces hommes aient à choisir entre différentes conceptions de la justice. Compte tenu d'un certain nombre de postulats quant à leur nature et à leur degré d'ignorance, Rawls estime que ces hommes choisiraient la justice en tant qu'équité *(Justice as fairness) :* ils exigeraient d'abord que les libertés fondamentales soient également distribuées entre tous (premier principe) et ensuite que les inégalités sociales et économiques soient, d'une part, réglées de manière à servir au mieux les intérêts des plus désavantagés et, d'autre part, attachées à des positions ouvertes à tous dans des conditions d'égalité des chances (deuxième principe).

Ainsi la société juste est une société inégalitaire, mais ces inégalités ne sont en aucune manière justifiées par le principe méritocratique. Selon Rawls, en effet, un talent ou une capacité plus grande ne donne aucun droit moral à une gratification élevée. La distribution naturelle des talents n'est ni juste ni injuste, elle est un simple fait. La nature est arbitraire et les inégalités de dons naturels non méritées. La justice alors requiert non de récompenser ceux qui sont nés avec ces capacités supérieures mais de compenser la capacité inférieure de ceux qui n'ont pas eu cet avantage à la naissance. « En bref, commente M.F. Plattner, la perspective de redistribution sociale est fondée sur une préférence donnée à une éthique de " réajustement " au détriment d'une éthique de stricte rétribution [31]. » Cependant, le deuxième principe rawlsien implique que l'on attribue une gratification supérieure à ceux dont la contribution à l'activité économique est plus élevée, mais seulement dans la mesure où les gratifications incitent les bénéficiaires à accroître leur activité d'une manière telle que les plus désavantagés en bénéficient. En d'autres termes, il est juste, pour des raisons d'efficacité sociale, que les plus productifs reçoivent des récompenses qu'ils ne méritent pas [32]. Dans cette perspective, les individus ne sont plus propriétaires des richesses qu'ils produisent, la collectivité en décide souverainement la distribution. La justice rawlsienne implique un contrôle social total de la répartition des richesses.

À un niveau moins élevé d'élaboration, de nombreux ouvrages et articles parus au cours de cette période témoignèrent dans des registres différents de l'effacement du principe méritocratique au sein de la pensée « libérale » et présentèrent des plaidoyers pour une action redistributive [33]. Tous ces textes contestent la légitimité de la hiérarchie des revenus telle qu'elle résulte du jeu du marché et appellent à une intervention corrective de l'État.

Mais telle n'est pas l'opinion de la grande majorité des Américains, qui reste fermement attachée à la conception traditionnelle de l'égalité : des chances ouvertes pour tous, des rémunérations en fonction des efforts et des talents [34]. L'homme moyen américain considère comme essentiel que chacun reste maître de sa propre destinée. Les hommes supérieurs ne sont pas de cet avis.

CHAPITRE XVI

ARMES RHÉTORIQUES

Ce qui distingue les intellectuels des autres acteurs n'est certes pas leur qualité de jugement mais la panoplie d'armes rhétoriques dont ils disposent pour étayer leurs jugements. Exemple extrême, Jean-Paul Sartre a mis une éloquence exceptionnelle au service d'une sottise politique également exceptionnelle : le marxisme « horizon indépassable de notre temps », les camps soviétiques, certes inadmissibles, « mais inadmissible tout autant l'usage que la presse bourgeoise en fait chaque jour » (1952), « la liberté de critique totale en URSS » (1954), l'Union soviétique « seul grand pays où le mot progrès ait un sens » (1963) [1], etc. Ces formules apparaissent aujourd'hui pour ce qu'elles sont, non pas tant grâce à une meilleure information sur la réalité soviétique (les documents existaient qui la montraient à qui voulait la voir) que grâce à la rectification des jugements portés sur cette réalité. La puissance des écrits de Soljenitsyne y a beaucoup contribué, qui a balayé la rhétorique justificatrice de l'oppression.

« Personnellement, témoigne Paul Thibaud, je suis de ceux qui se reprochent d'avoir succombé aux séductions du Sartre des *Communistes et la Paix*. Ce texte, on pourrait montrer qu'il est non seulement une erreur, mais un modèle de démagogie intellectuelle. Il flatte le désir de dominer imaginairement et de mépriser l'adversaire. Pendant quelque temps, Sartre a fait de nous de jeunes imbéciles [2]. »

Cette puissance de la rhétorique a joué un rôle essentiel dans la domination de la représentation animiste au cours des années 1960-1980. Sous diverses figures, elle a permis à nombre d'idéologues et d'experts de s'affranchir du réel, d'en tordre la perception, d'imposer ou de disqualifier des idées indépendamment de leur véracité. Violations des règles de l'activité intellectuelle dont deux procédés méritent d'être examinés plus en détail parce qu'ils sont à la fois très efficaces et souvent méconnus : la corruption des mots, la rhétorique d'intimidation.

Les mots pipés

Les mots sont des armes ; le vocabulaire n'est pas un outillage neutre, il structure la pensée, il est plein de résonances affectives, idéologiques, et il traduit fréquemment un rapport de forces intellectuel. Karl Popper a sans aucun doute raison sur le plan logique quand il écrit : « Il est inutile de disputer des mots ou de faux problèmes comme celui du sens vrai et essentiel du mot " démocratie ". On peut choisir la dénomination qu'on préfère [3]. » Mais s'en tenir là, c'est oublier que l'usage effectif des mots est loin de n'obéir qu'aux seules règles de la logique. Il est essentiel de « disputer des mots » parce que les mots sont souvent piégés.

La forme privilégiée de corruption du vocabulaire est le détournement de sens. Certes les définitions sont libres — il n'existe nulle part d'essence de la « démocratie » ou de la « révolution » — mais le choix du contenu d'un mot est dans nombre de cas bien autre chose qu'une simple opération technique liée aux seules exigences de la communication. Il peut être notamment une opération idéologique. Soit l'exemple du mot *liberté*. Les marxistes ont tenté d'imposer un détournement de sens en opposant les libertés « bourgeoises », « formelles », seulement apparentes, aux libertés « réelles », celles dont les moyens d'exercice sont garantis. *Liberté* devient alors synonyme de *capacité*. Confusion de termes qui appauvrit le vocabulaire et biaise la vision du réel. Elle permet en effet de faire l'impasse sur une distinction essentielle, entre les interdictions (les contraintes nées des obligations imposées sous peine de sanctions) et les empêchements (les limitations liées à la nature et à la situation sociale). Vychinski s'exclamait : « Quelle est la liberté d'un chômeur américain ? » La réponse est que le chômage est une condition pénible mais que cela n'empêche pas le chômage et l'absence de liberté d'être deux choses différentes. De même, la misère est une situation tragique, plus tragique peut-être que l'absence de liberté, mais que la possibilité de ne pas mourir de faim soit plus importante que la liberté n'implique pas que cette possibilité *soit* la liberté. Le biais est encore plus net si l'on considère les empêchements dus à la nature : un jeune athlète et un vieillard unijambiste n'ont pas la même capacité pour se déplacer, dira-t-on que l'un est libre de ses déplacements et non l'autre ? Le débat n'est donc pas uniquement d'ordre sémantique ; accepter de définir la liberté comme capacité, c'est abandonner le moyen de qualifier de manière spécifique l'absence ou la présence d'interdictions, c'est implicitement considérer que les interdictions importent peu comparées aux empêchements, c'est en d'autres termes reprendre à son compte une interprétation du réel dont André Frossard fait justice en quelques lignes ironiques :

« On m'écrit de Belgique en exigeant une réponse publique : " *La toute première liberté* (souligné dans le texte) pour un être humain, c'est d'avoir à manger. La deuxième liberté essentielle, c'est le droit aux soins de santé. *La troisième* (toujours souligné), c'est le droit à l'instruction. " Toutes libertés sur lesquelles, d'après mon correspondant, la supériorité des pays socialistes sur les pays bourgeois n'est plus à démontrer. Puisqu'il faut répondre, je réponds : dans toutes les prisons du monde, les détenus sont nourris. Ils sont donc libres.

Ils sont également soignés gratuitement. Enfin on ne refuse pas de les instruire, et l'on en connaît plus d'un à qui l'administration pénitentiaire a permis de mener ses études à bien.

Donc ils disposent des trois libertés essentielles dont il est parlé dans cette remarquable lettre. On se demande pourquoi ils tiennent tant à sortir [4]. »

Le détournement de sens peut, bien entendu — tel est même le cas général — prendre une forme implicite. « Un mot abstrait, note Tocqueville, est comme une boîte à double fond : on y met les idées que l'on désire et on les en retire sans que personne le voie [5]. » Pendant la guerre du Péloponnèse, observe Thucydide, « les hommes en vinrent, pour qualifier les actes, à modifier arbitrairement le sens habituel des mots [6] ». Les terroristes d'aujourd'hui ne procèdent pas autrement quand ils appellent *exécutions* des assassinats, *arrestations* des enlèvements, *procès, interrogatoires, jugements,* des pratiques qui ne font que singer les procédures judiciaires. L'usage de termes impropres a une fonction idéologique.

Le clavier des connotations offre également de nombreuses possibilités pour suggérer sans expliciter, évoquer sans justifier, intimider sans réfuter. Charger certains termes d'une connotation péjorative, d'autres au contraire d'une connotation méliorative permet de discréditer ou de valoriser les idées ou les choses qu'ils désignent. Le mot *charité* que Voltaire osait qualifier d'*infâme* a pris une connotation souvent péjorative. La charge affective des mots *capitalisme* et *socialisme, bourgeoisie* et *prolétariat* montre bien quel a été le vent intellectuel dominant… Dans le même sens, le choix de certains termes implique un jugement de valeur implicite : qualifier une opération de police de *répression* n'est pas, consciemment ou inconsciemment, un choix neutre.

Cette charge affective des mots peut avoir un impact considérable. On songe évidemment aux grands mots, à ces mots « qui ont plus de valeur que de sens, qui chantent plus qu'ils ne parlent » (Valéry) ; ils ont fait l'objet de multiples usages détournés ou frelatés en raison même, pour une large part, de leur éclat prestigieux et parfois magique. *Liberté, Égalité, Révolution, Civilisation, Nation* ont ainsi exercé à différents moments de l'histoire un grand pouvoir d'entraînement et d'intimidation et dispensé ceux qui les utilisaient de toute argumentation. La force de ces mots peut être extrême, ils peuvent exercer une sorte de fascination et interdire en quelque sorte de penser.

« Mon frère Evguini Yakovelevitch, écrit Nadejda Mandelstam dans ses mémoires, avait l'habitude de dire que le rôle décisif dans l'assujettissement de l'intelligentsia a été joué non par la terreur et la corruption (bien que, Dieu sait, il y en ait eu suffisamment), mais par le mot " Révolution " qu'aucun d'entre eux ne pouvait supporter d'abandonner. C'est un mot auquel des nations entières ont succombé, et sa force est telle qu'on peut se demander pourquoi nos dirigeants ont encore besoin des prisons et de la peine capitale [7]. »

Les mots ne sont donc pas innocents. Ceux du vocabulaire politique et social des années 1960-1980 ont été largement pipés aussi bien en France qu'aux États-Unis * à la faveur d'un rapport de forces intellectuel favorable à la « gauche » (terme lui-même fortement connoté, en particulier en France, comme son opposé — combien d'intellectuels et d'hommes politiques osent se dire de « droite » ?).

Détournements de sens, grands mots vides utilisés comme arguments, connotations idéologiques, toutes les formes de corruption du vocabulaire se retrouvent — qui portent largement l'empreinte de la représentation animiste. Le mot *inégalité* (ou *inequality*) est fréquemment utilisé comme synonyme d'injustice, l'*equality of opportunity* a été pervertie par une assimilation (fausse) entre l'égalité des chances et l'égalité des résultats entre groupes. Les termes égalité *(equality)*, démocratie *(democracy)*, les expressions *intérêt général, intérêt public, action culturelle ou sociale*... sont souvent utilisés sans signification précise mais avec une fonction précise (de justification ou d'intimidation). Les notions d'*héritage culturel,* de *sélection scolaire* ont acquis une connotation péjorative au terme de raisonnements tronqués (l'héritage culturel est inséparable de la famille, faut-il la supprimer ? Si la sélection ne se fait pas à l'école, où doit-elle se faire ?). La séparation est fréquemment nommée *ségrégation,* la différenciation *relégation,* les inégalités collectives de

* Mais, semble-t-il, dans une moindre mesure outre-Atlantique en raison notamment de la « résistance » et de l'influence du mouvement « néo-conservateur » (Irving Kristol, Daniel Bell, D.-P. Moynihan, la revue *Commentary* de N. Podhoretz, etc.) et des défauts trop visibles de l'action « providentielle » de l'État.

résultats *discrimination,* les inégalités de statut *domination* (les termes américains *segregation, discrimination* sont utilisés de la même manière). Ajoutons deux exemples à ceux déjà cités. Dans un ouvrage coté, *Poverty and Discrimination,* Lester Thurow indique au début de son étude qu'il désigne par *discrimination* toutes les inégalités économiques entre groupes [8]. Détournement manifeste de sens : le terme est utilisé pour qualifier ce qui n'est qu'une donnée statistique, mais il reste évidemment marqué par sa signification habituelle qui implique une *intention* discriminatoire. La définition préjuge implicitement de l'interprétation et dispense de prendre en considération les autres facteurs qui peuvent expliquer ces inégalités (les différences d'âge, de niveau d'instruction, de normes et de valeurs...). Dans leur *Traité du social,* un manuel devenu classique, Jacques Fournier et Nicole Questiaux procèdent de la même manière en qualifiant de *ségrégation sociale* ou *ségrégation spatiale* la différenciation sociale des quartiers urbains [9]. Le terme ne serait évidemment pas impropre si l'intention ségrégative était démontrée, mais, faute de cette démonstration, il ne sert qu'à piéger le lecteur.

Il est bien d'autres illustrations de cette corruption du vocabulaire. Les catégories qui se situent en haut de l'échelle sociale sont couramment appelées *privilégiées* (ce qui permet de suggérer, sans démontrer, l'illégimité de la stratification sociale) ; le mot *changement* est souvent utilisé comme synonyme de *progrès* (il est pourtant difficile de considérer comme un progrès les changements qu'ont connus l'école française et l'école américaine). Le terme américain *liberal* a été paradoxalement approprié par les partisans de l'interventionnisme étatique. Le vocabulaire appliqué au comportement sexuel est un vocabulaire codé, des deux côtés de l'Atlantique : à le transposer dans le temps, Messaline serait « libérée », et Jeanne la Pucelle victime d'un « tabou ». L'opposition *prévention/répression* est de la même farine, elle biaise l'interprétation en opposant deux mots dont seul l'un a une connotation péjorative (et de plus elle déforme les termes du problème : les sanctions ne peuvent être purement et simplement opposées à la prévention parce qu'elles ont elles-mêmes une fonction préventive). Et bien entendu il faut également citer : *capitalisme, socialisme, exploitation, bourgeoisie, travailleurs, réactionnaire...* des termes qui nimbés de brouillard mais riches de connotations ont souvent valeur d'arguments, notamment pour « les demi-intellectuels pour qui les mots sont tout » (Montherlant).

Cette perversion du langage n'est évidemment pas le seul fait des intellectuels de profession (qui peuvent se comporter en « demi-intellectuels »). Les journalistes, les hommes politiques y ont très largement contribué. Mais les intellectuels portent une large part de responsabilité, à la fois parce qu'ils ne se sont guère faits les défenseurs de la clarté et de l'exactitude du vocabulaire et parce que nombre d'entre eux ont été des auxiliaires puissants de cette dégradation du langage. Empruntons à nouveau quelques autres exemples aux ouvrages français consacrés à la politique sociale. Le *Traité du social* parle d'« enfant bourgeois », de « classes privilégiées », de « capitalisme sauvage » (sans jamais préciser ni justifier ces qualificatifs), il traite du « tabou » du droit de propriété des moyens de production, dit de la loi « Sécurité et liberté » qu'elle entend « renforcer la répression » des infractions violentes, etc. [10]. Xavier Greffe dans *La Politique sociale* — ouvrage publié dans une collection de manuels universitaires — caractérise la société française comme étant (titre d'une section) « une société d'inégalités » : le qualificatif est peu éclairant puisque toutes les sociétés jusqu'ici connues, sauf peut-être les kibboutz israéliens, sont des « sociétés d'inégalités », mais il a évidemment l'avantage d'être porteur d'un jugement implicite (« ce n'est pas bien ») [11]. Dans son chapitre final, l'auteur présente la politique sociale française comme un outil de la « reproduction des inégalités » en utilisant le couple « bourgeoisie »/ « travailleurs ». Par exemple :

« L'affirmation des droits et obligations peut être contradictoire dans la mesure où il s'agit à la fois d'une arme dont dispose la bourgeoisie pour contraindre la consommation des travailleurs dans le sens requis, et du résultat tangible de la lutte des travailleurs contre le système [12]. »

Interprétation animiste à l'aide d'un vocabulaire bâtard. Où commence et finit cette « bourgeoisie » implicitement honnie (Xavier Greffe, professeur d'université, n'en fait-il pas partie ?). Où se situe la frontière entre les « travailleurs » et les autres, et quelle est la justification de ce clivage ? Les termes sont imprécis — ils dispensent de toute analyse sérieuse — et ils sont codés, ils projettent sur le réel un filtre idéologique (le combat des « bons » et des « méchants »). Le mot *travailleur* tel qu'il est utilisé ici est évidemment un exemple extrême d'usage impropre à des fins idéologiques : les médecins, avocats, cadres..., les « bourgeois » ne travaillent-ils pas ?

La pensée ne s'exprimant toujours qu'au moyen des mots, la corruption du vocabulaire est un moyen très efficace d'orienter la perception et l'interprétation de la réalité. À la limite il se forme ce qu'Orwell appelait dans *1984* le *newspeak*, un langage qui ne permet plus que d'exprimer certaines idées, qui est impropre à toute pensée hétérodoxe. Orwell pensait à la langue soviétique, une langue « nationalisée par l'État », selon l'expression de Michel Heller [13]. Mais l'exemple suédois montre qu'au sein même d'une société occidentale il est possible de travailler le langage au point que certaines pensées deviennent difficiles à exprimer :

« À Stockholm, écrit R. Huntford, lors de la remise du prix Nobel à l'écrivain russe Alexandre Soljenitsyne, le professeur Amue Tiselius [lui-même prix Nobel] fit un discours sur "la pollution de l'intellect ". Il regrettait que " la vérité ne fût plus à la mode " et que " les mots ne veuillent plus dire ce qu'ils ont toujours signifié. Ils ont été manipulés dans le but d'endoctriner la population et d'augmenter la puissance déjà considérable des *mass media* " (...).

« Lorsque l'égalité des sexes fut promulguée, et qu'il fut décidé que la place de la femme n'était pas à la maison mais à l'usine ou au bureau, cela s'accompagna d'une rapide modification du langage. En suédois, le mot traditionnel pour ménagère, ou femme au foyer, est *husmor,* terme parfaitement honorable ; il fut remplacé par le néologisme *hemmafru,* littéralement « la femme qui reste à la maison », qui est presque péjoratif. Il ne fallut que quelques mois aux *mass media* pour substituer le nouveau terme à l'ancien. Dès la fin de 1969, il était presque impossible dans la conversation quotidienne de parler d'une femme au foyer sans avoir l'air de condamner ou de ricaner. La langue suédoise avait été changée au nez et à la barbe des Suédois. *Husmor* avait été discrédité ; la seule façon de s'en sortir était d'utiliser *hemmafru* ironiquement (...).

« Le langage a été manipulé au point qu'il est devenu pratiquement impossible d'exprimer une opposition, en particulier si elle vise l'État ou la collectivité... Le mot *collectivité* ne peut revêtir qu'un sens favorable. *Individuel,* en revanche, a un sens plutôt négatif. La même règle s'applique à tous les termes dans ces deux sphères. *Excentrique* est tout simplement une insulte, *dissidence* un mot à peine prononçable. À l'inverse, des termes tels que *État, société, administration, bureaucratie* ont des connotations positives. Cela signifie qu'il est pratiquement impossible d'exprimer de façon adéquate une opposition à l'État : l'État est bon, et il n'existe pas de façon simple d'exprimer la notion contraire. Les mots eux-mêmes impliquent que la société est meilleure que l'individu, et que l'individu existe pour servir la société [14]. »

La rhétorique d'intimidation

Les intellectuels ont pour vocation la recherche de la vérité. Le débat intellectuel doit donc être soumis à cette règle, et face à toute interprétation la question première et fondamentale qui doit être posée est : cette interprétation est-elle vraie ou fausse, conforme ou non à la réalité ? La rhétorique d'intimidation vise à éviter d'avoir à répondre à cette question, à esquiver le débat de fond et à tenter de *disqualifier une interprétation sans avoir à la réfuter.* Cette rhétorique n'est certes pas propre à l'époque moderne, mais son usage s'est développé sous l'influence de Marx et des marxistes. Le maître et les disciples ne se sont guère souciés de réfuter leurs adversaires, ils se sont généralement contentés de les insulter et de tenter de les disqualifier. Dans *Le Capital,* les écrits de Malthus sont qualifiés de « plagiat d'écolier superficiel et de curé déchaîné », ceux de Bentham de « lieux communs éculés », de « fatras », de « génie de la bêtise bourgeoise ». Marx dit de Locke qu'il « représentait la nouvelle bourgeoisie sous toutes ses formes » ; Mehring, le plus fécond des historiens marxistes, traitait Nietzcshe de « philosophe du grand capital », Schopenhauer, de « philosophe de la petite bourgeoisie affolée », etc. [15].

Cette politique d'intimidation ne prend pas seulement une forme critique, elle peut permettre également d'imposer une argumentation en négligeant la démonstration : les grands mots, le langage inutilement savant, l'ésotérisme délibéré, les formules abruptes, sonores et creuses... peuvent aussi avoir une fonction d'intimidation. La prose de Michel Foucault, au moins l'un de ses écrits, en offre un exemple caricatural *(encadré ci-contre).* Mais cette rhétorique a pour lieu privilégié le domaine de la critique où elle peut déployer ses différentes figures. Dans les années 1960-1980, nombre d'intellectuels « de gauche » n'ont pas répugné à les utiliser :

— Première figure : *disqualifier une argumentation en s'en prenant à la personne de son auteur.* Le père Sertillanges invitait ses élèves à « s'élever à l'indifférence des sources ». À l'inverse la formation (déformation) marxiste invite à poser d'abord la question « qui le dit ? » et à juger en fonction du *qui.* Chez les intellectuels communistes, cette attitude mentale, appliquée avec rigidité et subordonnée aux intérêts du parti, les a conduits à utiliser comme l'une de leurs armes favorites la dénonciation et l'accusation personnelles (Kravchenko accusé d'être un espion américain, les intellectuels libéraux dénoncés comme « intellectuels bourgeois »...). Le procédé ici est manifeste, mais il y a des moyens plus subtils d'user de cette forme d'intimidation. Ainsi J.-K. Galbraith a l'art et la manière de rendre compte d'un ouvrage adverse en incriminant son auteur et en évitant le débat de fond. Par exemple dans sa critique du livre de William Simon, ancien secrétaire au Trésor de l'administration Nixon, *A Time for Truth* [17]. L'ouvrage est bourré de faits et d'analyses précises, mais Galbraith les ignore superbement pour juxtaposer des remarques en marge du livre ou sur des points secondaires, remarques qui lui permettent de jouer de l'ironie, de l'allusion et du soupçon. Le compte rendu est court — cinq pages et demie —, mais il ne compte pas moins de cinq différentes attaques personnelles. Galbraith met plusieurs fois en doute la sincérité de Simon [18], il met en cause son rôle dans la gestion frauduleuse de New York (« Un *expert* aurait dû se montrer plus méfiant envers des affaires louches [19] »), il l'accuse d'avoir dilapidé le temps et l'argent

LIRE MICHEL FOUCAULT

Sous ce titre, Pierre Manent a publié dans la revue Commentaire *une critique dévastatrice d'un article de M. Foucault, « Inutile de se soulever »* (Le Monde, *11 mai 1979). Extrayons un passage de cette critique qui met brillamment en lumière comment fonctionne la rhétorique « à la Foulcault ».*

« Je ne dis pas que le pouvoir, par nature, est un mal — écrit M. Foucault. Je dis que le pouvoir, par ses mécanismes, est infini (ce qui ne veut pas dire qu'il est tout-puissant, bien au contraire). »

« Le lecteur le plus aguerri vacille — commente Pierre Manent. Nous avions — au moins officiellement — échappé au pouvoir mauvais " par nature ", le voici " infini ". Que peut bien vouloir dire cette proposition considérable sinon infinie ? M. F. ne le dira pas, mais il dira ce qu'elle ne veut pas dire : " infini ne veut pas dire tout-puissant ". Mais quand " infini " se rapporte à " pouvoir ", cela veut tout de même dire que le pouvoir est puissant, très puissant au moins. Ou sinon pourquoi employer " infini " ? Mais le comble de cette dénégation, c'est le " bien au contraire " ; non seulement " infini " ne veut pas dire " tout-puissant " mais " bien au contraire ". Le contraire de " tout-puissant ", c'est impuissant ou du moins très peu puissant : le pouvoir est impuissant. Naturellement ce genre de renversement rhétorique, de quelque façon qu'on le prenne, est dépourvu de sens, mais voyez le procédé de l'antistratège : toujours flatter le lecteur, mais simultanément lui faire sentir qu'il est idiot, et qu'il n'a rien compris. On lui dit d'abord que le pouvoir est " infini ", et sa pensée, bonne nature, se dirige spontanément dans la direction que suggère ce mot ; puis on lui dit qu'" infini " ne veut pas dire " tout-puissant ". Trouble, désarroi. Enfin c'est le coup de grâce : " bien au contraire ". Le lecteur rend les armes, convaincu de sa profonde indignité [16]. »

publics en prêchant à travers le pays la bonne parole conservatrice [20]. Et il présente au début de son compte rendu deux observations qui méritent d'être successivement citées et commentées :

« Laissons (...) de côté la question de savoir s'il (W. Simon) est aussi sûr de ses opinions qu'il l'affirme. Un auteur qui le serait n'utiliserait pas son préfacier comme une béquille. Je trouve gênant que W. Simon ait recours à deux prothèses qui se nomment Milton Friedman et F. A. Hayek. Cela nous fait penser à un homme qui solliciterait un prêt en se recommandant à la fois de Walter Wriston et de David Rockefeller [deux grands banquiers] [21]. ».

Curieuse critique. Galbraith jette une suspicion sur l'auteur, fait montre dans le même temps de magnanimité en indiquant qu'il n'insistera pas, insiste pourtant dans les phrases suivantes. Le tout pour faire grief à William Simon d'avoir deux préfaciers, et qui plus est deux prix Nobel, qui deviennent sous la plume aimable de leur collègue Galbraith (sans prix Nobel) des « béquilles » ou des « prothèses ». Faut-il mettre en cause la solidité des convictions de tous les auteurs qui ont accepté ou sollicité une préface ? La comparaison avec la demande de prêt se veut désobligeante mais n'est guère éclairante. Galbraith veut-il dire qu'il y a contradiction à se réclamer à la fois de M. Friedman et de F. A. Hayek ? La démonstration serait délicate — les deux hommes appartiennent au même courant de pensée —, l'allusion suffit.

« Je dois aussi passer sur un autre soupçon, plus objectif encore : W. Simon dit-il vrai quand il assure avoir écrit ce document ? D'autres ont prétendu qu'il avait été écrit par Mme Edith Efron qu'il ne crédite que de son concours à la " conception et à la réalisation " *(sic)*. Il faudra y revenir [22]. »

Toujours la technique du soupçon. Elle permet de jeter le discrédit sur quelqu'un, et par voie de conséquence sur ce qu'il écrit, sans avoir évidemment à apporter la preuve de ce qu'on avance. Galbraith ne fait que passer, mais, preuve du sérieux de la question, il annonce qu'il y reviendra. Le soupçon n'en a que plus de force même si Galbraith néglige d'y revenir. Reste évidemment la question de fond : William Simon a-t-il raison ? Le réquisitoire qu'il présente contre l'interventionnisme étatique est-il justifié ? L'argumentation qu'il développe en faveur de la libre entreprise est-elle confirmée ou infirmée par l'expérience ? Répondre à ces questions suppose évidemment se pencher sur les faits. Procéder par touches allusives permet de s'en dispenser et de donner tort sans discuter des raisons.

Pierre Bourdieu a une autre technique. Il ignore généralement les analyses concurrentes et critiques, et s'il lui arrive de les mentionner, c'est en règle générale au coin d'une note assassine qui vise en quelques formules tranchantes à déconsidérer l'auteur et à montrer que toute discussion véritable est superfétatoire. L'une de ces notes par exemple, critique d'un de ses critiques, commence ainsi :

« Il n'est malheureusement pas besoin de faire l'hypothèse de l'incompréhension intentionnelle pour comprendre qu'un sociologue qui s'est fait connaître par ses travaux sur l'analyse mathématique des faits sociaux ne puisse comprendre l'analyse des relations dialectiques entre les dispositions subjectives et les probabilités objectives qu'en prêtant aux agents l'intention de ne pas faire mentir la statistique [23]. »

Reprenons. D'abord le premier membre de phrase, riche de propositions : 1. P. Bourdieu n'a pas été compris. 2. Il n'est pas nécessaire pour expliquer cette incompréhension de supposer la mauvaise foi. 3. L'auteur critiqué est donc de bonne foi. 4. Il est malheureux qu'il en soit ainsi. Pourquoi ce *malheureusement ?* P. Bourdieu préfère-t-il la mauvaise foi à la bonne foi ? La formule vise très probablement à suggérer que l'incompréhension de ses analyses est tellement énorme que la mauvaise foi eût été préférable. Erreur grossière donc — et faut-il réfuter une erreur grossière ? P. Bourdieu se contente de suggérer (toujours le même procédé) une explication, évidemment dévalorisante : c'est la spécialisation de l'auteur qui lui interdit de comprendre « les relations dialectiques... ». Mais quelles sont ces « relations dialectiques » ? Le lecteur ne le saura pas. P. Bourdieu en a suffisamment dit pour faire comprendre à qui ne le comprend pas son indignité.

— Deuxième figure : *disqualifier une argumentation par les intentions coupables attribuées à son auteur.* Procédé également classique de la rhétorique marxiste mais qui a un champ d'action plus large. Ainsi le débat sur le problème noir aux États-Unis a été empoisonné par les suspicions de racisme et de conservatisme jetées sur ceux dont les positions s'opposaient à l'orthodoxie « libérale ». Après son rapport sur la famille noire, par exemple, D.-P. Moynihan a été accusé de trahir délibérément la cause des Noirs et de chercher à contrarier les efforts en vue de lutter contre l'infériorité économique des « minorités » [24]. La question essentielle — celle de la vérité — est évacuée au nom des bonnes et des mauvaises intentions. Cette pratique peut même prendre la forme de dénonciations violentes. Aux États-Unis toujours, A. Jensen, R. Herrnstein (tenants des thèses héréditaristes), E.-O. Wilson (principal théoricien de la sociobiologie) ont été vilipendés par leurs collègues comme racistes et parfois fascistes [25]. « Les milieux libéraux américains, note Claude Lévi-Strauss, dénonçaient la sociobiologie comme une doctrine néo-fasciste et lançaient un véritable interdit sur toute recherche visant à déceler chez l'homme des particularités héréditaires et distinctives [26]. » Claude Lévi-Strauss est lui-même très critique à l'égard de la sociobiologie, mais il en conteste la validité, non les motifs présumés de ses théoriciens. Pour reprendre de nouveau ses propres termes : « Il ne doit pas y avoir de sujet tabou [27]. »

Thomas Sowell a écrit plusieurs ouvrages et de nombreux articles sur les problèmes ethniques aux États-Unis, dont en particulier une vaste étude historique parue en 1981 sous le titre *Ethnic America* [28]. Ses analyses infirment l'idée de base de l'orthodoxie « libérale » — le rôle prédominant des préjugés de race et de couleur — et mettent en lumière la diversité des facteurs qui expliquent les inégalités de réussite entre groupes ethniques et l'importance des variables culturelles. Vision sacrilège qui lui a attiré les foudres des « libéraux », et notamment de nombreuses accusations et suspicions quant à ses « intentions réelles ». Il était difficile de le taxer de racisme — Thomas Sowell est noir —, il l'était tout autant de suspecter l'influence de ses origines sociales : Sowell a été élevé dans le ghetto de Harlem, il a pu accéder aux études supérieures, après la Corée, grâce à une bourse de GI ; il est passé par une université noire de niveau médiocre avant d'être admis à Harvard puis de devenir professeur d'économie à l'université de Californie (Los Angeles) [29]. Mais il y a bien d'autres motifs sordides ou partisans qu'il était possible d'incriminer. Sowell en a présenté lui-même la revue dans un article de « contre-attaque » [30]. D'abord des intérêts personnels : C. Rowan dans le *Washington Post* a insinué que ses positions publiques étaient liées à la recherche d'une nomination à une fonction politique. En fait Th. Sowell n'a jamais exercé de fonction politique — à la différence de C. Rowan — et il a décliné les offres qui lui étaient faites. Dans le *Sacramento Observer*, un de ses articles a été stigmatisé comme révélant « une âme vendue pour un peu d'argent »... Ensuite des visées politiques :

« Selon le critique Paul Buhl de la *Nation*, l'objectif réel de *Ethnic America* est de fournir " une justification économique et historique " pour " mettre en pièces les services sociaux ". Nulle part dans le livre un quelconque service social n'est mentionné comme devant être réduit. Selon Saint Clair Drake du *Palo Alto Weekly*, l'objectif réel est de " mettre en avant un programme conservateur ", bien qu'aucun programme d'aucune sorte ne soit proposé dans le livre (...). Herbert Donald a déclaré dans le *New York Times* que " Mr Sowell est en réalité moins intéressé par le passé que par le présent et le futur ", bien que le livre soit un livre historique qui ne comporte quasiment pas de discussion des politiques d'aujourd'hui [31]. »

L'idée implicite qui court tout au long de ces comptes rendus — et Thomas Sowell en donne bien d'autres exemples — est qu'il n'est pas possible de s'écarter de la représentation « libérale » pour des raisons honnêtes. Qui pense différemment a nécessairement des intentions coupables. Ici comme ailleurs règne le *double standard* (« deux poids, deux mesures ») : les bonnes intentions sont le monopole de ceux qui pensent bien *.

— Troisième figure : *disqualifier une argumentation par la fonction objective qu'on lui prête.* Cette figure est parfois difficile à distinguer de la précédente. Ainsi dans ce passage d'un compte rendu d'Évelyne Laurent sur des ouvrages d'H. J. Eysenk et J.-P. Hébert (des « héréditaristes »), il est difficile de savoir si le critique incrimine les intentions des auteurs ou la signification objective de leurs thèses. Dans tous les cas, l'allusion à Hitler est évidemment une arme d'intimidation de gros calibre :

« Tant que, comme Eysenk et " Jean-Pierre Hébert " [pseudonyme collectif], les auteurs embrouilleront à plaisir les fils ténus qui doivent nous guider dans ce redoutable labyrinthe scientifique, il y a gros à parier que les infortunés lecteurs se retrouveront tôt ou tard les prisonniers

* Précisons pour éviter toute ambiguïté que la technique d'intimidation présentée ici ne se définit pas par le seul fait de s'interroger sur les intentions inavouées d'un auteur. En faire une chose interdite serait créer un nouveau tabou. Ce qui est en cause, c'est la pratique qui consiste à mettre en cause les intentions adverses sous forme d'insinuations gratuites, d'allégations fausses, à la limite d'injures, ou/et surtout à considérer que les motifs d'une argumentation suffisent à en saper les bases et ainsi à esquiver le débat de fond. *La question première et fondamentale — celle de la validité — échappe à l'analyse des intentions.*

impuissants d'un " théoricien " reconnaissable à sa mèche au travers du front et à sa petite moustache noire [32]. »

Sous sa forme pure, l'argument est du type « ne pas désespérer Billancourt » (Sartre). Il s'agit de « ne pas faire le jeu de... ». Le vrai est subordonné à l'utile. Edgar Morin : « L'idée qu'il faut payer par une privation de liberté l'acquisition d'un peu d'égalité doit être dénoncée comme un mythe réactionnaire [33]. » Faut-il rappeler que la question première n'est pas de savoir si cette proposition est réactionnaire ou non (et qu'est-ce que cela signifie au juste ?) mais si elle est vraie ou fausse ?

Le journal *Le Monde* avait posé à différents intellectuels, dont Roland Barthes, la question suivante : « On reproche aux intellectuels d'allier l'irresponsabilité au snobisme, la légèreté au " terrorisme ". Qu'y-a-t-il de fondé à votre avis dans ces griefs [34] ? » La réponse de Roland Barthes commence ainsi : « Le procès qu'on fait périodiquement aux intellectuels (depuis l'affaire Dreyfus qui a vu, je crois, la naissance du mot et de la notion) est un procès de magie : l'intellectuel est traité comme un sorcier par une peuplade de marchands, d'hommes d'affaires et de légistes. » Figure nº 1 : mise en cause des qualités intellectuelles de ceux qui critiquent les intellectuels. Un « procès de magie », une « peuplade », somme toute une humanité inférieure. Barthes poursuit : « Il (l'intellectuel) est celui qui dérange les intérêts idéologiques. L'anti-intellectualisme est un mythe historique lié sans doute à l'ascension de la petite bourgeoisie. » Figure nº 2 : mise en cause des intentions — intéressées — des « anti-intellectuels ». À quoi s'ajoutent un détournement de sens (le professionnel des idées qui « ne dérange pas... » n'a plus droit au titre d'*intellectuel*) et une argumentation (?) peu claire : que signifie ici « intérêts idéologiques » ? Ne faut-il pas choisir entre la petite bourgeoisie et la « peuplade » évoquée plus haut (les deux ne se confondent pas) ? Passons. Enfin vient l'argument massue (figure nº 3) :

> « Un tel procès peut exciter périodiquement la galerie, comme tout procès de sorcier ; son risque *politique* ne doit pas cependant être méconnu : c'est tout simplement le fascisme qui se donne toujours et partout pour premier objectif de liquider la classe intellectuelle. »

Une opération de « magie », liée à des « intérêts idéologiques » et qui fait le lit du « fascisme » — qui dit mieux ?

CHAPITRE XVII
QUESTIONS DE PRINCIPE

La philosophie politique, la philosophie morale, la philosophie du droit sont des disciplines que l'esprit du temps ne prise guère. Les « sciences humaines » ont envahi le champ intellectuel, imposé une vision positiviste de l'activité intellectuelle et évacué l'interrogation sur les principes et les valeurs. Mais, nous l'avons vu, les intellectuels devenus experts n'ont pas abandonné leurs préférences pour autant : sous le vernis scientifique et dans la foulée de la représentation animiste, les clercs « dominants » ont suscité ou favorisé un dérapage des principes communément acceptés. Sa forme implicite a contribué à son succès, la rhétorique d'intimidation également, et aussi l'indifférence que portent généralement aux idées les hommes d'action (politiques, administrateurs, entrepreneurs...) de l'autre bord. Mais la rançon que paient ceux qui ne croient pas aux idées est qu'elles les régissent à leur insu. « On ne vainc des idées que par des idées. » (L. von Mises.) Il est donc essentiel de débattre des principes (comme de « disputer des mots ») et de travailler à rectifier ceux que l'intelligentsia « de gauche » a réussi à corrompre.

Principe démocratique et formule libérale

La représentation dominante de la « démocratie » n'est pas seulement angélique (non conforme à la réalité), elle est également impérialiste (insuffisamment respectueuse des libertés individuelles). Les décisions publiques sont tenues pour légitimes parce que démocratiques *. À supposer qu'elles le soient parfaitement, ces

---

* Le mot *démocratie* est pris ici dans son sens courant, procédural : la démocratie est un régime où la règle de la majorité préside à la prise des décisions publiques ou au choix des

décisions sont-elles par nature et dans tous les cas légitimes ? La question le plus souvent n'est pas soulevée. La discussion, si elle est technique, porte sur l'efficacité comparée des politiques publiques par rapport au marché ou sur l'efficacité comparée des différentes formes d'intervention publique ; si elle est d'ordre idéologico-politique, elle porte généralement sur les objectifs à poursuivre (égalité, prospérité, justice...). La question considérée comme centrale — quelle est la meilleure solution ? — en masque une autre qui est pourtant préalable : qui a le pouvoir légitime de décider de la meilleure solution ? Présumées démocratiques, les décisions publiques sont d'office présumées légitimes sans que soient considérés les droits respectifs de la collectivité et de l'individu (ou de la famille).

La question, certes, a été à de nombreuses reprises soulevée par les critiques libéraux des politiques publiques, dont les plus célèbres sont F.A. Hayek et M. Friedman *. Mais les experts et les hommes politiques favorables aux interventions publiques — en situation « dominante » — se sont généralement abstenus de répondre sur ce terrain, sinon pour dénoncer les rapports de forces existant sur le marché. Les exemples de cette « abstention » sont multiples : les ouvrages de J. Fournier et N. Questiaux *(Traité du social)*, J.M. Belorgey *(Clefs pour la politique sociale)*, X. Greffe *(La Politique sociale)* se présentent comme des introductions ou des études générales et ignorent les coûts des politiques publiques en termes de pouvoir [1] ; les adeptes de vastes politiques redistributives entre riches et pauvres tels C. Jencks *(Inequality)* ou L. Thurow *(The Zero-Sum Society)* ne s'interrogent pas sur les présupposées théoriques de leurs propositions, à savoir que la richesse est collective avant d'être individuelle et que l'État a le droit souverain de la répartir selon des critères « justes » (c'est-à-dire selon la conception politiquement dominante de la justice) [2]. Galbraith, qui plaide pour un contrôle public très serré de l'activité économique, en particulier dans *Economics and the Public Purpose,* tient pour justifiée *a priori* cette politisation de l'économie et néglige de prendre en considération les droits individuels [3]. J. Attali et M. Guillaume, aussi soucieux soient-ils dans *L'Anti-économique* de dépasser l'approche purement économique, ne traitent pas du problème de la légitimité des

---

minorités gouvernantes après une libre compétition politique. Ajoutons que, contrairement ici à la représentation courante, la démocratie ainsi définie n'est pas nécessairement libérale.

* Mentionnons également I. Kristol et Th. Sowell aux États-Unis, J. Rueff et M. Allais en France. L'on pourrait également citer l'école du *Public Choice* ou les « nouveaux économistes » en France, mais leurs critiques portent davantage sur les imperfections du processus démocratique que sur le problème théorique de la légitimité des procédures de décision.

décisions collectives [4]. De même les politiques culturelles sont très généralement justifiées en termes d'objectifs sans que soit au préalable discutée la légitimité de cette action publique en tant qu'elle corrige le jeu spontané des préférences individuelles... Ainsi, sous réserve de quelques exceptions [5], l'objection libérale n'est ni retenue ni discutée. La spécialisation des experts, le déclin de la philosophie politique expliquent pour une part cette lacune, mais aussi et surtout le fait que la réponse semble s'imposer comme une évidence : le principe démocratique, la participation de tous à l'expression de la volonté collective, suffit comme justification.

Cette « évidence » est le fruit d'une confusion : entre la « liberté du peuple » et le « pouvoir du peuple », ou entre la liberté-autonomie et la liberté-participation. Confusion dénoncée par toute la tradition libérale — par Montesquieu : « Comme dans les démocraties, le peuple paraît à peu près faire ce qu'il veut, on a mis la liberté dans ces sortes de gouvernements ; et on a confondu le pouvoir du peuple avec la liberté du peuple [6]. » Par Benjamin Constant, en particulier dans sa conférence fameuse où il oppose la liberté des Anciens (« Le partage du pouvoir social entre tous les citoyens d'une même patrie ») et la liberté des Modernes (« La jouissance paisible de l'indépendance privée ») [7]. Par John-Stuart Mill : « Le gouvernement de soi-même dont on parle n'est pas le gouvernement de chacun par lui-même mais de chacun par tout le reste [8]. » Par Bertrand de Jouvenel : « La liberté, ce n'est point notre participation plus ou moins illusoire à la souveraineté absolue du tout social sur les parties, mais c'est la souveraineté directe, immédiate et concrète de l'homme sur lui-même, qui lui permet et l'oblige à déployer sa personnalité, lui donne la maîtrise et la responsabilité de son destin (...) [9]. » Etc.

Ainsi démocratie (au sens de procédure de décision fondée sur la règle majoritaire) et liberté (au sens d'autonomie de la personne privée) ne se confondent pas et *ne vont pas nécessairement de pair*. Plus précisément : la démocratie, ainsi entendue, implique les libertés politiques (une expression authentique de la volonté majoritaire suppose une libre compétition politique), mais elle ne garantit nullement le respect de l'ensemble des valeurs libérales, dont les droits de la famille, les libertés économiques et sociales *. Cette idée est implicitement niée par ceux, et c'est l'usage le plus courant, qui

* Dans un article récent R.A. Dahl résout ce problème de la compatibilité entre volonté majoritaire et droits fondamentaux en ne retenant comme *primacy rights* que ceux nécessaires à l'expression libre et complète (sans exclusion de minorités) de cette volonté, c'est-à-dire les libertés politiques. La procédure majoritaire n'est donc soumise qu'aux règles de son bon fonctionnement. En cela, Dahl appartient à la catégorie de ceux qu'Hayek nomme les « démocrates doctrinaires » [10].

par *démocratie* entendent *démocratie libérale*. Et pourtant l'Athènes du Ve siècle, exemple classique de démocratie directe, pratiquait l'esclavage ; et pourtant nombre de sociétés démocratiques ont appliqué un statut discriminatoire à l'égard de minorités (les Noirs aux États-Unis, les Algériens musulmans au sein de la République française, les catholiques irlandais en Grande-Bretagne, etc.). Le contrôle de la constitutionnalité des lois n'aurait pas de sens si la volonté collective exprimée démocratiquement était toujours « juste » et donc toujours respectueuse des droits et des libertés individuels. L'adjonction à la Constitution américaine du *Bill of Rights* (1791), la reconnaissance de la valeur constitutionnelle de la Déclaration des droits de 1789 et du Préambule de la Constitution de 1946 traduisent cette idée qu'il existe des principes qui s'imposent à tous, fût-ce à la volonté majoritaire. Et depuis qu'en France, après une longue période de souveraineté de la loi, le Conseil constitutionnel s'est érigé en gardien de ces principes supérieurs, plusieurs lois ont subi sa censure parce qu'attentatoires aux droits et libertés : la loi sur les associations (1971), la loi sur le juge unique en matière correctionnelle (1975), la loi sur la fouille des véhicules (1977), la loi sur l'immigration clandestine (1980), etc. La démocratie peut donc être oppressive. Ceux qui s'en tiennent à la justification démocratique ne peuvent en fait aller jusqu'au bout de leurs principes : justifier l'oppression des minorités ou récuser l'État de droit.

L'autorité démocratique, comme toute autorité, « n'est légitime que dans ses bornes » (Benjamin Constant). En termes plus brutaux : la majorité n'a pas tous les droits. La formule libérale inclut le principe démocratique, mais non comme un absolu. La décision démocratique ne doit pas sortir de son domaine légitime pour empiéter sur la sphère de décision des individus et des familles. Le seuil est certes délicat à fixer et il ne peut l'être de manière intangible, mais il y a quelques repères sûrs. La formule libérale implique la reconnaissance publique de la priorité du privé sur le public. Les individus sont responsables de leur destin personnel, ils ont un droit premier (non certes un droit absolu) à poursuivre leurs propres préférences. L'organisation sociale doit donc privilégier les institutions libérales, celles qui garantissent aux acteurs la faculté d'effectuer des choix libres, et assurer la libre circulation et la libre compétition des produits, des compétences, des idées... Dans cette optique, le marché est évidemment un système remarquable qui non seulement assure la libre coexistence d'individus aux opinions diverses mais organise leur coopération.

« C'est justement la grande supériorité de l'économie de marché de faire que les gens qui sont divisés quant à la religion, à leurs convictions, etc., sont néanmoins en mesure de coopérer sur un seul point de leurs objectifs alors qu'ils ne sont d'accord sur rien d'autre et parfois se détestent cordialement [11]. »

Le marché en fait est un cadre qui n'impose aucune forme d'organisation — l'autogestion par exemple n'est nullement incompatible avec l'économie de marché —, qui n'exige des acteurs qu'un minimum d'idées communes et permet des pratiques diverses fondées sur l'échange volontaire *.

L'État démocratique n'en a pas moins, dans le cadre toujours de la formule libérale, un rôle essentiel à jouer : fixer l'encadrement juridique des activités privées (en conformité avec le respect des droits des individus et des familles), suppléer aux défaillances du marché, fournir les biens que le marché ne peut procurer, veiller au respect des règles du jeu, arbitrer les conflits. Mais non pas imposer généralement ses solutions, prendre en charge la société. La majorité n'est pas propriétaire des biens des particuliers ; l'État redistributif outrepasse ses droits en considérant implicitement qu'il a une puissance souveraine quant à la répartition de la richesse produite et que les individus ne sont propriétaires du revenu de leur activité que dans la mesure où la collectivité le veut bien. La majorité n'a pas davantage de droit souverain pour décider de l'éducation des enfants en lieu et place de la famille, ou pour régler l'affectation aux postes et aux places. Ainsi la politique de traitement préférentiel ou de *quota* rompt avec l'une des normes fondamentales de toute société libérale — la libre compétition entre individus, l'attribution des positions sociales en fonction des aptitudes personnelles — en subordonnant le mérite individuel à des attributs collectifs *(encadré ci-contre)*.

Cet impérialisme démocratique se traduit dans la pratique, nous l'avons vu, par une concentration de pouvoir au profit de la minorité gouvernante et de ceux qui ont les moyens de l'influencer. La formule est une formule autoritaire, elle est *de facto* une formule élitiste, sa mise en œuvre n'est en définitive qu'une *formidable régression historique*. La liberté est un phénomène moderne. C'est par la levée des obligations imposées par les plus forts ou les mieux nés, par la suppression des privilèges et des monopoles que l'humanité a pu s'affranchir de ses servitudes matérielles et que la multitude a pu accéder aux conditions de la *« bona vita »* dont parlait saint Thomas d'Aquin.

* Il ne s'ensuit pas que la bonne société n'est qu'un agrégat d'intérêts. La formule libérale est nécessaire mais insuffisante. Il faut travailler dans ce cadre à promouvoir les vertus civiques, l'amitié selon Aristote, la vertu républicaine selon Montesquieu, et la vertu tout court, le bien-agir de saint Thomas.

LA POLITIQUE DES QUOTAS

En juillet 1982, l'Assemblée nationale a voté un projet de loi imposant un minimum de 25 % de femmes sur les listes de candidats aux élections municipales. La mesure en elle-même n'est pas bouleversante — sa portée pratique restera limitée —, mais elle est extrêmement dangereuse par la brèche qu'elle ouvre. Non seulement en raison des effets négatifs de toute politique de quotas (qu'illustre l'expérience américaine), mais parce qu'une telle politique est *illégitime dans son principe.*

Au sein d'une société libérale, l'attribution des postes et des places doit se faire en fonction des caractéristiques personnelles des individus et indépendamment des groupes d'appartenance (hommes ou femmes, Bretons ou Alsaciens, Noirs ou Blancs, catholiques ou agnostiques...). Certes, les pratiques discriminatoires et les facteurs sociaux entravent en fait l'application de ce principe, mais également, en sens contraire, l'institution de quotas puisqu'elle se fonde sur l'appartenance de groupe. Un tel système peut sans doute réduire les inégalités entre groupes, mais il a également pour effet d'altérer l'égalité des chances entre individus en subordonnant les dons et mérites personnels à des attributs collectifs. D'où des injustices individuelles : qui peut affirmer que, dans telle ou telle commune, telle candidate ne sera pas préférée à tel candidat, non en raison de ses qualités supérieures mais pour satisfaire à la règle des 25 % ?

De plus, si l'on admet ici le principe des quotas, l'on ne voit pas pourquoi son application resterait ainsi limitée : pourquoi seulement 25 %, ne faudrait-il pas fixer la barre à 50 % pour garantir l'égalité des sexes ? Pourquoi les seules élections municipales ? Ne faudrait-il pas étendre la règle aux législatives et, pourquoi pas, aux présidentielles (une femme succédant obligatoirement à un homme, par exemple) ?

Plus généralement : pourquoi seulement les élections et seulement la « juste représentation » des femmes ? Les hommes et les femmes sont inégalement représentés à la direction des entreprises, à celle des syndicats, à l'Université ou dans l'armée... De même, les jeunes et les vieux, les Provençaux et les Parisiens, les juifs et les protestants... Faudra-t-il créer des quotas « sexuels » au patronat, religieux à l'Université, régionaux à l'armée... ? Sans oublier les critères politiques : le parti communiste s'indignait périodiquement avant le 10 mai 1981 qu'un parti recueillant plus de 20 % des voix ne soit pas « représenté » parmi les journalistes de la télévision — et pourquoi pas un quota communiste parmi les enseignants du Collège de France, un quota RPR à la radio, etc. ? L'on aboutirait ainsi à un système de représentation proportionnelle généralisée, qui dévaloriserait le mérite individuel en même temps qu'il compliquerait à l'extrême et empoisonnerait la vie sociale.

« C'est en libérant l'énergie humaine, écrit Walter Lippmann, que les hommes se sont élevés au-dessus de la lutte primitive pour les nécessités élémentaires de l'existence, c'est en abolissant les contraintes qu'ils ont pu s'adapter à la vie des grandes sociétés. C'est en abolissant les privilèges que les hommes se sont élevés de l'état d'esclave, de serf et de sujet à celui d'homme libre, jouissant d'une inviolable indépendance spirituelle [12]. »

Ce progrès, nul État ne l'a planifié, nul gouvernement ne l'a dirigé. Plus en fait la société devient complexe, plus s'impose la formule libérale. Administrer une société moderne par voie d'autorité suppose des vertus surhumaines. L'impérialisme démocratique ne fait qu'engendrer des petits Césars qui se prennent pour de grands architectes et pataugent dans la réalité.

Principes « catégoriques » et principes « incrémentaux »

L'un des vices de la pensée « dominante » est de raisonner *categorically* (en termes de tout ou rien) et non *incrementally* (en termes de plus et de moins) et d'entretenir par là même le mythe de la conciliation des fins. Soit l'exemple du principe d'égalité des chances dans la version qui en est généralement donnée en France : l'égalité des chances entre les membres des différentes catégories sociales. Ce principe est implicitement adopté par la grande majorité des sociologues (la mobilité scolaire, la mobilité sociale sont appréciées par rapport à une situation idéale, celle où la réussite serait totalement indépendante de l'origine sociale) ; il fait partie du fonds commun de la rhétorique politique, il ne fait guère l'objet en tant que tel de critiques ni même de discussions. Bref il apparaît quasi incontestable. Et pourtant, posée comme principe « catégorique », l'égalité des chances relève d'un mode de pensée utopique. Il suffit pour s'en rendre compte de considérer, même sommairement, les conditions et les coûts de sa réalisation.

L'inégalité des chances s'explique par deux facteurs essentiels : les effets de la stratification sociale, le rôle de la famille [13]. Il faudrait donc d'abord renverser la perspective courante : non pas privilégier l'action sur les formes de la compétition avec l'espoir que les écarts à l'arrivée entre concurrents seront moindres, mais supprimer en premier lieu ces écarts existants pour rendre la compétition équitable. L'égalité des conditions est un préalable à l'égalité des chances. Or ce préalable suppose évidemment la contrainte publique, c'est-à-dire la limitation des libertés et l'accroissement des inégalités de pouvoir. Et à supposer que ces dernières n'altèrent pas l'égalité des chances, de cette compétition égale sortira une nouvelle stratification, elle-même source de chances inégales. Nous voici au rouet. Quant à la famille, son rôle dans la transmission des inégalités doit-il conduire à suivre Platon ou Campanella, à pratiquer la communauté des enfants (éventuellement des femmes) ou du moins à réduire le plus possible, sa fonction éducative ? Là encore la contrainte serait évidemment nécessaire. Égalité et liberté ne font pas ici bon ménage. Il y a donc des arbitrages à faire en termes « incrémentaux ». L'objectif ne peut être l'égalité des chances mais l'inégalité des chances la plus faible possible, compatible avec le respect des valeurs concurrentes (la liberté individuelle, le respect de la famille...).

Ce qui vaut pour l'égalité des chances vaut pour toutes les valeurs sociales. Ni la liberté, ni la sécurité, ni l'égalité, ni l'efficacité, ni le « droit » à la santé ou à l'instruction... n'ont valeur d'absolu. Le problème des fins n'a pas de solution au sens où un problème mathématique a une solution. Il faut arbitrer entre des fins sociales concurrentes, rechercher les points d'équilibre :

« Car le monde politique est le monde du conflit, du partage des valeurs, où le droit s'oppose au droit et les raisons aux raisons. Et il faut assumer ceci et cela. N'apercevoir qu'un seul aspect des choses et en faire système, c'est courir au fanatisme par le court chemin de l'idéologie. Il importe au contraire, et c'est une expression blondélienne, de " voir double ", de ne pas perdre de vue les opposés en tension (...). Tenir les deux bouts de la chaîne et avancer d'un pas boiteux, c'est finalement ce qui demande le plus de conviction et le plus de résolution [14]. » (Étienne Borne.)

Mais nos sociétés n'ont guère le talent de « voir double ». Elles méconnaissent la nécessité des *trade off* et pèchent par excès d'ambition. Ainsi elles prônent l'égalité et la sécurité, les présentent comme des valeurs « gratuites » et ignorent leurs coûts en termes de liberté, d'efficacité et de moralité. Myopie dont les animistes sont tout particulièrement atteints : les contraintes du social leur échappent, involontairement ou non, à ne regarder que les mauvaises et les bonnes intentions. Les premières rendues impuissantes, les secondes agissantes, tout apparaît possible. Les « droits » par exemple peuvent se multiplier : « droit » à un revenu garanti, à la qualité de l'environnement, aux loisirs... Or cette inflation de « droits » n'a pas seulement pour effet de dévaloriser et de dénaturer la notion de « droit » (le « droit aux vacances » est-il à mettre dans le même sac que la liberté ?), elle engendre l'illusion de la disponibilité gratuite de ces biens et d'un accord providentiel entre tous les biens désirables. En fait la rareté des ressources disponibles et les conflits de valeurs obligent à des choix. Prenons un autre exemple, prosaïque et précis, celui de la pollution. Le problème est généralement traité en termes de tout ou rien (la pollution et la non-pollution, le mal et le bien) alors qu'il doit l'être en termes de plus et de moins :

« Nous pourrions certes, écrit Milton Friedman, réduire à zéro la pollution par les automobiles (par exemple), il suffirait de supprimer toutes les automobiles. La pollution zéro interdirait la forme de productivité agricole et industrielle dont nous jouissons aujourd'hui (...). L'une des sources de la pollution atmosphérique est le gaz carbonique que nous expirons tous. Nous pourrions arrêter cela de façon très simple. Mais le coût serait manifestement supérieur au profit (...). Le véritable problème n'est pas d'" éliminer la pollution " mais d'essayer de trouver des formules qui aboutiront à la " bonne " quantité de pollution : la quantité pour laquelle les avantages de la réduction de la pollution sont supérieurs d'un cheveu au sacrifice des autres bonnes choses — maisons, chaussures, manteaux, etc. — qu'il a fallu abandonner pour réduire la pollution [15]. »

À un niveau plus élevé d'élaboration, la *Theory of Justice* de John Rawls est également caractéristique du mode de raisonnement catégorique. Rawls pose le principe de l'inviolabilité des libertés fondamentales *(the basic liberties)* et le principe de l'égalité des chances. Et il propose comme principe absolu que les inégalités soient agencées de manière à bénéficier aux plus défavorisés. Principes traités isolément mais qui sont contradictoires : l'égalité des chances, l'agencement autoritaire des inégalités ne peuvent pas ne pas empiéter sur les libertés. Et sa théorie de la justice aboutit à ceci : une politique qui améliorerait le sort de tous les sociétaires à l'exception d'une fraction défavorisée dont la condition ne serait pas modifiée doit être rejetée comme injuste ; une politique qui améliorerait légèrement le sort des plus mal lotis mais au prix d'une détérioration considérable de la situation de tous les autres sociétaires doit être tenue pour juste [16]. Il est douteux que Rawls ait trouvé le « juste » point d'équilibre.

La liberté elle-même n'a pas une valeur infinie. La formule libérale privilégie la liberté mais n'en fait pas un droit absolu. Tous les usages de la liberté ne sont pas licites : la liberté n'implique pas celle de se droguer ou d'attenter à la vie d'autrui. Elle a des coûts sociaux qui peuvent justifier l'intervention publique : les feux rouges pour éviter les bouchons, le *conservative Welfare state* pour tempérer la dureté du marché… La liberté n'est pas non plus sans coûts pour celui qui en bénéficie. La libre décision n'est pas un bien gratuit, il y faut du temps, de la réflexion, du caractère. Le choix n'est pas toujours facile à vivre, il implique la responsabilité, il comporte un prix à payer, l'abandon des autres alternatives. Alexandre Zinoviev témoigne :

> « Quand je vais à Munich dans un restaurant et qu'on me présente la carte avec cette liste de plats que je ne connais pas, je suis très embarrassé pour choisir. En Union soviétique, c'est beaucoup plus facile : il y a seulement la côtelette-pommes de terre. Pas de problème, on mène une vie plus insouciante [17]. »

La rareté que provoque l'économie planifiée a le même « avantage » que la tutelle sociale, celui de délivrer les individus des affres du choix. Mais faut-il pour autant échanger cet « avantage » contre une part de liberté ? Le libéral (comme de fait Zinoviev) « choisit la liberté », en dépit de ses coûts, parce que constitutive de la dignité de l'homme. La liberté reste à ses yeux la valeur *sociale* première. Il ne s'ensuit pas que les hommes en font nécessairement un usage vertueux. Faut-il alors laisser à chacun le soin de trouver sa voie dans l'indifférence de ses choix ? Préconiser la liberté n'est pas renoncer à promouvoir le bien et la vertu, mais c'est renoncer à confier la réalisation du bien à quelques-uns en faisant par là même l'économie de la vertu.

Il y a des systèmes pervers, il n'y a pas de systèmes providentiels. La pensée « dominante » entretient l'illusion de la rédemption par la politique. Nul besoin de prêcher aux acteurs de se conduire bien, le système y pourvoira. Développer les allocations, les subventions, les interventions, éventuellement changer les structures de pouvoir et de propriété, n'est-ce pas résoudre les problèmes clefs de la condition humaine ? Faire passer le coefficient de Gini (mesure des inégalités) de 9 à 6, n'est-ce pas mettre les hommes sur la voie du salut ? La providence politique n'a pas une vision très élevée de l'homme, et en se prétendant telle elle est par là même perverse. Qui pourrait soutenir que l'État-providence a rendu les hommes plus désintéressés, plus altruistes ? Jamais les intérêts n'ont été si bien organisés ni si arrogants. Chacun pour soi et l'État pour tous. Les démagogues font les enfants gâtés.

La formule libérale n'est pas une formule providentielle, elle ne décharge pas les acteurs de leur responsabilité morale. La liberté est un préalable, elle n'est pas une fin ultime. Elle ne dispense pas d'abord de travailler au sein de la société libérale pour qu'en soient respectées les règles morales. Le respect par chacun de son « devoir d'état », pour reprendre une expression oubliée, en tant que père ou mère de famile, citoyen, agent économique... ; le respect des bases morales du capitalisme bien compris : l'honnêteté, le respect de la parole donnée, l'effort, le souci du travail bien fait, le renoncement à des satisfactions immédiates pour une réussite à terme... ; l'intérêt, certes, mais l'intérêt droitement entendu. Des vertus raisonnables, modérées, dont il ne serait pas utile de rappeler la nécessité si l'esprit du temps n'avait corrompu le sens des valeurs les plus élémentaires. Certains intellectuels vont même jusqu'à prôner un relativisme extrême des valeurs morales. Propos d'imbécile ou de pervers (ou d'imbécile pervers) : faut-il mettre dans le même sac la tricherie et la loyauté, le mensonge et la sincérité, l'effort et la paresse, la fidélité et l'infidélité ?...

Ces sages vertus libérales peuvent apparaître exigeantes en un moment où l'idéal de perfection de soi se réduit à « être bien dans sa peau » ; elles ne représentent qu'un palier. Les mœurs sont malléables à la puissance de conviction des hommes de bien. Avec cette seule force, saint François d'Assise a changé l'histoire de la chrétienté, saint Vincent de Paul a créé une œuvre magnifique qui dure encore. À l'opposé de ceux qui sont victimes du « démon du Bien », il y a ceux qui sont le « sel de la terre », qui témoignent par l'exemple, qui n'ont souvent nul besoin, comme les intellectuels, comme l'auteur de ces lignes, d'aligner des raisons, qui attestent simplement par leur qualité d'âme de la grandeur de leur message. À la télévision canadienne, raconte Malcom Muggeridge, mère Teresa participait à une émission en compagnie notamment de Jacques Monod. Elle restait immobile, la tête inclinée comme en prière, tandis que l'auteur du *Hasard et de la nécessité* exposait avec vigueur les lois génétiques du destin de l'humanité. Quand le meneur de jeu eut pressé mère Teresa de donner son avis, elle leva simplement la tête pour dire « Je crois en l'amour et en la compassion », puis elle retourna à son silence intérieur. Une seule phrase, et les choses n'étaient plus à la même place. Jacques Monod a dit ultérieurement qu'un peu plus et il aurait craint de voir ébranlé son athéisme fondamental. « Je ne toucherais pas un lépreux pour un million, dit encore mère Teresa, mais je le soigne volontiers pour l'amour de Dieu [18]. »

NOTES

INTRODUCTION DE LA PREMIÈRE PARTIE

1. *Introduction à l'épistémologie génétique,* t. II, 1950, cité par Léon Poliakov, *La Causalité diabolique,* Paris, Calmann-Lévy, 1980, p. 24.
2. Karl O'LESSER, « Betrayed Once Too Often ? The Mafia and the Kennedy Assassination », *The American Spectator,* octobre 1981, p. 12 sq.
3. L. POLIAKOV, *La Causalité diabolique,* Paris, Calmann-Lévy, 1980.
4. *Effets pervers et ordre social,* Paris, PUF, 1977.
5. Je reprends ici le vocabulaire de R. BOUDON tout en le modifiant légèrement. Pour plus de précisions, *cf.* Ph. BENETON, « Logique et prégnance du social », *Revue Tocqueville,* 3 (1), automne 1980-hiver 1981, p. 119-136.

CHAPITRE I

1. *US News and World Report,* 4 août 1980, p. 51.
2. *Cf.* en particulier : « The Great Society : Lessons for the Future », *The Public Interest,* numéro spécial, 34, Hiver 1974 ; S.A. LEVITAN et R. TAGGART, *The Promise of Greatness. The Social Progress of the Last Decade and their Major Achievements,* Cambridge, Harvard University Press, 1976.
3. *The Other America. Poverty in the United States,* New York, MacMillan, 1962.
4. Discours du 22 mai 1964 aux étudiants de l'université de Michigan, cité par G.F. ROHRLICH, « La Sécurité sociale aux États-Unis : évolution, philosophie et tendances récentes » (troisième partie), *Revue française des Affaires sociales,* 1, janvier-mars 1976, p. 271 (note).
5. Cité par S.A. LEVITAN et R. TAGGART, *The Promise of Greatness,* p. 3.
6. D. BELL, *Les Contradictions culturelles du capitalisme,* Paris, PUF, 1979, p. 186-187.
7. Cité par D.P. MOYNIHAN, *The Politics of a Guaranteed Income,* New York, Random-House, 1973, p. 543.
8. *Cf.* H.L. MILLER, « Hard Realities and Soft Social Sciences », *The Public Interest,* 59, printemps 1980, p. 74.
9. *Cf.* C. JENCKS, *« Inequality* in Retrospect », *Harvard Educational Review,* 43, (1), février 1973 (numéro spécial consacré au livre de C. Jencks et al., *Inequality,* New York, Basic Books, 1972), p. 143 ; H.L. MILLER, *art. cité,* p. 74 *sq.*
10. « Race and Economics », *The Public Interest,* 53, automne 1978, p. 152. Les résultats aux tests plaident en ce sens et S.A. LEVITAN, très favorable dans l'ensemble aux programmes de la « Grande Société », n'en conclut pas moins son analyse des programmes d'éducation des années 60 par un bilan négatif (*cf.* S.A. LEVITAN et al., *Still a Dream. The Changing Status of Blacks since 1960,* Cambridge, Harvard University Press, 1975, p. 84-87).

11. *Cf.* S.A. LEVITAN et TAGGART, *The Promise of Greatness,* p. 156-157.
12. *Cf. Twenty Years after Brown,* report of the US Commission of Civil Rights, Washington, 1975, ch. II ; N. GLAZER, *Affirmative Discrimination,* New York, Basic Books, 1978, p. 78-81 ; D.L. KIRP, « School Desegregation and the Limits of Legalism », *The Public Interest,* 47, printemps 1977, p. 102-109.
13. Cité par N. GLAZER, *Affirmative Discrimination,* p. 79.
14. Jusqu'au milieu des années 60, la différence de statuts entre Noirs et Blancs était deux fois plus forte pour les hommes qui sortaient d'une *High School* ou d'un *College* que pour ceux dont le nombre d'années de scolarisation ne dépassait pas huit ans (S.M. LIPSET, « Whither the First New Nation », *La Revue Tocqueville,* 1 (1), automne 1979, p. 74-75).
15. *Cf.* J. SMITH et F. WELCH, « Black-White Male Wages Ratios : 1960-1970 », *American Economic Review,* 67, juin 1977, p. 323-338 ; *cf.* également les travaux cités par S.M. LIPSET, *art. cité,* p. 76.
16. Cité par B.J. WATTENBERG, *Radiographie de l'Amérique,* Hachette international, 1977, p. 275.
17. B.J. WATTENBERG, *Radiographie de l'Amérique,* p. 278.
18. Sur la politique d'*Affirmative Action, cf.* en particulier : Nathan GLAZER, *Affirmative Discrimination,* New York, Basic Books, 1978 ; Thomas SOWELL, *Knowledge and Decisions,* New York, Basic Books, 1980, p. 246-260.
19. Cité par Nathan GLAZER, *Affirmative Discrimination,* p. 44. Les débats parlementaires confirment ce refus des législateurs de tout traitement préférentiel (*op. cit.,* p. 45).
20. *Affirmative Discrimination,* p. 46. Le passage qui suit s'inspire directement de cet ouvrage p. 46-49.
21. *Cf.* S.A. LEVITAN et R. TAGGART, *The Promise of Greatness,* p. 156-157.
22. En 1978 par exemple le *New York Times,* poursuivi en justice par 564 employées, a conclu un accord à l'amiable comprenant un plan de 4 ans destiné à ouvrir un plus grand nombre de postes aux femmes. Il est en particulier prévu que les femmes doivent occuper 25 % des postes les plus élevés au sein de la rédaction du journal. Le *New York Times* a d'autre part accepté de payer 233 500 dollars en indemnités forfaitaires à l'ensemble de ses salariées, 15 000 dollars à celles qui avaient engagé les poursuites et 100 000 dollars de frais de justice (*Cf. Bulletin d'informations sociales,* janvier 1979, p. 104-105 et *Le Monde,* 8-9 octobre 1978).
23. *Cité par* D. BELL, « On Meritocracy and Equality », *the Public Interest,* 29, automne 1972, p. 36.
24. *Cf.* N. GLAZER, *Affirmative Discrimination,* p. 62.
25. Sur la décision Bakke, *cf.* J.H. BUNZEL, « Bakke vs. University of California », *Commentary,* 63 (3), mars 1977, p. 59-64 ; W. BENNETT et T. EASTLAND, « Why Bakke Won't End Reverse Discrimination », et N. GLAZER, même titre, *Commentary,* 66 (3), septembre 1978, p. 29-35 et 36-42 ; sur la décision Weber, *cf.* C. COHEN, « Why Racial Preference is Illegal and Immoral », *Commentary,* 67 (6), juin 1979, p. 40-52 ; C. COHEN, « Justice Debased : the Weber Decision », *Commentary* 68 (3), septembre 1979, p. 43-53.
26. En juillet 1980, la Cour suprême a affirmé la constitutionnalité d'une loi de 1977 réservant à des entrepreneurs « minoritaires » 10 % des adjudications de travaux publics. En mars 1981, la Cour a affirmé que les employeurs pouvaient régulièrement recruter des hommes blancs, ou leur donner une promotion, de préférence à des femmes ou des « minoritaires » également qualifiés, sauf si la discrimination était prouvée (*US News and World Report,* 4 juillet 1980 et 16 mars 1981). Cette dernière décision semble marquer un coup d'arrêt — mais dans quelle mesure ? — à la politique d'*Affirmative Action.*

27. Sur le *busing, cf.* N. GLAZER, *Affirmative Discrimination,* ch. III ; Th. SOWELL, *Knowledge and Decisions,* p. 260-266 ; D.L. KIRP, *art. cité,* p. 102-109.
28. Cité par N. GLAZER, *Affirmative Discrimination,* p. 93.
29. *Cf.* N. GLAZER, *Affirmative Discrimination,* p. 100.
30. *Cf.* S.A. LEVITAN et R. TAGGART, *the Promise of Greatness,* p. 158 ; Th. SOWELL, *Knowledge and Decisions,* p. 265.

CHAPITRE II

1. « Myths about Minorities », *Commentary,* 2 août 1979, p. 33-36. *Cf.* également Th. SOWELL ed., *American Eihnic Groups,* the Urban Institute, 1978.
2. Th. SOWELL, *art. cité,* p. 34.
3. *Ibid.,* p. 36.
4. Lignes 1 et 4 du tableau : M. KILSON, « Black Social Classes and Intergenerational poverty », *The Public Interest,* 64, été 1981, p. 62 (tableau) ; ligne 2 : W.J. WILSON, *The Declining Significance of Race,* Chicago, Chicago University Press, 1978, p. 131 (tableau) et *US News and World Report,* 14 mai 1979 ; ligne 3 : M. KILSON, *art. cité* p. 64 et *US News and World Report,* 14 mai 1979 ; ligne 5 : *US News and World report,* 4 mai 1980 ; ligne 6 : R.W. PALMER, « Equality, Incentives and Economic Policy », *The American Economic Review,* 70 (2), mai 1980, p. 124 (tableau) ; ligne 7 : R. FREEMAN, « Black Economic Progress since 1964 », *The Public Interest,* 52, été 1978, p. 65.
5. Cité par M. FRIEDMAN, « The New Black Intellectuals », *Commentary* 69 (6), juin 1980, p. 47.
6. *The Declining Significance of Race,* Chicago, Chicago University Press, 1978 ; *cf.* également W.J. WILSON, « Race, Class and Public Policy », *The American Sociologist,* 16, mai 1981, p. 125-134.
7. *The Declining Significance of Race,* p. 150-151.
8. J.A. COLEMAN, *Resources for Social Change,* 1971, reproduit dans : R. BOUDON, *Effets pervers et ordre social,* p. 207.
9. *Cf.* A. INKELESS, « Continuity and Change in the American National Character », *Revue Tocqueville* 2 (2-3), printemps-été 1980, p. 40-41.
10. *Ibid.*
11. « Are Quotas Good for Blacks ? », *Commentary,* juin 1978, p. 42 ; *cf.* également Th. SOWELL, *Knowledge and Decisions,* p. 263 et 300.
12. *Cf.* D. RAVITCH, « the " White Flight " controversy », *The Public Interest,* 51, printemps 1978, p. 142 ; *US News and World Report,* 14 mai 1979.
13. *Cf.* D. RAVITCH, *art. cité,* p. 146-147 (tableau).
14. *Cf.* J.W. WILSON, *The Declining Significance of Race,* p. 114.
15. *Cf.* Th. SOWELL, *Knowledge and Decisions,* p. 266.
16. *The Declining Significance of Race,* p. 19.
17. *Cf. op. cit.*, p. 100. Cependant la mesure statistique des effets de la politique d'« action positive » reste très délicate et les résultats des études entreprises sont divergents. *Cf.* S.M. LIPSET, « Whither the First New Nation », *art. cité,* p. 77 (et sur ces travaux les remarques critiques de WILSON, *op. cit.*, p. 176, note 33). *Cf.* également les résultats de l'étude de la *Rand Corporation* (1978) cités par B. CAZES, « La Crise de l'État protecteur dans les sociétés occidentales », *Commentaire,* 12, hiver 1980-1981, p. 588.
18. *Cf.* J.H. BUNZEL, « Affirmative Action, negative results », *Encounter,* novembre 1979, p. 50 (note).
19. « Living with Quotas », *Commentary,* mai 1978, p. 27.
20. *Cf.* Th. SOWELL, *Knowledge and Decisions,* p. 260.

21. *Cf.* N. GLAZER, *Affirmative Discrimination,* p. 38.
22. Cité par M. KILSON, *art. cité,* p. 60.
23. Cité par M. FRIEDMAN, *art. cité,* p. 51.

CHAPITRE III

1. En collaboration avec M. de SAINT-MARTIN, *Actes de la recherche en sciences sociales,* 3 mai 1975, p. 68-87. Les textes les plus importants écrits par P. BOURDIEU sur l'enseignement et les inégalités sont : *Les héritiers* (en coll. avec J.-C. PASSERON), Paris, éd. de Minuit, 1964 ; *La Reproduction* (en coll. avec J.-C. PASSERON), Paris, éd. de Minuit, 1970 ; « L'École conservatrice », *Revue française de Sociologie,* 3, juillet-septembre 1966, p. 325-347.
2. *La Reproduction,* p. 53.
3. « Une sociologie stérile : " La reproduction " », *Esprit,* décembre 1970, p. 860-861.
4. DARRAS, *Le Partage des bénéfices,* Paris, éd. de Minuit, 1966, p. 16 (P. BOURDIEU).
5. P. BOURDIEU, *Un art moyen*, Paris, éd. de Minuit, 1965, p. 27.
6. P. BOURDIEU, *L'Amour de l'art,* Paris, éd. de Minuit, 1966, p. 59.
7. P. BOURDIEU et J.-C. PASSERON, *Les Héritiers,* p. 46.
8. *Cf.* le texte analysé et *Les Héritiers, La Reproduction, passim.*
9. *La Reproduction,* p. 185 *sq.*
10. « De la fin des études élémentaires à l'entrée dans la vie professionnelle ou à l'Université », *Population,* mai-juin 1973, p. 587 et 585.
11. J. FOURASTIÉ, « Enquête sur la scolarité d'enfants appartenant à des milieux favorisés », ANALYSES ET PRÉVISION 14 (1-2), 1972, p. 803-832. Cet article synthétise les résultats de sept séries d'enquêtes menées entre 1964 et 1968.
12. *Cf. art. cité,* p. 812 (tableau).
13. *Cf. art. cité,* p. 817-818. Les familles étudiées comprennent également des pères industriels, magistrats, artistes, instituteurs.
14. *La Reproduction,* p. 261.
15. *L'Inégalité des chances,* Paris, A. Colin, 1973, p. 103 *sq.*
16. Ministère de l'Éducation nationale, *Informations statistiques,* 32-33, octobre-novembre 1961 (d'après le tableau p. 270-271). Sur l'évolution du recrutement social de l'Université de 1939 à 1960, *cf.* le tableau p. 268.
17. P. BOURDIEU, « La Transmission de l'héritage culturel », dans : DARRAS, *Le Partage des bénéfices,* p. 420.
18. Au sein d'une production abondante, citons : « Les Stratégies de reconversion » (en coll. avec L. BOLTANSKI et M. de SAINT-MARTIN), *Information sur les sciences sociales,* 12 (5), 1973, p. 61-113 ; « Avenir de classe et causalité du probable », *Revue française de sociologie,* 15 (1), 1974, p. 3-42.
19. Pour une analyse plus précise, voir Philippe BENETON, « Quelques considérations sur la mobilité sociale en France », *Revue française de Sociologie,* 16 (4), 1975, p. 517-538.
20. INSEE, *Enquête formation-qualification professionnelle* (1970). Tableau repris de Ph. BENETON, *art. cité,* p. 526.
21. *Ibid., cf. art. cité,* p. 529.
22. J. FOURASTIÉ, avec la coll. de M. MALINSKI, « Enquête sur les résultats scolaires de trois générations à partir d'une promotion de polytechniciens » dans : *Mélanges en l'honneur de Raymond Aron. Science et conscience de la société,* Paris, Calmann-Lévy, 1971, t. II, p. 212.
23. *Cf.* par exemple Ph. BENETON, compte rendu de P. BIRNBAUM et al., *La Classe dirigeante française, Revue française de Sociologie,* 19 (3), juillet-septembre 1978, p. 460-462.
24. C. BAUDELOT, R. ESTABLET, *L'École capitaliste en France,* Paris, Maspero, 1971.

25. *Revue française de Sociologie* 13 (3), juillet-septembre 1972, p. 434-435. Dans le même numéro, la revue publie également une autre critique (beaucoup moins acérée et, à notre sens, beaucoup trop indulgente) due à M. AMIOT (p. 431 *sq*).

CHAPITRE IV

1. « L'Échec du système éducatif national », *Le Figaro,* 10 août 1981.
2. Discours reproduit dans : *Courrier de l'éducation,* 55, 12 septembre 1977.
3. Sur l'incidence du sexe et de la résidence, *cf.* A. GIRARD et H. BASTIDE, *art. cité,* p. 582 *sq. Cf.* également M. REUCHLIN, *L'Enseignement de l'an 2000,* Paris, PUF, 1973, p. 71 *sq ; Notes d'information* du SEIS (ministère de l'Éducation nationale), nº 7918, 14 mai 1979. Sur l'incidence du rang dans la famille, *cf.* G. DESPLANQUES, « La Chance d'être aîné », *Économie et statistique,* 137, octobre 1981, p. 53-56, et les enquêtes de l'INED sur *Le Niveau intellectuel des enfants d'âge scolaire,* Paris, PUF, 1973-1978.
4. Déclaration faite à Albi le 7 avril 1970 à propos du baccalauréat, cité par F. GAUSSEN, *Le Monde,* 4 avril 1974, p. 12.
5. On trouvera un exemple caractéristique de cette attitude dans la critique faite par Dominique MERLLIE du livre de M. REUCHLIN, *L'Enseignement en l'an 2000,* « Psychologie et mobilité sociale », *Actes de la recherche en sciences sociales,* 3 mai 1975, p. 94 *sq.* V. également l'article étonnant de François JACOB (« Germe et prix Nobel », *Le Monde,* 5 mars 1980) où après avoir qualifié la querelle sur l'inné et l'acquis de « vieille et stupide », il affirme que pour ceux qui la rallument, « il s'agit une fois encore de légitimer l'ordre social existant par un prétendu ordre naturel, de justifier la place des forts et des privilégiés par une prétendue supériorité biologique sur les faibles et les opprimés ». Bel exemple de rhétorique et d'intimidation, *cf.* ch. XVI).
6. La bibliographie, surtout anglo-saxonne, du sujet est considérable. On trouvera une présentation générale du problème dans : J. LARMAT, *La Génétique de l'intelligence,* Paris, PUF, 1973, p. 143 *sq.* Sur certaines des controverses récentes, *cf.* « L'Inné et l'acquis : relance du débat sur l'intelligence », *Problèmes politiques et sociaux,* nº 319, 16 septembre 1977 (dossier établi par Ph. BENETON).
7. H.J. EYSENCK, « The Case of Sir Cyril Burt. On Fraud and Prejudice in a Scientific Controversy », *Encounter,* janvier 1977, p. 23 ; A. JACQUARD, J.L. SERRE, J. STEWART, « Le quotient intellectuel est empiriquement héréditaire mais rien ne prouve une transmission génétique », *Le Monde,* 30 mars 1977.
8. Interview au *Nouvel Observateur,* 28 juin 1980.
9. Allocution radiotélévisée du 30 juin 1975, *Le Monde*, 2 juillet 1975.
10. « Pour une modernisation du système éducatif », *Les Cahiers français,* numéro spécial, février 1975.
11. J. MINOT, *L'Éducation nationale,* Paris, Berger-Levrault, 1979, p. 115.
12. Cité par M.-V. BELLAS, « L'opposition unanime est plurielle », *Projet,* 96, juin 1975, p. 656.
13. *Cf.* M.-V. BELLAS, *art. cité,* p. 657.
14. « Les Mots et les Choses », *Le Figaro,* 19 février 1975.
15. « Pour une modernisation du système éducatif », *op. cit.,* p. 21.
16. « Les Mots et les Choses », *art. cité.*
17. C. JENCKS et al., *Inequality,* New York, Basic Books, 1972, p. 79.
18. Sur les controverses sur le rôle de l'école aux États-Unis, *cf.* en particulier M.J. BANE et D.M. LEVINE éd., *The Inequality Controversy,* New York, Basic Books, 1975.
19. Sur la crise des écoles publiques américaines, *cf.* en particulier : J. ADELSON, « Battered Pillars of the American System : Education », *Fortune*, avril 1975,

p. 140-145, et du même auteur, « What Happened to the Schools », de Sociologie, 13 (3), juillet-septembre 1972, p. 433 (tableau). *Commentary,* 71 (3), mars 1981, p. 36-41.

20. *Cf.* Th. SOWELL, « Patterns of Black Excellence », *The Public Interest,* 43, printemps 1976, p. 26-58 ; J. COLEMAN, « Public Schools, Private Schools and the Public Interest », *The Public Interest,* 64, été 1981, p. 19-30.
21. *Les désillusions du progrès,* Paris, Calmann-Lévy, 1969, p. 314-315.
22. *Cf.* J.R. TREANTON, critique de *L'École capitaliste en France, Revue française de Sociologie,* 13 (3), juillet-septembre 1972, p. 433 (tableau).
23. *L'Inégalité des chances,* Paris, A. Colin, 1973, deuxième partie.
24. M. REUCHLIN et F. BACHER, *L'Orientation à la fin du premier cycle,* Paris, PUF, 1969 ; cité d'après J.R. TREANTON, *art. cité,* p. 430-431.
25. « Anomie, contradictions et philosophie publique dans les sociétés industrielles », *Contrepoint,* 22-23, décembre 1976, p. 54.
26. *Mobilité sociale. Faits établis et problèmes ouverts,* Paris-Genève, Libr. Droz, 1971. R. Girod présente ces conclusions à propos d'une enquête longitudinale menée à Genève, mais elles ont une portée générale. *Cf.* R. BOUDON, « La Sociologie des inégalités dans l'impasse ? », *Analyses et Prévision,* 17 (1), 1974, p. 83-95, et R. GIROD, *Inégalité, inégalités,* Paris, PUF, 1977, ch. I.
27. « Le Concept politique de génération ; apogée et déclin », *Commentaire,* 7, automne 1979, p. 396.
28. *L'Inégalité des chances,* IIIe partie.
29. Document de travail présenté par R. HABY, *Courrier de l'éducation,* 49, 11 avril 1977, p. 2.
30. « Le soutien est-il la solution ? », *Courrier de l'éducation,* 74, 13 novembre 1978, p. 2.
31. *La France en mai 1981.* Études et rapports de la commission du Bilan, t. IV, *L'Enseignement et le développement scientifique,* Paris, La Documentation française, décembre 1981, p. 179.
32. *Cf.* A. MICHEL, « Pour le retour aux humanités », *Commentaire,* 12, hiver 1980-1981, p. 614. *Cf.* également les remarques de L. SCHWARTZ, *op. cit.,* p. 184-186.
33. « Le Conformisme mou », *Le Figaro,* 15 janvier 1981.
34. « Nouvelle Pédagogie et inégalités sociales », *Libertés,* 6, printemps 1981, p. 6.
35. *Cf.* D. PATRY, *Douze Collèges en France,* Paris, La Documentation française, 1981 ; Rapport de la commission du Bilan, *op. cit.,* p. 46 *sq.* (Mme R. RIBIER).
36. *Les Consommateurs d'école,* Paris, Stock, 1982, p. 116. *Cf.* également F. ŒUVRARD, « " Démocratisation " ou sélection différée ? », *Actes de la recherche en sciences sociales,* 30, novembre 1979, p. 89 (d'après une enquête par panel du ministère de l'Éducation nationale) ; Rapport de la commission du Bilan, *op. cit.,* p. 48 (Mme R. RIBIER).
37. *Les Consommateurs d'école,* p. 115.
38. *Cf.* l'exemple du cas genevois : J.R. TREANTON, *art. cité,* p. 433-434.
39. *Le Figaro,* 9 septembre 1969.
40. « Waiting for Fortinbras. The Rise and Fall of Scandinavia's " Middle Way " », *Encounter,* 58 (2), février 1982, p. 87.

CHAPITRE V

1. Le développement sur la pénurie pétrolière américaine en 1979 s'inspire, sauf autres indications, de : S. CHAPMAN, « The Gas Lines of 79 », *The Public Interest,* 60, été 1980, p. 40-49.
2. *Cf.* G.C. EDWARDS et I. SHARKANSKY, *Les Politiques publiques,* Paris, Les éd. d'Organisation, 1981, p. 160-161.
3. *Two Cheers for Capitalism,* New York, Mentor Books, 1979, ch. XI et XVI. Les observations d'I. Kristol s'appliquent aux profits réalisés par les compa-

gnies pétrolières lors du quadruplement du prix du pétrole en 1973, mais elles valent également pour la crise de 1979.

4. *Cf.* J.K. GALBRAITH, *Chronique d'un libéral impénitent,* Paris, Gallimard, 1981 ; *A Life in our Times,* Houghton Mifflim, 1981, et la critique de S. HOOK, « The Worldly Ways of J.K. Galbraith », *The American Spectator,* 10, octobre 1981, p. 7-12.
5. Traductions françaises : *L'Ère de l'opulence,* Paris, Calmann-Lévy, 1970 ; *Le Nouvel État industriel,* Paris, Gallimard, 1968 ; *La Science économique et l'intérêt général,* Paris, Gallimard, 1974.
6. *La Science économique et l'intérêt général,* p. 118.
7. *Op. cit.*, p. 72. Le passage qui précède résume le chapitre V.
8. *Op. cit.*, p. 108.
9. *Op. cit.*, p. 172-173.
10. *Op. cit.*, p. 200.
11. *Op. cit.*, p. 30-32.
12. *Op. cit.*, p. 256.
13. *Op. cit.*, p. 252-253.
14. *Op. cit.*, p. 250, 252 et *passim.*
15. *Op. cit.*, p. 235.
16. *Op. cit.*, p. 257.
17. « Un Marxiste américain », *L'Expansion,* janvier 1968, p. 76 (critique du *Nouvel État industriel*).
18. Ces travaux sont présentés et analysés dans : M. FRIEDMAN, *Contre Galbraith,* Paris, Economica, 1977. Pour une analyse plus détaillée, *cf.* H. LEPAGE, *Demain le libéralisme,* Paris, Le Livre de Poche, 1980, Coll. Pluriel, IVe partie.
19. *Richesse et pauvreté,* Paris, Albin Michel, 1981, p. 92.
20. *Op. cit.*, p. 50-51.
21. *Op. cit.*, p. 51-52.
22. *Cf.* Daniel BELL, *Vers la société post-industrielle,* Paris, Robert Laffont, 1976, p. 309.
23. *Ibid* (note).
24. *Cf.* Th. SOWELL, *Knowledge and Decisions,* New York, Basic Books, 1980, p. 205.
25. *Cf. US News and World Report,* 7 décembre 1981, p. 64 (interview de T. SCHULTZ).
26. *Cf.* H. LEPAGE, *Demain le libéralisme,* IVe partie, ch. III.
27. *La Logique de l'action collective,* Paris, PUF, 1979.
28. *Cf.* H. LEPAGE, *Demain le libéralisme,* p. 296-304.
29. *The Myths of Antitrust,* 1972, cité par H. LEPAGE, *op. cit.*, p. 303-304.
30. *Business Cycles,* cité par B. de JOUVENEL, « La Société inflationniste », *Analyse et Prévision,* 17 (3), 1974, p. 277.
31. *Cf.* sur ce point les remarques de J. BAECHLER, « Le Modèle libéral de l'entrepreneur », *Commentaire,* 15, automne 1981, p. 404-405, et de G. GILDER, *Richesse et pauvreté,* p. 52-53.
32. « À propos du mythe publicitaire », *Revue française de Sociologie,* 10 (3), juillet-septembre 1969, p. 312.
33. *Art. cité.*, p. 313.
34. *Cf.* J. MARCUS-STEIFF, « Les Effets de la publicité sur les ventes », *Revue française de Sociologie,* 10 (3), juillet-septembre 1969, p. 279-311 ; J.P. THERME, « Recherches du SEITA sur l'efficacité de ses campagnes publicitaires », *Communications,* 17, 1971, p. 29-42 (et l'ensemble de ce numéro de *Communications* consacré aux « mythes de la publicité »).
35. *Cf.* M. FRIEDMAN, *La Liberté de choix,* Paris, Belfond, 1980, p. 215 ; P. SAMUELSON, *L'Économique,* Paris, A. COLIN, t. II, 1972, p. 199 ; et les exemples donnés par la revue *Stratégies* et cités dans *Le Point,* 23 juin 1975, p. 80-81.

36. J. MARCUS-STEIFF, *art. cité,* p. 289-295 (nous avons suivi de très près le texte de J. MARCUS-STEIFF tout en omettant certains passages techniques ou secondaires).
37. J.K. GALBRAITH, *La Science économique et l'intérêt général,* p. 206.
38. Cité par W. SIMON, *Le Temps de la vérité,* Paris, Économica, 1981, p. 167.
39. *Cf. US News and World Report,* 22 janvier 1979, et S.A. LEVITAN et al., *The Promise of Greatness,* p. 21 (tableau).
40. *Cf.* K. PREWITT et S. VERBA, *An Introduction to American Government,* New York, Harper and Row, 1979, ch. IX ; sur la campagne de J. Banzhaff, *cf.* A. KASPI, C.-J. BERTRAND, J. HEFFER, *La Civilisation américaine,* Paris, PUF, 1979, p. 377.
41. *Two Cheers for Capitalism,* p. 23.
42. « Un mariage forcé », *Dialogue,* 53, mars 1981, p. 23.
43. *Two Cheers for Capitalism,* p. 69-70. *Cf.* également B. STEIN, *The View from Sunset Boulevard,* New York, Basic Books, 1979, ch. IV. « Un des messages les plus clairs de la télévision américaine est que les *businessmen* sont des gens mauvais, malfaisants et que les *big businessmen* sont les pires de tous. » (p. 14.)
44. *Cf.* A. KASPI et al., *La Civilisation américaine,* p. 375.
45. *The Cultural Contradictions of Capitalism,* New York, Basic Books, 1976. Trad. française : *Les Contradictions culturelles du capitalisme,* Paris, PUF, 1979.
46. Ce passage s'inspire de B. CAZES, présentation de D. BELL, « Les Contradictions culturelles du capitalisme », *Contrepoint,* 13, 1974, p. 11-12.

CHAPITRE VI

1. *L'Impôt sur le capital et la réforme monétaire,* Paris, Hermann, 1977, p. 6.
2. *Cf.* P. BIRNBAUM, *Le peuple et les gros,* Paris, Grasset, 1979.
3. Citons pêle-mêle à titre d'exemple : H. CLAUDE, *La Concentration capitaliste, pouvoir économique et pouvoir gaulliste,* Paris, éd. sociales, 1965 ; N. POULANZAS, *Pouvoir politique et classes sociales,* Paris, Maspero, 1968 ; A. TOURAINE, *La Société post-industrielle,* Paris, Denoël, 1969 ; L. ALTHUSSER, « Idéologie et appareils idéologiques d'État », *La Pensée,* mai-juin 1970 ; C. BAUDELOT et al., *La Petite Bourgeoisie en France,* Paris, Maspero, 1974 ; P. BOCCARA, *Étude sur le capitalisme monopoliste d'État,* Paris, éd. sociales, 1974 ; X. GREFFE, *La Politique sociale,* Paris, PUF, 1975 ; etc. Tous ces travaux (si l'on excepte Alain TOURAINE) relèvent d'un néo-marxisme vulgaire dont Raymond BOUDON a démonté le raisonnement dans : « Anomie, contradictions et philosophie publique dans les sociétés industrielles », *Contrepoint,* 22-23 décembre 1976, p. 52-55.
4. *La Cité libre,* Paris, Libr. de médicis, 1938, p. 216-217.
5. *Cf.* J. BAECHLER, « De l'anticapitalisme », *Commentaire,* 5, printemps 1979, p. 72.
6. *The Public Use of Private Interest,* Washington, the Brookings Institution, 1977, p. 76.
7. *Op. Cit.,* p. 76-77.
8. D'après P. SAMVELSON, *L'économique,* Paris, A. Colin, t. I, 1972, p. 94-108.
9. *La Liberté de choix,* Paris, Belfond, 1980, p. 27-30.
10. *La Tyrannie des petites décisions,* Paris, PUF, 1980, p. 26.
11. *Knowledge ang Decisions,* New York, Basic Books, 1980, p. 75.
12. *Cf.* C.L. SCHULTZE, *The Public Use of Private Interest,* p. 25.
13. *Cf. op. cit.,* p. 78-79.
14. *Ibid.* (C.L. SCHULTZE cite également d'autres exemples significatifs).
15. Cité par A. SAUVY, *La Tragédie du pouvoir,* Paris, Le Livre de Poche, Coll. Pluriel, 1978, p. 98-99.

16. D'après I. Kristol, « Rationalism in Economics », *The Public Interest,* numéro spécial 1980 : « The Crisis in Economic Theory », en particulier p. 204-205, 212.
17. Sur le problème de la planification, *cf.* en particulier T. Sowell, *Knowledge and Decisions,* p. 213-223 ; J. Baechler, « De l'anticapitalisme », *art. cité,* p. 70-72. Sur l'économie soviétique, *cf.* A. Nove, *L'Économie soviétique,* Paris, Économica, 1981 (sous réserve des critiques d'A. Besançon, « La finalité n'est pas le développement », *Le Figaro,* 16-17 janvier 1982), et A. Besançon, *Anatomie d'un spectre,* Paris, Calmann-Lévy, 1981.
18. M. Allais, *L'Impôt sur le capital et la réforme monétaire,* p. 7.
19. *La Cité libre* (The Good Society), p. 236-237 (traduction légèrement modifiée).
20. « De l'anticapitalisme », *art. cité,* p. 68.
21. Je reprends ici plusieurs formules de J. Baechler, *art. cité,* p. 68.
22. *Cf.* Th. Sowell, *Knowledge and Decisions,* p. 179 et 359.
23. Les chiffres concernant la pauvreté aux États-Unis sont tirés de : E. van den Haag, « Notes on the Anticapitalist Spirit », *The Public Interest,* 45, automne 1976, p. 118, et F. Levy, « Poverty by the Numbers », *The American Spectator,* mai 1978, p. 24 ; ceux concernant la pauvreté dans le monde de : ONU, *Yearbook of National Account Statistics, 1979,* New York 1980.
24. *Mon pays et le Monde,* Paris, éd. du Seuil, 1975, p. 18.
25. *Cf.* en particulier S. Kuznets, « Economic Growth and Income Inequality », *American Economic Review,* 45 (1), mars 1955, p. 1-28, J. Fourastié, *Pouvoir d'achat, prix et salaires,* Paris, Gallimard, Coll. Idées, 1977.
26. Sondage IFOP publié dans *Réalités,* n° 121, février 1956 ; INSEE, *Annuaire statistique de la France,* rétrospectif, 1966 ; Ph. Sallee, *L'Équipement des ménages au début de 1975,* les coll. de l'INSEE, série M, 47, octobre 1975.
27. Sur la validité de la thèse de Lénine, *cf.* R. Aron, *Paix et guerre entre les nations,* Paris, Calmann-Lévy, 1962, p. 263-279.
28. *Cf.* Th. Sowell, *Knowledge and Decisions,* p. 227. Le passage qui suit s'inspire également de Th. Sowell, *ibid.* Sur ce thème et plus généralement toutes les idées fausses régnantes concernant le tiers monde, *cf.* également l'ouvrage décapant de P.T. Bauer, *Equality, the Third World and Economic Delusion,* Harvard University Press, 1981.
29. « Ideology and the Supply-Side Economics », *Commentary,* 74 (1), avril 1981, p. 51.
30. *Cf.* G. Gilder, *Richesse et pauvreté,* p. 109.
31. « De l'anticapitalisme », *art. cité,* p. 68-69.
32. *La Cité libre,* p. 268.
33. I. Kristol, *Two Cheers for Capitalism,* p. 18-19.
34. *Op. cit.,* p. 78., *cf.* également M. Allais, *L'Impôt sur le capital...* p. 48, 83-84.
35. *La Cité libre,* p. 262.
36. Th. Sowell, *Knowledge and Decisions,* p. 186. Sur les effets de salaires réels supérieurs aux salaires d'équilibre, v. Th. Sowell, *op. cit.,* p. 168 *sq.* ; M. Friedman, *La liberté de choix,* ch. VII ; M. Allais, *L'Impôt sur le capital...,* p. 80-83, 164-167.
37. *Cf.* notamment F.A. Hayek, *1980's Unemployment and the Unions,* the Institute of Economic Affairs, 1980 (d'après le compte rendu de J.L. Syren, *Analyses de la SEDEIS,* 20, mars 1981, p. 54 *sq.*). Sur la « maladie britannique », *cf.* le remarquable article de S. Brittain, « How British is the British Sickness ? », *The Journal of Law and Economics,* 21 (2), octobre 1978, p. 245-268.
38. C'est là la thèse centrale de l'ouvrage extrêmement stimulant d'A.O. Hirshman, *Les Passions et les intérêts,* Paris, PUF, 1980.
39. L'expression « le grand compromis réformiste » est de I. Scitovsky, « Le capitalisme peut-il survivre ? » *Chroniques d'actualité de la SEDEIS,* 15 no-

vembre 1980, reproduit dans *Problèmes économiques,* 1713, 4 mars 1981, p. 6 (l'auteur donne à l'expression un sens légèrement différent).
40. *Cf.* J. BAECHLER, « De l'anticapitalisme », *art. cité,* p. 74 *sq.*
41. *Two Cheers for Capitalism,* p. 26.

INTRODUCTION DE LA DEUXIÈME PARTIE

1. *La Cité libre,* Paris, Libr. de Médicis, 1938, p. 21.
2. *De la démocratie en Amérique, Œuvres complètes,* t. I, vol. II, Paris, Gallimard, 1961, p. 299.
3. *La Cité libre,* p. 335.
4. A. HAMILTON, J. MADISON, J. JAY, *The Federalist Papers,* New York, Mentor Book, 1961, p. 322.

CHAPITRE VII

1. *L'esprit du jacobinisme,* préface de J. BAECHLER, Paris, PUF, 1979, p. 166-167 (1re éd. : 1921, sous le titre : *Les sociétés de pensée et la démocratie).*
2. *La Cité libre,* p. 335.
3. *De la démocratie en Amérique, Œuvres Complètes,* t. I, vol. II, p. 334.
4. *The Public Use of Private Interest,* Washington, the Brookings Institution, 1977, p. 18, 466.
5. *Cf.* W. TUCKER, « La Défense de l'environnement : un jugement réservé », *Dialogue,* 53 (3), 1981, p. 31-32 (original paru dans la *Policy Review).*
6. Le développement consacré à la politique de l'eau est directement inspiré de C.L. SCHULTZE, *The Public Use of Private Interest,* p. 51-53. Et accessoirement de R.H. HAVEMAN, « Public Choice and Public Economics : the Case of Collective Faiblure in US Water Quality Policy », in : K.W. ROSKAMPS, *Public Choice and Public Finance,* Paris, éd. Cujas, 1980, p. 146 *sq.*
7. R.H. HAVEMAN, *art. cité.*
8. D'après C.L. SCHULTZE, *The Public Use of Private Interest,* p. 47-50 ; *US News and World Report,* 19 octobre 1981 ; F. AFTALION, « Réglementation et déréglementation aux États-Unis », *Commentaire,* 16, hiver 1981-1982, p. 529-530 (la réglementation de l'ozone). Pour une vue générale de la politique de l'environnement aux États-Unis, *cf.* A.V. KNEESE, « The Environnemental Policy », in P. DUIGNAN et A. RABUSHKA ed, *The United States in the 1980's,* Hoover Institution, Standford University, 1980, p. 253-283.
9. W. TUCKER, *art. cité,* p. 32-33 (traduction légèrement modifiée).
10. *Cf.* en particulier L.-E. RUFF, « Le Traitement de la pollution », dans R. et N. DORFMAN éd, *Économie de l'environnement,* Paris, Calmann-Lévy, 1975, p. 51-76 ; H. LEPAGE, *Demain le capitalisme,* Paris, Le Livre de Poche, coll. Pluriel, 1978, p. 292 *sq.*
11. *The Economics of Environmental Quality* (1978), cité par R.-H. HAVEMAN, *art. cité,* p. 149 (note).
12. *Cf.* R.-H. HAVEMAN, *art. cité,* p. 148-149. *Cf.* également S. KELMAN, « Economist and the Environmental Muddle », *The Public Interest,* 64, été 1981, p. 106-123.
13. *La liberté de choix,* Paris, Belfond, 1980, p. 209-210.
14. *Cf.* R.L. SCHUETTINGER, « Four Thousand Years of Wage and Price Controls », *Policy Review,* 5, été 1978, p. 74 (citation de L.C.F. Lactantius).
15. *Cf.* G.C. EDWARDS et I. SHARKANSKI, *Les Politiques publiques,* Paris, éd. d'organisation, 1981, p. 142.

16. « The Conflicting Goals of National Energy Policy », *The Public Interest,* 47, printemps 1977, p. 3-4. Ce développement sur les effets du contrôle des prix de l'énergie s'inspire largement de cet article.
17. *Cf.* Th. SOWELL, *Knowledge and Decisions,* New York, Basic Books, 1980, p. 181-182.
18. *The Ecology of Housing Destruction : Economic Effects of Public Intervention in the Housing Market,* New York University Press, 1981, cité d'après N. GLAZER, « The Zone of Destruction », *The Public Interest,* 65, automne 1981, p. 108. Le développement qui suit s'appuie sur l'étude de P.D. SALINS et sur Th. SOWELL, *Knowledge and Decisions,* p. 179-180.
19. *Cf.* M. ALLAIS, *L'Impôt sur le capital et la réforme monétaire,* Paris, Hermann, 1977, p. 80 *sq.,* et les travaux cités p. 292, note 8 ; M. ALLAIS « Chômage et augmentation des charges sociales », *Le Monde,* 14-15 juin 1981 ; D. JACKSON, « How Incomes Policy Hits the Low Paid », *New Society,* 1er avril 1976, p. 7-8. *Cf.* également les références de la note 20.
20. D'après Th. SOWELL, *Knowledge and Decisions,* p. 175-176 ; M. FRIEDMAN, *La Liberté de choix,* p. 231-232.
21. W. SIMON, *L'Heure de la vérité,* Paris, Économica, 1981, p. 159-160 ; M.L. WEIDENBAUM, « Un nouveau regard sur les réglementations économiques », *Dialogue,* 53 (3), 1981, p. 28.

CHAPITRE VIII

1. CERC, *Deuxième rapport sur les revenus des Français,* Paris, éd. Albatros, 1979, p. 71.
2. OCDE, *Statistiques de recettes publiques des pays membres de l'OCDE, 1965-1980,* Paris, 1981. Les chiffres donnés dans la N.B. sont cités par J.-L. SYREN, *Analyses de la SEDEIS,* 22, juillet 1981, p. 39.
3. *The Ethics of Redistribution,* Cambridge University Press, 1952, p. 15 (note).
4. Sur ces effets macro-économiques, *cf.* en particulier l'article de synthèse de B. CAZES, « La Crise de l'État protecteur », *Commentaire,* 12, hiver 1980-1981, p. 582-585.
5. *Contre Galbraith,* Paris, Économica, 1977, p. 46-47.
6. *Cf.* M. ANDERSON, *Welfare. The Political Economy of Welfare Reform in the United States,* Standford University, Hoover Institution, 1978, p. 45 ; A.B. LAFFER et C. PETRUZZI, « Prohibitive Tax Rate and the Inner City : a Rational Explanation of the Poverty Trap », 1978, cité dans *The Public Interest,* 57, automne 1979, p. 112-113. *Cf.* également J.-L. SYREN, « Reaganomics ou le manuel du parfait petit *supply-sider* », *Analyses de la SEDEIS,* 25, janvier 1982, p. 26. Sur les effets pervers du système d'assistance américain, *cf.* les chapitres suivants.
7. Arthur LAFFER et C. PETRUZZI, reproduit dans : *The Public Interest,* 57, automne 1979, p. 113 (et dans : J.-L. SYREN, *art. cité,* p. 26).
8. *Cf.* J. VANNISKI, « Taxes, Revenus and the " Laffer curve " », *The Public Interest,* 50, hiver 1978, p. 3-16.
9. *Cf.* Th. et F. GEIGER, *Welfare and Efficiency,* Committee on Changing International Realities, Washington, 1978, p. 28.
10. « En Suède trop, c'est trop », *Le Monde,* 30 mai 1981.
11. D'après E. VESSILLIER « La Pression fiscale, limites et effets », *Analyses de la SEDEIS,* 15, mai 1980, p. 42.
12. *Cf.* Th. et Fr. GEIGER, *Welfare and Efficiency,* p. 32.
13. « Grande-Bretagne. Cinq Millions de pauvres », *Le Monde-Dimanche,* 23 décembre 1979.
14. « An End to Différentials ? », *New Society,* octobre 1980 (adapté d'après le tableau p. 65).

15. Cité par G. GILDER, *Richesse et pauvreté,* Paris, Albin Michel, 1980, p. 203-204.
16. Cité par G. FRIEDMAN, *La Liberté de choix,* p. 290.
17. J.M. MACABREY, « Grande-Bretagne. Avantages en nature », *Le Monde-Dimanche,* 23 mars 1980. *Cf.* également M. STONE, « La Grande-Bretagne, championne des avantages en nature », *Le Monde,* 4 mars 1976.
18. *US News and World Report,* 7 septembre 1981, p. 61.
19. Cité par M. FRIEDMAN, *La Liberté de choix,* p. 291.
20. *Cf. US News and World Report,* 21 septembre 1981, p. 55, et *Intersocial,* 4061, juin 1981 (cité par J. GRAPIN, *Le Monde,* 3 mars 1981).
21. J.I. GERSHUNY et R.E. PAHL, « Britain in the Decades of the Three Economies », *New Society,* 3 janvier 1980, p. 8.
22. *Cf. US News and World Report,* 8 mars 1982, p. 37 ; *Le Monde,* 17 novembre 1979 (Grande-Bretagne) ; E. VESSILLIER, *art. cité,* p. 42 (Suède) ; V. TANZI « L'Économie occulte dans les pays occidentaux », Bulletin du FMI, 11 février 1980, reproduit dans : *Problèmes économiques 1666,* 26 mars 1980, p. 19-20 (États-Unis).
23. *Cf.* les deux chapitres suivants.
24. Th. et F.M. GEIGER, *Welfare and Efficiency,* p. 77.
25. *Cf.* J.-L. SYREN, *art. cité,* p. 27-28.
26. *Cf.* S.M. LIPSET et E. RAAB, « The Message of Proposition 13 », *Commentary,* 66 (3), septembre 1978, p. 42-46 ; M. LUFTALLA, « Le Nouveau Conservatisme fiscal américain », *Chroniques d'actualité de la SEDEIS,* 19 (6), 15 septembre 1978, p. 523-524.
27. *Exit, Voice and Loyalty,* Harvard University Press, 1970. Trad. fr. : *Face au déclin des entreprises et des institutions,* Paris, les éd. Ouvrières, 1972.
28. « The macroeconomic Effects of the Welfare State », communication au colloque de la Fondation internationale des Sciences humaines, *The Future Roles of the Welfare State,* abbaye de Saint-Pierre-des-Canons, 4-8-novembre 1981, ronéoté, p. 13.
29. *Cf.* W. ELTIS, *Communication citée,* p. 14 ; R. BACON et W. ELTIS, *Britain's Economic Problem : Two Few Producers,* Londres, Macmillan, 1978.

CHAPITRE IX

1. *Cf.* S.M. LIPSET et E. RAAB, « The Message of Proposition 13 », *Commentary,* 66 (3), septembre 1978, p. 42-46.
2. *Cf. The Public Interest,* hiver 1974, numéro spécial, « The Great Society : Lessons for the Futur », en particulier les articles de G.Y. STEINER (« Reform Follows Reality : The Growth of Welfare », p. 47, *sq.*) et de R.L. LAMPMAN (« What Does it Do for the Poor ? », p. 66 *sq.*).
3. F. DOOLITTLE, F. LEVY et M. WISEMAN, « The Mirage of Welfare Reform », *The Public Interest,* 47, printemps 1977, p. 63.
4. *Art. cité,* p. 54.
5. *Cf.* les articles cités de G.Y. STEINER, R.L. LAMPMAN, F. DOOLITTLE ; et S.A. LEVITAN et R. TAGGART, *The Promise of Greatness,* Cambridge, Harvard University Press, 1976, p. 193-195.
6. *Cf.* W. SIMON, *A Time for Truth,* New York, Basic Books, 1979, ch. V, (Tr. française *Le Temps de la vérité,* Paris, Économica, 1981) ; S.R. ADAMS, « Why New York Went Broke », *Commentary,* 61 (5), mai 1976, p. 31-37 ; Ken AULETTA, *The Streets Were Paved with Gold,* New York, Random House, 1979 (d'après le compte rendu de S.R. ADAMS, *Commentary,* 68 (2), août 1979, p. 69-71).
7. « The Welfare Crisis », in *Social Policy and Public Policy. Inequality and Justice,* L. RAINWATER ed, Chicago, Aldine Publishing Company, 1974, p. 101-102.

8. *Cf.* L. RAINWATER, « Poverty in the United States », in *Social Policy and Public Policy. Inequality and Justice,* p. 70 *sq.*
9. Sur ce projet et l'histoire de son échec, *cf.* D.P. MOYNIHAN, *The Politics of a Guaranteed Income : the Nixon Administration and the Family Assistance Plan,* New York, Random House, 1973 (des extraits importants de ce livre ont été publiés en français dans : « La Crise de l'assistance sociale aux États-Unis », *Problèmes politiques et sociaux,* dossier établi par R. ERRERA, nº 194-195, 28 septembre-5 octobre 1973) ; M. ANDERSON, *Welfare, the Political Economy of Welfare Reform in the United States,* Stanford, Hoover Institution, 1979, introduction et p. 81-85.
10. « Welfare Reform and the Liberals », *Commentary,* 67 (3), mars 1979, p. 57.
11. G.Y. STEINER, *art. cité,* p. 74.
12. Pour un point de vue « libéral » (et une critique de l'analyse de Moynihan), *cf.* Gus TYLER, « The Politics of Pat Moynihan », in *The New Conservatives,* éd. par L.A. COSER et I. HOWE, New York, Quadrangle, 1974, p. 181 *sq.*
13. *Cf.* F. DOOLITTLE et al., *art. cité,* p. 66-67 ; D.P. MOYNIHAN, *The Politics of a Guaranteed Income,* p. 116-122 ; *US News and World Report,* 21 mai 1979, p. 67 ; 26 mai 1980, p. 7.
14. Cité par F. DOOLITTLE et al., *art. cité,* p. 67.
15. Sur le projet Carter, *cf.* M. ANDERSON, *Welfare,* ch. VIII ; L. LENKOVSKI, *art. cité ;* P. de LAUBIER, *L'Âge de la politique sociale,* éd. Techniques et Économiques, Paris, 1978, p. 231-232.
16. *Art. cité,* p. 70-71.
17. *Ibid.*
18. *Cf.* D.P. MOYNIHAN, *The Politics of a Guaranteed Income,* p. 474, 480.
19. Cité par D.P. MOYNIHAN, *op.cit,* p. 481.
20. *Ibid.*
21. Cité par M. ANDERSON, *Welfare,* p. 202.
22. *Cf.* L. LENKOVSKI, *art. cité,* p. 59.
23. Titre du livre de L. STOLERU (Paris, Flammarion coll. Champs, 1977) en faveur de l'application d'un impôt négatif en France.
24. *Cf.* R. LEKARHMAM, « Troubles in the Welfare State », *Dissent,* automne 1979, p. 422.
25. *Cf.* M.C. KEELEY, Ph. K. ROBINS, R.G. SPIEGELMAN, R.W. WEST, « The Labor Supply Effects and Cost of Alternative Negative Income Tax Programs », *The Journal of Human Ressources,* 12 (1), hiver 1978, p. 3-27 ; R.A. MOFFITT « The Labor Supply Response in the Gary Experiment », *Evaluation Studies Review Annal,* VI, août 1981, p. 289-299 ; J. COGAN, « New Evidence on Work Disincentives », *Challenge,* juillet-août 1978, p. 53-54.
26. *Art. cité,* p. 54.
27. *Cf.* B.J. WATTENBERG, « The New Moment », *Public Opinion* 4 (6), décembre 1981-janvier 1982, p. 3-4 ; *US News and World Report,* 15 février 1982, p. 72 (tableau).
28. *Cf.* B.J. WATTENBERG, *art. cité,* p. 4.
29. *Art. cité,* p. 3-5.
30. *US News and World Report,* 16 mars 1981, p. 21.

CHAPITRE X

1. *Cf.* F. LEVY, « Poverty by the Numbers », *The American Spectator,* mai 1978, p. 24-26 ; M. ANDERSON, *Welfare,* p. 18 *sq.*
2. *Cf.* F. LEVY, *art. cité,* p. 25-26 ; *US News and World Report,* 26 avril 1982. *Cf.* également B. CAZES, « Controverses sur le nombre de pauvres aux États-Unis », *Analyses de la SEDEIS,* 6, octobre 1978, p. 47.

3. George Gilder, *Visible Man. A true Story of Post-racist America,* New York, Basic Books, 1978.
4. *Op. cit.,* p. 246.
5. *Op. cit.,* p. 320.
6. *Cf.* J.H. Bishop, « Jobs, Cash Transfers and Marital Instability : a Review and Synthesis of the Evidence », *The Journal of Human Ressources,* 15 (3), été 1980, p. 318-319.
7. *Cf.* le *Stuttgarter Zeitung,* cité par *Le Monde* du 28 mars 1982 ; J.-M. Macabrey, « Grande-Bretagne : cinq millions de pauvres », *Le Monde-Dimanche,* 23 décembre 1979.
8. « The Welfare Brief », *The Public Interest,* 53, automne 1978, p. 173.
9. *Cf. Riches et pauvres dans l'Église ancienne,* éd. A. Hamman, Paris, Grasset, 1962, p. 60.
10. *Mémoire sur le paupérisme* (1835), *Bulletin du comité des travaux historiques et scientifiques,* année 1911, ministère de l'Instruction publique, 1915, p. 16-37.
11. *Cf.* S.M. Miller, « Social Policy on the Defensive in Carter's America », *New Society,* 1er novembre 1979, p. 245.
12. *Cf. New York Herald Tribune,* 5 mai 1978 ; *US News and World Report,* 14 mai 1979, p. 50.
13. *Cf.* N. Glazer, « The Limits of Social Policy », *Commentary,* septembre 1971, p. 56.
14. Cité par W.J. Wilson, *The Declining Significance of Race,* Chicago, Chicago University Press, 1978, p. 132.
15. Discours à la réunion de la NAACP (la plus importante organisation noire américaine) tenue à Detroit le 7 mai 1978, cité par Th. Caplow, « The Sociological Myth of Family Decline », *Revue Tocqueville* 3 (2), automne 1981, p. 368-369 (note 23).
16. *Cf.* J.CL. Ray, « Les Risques d'effets pervers de l'aide aux parents isolés », *Analyses de la SEDEIS,* 19, janvier 1981, p. 38.
17. *Cf.* N. Glazer, *art. cité.* p. 56.
18. *Cf.* J.Bishop, *art. cité (The Journal of Human Ressources),* p. 311 *sq.*
19. « How Much More Equality Can we Afford ? », *The Public Interest,* 43, printemps 1976, p. 97.
20. « Welfare : a Crisis Without Solutions », *The Public Interest,* été 1969, traduit dans « La Crise de l'assistance aux États-Unis », *Problèmes politiques et sociaux,* nº 194-195, 28 septembre-5 octobre 1973, p. 14.
21. *Cf.* F. Doolittle et al., « The Mirage of Welfare Reform », *The Public Interest,* 47, printemps 1977, p. 82 : M. Anderson, *Welfare,* p. 47, 98-99.
22. *Cf.* M. Anderson, *op. cit,* p. 212 *sq. ;* N.C. Sandberg, *Stairwell 7. Family Life in the Welfare State,* Beverly Hills, Londres, Sage Publications, 1978, p. 30 *sq. ; Le Monde,* 18 mars 1980.
23. F. Doolittle et al., *art. cité,* p. 84. Sur les différences entre États, *cf. ibid,* p. 67-68 et R. Lekarhman, « Troubles in the Welfare State », *Dissent,* automne 1979, p. 421.
24. N.C. Sandberg, *Stairwell,* 7, op. cit.
25. *Cf. US News and World Report,* 22 janvier 1979, p. 22.
26. Selon les estimations de M. Rein et L. Rainwater (« How Large is the Welfare Class ? », *Challenge,* septembre-octobre 1977, p. 20-23), les membres de la *Welfare Class* (*i.e.* inscrits neuf ans ou plus de façon continue sur les listes d'assistance et dont les revenus proviennent pour la plus grande partie du *Welfare*) ne forment que 20 % des assistés. Cette étude porte sur les *Welfare mothers,* et si l'on extrapolait — avec certes quelque imprudence — à l'ensemble de la population assistée, la *Welfare Class* aurait environ 6 millions de membres. Il faut ajouter : *a)* que cette analyse est fondée sur une enquête par sondage, que l'aveu de la dépendance est coûteux et que donc la dépendance réelle est probablement plus importante ou/et plus durable que la

dépendance avouée ; *b)* que ceux qui vivent de l'assistance sans y être inscrits ne sont pas pris en compte.

27. *Cf.* en particulier W. J. WILSON, *The Declining Significance of Race,* ch. X ; « Race, Class and Public Policy », *The American Sociologist,* 16 mai 1981, p. 126.
28. *Cf.* notamment le témoignage de Th. SOWELL, lettre à *Commentary,* 70 (2), août 1980, p. 12.
29. A. KASPI et al., *La Civilisation américaine,* Paris, PUF, 1979 , p. 379-380.
30. V. BOUKOVSKY, *Cette lancinante douleur de la liberté,* Paris, R. Laffont, 1981, p. 170-172.
31. *Cf.* L.H. BOLCE, et S. GRAY, « Blacks, Whites and " Race Politics " » *The Public Interest,* 54, hiver 1979, p. 73.
32. *Cf.* G. GILDER, *Richesse et pauvreté,* Paris, Albin Michel, 1981, p. 131.
33. *Art. cité,* p. 73.
34. Cité par W. BOUKOVSKI, *Cette lancinante douleur de la liberté,* p. 151.

CHAPITRE XI

1. *Cf.* C.B. BLANKART, « Bureaucratie Problem in Public Choice : Why do Public Good still Remain Public ? », dans : *Public Choice and Public Finance,* éd. par K. ROSKAMP, Paris, Cujas, 1980, p. 155-167.
2. *Ethics of Redistribution,* Cambridge University Press, 1952, p. 42-43.
3. « Rapport de la commission Inégalités sociales », préparation de l'orientation préliminaire du VIIe Plan, Paris, *La Documentation française,* 1975, p. 37-41.
4. *La Tragédie du pouvoir,* Paris, Le Livre de Poche, Coll. Pluriel, 1978, p. 100.
5. *Cf.* A. WOLFELSPERGER, « Le Mythe des équipements collectifs », *Bulletin de l'Institut économique de Paris,* février 1976, p. 4.
6. R. BALLION, *Les Consommateurs d'école,* Paris, Stock, 1982, p. 180.
7. *Op. cit.*, p. 202.
8. *Cf. Les Consommateurs d'école,* p. 274-280.
9. « Choisir ses vacances », Paris, *La Documentation française,* 1977.
10. « Housing Allowances : an Experiment that Worked », *The Public Interest,* 59, printemps 1980, p. 35. *Cf.* également le compte rendu de B. CAZES, *Analyses de la SEDEIS,* 18 novembre 1980, p. 51.
11. *Cf.* Art KAUFMAN, « Homeowners Without a Cause », *The Public Interest,* 58, hiver 1980, p. 142-144.
12. *L'Impôt sur le capital et la réforme monétaire,* Paris, Hermann, 1977, p. 281 (note).
13. F. AFTALION et J.J. ROSA, « Télévision : la fin d'un monopole ? », *Commentaire,* 7, automne 1979, p. 413.
14. « Où va la télévision ? », *Le Monde,* 26 février 1982.
15. M. SOUCHON et al., *Trois Semaines de télévision,* éd. de l'UNESCO, 1982 (d'après le compte rendu de J. CAYROL, « Le Vraisemblable International », *Le Monde,* 13 mai 1982).
16. H. LEVY-LAMBERT, *La Vérité des prix,* Paris, éd. du Seuil, 1969, p. 58.
17. *Cf.* D. HUAULT, « La Crise du logement en France », *Métropolis,* 5 (40), 1979, reproduit dans : *Problèmes économiques,* n° 1666, 26 mars 1980, p. 9.
18. *Cf.* M. FRIEDMAN, *La Liberté de choix,* Paris, Belfond, 1980, p. 132-133 ; J. TOBIN, « On Limiting the Domain of Inequality », *The Journal of law and Economics,* 13 (2), octobre 1970, p. 275-276 ; *cf.* également H. LEPAGE, *Demain le capitalisme,* Paris, Le Livre de Poche, coll. Pluriel, 1978, p. 238 *sq.*
19. L. LEVY-GARBOUA, « Les Demandes de l'étudiant ou les contradictions de l'Université de masse », *Revue française de Sociologie,* 17 (1), janvier-mars 1976, p. 53-80.

20. *Cf.* les rapports de la Cour des Comptes 1979 et 1982 (cités par *Le Monde* du 29 juin 1979 et du 17 juin 1982).
21. Les études disponibles — sur lesquelles s'appuie ce développement — restent partielles. *Cf.* en particulier : A. FOULON, « Consommation des ménages et consommation publique " divisible " », *Consommation,* 2, avril-juin 1973, p. 5-94 ; N. TABARD, « Sur les effets redistributifs des services collectifs destinés aux familles », *Consommation,* 3, juillet-septembre 1977, p. 3-60 ; J.L. MADRE et P. PICARD, « Les Effets redistributifs des finances publiques dans le secteur des transports », *Consommation,* 2, avril-juin 1978, p. 45-62 ; J.L. MADRE, « Les Effets redistributifs des finances publiques dans le domaine des transports urbains », *Consommation*, 3, juillet-septembre 1978, p. 101-108. *Cf.* également A. PITROU, *Vivre sans famille ?*, Toulouse, Privat, 1978, p. 156 *sq.*
22. A.O. HIRSCHMAN, *Exit, Voice and loyalty,* Cambridge, Harvard University Press, 1970 (tr. française : *Face au déclin des entreprises et des institutions,* Paris, éd. Ouvrières, 1972). Le développement qui suit s'appuie largement sur l'analyse d'A.O. HIRSCHMAN.
23. *Cf. Face au déclin des entreprises et des institutions,* p. 49-50.
24. *Op. cit.*, p. 64.
25. *La France en mai 1981,* t. IV, *L'Enseignement et le développement scientifique,* Études et rapports de la commission du Bilan, Paris, La Documentation française, décembre 1981, p. 187.
26. *Cf. Le Quotidien de Paris,* 19 janvier 1982 (V. LE GUAY) ; *Le Monde,* 19 janvier 1982.
27. « Les Soucis de la Cour des Comptes, *Le Monde-Dimanche,* 6 juin 1982.

CHAPITRE XII

1. *De la politique pure,* Paris, Calmann-Lévy, 1977, p. 78-79.
2. *La Joie du don,* Paris, éd. du Seuil, 1975, p. 15-17.
3. *Cf.* Théodore CAPLOW, « The Sociological Myth of Family Decline », *Revue Tocqueville,* 3, (2), automne 1981, p. 316.
4. *Le Monde,* 2 octobre 1979.
5. *Cf.* B. BERGER « The Helping Hand Strikes Again », *The Public Interest,* 65, automne 1981, p. 114.
6. *Le Rendez-Vous suédois,* Paris, Stock, 1976, p. 129.
7. *Vivre sans famille ?* Paris, Privat, 1978, p. 8-9.
8. A. PITROU, *op. cit.,* p. 10.
9. *Op. cit.*, p. 10-11.
10. Th. CAPLOW, *art. cité,* p. 359-360. Sur la « Marriage Penalty », *cf.* également *US News and World Report,* 10 août 1981, p. 21.
11. *Art. cité*, p. 360.
12. Interview à *US News and World Report*, 6 octobre 1980, p. 89. L'analyse critique de J. KASUN (« Turning Children into Sex Experts ») a paru dans : *The Public Interest,* 55, printemps 1979, p. 3-14. *Cf.* également P.V. CROSBIE, J. KASUN, « The Sex Education Controversy », *The Public Interest,* 58, hiver 1980, p. 120-137.
13. *Cf.*, outre les articles précités, M. EGER, « The Conflict in Moral Education » ; A. OLDENQUIST, « " Indoctrination " and Societal Suicide », *The Public Interest,* 63, printemps 1981, p. 62-80, 81-94.
14. O. POSTEL-VINAY, « L'Éternité social-démocrate : l'exemple danois », *Le Débat,* 7, décembre 1980, p. 54.
15. *Art. cité,* p. 54-55.
16. *Le Monde,* 18-19 mars 1979. *Cf.* le commentaire de J. BAECHLER, « Fessée et Démocratie », *Commentaire,* 6, été 1979, p. 287-291.
17. *Cf.* C. LASH, *Le Complexe de Narcisse,* Paris, R. Laffont, 1979, p. 314-315.

18. S. CHALVON-DEMERSAY, « Aimée ou haïe : la famille », dans *La Sagesse et le Désordre. France 1980,* sous la direction de Henri MENDRAS, Paris, Gallimard, 1980, p. 267.
19. Cité par S. CHALVON-DEMERSAY, *art. cité,* p. 248.
20. *L'opinion française en 1977,* sous la direction de J. JAFFRE, Paris, Presses de la Fondation nationale des Sciences politiques, 1978, p. 191.
21. S. CHALVON-DEMERSAY, *art. cité,* p. 248. Tous ces résultats de sondages sont extraits de cet article (p. 247-248), sauf celui dont la référence est donnée à la note précédente et celui de mai 1978 sur les lycéens (*Le Monde,* 26 août 1978).
22. « Love + Marriage = Happiness (still) », *Public Opinion,* novembre-décembre 1978, p. 49-53.
23. « The Sociological Myth of Family Decline », *Revue Tocqueville* 3 (2), automne 1981, p. 349-369.
24. Interview au *Monde-Dimanche,* 2 mai 1981.
25. « The Sociological Myth... », *art. cité,* p. 350.
26. Voir le chapitre X.
27. *Cf.* S. CHALVON-DEMERSAY, *art. cité,* p. 264-267 ; Th. CAPLOW, *art. cité,* p. 362 *sq. ; Social Indicators III,* US Department of Commerce, Washington, 1980, ch. I.
28. *Vivre sans famille ?,* p. 19.
29. *Op. cit.,* p. 20-22.
30. *Cf.* A. PITROU, *op. cit.,* ch. III ; S. CHALVON-DEMERSAY, *art. cité,* p. 259-262.
31. A. PITROU, *op. cit.,* p. 190-191 et p. 116.
32. Cité par H. MENDRAS, *Éléments de sociologie,* Paris, A. COLIN, 1975, p. 171.
33. Th. CAPLOW, *art. cité,* p. 365.
34. *Art. cité,* p. 367.
35. « Mémoire sur le paupérisme » (1835), *Bulletin du comité des Travaux historiques et scientifiques,* 1911, ministre de l'Instruction publique, 1915, p. 25.
36. *Cf.* H.J. AARON et S.A. PECHMAN, *How Taxes Affect Economic Behavior,* Washington, Brookings institution, 1981 (d'après le compte rendu de Ph. d'ARVISENET, *Analyses de la SEDEIS*, 26, mars 1982, p. 30) ; *US News and World Report,* 11 janvier 1982 et 19 avril 1982.
37. *People Magazine,* 23 février 1981, reproduit dans : *American Renewal,* Time Inc., 1981, p. 124-129.
38. D'après des renseignements fournis par le Secours catholique (siège national, 106, rue du Bac, 75341 Paris) ; le *Guide-Annuaire des Associations,* Paris, éd. SA2, 1981, p. H3-H23 (les chiffres concernant le nombre des bénévoles sont donnés par les associations elles-mêmes) ; M. CASTAING, « Pauvres de toujours et pauvres d'aujourd'hui », 2, *Le Monde,* 6 mars 1981, et la liste d'associations bénévoles citées par *Le Figaro-Madame* du 20 janvier 1982.
39. Pierre PÉAN, « L'Argent des grandes causes », *Le Nouvel Économiste,* 107, 21 novembre 1977, p. 90 (tableau).
40. « Le Médecin des urgences », *Le Monde-Dimanche,* 27 décembre 1981.
41. *La Joie du don,* p. 58-61.
42. Selon la formule de J.R. SEELEY, cité par Ch. LASH, *Le Complexe de Narcisse,* p. 310.

CHAPITRE XIII

1. *De la démocratie en Amérique, Œuvres Complètes,* t. II, p. 436.
2. *Knowledge and Decisions,* p. 120.
3. *Thinking about Crime,* New York, Vintage Books, 1977, p. 231.

4. G.E. EDWARDS, I. SHARKANSKI, *Les Politiques publiques,* Paris, éd. d'Organisation, 1981, p. 30.
5. R.A. DAHL et C.H. LINDBLOM, *Politics, Economics and Welfare,* University of Chicago Press, 1976, cité d'après Th. SOWELL, *Knowledge and Decisions,* p. 146.
6. Sur l'école du « Public Choice », *cf.* la présentation claire et commode qu'en donne H. LEPAGE, *Demain, le capitalisme,* Le Livre de Poche, coll. Pluriel, 1978, ch. V.
7. *La Cité libre,* p. 47-48.
8. P. SOROKIN, *Power and Morality,* Boston, Horizon Books, 1959.
9. Interview à *US News and World Report,* 17 février 1981. *Cf.* également B. YON « Le prix Nobel est allé à Th. Schultz », *Analyses de la SEDEIS*, 13, janvier 1980, p. 1-5.
10. *L'impôt sur le capital et la réforme monétaire,* Paris, Hermann, 1977, p. 72.
11. *Cf.* M. PERTSHUK, « Needs and Income », *Regulation,* mars-avril 1979, cité par M. FRIEDMAN, *La Liberté de choix,* Paris, Belfond, 1980, p. 233-234.
12. *Cf.* M. FRIEDMAN, *La Liberté de choix,* p. 186 ; Th. SOWELL, *Knowledge and Decision,* p. 200.
13. *L'impôt sur le capital...,* p. 210.
14. J.-J. ROSA et M. DIETSH, *La Répression financière,* Paris, Bonnel, 1981.
15. J.-J. ROSA et M. DIETSH, *op. cit.,* p. 79.
16. *Cf.* M. ALLAIS, *L'Impôt sur le capital...,* p. 238.
17. « La spoliation financière », interview au *Figaro,* 14 octobre 1981.
18. *Cf.* le *Bulletin d'informations sociales,* 1, 1979, p. 105 ; N. GLAZER, *Affirmative Discrimination,* New York, Basic Books, 1978, p. 38.
19. *US News and World Report,* 4 mai 1981, p. 26.
20. Cité par W. RÖPKE, *Civitas Humana,* Paris, Libr. de Médicis, s.d, p. 166.
21. J.W. GARDNER, « The Special Interest State », *Encounter,* L 2 (1), janvier 1979, p. 32-35.
22. *Art. cité,* p. 33. Sur les groupes d'intérêts aux États-Unis, *cf.* K. PREWITT et S. VERBA, *An Introduction to American Government,* Harper et Row Publishers, 1979, ch. IX.
23. *Cf.* H. LEPAGE, *Demain le capitalisme,* p. 210-214.

INTRODUCTION DE LA TROISIÈME PARTIE

1. *A general Theory on Employment, Interest and Money,* New York, Harcourt Brace, 1964, p. 383.

CHAPITRE XIV

1. *Two Cheers for Capitalism,* New York, Mentor Book, 1978, p. 144.
2. Toutes ces citations sont extraites de L.V. MISES, *Le Socialisme,* Paris, Libr. de Médicis, 1952, p. 188 (dont ce passage est directement inspiré).
3. *Cf.* G. GILDER, *Richesse et pauvreté,* Paris, Albin Michel, 1981, p. 278.
4. Nous reprenons ici les formules de W. RÖPKE, *Civitas Humana,* Paris, Libr. de Médicis, s.d., p. 213 (note).
5. *Réflexions sur la violence* (1906), Paris, Rivière, 1946, p. 240.
6. *Cf.* Thomas SOWEL, *Knowledge and Decisions,* p. 332.
7. Cet exemple est donné par Th. SOWELL, *op. cit.,* p. 334 (ce passage s'inspire du même auteur, *op. cit.* p. 339).
8. « L'Intellectuel et ses publics : les singularités françaises », in *Français, qui êtes-vous ?* sous la direction de J.D. REYNAUD et Y. GRAFMEYER, Paris, La Documentation française, 1981, p. 465-480.

9. R. BOUDON, « Anomie, contradictions et philosophie politique dans les sociétés industrielles », *Contrepoint,* 22-23, décembre 1976, p. 47.
10. *Cf.* R. BOUDON, « L'Intellectuel et ses publics... », *art. cité,* p. 469-470 (tout ce passage suit de très près le texte de R. BOUDON).
11. « Anomie... » *art. cité,* p. 46 (note).
12. « Quand un chercheur se met à table », *Contrepoint*, 12, novembre 1973, p. 56, 59-60, 63.
13. Préface à W. SIMON, *Le Temps de la vérité,* Paris, Economica, 1981, p. 9.
14. *Cf.* S.M. LIPSET, « The Intellectual as Critic and Rebel : with Special Reference to the United States and the Soviet Union », *Daedalus,* 101, été 1972, p. 140 et 147 ; Th. SOWELL, *Knowledge and Decisions,* p. 165.
15. Cité par S.M. LIPSET, *art. cité,* p. 165.
16. *Politics, Economics and Welfare* (1976), cité par Th. SOWELL, *op. cit.*, p. 360.
17. *Cf.* Th. SOWELL, *ibid.*
18. *Contre Galbraith,* Paris, Economica, 1977, p. 29.

CHAPITRE XV

1. « Do Schools Make a Difference ? » in : D.M. LEVINE et M.J. BANE ed., *The « Inequality » Controversy : Schooling and Distributive Justice,* New York, Basic Books, p. 22.
2. « Summer Learning and School Achievement », *The Public Interest,* 66, hiver 1982, p. 140.
3. J.S. COLEMAN et al., *Equality of Educational Opportunity,* Washington, 1966. Sur ce rapport *cf.* en particulier M. CHERKAOUI, « Sur l'égalité des chances : à propos du rapport Coleman », *Revue française de Sociologie,* 19, 1978, p. 237-260.
4. *Cf.* G. HOGDSON, *art. cité,* p. 27.
5. Cité par G. HOGDSON, *art. cité,* p. 28.
6. D. BELL, « On Meritocracy and Equality », *The Public Interest,* 29, automne 1972, p. 43-47.
7. Ch. JENCKS et al., *Inequality. A reassessment of the Effect of Family and Schooling in America,* New York, Basic Books, 1972 (tr. française : *L'Inégalité,* Paris, PUF, 1979).
8. « How can we boost I Q and Scholastic Achievement ? », *Harvard Educational Review,* 39 (1), hiver 1969, p. 1-123.
9. G. HOGDSON « Do Schools Make a Difference ? », in *The « Inequality » Controversy, op. cit.*, p. 29.
10. *Cf. The Atlantic,* septembre 1971, reproduit dans : *Problèmes politiques et sociaux,* « Intelligence et société », 163, 9 février 1973, p. 25-26.
11. Encore que des travaux récents de Thomas SOWELL apportent des arguments solides à ceux qui contestent l'interprétation génétique. Sowell montre en effet que dans le passé divers groupes ethniques d'origine européenne obtenaient des résultats aux tests d'intelligence identiques ou inférieurs, dans un contexte social semblable, à ceux des Noirs dans la période contemporaine (« Race and IQ Reconsidered », in *American Ethnic Groups,* Th. SOWELL ed, The Urban Institute, 1978, p. 203-238.)
12. *Cf.* G. HOGDSON, *art. cité,* p. 30-31 ; l'article de J. COLEMAN est paru dans *The Public Interest,* 9, automne 1967 sous le titre « Toward Open Schools ».
13. « Social Science and the Courts », *The Public Interest,* 54, hiver 1979, p. 31.
14. *Cf.* G. HOGDSON, *art. cité,* p. 33-34, et la note des éditeurs en présentation de l'article de D. ARMOR, « The Evidence of Busing », *The Public Interest,* 28, été 1972, p. 90.

15. *The Public Interest,* 28, été 1972, p. 127-128.
16. D'après D. RAWITCH, « The " White Flight " Controversy », *The Public Interest,* 51, printemps 1978, p. 135-136. Th. PETTI-GREW et R.L. GREEN, « The Legitimising of Racial Segregation », *New Society,* 29 janvier 1976, p. 214-216.
17. *Cf.* « A Response to the " White Flight " Controversy », *The Public Interest,* 53, automne 1978, p. 109-113 (C. ROSSEL), p. 113-115 (D.J. ARMOR).
18. « Publics Schools, Private Schools and the Public Interest », *The Public Interest,* 64, été 1981, p. 25.
19. *Cf.* Th. SOWELL, *Knowledge and Decisions,* p. 387 (note 18).
20. *Cf.* J. COLEMAN, « The Concept of Equality of Educational Opportunity », in *The Inequality Controversy, op. cit.,* p. 207.
21. *The Public Interest,* 4, été 1966.
22. *The Negro Family : the Case for National Action,* Washington, US Department of Labor, 1965, p. 2-3.
23. « *Inequality* in Retrospect », *Harvard Educational Review,* 43 (1), fév. 1973, p. 150.
24. *Ibid.,* p. 150-151.
25. Voir cependant les remarques de L. THUROW : « Proving the Absence of Positive Associations », *Harvard Educational Review,* 43 (1), fév. 1973, p. 107-108.
26. JENCKS, *op. cit.,* p. 209.
27. « *Inequality* in Retrospect », *op. cit.,* p. 153.
28. *Ibid.,* p. 154.
29. John RAWLS, *A Theory of Justice,* Cambridge, Harvard University Press, 1971.
30. Je m'inspire ici du résumé présenté par R. BOUDON au début de sa remarquable critique de *A Theory of Justice* (« Justice sociale et intérêt général. À propos de la théorie de la justice de Rawls », *Revue française de Science politique,* 25 (2), avril 1975, p. 193-194).
31. M.F. PLATTNER, « The Welfare State vs. the Redistributive State », *The Public Interest,* 55, printemps 1979, p. 35.
32. *Ibid.,* p. 44.
33. Herbert J. GANS, *More Equality,* New York, Vintage Books, 1974 ; Arthur M. OKUN, *Equality and Efficiency. The Big Trade Off,* Washington, The Brookings Institutions, 1975 ; Lewis A. COSER et I. HOWE (ed), *The New Conservatives,* New York, Quadrangle, 1974 ; L.A. THUROW, *The Zero-Sum Society,* New York, Basic Books, 1980.
34. *Cf.* S.M. LIPSET « Whither the First New Nation », *Revue Tocqueville* 1 (1), automne 1979, p. 70 ; A. INKELESS, « Continuity and Change in the American National Character », *Revue Tocqueville* 2 (2-3), été-printemps 1980, p. 28-30.

CHAPITRE XVI

1. *Cf.* E. WERNER, « Sartre et la liberté », *Contrepoint,* 5, hiver 1971, p. 47.
2. Interview au *Monde-Dimanche,* 27 juin 1982.
3. Cité par G. SARTORI, *Théorie de la démocratie,* Paris, A. Colin, 1973, p. 343.
4. « Libertés », billet du « Cavalier seul », *Le Figaro,* 9 mars 1977. Sur ce problème, *cf.* en particulier l'analyse de R. ARON, *Essai sur les libertés,* Paris, Le Livre de Poche, coll. Pluriel, 1976, et les remarques de Th. SOWELL, *Knowledge and Decisions,* p. 117 (dont nous nous sommes dans les deux cas inspirés).
5. *De la démocratie en Amérique,* t. II, *Œuvres complètes,* Paris, Gallimard, 1961, p. 75.
6. *La Guerre du Péloponnèse,* trad. de D. ROUSSEL, Paris, Le Livre de Poche, t. I, 1964, p. 323.

7. Cité par D. BELL, dans : *Commentary*, numéro spécial, « Liberalism and the Jews », 69 (1), janvier 1980, p. 23.
8. *Poverty and Discrimination,* Washington, the Brookings Institution, 1969, p. 2 ; cité par Th. SOWELL, *Knowledge and Decisions* p. 343 (*cf.* également le commentaire de Th. SOWELL, *ibid.)*.
9. *Traité du social,* Paris, Dalloz, 1980, p. 954, 959, 970…
10. *Op. cit.*, p. 822, 1104, 1120, 1045.
11. *La Politique sociale,* Paris, PUF, coll. Sup., 1975, p. 195.
12. *Op. cit.,* p. 237.
13. « Langue russe et langue soviétique », *Le Monde,* 5 juillet 1979.
14. *Le Nouveau Totalitarisme,* Paris, Fayard, 1975, p. 204-205.
15. Cité par L.-V. MISES, *Le Socialisme,* Paris, libr. de Médicis, 1952, p. 533 (note), 408-409 (*cf.* également p. 28-29).
16. *Commentaire,* 7, automne 1979, p. 373.
17. « Les Défenseurs de la foi, I : William SIMON », dans : *Chroniques d'un libéral impénitent,* Paris, Gallimard, 1981, p. 108-113.
18. *Op. cit.,* p. 109-110.
19. *Op. cit.,* p. 110.
20. *Op. cit.,* p. 112-113.
21. *Op. cit.,* p. 108.
22. *Op. cit.,* p. 109.
23. « Avenir de classe et causalité du probable », *Revue française de Sociologie,* 15 (1), janvier-mars 1974, p. 6 (note). La critique vise R. BOUDON, plus précisément l'analyse critique de l'interprétation de P. BOURDIEU présentée dans *L'Inégalité des chances,* Paris, A. Colin, 1973, p. 55.
24. *Cf.* M. FRIEDMAN, « The New Black Intellectuals », *Commentary,* 69 (6), juin 1980, p. 46. *Cf.* également les autres exemples cités p. 46 *sq.*
25. *Cf.* G. HOGDSON, « Do Schools Make a Difference ? », dans *The Inequality Controversy,* éd. par D.M. LEVINE et M.J. BANE, New York, Basic Books, 1975, p. 29-30 ; et la lettre d'E.O. WILSON publiée dans *Le Monde-Dimanche* du 14 décembre 1980.
26. « Culture et Nature », *Commentaire,* 15, automne 1981, p. 370.
27. *Ibid.*
28. New York, Basic Books, 1981.
29. D'après Th. SOWELL (conversation avec l'auteur, Los Angeles, mai 1979).
30. « Media Smears : One Man's Experience », *The American Spectator,* mai 1982, p. 17-20.
31. Th. SOWELL, *art. cité,* p. 20.
32. *Le Monde de l'éducation,* février 1978, p. 67.
33. « La Liberté révolutionnaire », *Le Nouvel Observateur,* 30 juin 1975.
34. *Le Monde,* 15 novembre 1974.

CHAPITRE XVII

1. J. FOURNIER et N. QUESTIAUX, *Traité du social,* Paris, Dalloz, 1976 ; Jean-Michel BELORGEY, *La Politique sociale,* préface de J. DELORS, Paris, Seghers, 1976 ; X. GREFFE, *La Politique sociale,* Paris, PUF, 1975.
2. Ch. JENCKS et al., *Inequality A. Reassessement of the Effect of Family and Schooling in America,* New York, Basic Books, 1972 ; Lester C. THUROW, *The Zero-Sum Society,* New York, Basic Books, 1980.
3. *Economics and the Public Purpose* (1973), trad. fr. : *La Science économique et l'intérêt général,* Paris, Gallimard, 1974.
4. J. ATTALI et M. GUILLAUME, *L'Anti-Économique,* Paris, PUF, 1974. Les auteurs mentionnent le problème en une phrase (« Le vieux débat entre l'égalité et la liberté ») à propos des procédures politiques de fixation de la hiérarchie des revenus (p. 221), mais ils ne le traitent pas.

5. En particulier : A. O. OKUN, *Equality and Efficiency. The Big Trade Off,* Washington, The Brookings Institution, 1975 ; J. RAWLS, *A Theory of Justice,* Harvard University Press, 1971. Dans les deux cas, en termes différents, les auteurs s'efforcent de justifier théoriquement leurs choix (en faveur d'une régulation collective au nom de l'égalité) en discutant le problème de la liberté et des droits individuels.
6. *De l'Esprit des lois,* ch. XI, t. II.
7. « De la liberté des Anciens comparée à celle des modernes » (1819) in, *De la liberté chez les modernes,* éd. par M. GAUCHET, Paris, Le Livre de Poche, coll. Pluriel, 1980, p. 491-515.
8. *La Liberté,* Paris, Guillaumin, 1864, p. 98-99.
9. *Du pouvoir,* Paris, Hachette, 1972, p. 387.
10. « On Removing Some Impediments to Democracy in the United States », *Dissent,* été 1978, p. 317 *sq.*
11. M. FRIEDMAN, conférence organisée par l'ALEPS, 18 octobre 1980, *Liberté économique et progrès social,* 40, décembre 1980 — janvier 1981, p. 15.
12. *La Cité libre,* p. 39. *Cf.* également p. 421 sq. les développements remarquables de W. LIPPMANN sur le « testament de la liberté ».
13. *Cf.* R. BOUDON, *L'Inégalité des chances,* Paris, A. Colin, 1973 ; *La Logique du social,* Paris, Hachette, 1979, ch. XII.
14. « Maritain-Blondel : philosopher sur un désaccord », *France-Forum,* 187-188, avril-mai 1981, p. 29.
15. *La liberté de choix,* Paris, Belfond, 1980, p. 204-205.
16. J. RAWLS, *A Theory of Justice. Cf.* également R. BOUDON, « Anomie, contradictions et philosophie publique dans les sociétés industrielles », *Contrepoint,* 22-23, décembre 1976, p. 55-57.
17. Interview au *Monde-Dimanche,* 20 avril 1980.
18. *La Joie du don,* p. 50. L'anecdote rapportée est racontée dans la préface, p. 8-9.

INDEX

A

Acton (Lord), 183.
Adelson (J.), 44.
Alborghetti (M.), 138.
Ali (Mohammed), 112.
Allais (Maurice), 102, 195 n., 230, 231, 279 n.
Althusser (Louis), 244.
Amiel (H.F.), 248.
Anderson (Jack), 86.
Argan (Giulio Carlo), 138.
Aristote, 240, 282 n.
Armentano (D.T.), 95.
Armor (David J.), 256, 258.
Arnow (Harriet), 44.
Aron (Jean-Paul), 244-246.
Aron (Raymond), 69 n., 73, 75, 84, 91.
Attali (Jacques), 279.
Augustin (saint), 189.

B

Bacher (F.), 76.
Baechler (Jean), 104, 111, 116, 120.
Bakke (affaire A.), 30, 31, 44.
Ballion (Robert), 83, 192.
Banfield (Edward), 182.
Banzhaff (John), 100.
Barbarant (Jean-Claude), 201.
Barthes (Roland), 277.
Bastiat (Frédéric), 234.
Bastide (Henri), 57.
Baudelot (C.), 63, 64, 243.
Bell (Daniel), 94, 101, 268 n.
Belorgey (Jean-Marie), 279.
Berdiaev (Nicolas), 187.
Bergman (Ingmar), 154.
Bishop (J.), 179.
Blanc (Jacques), 193.
Bolce (L.H.), 186.
Bond (Julian), 25.
Borg (Björn), 154.
Borne (Étienne), 285.
Boudon (Raymond), 11 n., 16, 17, 58 n., 76, 77, 79, 242-244.
Boukovsky (Vladimir), 184.
Bourdieu (Pierre), 47-49, 52-56, 58, 59, 62 n., 63, 274, 275.
Brisse (baron), 245.
Browning (E.K.), 181 n.
Buckley (sénateur), 43.
Buhl (Paul), 276.
Burton (Richard), 154.

C

Cabet (Étienne), 9.
Caine (Michaël), 154.
Campanella, 284.
Caplow (Theodore), 208, 209, 212, 216.
Cars (Guy des), 120.
Carter (Président Jimmy), 18, 126, 157, 167, 168, 170, 171, 206.
Castro (Fidel), 108.
Chateaubriand, 75.
Clark (Kenneth), 22, 43.

Clark (Ramsey), 32.
Cochin (Augustin), 128.
Cognan (J.), 171.
Cohen (D.), 255.
Coleman (James S.), 243, 252-259, 261, 262.
Comte (Auguste), 241.
Connery (Sean), 154.
Constant (Benjamin), 280, 281.
Cooper (David), 206.
Cornec (Jean), 72.

D

Dahl (Robert A.), 227, 249, 280 n.
Dalida, 112.
Debove (Alain), 150.
Deleuze (Gilles), 244.
Delon (Alain), 120.
Domenach (Jean-Marie), 82.
Donald (Herbert), 276.
Doolittle (F.), 168.
Drake (Saint Clair), 276.
Dreyfus (Alfred), 277.
Durkheim (Émile), 48.

E

Éfron (Édith), 274.
Einstein (Albert), 69 n.
Eltis (Walter), 156.
Endres-Kountz (Emma), 217.
Engels (Friedrich), 250 n.
Establet (R.), 63, 64, 243.
Étienne (Loïc), 218.
Eysenck (H.J.),70, 276.

F

Farley (Reynolds), 258.
Fonda (Jane), 112.
Ford (Henry), 113.
Foucault (Michel), 272, 273.
Fouchet (Christian), 71.
Fourastié (Jean), 57, 62.
Fournier (Jacques), 269, 279.
François d'Assise (saint), 287.
Freas (Elenn), 217.
Freedman (J.L.), 212.
Fréville (Yves), 11 n.
Friedman (Milton), 105, 135, 147, 163, 247, 250, 273, 279, 285.
Friedsen (B.J.), 194.
Frossard (André), 267.

G

Galbraith (John Kenneth), 88-95, 98-101, 112, 136, 249, 250, 272-274, 279.
Garapon (R.), 82.
Gardner (John W.), 235.
Garrity (Juge), 32.
Gaulle (Général de), 15.
Georges (Guy), 201.
Gershuny (J.J.), 153.
Gilder (George), 92, 93, 174, 177.
Girard (Alain), 57.
Girod (Roger), 77.
Giscard d'Estaing (Valéry), 66, 67, 70, 126, 193, 225.
Glazer (Nathan), 27, 33 n., 44.
Godwin, 240.
Goethe, 240.
Goldwater (Barry), 20.
Golon (Anne et Serge), 112.
Gramsci (Antonio), 244.
Gray (S.H.), 186.
Green (R.L.), 258.
Greer (Germaine), 206.
Greffe (Xavier), 270, 279.
Gress (D.), 85.
Grimod (Antoine), 245.
Guattari (Félix), 244.
Guillaume (M.), 279.

H

Haby (réforme), 67, 70-73, 79, 202, 210, 225.
Hall (R.E.), 137.
Harrington (Michaël), 19.
Harvey (George), 217.
Hayek (F.A.), 247, 248, 273, 279, 280 n.
Heath (Edward), 126.
Hébert (Jean-Pierre), 276.
Hegel (Friedrich), 17.
Heller (Michel), 270.

Herrnstein (R.), 275.
Hirschman (A.O.), 155, 199, 200, 223.
Hitler (Adolf), 276.
Hodgson (G.), 252, 256.
Hume (David), 149, 244.
Hunt (Gouverneur), 217.
Huntford (R.), 271.

I

Inkeless (A.), 41.

J

Jacquard (A.), 70.
Jagger (Mick), 154.
Jarvis (Howard), 155.
Jean-Chrysostome (saint), 179.
Jencks (Christopher), 22, 74 n., 243, 254, 262, 263, 279.
Jensen (A.), 254, 255, 259, 263, 275.
Johnson (Président Lyndon), 19, 20, 25, 27, 126, 172.
Johnson (Samuel), 213.
Jouvenel (Bertrand de), 145, 190, 205, 228, 280.

K

Kadhafi (Colonel), 87.
Kasun (Jacqueline), 209.
Kautsky (Karl-Johannes), 240.
Kende (Pierre), 96.
Kennedy (Sénateur Edward), 43, 180.
Kennedy (Président John Fitzgerald), 15, 20, 27.
Kerner (commission), 185.
Keyes, 32.
Keynes (John Maynard), 238.
King (Martin Luther), 23.
Koch (Edward), 155.
Krauds (M.B.), 152.
Kravchenko (Victor), 272.
Kriegel (Annie), 65, 78 n.
Kristol (Irving), 10, 86, 100, 115, 117, 119, 120, 240, 268 n., 279 n.

L

La Fayette (Madame de), 71.
Laffer (Arthur), 93.
Laurent (Évelyne), 276.
Legrand (Louis), 80.
Lénine, 9, 112, 113.
Lenkowski (L.), 164.
Lévi-Strauss (Claude), 69, 275.
Lévy-Bruhl (Lucien), 15.
Liébert (Georges), 11 n.
Lindblom (Ch.), 227, 249.
Lippmann (Walter), 103, 111, 116 n., 117 n., 125, 126, 129, 227, 234, 282.
Lipset (Seymour Martin), 158, 252.
Locke (John), 272.
Long (Russel), 168, 169.
Lynd (Robert et Helen), 212.
Lyssenko (Trofime), 241.

M

Macabrey (J.M.), 150.
Mac Enroe (John), 112.
Mac Govern, 43.
Madison (James), 127.
Maire (Edmond), 62 n.
Malthus (Thomas-Robert), 240, 272.
Mandelstam (Nadejda), 268.
Mandeville, 17.
Manent (Pierre), 273.
Marcus-Steiff (J.), 97.
Marshall (Th.), 43.
Martin (Louis E.), 18.
Marx (Karl), 17, 113, 240, 241, 244, 247, 250 n., 271, 272.
Mathieu (Mireille), 112.
Mauss (Marcel), 48.
McCullough (Colleen), 120.
McNamara (Robert), 92.
Mehring (Walter), 272.
Mill (John Stuart), 280.
Mills (E.S.), 134.
Minot (Jacques), 71.
Mises (L.V.), 278.
Missika (J.L.), 196.
Mitterrand (François), 225.
Monod (Jacques), 287, 288.
Montesquieu, 149, 280, 282 n.
Montherlant (Henry de), 269.
Morgan (George F.), 97.
Morin (Edgar), 277.

Moynihan (Daniel-Patrick), 162, 164, 167, 168, 210, 252-255, 261, 268 n., 275.
Muggeridge (Malcom), 287.
Murphy (Walter), 92.
Myrdal (Gunnar), 151.

N

Nader (Ralph), 100.
Nathan (Richard), 166, 169.
Nietzsche (Friedrich), 272.
Nisbet (Robert), 98.
Nixon (Président Richard), 72, 126, 157, 161-164, 168, 170, 171.
Nora (rapport), 203.

O

Olson (Mancur), 95.
Orfield (Gary), 24.
Orwell (George), 209, 270.

P

Paglin (M.), 173.
Palme (Olaf), 126, 206.
Passeron (J.C.), 48, 54, 58 n., 63.
Pasternak (Boris), 10.
Patricelli, 169.
Peck (Ellen), 206.
Perutz, 206.
Pettigrew (Thomas), 253, 255, 256, 258.
Piaget (Jean), 15.
Pitrou (Agnès), 207, 214, 215.
Platon, 241, 284.
Plattner (M.F.), 264.
Podhoretz (N.), 268 n.
Poliakov (Léon), 15.
Pompidou (Georges), 68, 224.
Popper (Karl), 266.
Postel-Vinay (Olivier), 209.
Powell (Juge), 31.
Prost (Antoine), 54.
Pyndick (R.S.), 137.

Q

Questiaux (Nicole), 269, 279.

R

Rangel (Carlos), 113 n.
Rawitch (D.), 258.
Rawls (John), 263, 285, 286.
Reagan (Président Ronald), 156, 170, 172.
Redford (Robert), 112.
Rein (M.), 161.
Reinhold (R.), 257.
Reuchlin (M.), 76.
Rocard (Michel), 225.
Rockefeller (David), 273.
Rohde (E.), 203.
Rosa (Jean-Jacques), 232.
Rossell (Chris), 258.
Roth (Juge), 32.
Rousseau (Jean-Jacques), 17.
Rowan (C.), 43, 276.
Rueff (J.), 279 n.
Rustin (Bayard), 262.

S

Saint-Martin (Monique de), 48.
Saint-Simon (comte de), 75, 241.
Sakharov (Andreï), 113.
Salins (P.D.), 138, 139.
Samuelson (P.), 163.
Sartre (Jean-Paul), 265, 277.
Sauvy (Alfred), 191, 206.
Schelling (Thomas C.), 107.
Schopenhauer (Arthur), 272.
Schultz (Theodor W.), 229.
Schultze (Charles S.), 104, 108, 130.
Schwartz (I.), 81.
Schwartz (Laurent), 201, 203.
Schumpeter, 95.
Serno (Marc), 138.
Serre (J.L.), 70.
Sertillanges (Révérend Père), 272.
Sherill (Robert), 86.
Shils (Edward), 29.
Simon (William E.), 142, 160, 272-274.
Sinatra (Frank), 120.

Sismondi (Léonard Simonde de), 240.
Smith (Adam), 17, 103, 109, 111, 149, 240.
Soljenitsyne (Alexandre), 127, 271.
Sorel (Georges), 241.
Sorokin (P.), 228, 241.
Sowell (Thomas), 34-36, 42 n., 107, 224, 275, 276, 279 n.
Spinoza, 55.
Stack (C.), 180.
Staline, 10, 241.
Steiner (G.Y.), 159.
Stendhal, 71, 189.
Stewart (J.), 70.
Stigler (George), 163.
Stockman (David), 171.
Stromberg (D.), 150, 153.
Swan (arrêt), 32, 33.
Syren (Jean-Louis), 231.

T

Talmadge (amendement), 165.
Taylor (Linda), 182.
Térésa (Mère), 205, 220, 287, 288.
Thatcher (Margaret), 157.
Thibaud (Paul), 265.
Thomas d'Aquin (saint), 120, 282, 282 n.
Thucydide, 267.
Thurow (Lester), 269, 279.
Tiselius (Amue), 271.
Tobin (J.), 163.
Tocqueville (Alexis de), 17, 129 n., 193, 216.
Tréanton (Jean-René), 63.
Trotsky (Léon), 240.
Tull (D.), 97.
Turner (Graham), 151.

V

Valéry (Paul), 268.
Villiers (Gérard de), 120.
Vincent de Paul (saint), 287.
Virgile, 75.
Voltaire, 241, 267.
Vychinsky (Andreï), 266.

W

Wanniski (Jude), 149.
Ward (Artemas), 97.
Wattenberg (Ben J.), 25, 172.
Ways (M.), 100.
Weber (affaire B.), 30, 31, 44.
Weber (Max), 59.
Weidenbaum (Murray L.), 142.
Weigel (Juge), 32.
Williams (John), 168.
Williams (W.E.), 22.
Wilson (E.O.), 275.
Wilson (Harold), 126.
Wilson (J.Q.), 225.
Wilson (W.J.), 39, 40, 43, 45.
Wolton (D.), 196.
Wriston (Walter), 273.

Z

Zinoviev (Alexandre), 10, 286.

TABLE DES MATIÈRES

INTRODUCTION 9

PREMIÈRE PARTIE

LE MYTHE ANIMISTE. VERSION DIABOLIQUE

INTRODUCTION 15

I. — *LA « VICTIMISATION » DES NOIRS AMÉRICAINS (I)* 18

Les espérances et désillusions des années 60 / 19.

Le dérapage des années 70 / 25.

II. — *LA « VICTIMISATION » DES NOIRS AMÉRICAINS (II)* 34

Mythe et réalité / 34.

Les effets et les causes / 42.

III. — *INÉGALITÉS DES CHANCES ET CULPABILITÉ SOCIALE (I). COMMENTAIRE DE TEXTES* 47

47

Première lecture : la « méthode Bourdieu » / 48.

Seconde lecture : une sociologie animiste / 55.

IV. — *INÉGALITÉS DES CHANCES ET CULPABILITÉ SOCIALE (II). MYTHE ET RÉALITÉ* 65

La traduction officielle du mythe / 66.

Mythe et réalité / 73.

Une politique perverse / 79.

V. — *LE MARCHÉ DOMINÉ* 86

La causalité diabolique selon J.K. Galbraith / 88.

Les intentions et les contraintes / 92.

VI. — *LE MARCHÉ INCOMPRIS* 102

Un mécanisme sans mécanicien / 103.

Les intérêts et les pouvoirs / 110.

La rançon de la liberté / 119.

DEUXIÈME PARTIE
LE MYTHE ANIMISTE. VERSION ANGÉLIQUE

INTRODUCTION 125
VII. — *CONTRAINTES OU INCITATIONS* 128
Le prix de la pollution / 130.
La pollution des prix / 135.
VIII. — *UN JEU À SOMME NÉGATIVE : LA REDISTRIBUTION* 143
Incitations / 145.
Désertions / 149.
Protestations / 155.
IX. — *HISTOIRE D'UN EFFET PERVERS : LE « WELFARE » AUX ÉTATS-UNIS* 158
Dérapages et réformes avortées / 158.
Le blocage / 167.
X. — *LES PAUVRES PIÉGÉS* 173
Sam pris au piège / 174.
Les recettes d'un gâchis / 178.
La question noire / 183.
XI. — *LES BIENS SOUS TUTELLE* 188
Les préférences rectifiées / 190.
L'égalité à tâtons / 196.
XII. — *BIENVEILLANCE PUBLIQUE CONTRE BIENVEILLANCE PRIVÉE* 204
La famille affaire d'État / 205.
L'état de la famille / 211.
La générosité en privé / 216.
XIII. — *L'ANGÉLISME DÉMOCRATIQUE* 222
Le mythe du citoyen-roi / 223.
Des hommes ordinaires / 226.
L'État-enjeu / 233.

TROISIÈME PARTIE
LA TRAHISON DES CLERCS

INTRODUCTION 238
XIV. — *LES PROFESSIONNELS DES IDÉES* 240
Les tentations des clercs / 241.
Les préférences des clercs / 247.
XV. — *LES EXPERTS AU TRAVAIL* 252
Recherches et controverses « scientifiques » / 252.
La dérive (idéologique) de l'idée égalitaire / 259.
XVI. — *ARMES RHÉTORIQUES* 265
Les mots pipés / 266.
La rhétorique d'intimidation / 271.
XVII. — *QUESTIONS DE PRINCIPE* 278
Principe démocratique et formule libérale / 278.
Principes « catégoriques » et principes « incrémentaux » / 283.
NOTES 289
INDEX 313

ACHEVÉ D'IMPRIMER
LE 18 JANVIER 1983
SUR LES PRESSES DE
L'IMPRIMERIE HÉRISSEY
À ÉVREUX (EURE)
POUR LES ÉDITIONS
ROBERT LAFFONT

Dépôt légal : Février 1983
N° d'édition : KD 20
N° d'impression : 31038
Imprimé en France